21世纪经济管理新形态教材·统计学系列

# 商务数据挖掘与可视化
## 基于Python的应用

谢贤芬　古万荣 ◎ 主　编

清华大学出版社

北京

# 内 容 简 介

本书以商务数据处理与应用为基本出发点，重点介绍基于 Python 语言的商务数据处理技巧、数据分析方法及可视化操作，内容包括：常见的数据管理及分析软件介绍，Python 编程基础，Matplotlib、Seaborn 和 Pyecharts 数据可视化，线性相关与回归分析，数据压缩、聚类、时间序列、大数据分析方法，综合案例实战。

本书案例内容丰富，通过 26 个综合案例详细介绍了数据挖掘方法及可视化在商务数据中的应用，展现了 Python 的强大数据分析能力。读者在了解数据挖掘方法原理的基础上，通过案例学习可以更有效地提高其数据分析的实际能力。本书适用于各个层次的读者，既可面向非计算机专业的数据分析者，强调应用性和实战性，也可作为计算机专业或数据科学专业的基础应用学习书。

**图书在版编目（CIP）数据**

商务数据挖掘与可视化：基于 Python 的应用 / 谢贤芬，古万荣主编. —北京 ：清华大学出版社，2023.12

   21 世纪经济管理新形态教材. 统计学系列

   ISBN 978-7-302-63660-1

Ⅰ．①商… Ⅱ．①谢… ②古… Ⅲ．①商业信息 – 数据采集 – 教材 Ⅳ．①F713.51

中国国家版本馆 CIP 数据核字(2023)第 100101 号

责任编辑：胡　月
封面设计：汉风唐韵
责任校对：王荣静
责任印制：沈　露
出版发行：清华大学出版社
        网　　　址：https://www.tup.com.cn，https://www.wqxuetang.com
        地　　　址：北京清华大学学研大厦 A 座　　　　邮　　编：100084
        社 总 机：010-83470000　　　　　　　　　邮　　购：010-62786544
        投稿与读者服务：010-62776969，c-service@tup.tsinghua.edu.cn
        质 量 反 馈：010-62772015，zhiliang@tup.tsinghua.edu.cn
        课 件 下 载：https://www.tup.com.cn，010-83470332
印 装 者：三河市龙大印装有限公司
经　　销：全国新华书店
开　　本：185mm×260mm　　　　印　张：22.75　　　字　　数：518 千字
版　　次：2023 年 12 月第 1 版　　　　　　　印　　次：2023 年 12 月第 1 次印刷
定　　价：69.00 元

产品编号：096542-01

随着现代信息技术的飞速发展，数据分析、数据挖掘、机器学习、云计算等数据科学技术也相应流行起来。数据挖掘技术与可视化在海量数据处理方面有着极大的现实意义。相较于其他数据可视化软件平台，Python 具有开源免费、易上手的优点，从而越来越被大家熟悉和认可，成为数据挖掘、数据分析、机器学习等领域研究者最常用的编程语言。

数据挖掘是利用机器学习、统计学和概率论等方法，从海量数据中获取有效的、潜在有用的信息的过程。数据可视化是研究数据视觉表现形式的技术。在海量商务数据中，可以利用数据挖掘与可视化技术来获取可靠、真实的市场信息，为各类商业活动提供更多决策支持。

本书由浅入深地介绍了基于 Python 的商务数据挖掘与可视化技术，并对每个技术详细地进行了案例分析与说明。读者可以通过阅读本书，掌握基本的商务数据挖掘与可视化方法。

## 本书内容

本书提供了 Python 与数据挖掘的基础理论内容，同时介绍了多个实用的数据挖掘与可视化库。本书提供了大量案例以供读者实战操练，降低了学习数据挖掘与可视化的门槛，让非专业的读者也能轻松学习。

本书首先介绍了数据挖掘的基本概念和数据挖掘的常用软件，数据挖掘编程平台及Python 编程基础。随后介绍了基于 Python 的数据可视化软件库：Matplotlib、Seaborn 和Pyecharts。本书还介绍了数据挖掘的常用方法，包括线性相关与回归、数据压缩、聚类和时间序列等。另外，本书针对大数据场景，介绍了此场景下的数据分析方法。最后，本书整合前面的知识，进行了综合案例实战。

## 本书结构

本书共 11 章，各章简介如下。

第 1 章介绍了数据管理及分析软件。本章着重介绍了基本流程中的几个核心问题：如何收集数据并进行管理、常见的数据挖掘软件有哪些、不同软件平台的特点及适用性等。

第 2 章介绍了 Python 编程基础，主要包括 Python 程序的基本概念和基本语法，以及Python 基本分析库的使用，并通过一个网络电影播放量排行榜案例来帮助读者熟悉 Python的语法使用。

第 3 章介绍了 Matplotlib 数据可视化。作为 Python 强大的图形库之一，Matplotlib 和NumPy 搭配使用时可营造一个强大的科学计算环境，可以用来代替 Matlab，有助于使用者通过 Python 来深入了解机器学习或者数据科学。

第 4 章介绍了 Seaborn 数据可视化。本章从分组绘图与分面绘图两方面介绍了 Seaborn的基本绘图参数，详细地介绍了多个统计绘图函数，涵括了现实场景的基本绘图类型，其中包括：因子变量图、数值变量图、两变量关系图、时间序列图和热力图。最后结合多个综合案例实战，帮助读者熟悉 Seaborn 绘图的常见用法。

第 5 章介绍了 Pyecharts 数据可视化。具体介绍了 Pyecharts 的全局配置项、数据系列配置项。每个配置项都对应案例说明该配置项在图像上的效果。还介绍了 Pyecharts 生成 HTML（超文本标记语言）文件和生成图片的方式。最后结合综合案例实战，帮助读者进一步熟悉 Pyecharts 各个配置项的使用。

第 6 章介绍了线性相关与回归分析，其中包括单变量线性相关与回归和多元线性相关与回归。在综合案例中，使用 SciPy 和 Statsmodels 统计分析库进行了线性相关与回归分析。

第 7 章介绍了数据压缩分析方法。通过数据压缩，能简化属性、去噪、去冗余，但同时又不损失太多数据本身的意义。具体主要对主成分分析（PCA）进行讲述，包括其基本概念、基本步骤、计算和分类等，并结合综合案例使用了数据压缩分析法。

第 8 章介绍了聚类分析方法。具体介绍了聚类分析的概念和基本思想。此外还介绍了常见聚类分析方法，包括系统聚类法、快速聚类法、有序聚类法和模糊聚类法，并结合综合案例使用了聚类分析方法。

第 9 章介绍了时间序列分析方法。具体介绍了时间序列的概念。此外还介绍了时间序列的基本模型，其中包括自回归模型（Autoregressive Model，AR 模型）、移动平均模型（Moving Average Model，MA 模型）、自回归移动平均模型（Autoregressive Moving Average Models，ARMA 模型）和差分自回归移动平均模型（Autoregressive Integrated Moving Average Models，ARIMA 模型）。该章着重介绍了 ARIMA 模型的构建方法，并结合综合案例使用了 ARIMA 模型进行分析。

第 10 章介绍了大数据分析方法。具体介绍了大数据的概念及常见应用领域。此外还介绍了文本挖掘方法，并结合案例进行了词云分析和文本挖掘分析。该章还介绍了网络爬虫方法和常见的网络爬虫框架，并结合进行了基于 Python 的网络爬虫实践。

第 11 章是综合案例实战，对前面章节所讲的数据挖掘和可视化的内容进行总结。并且结合商用软件介绍几个综合案例，包括基于国内旅游情况数据的可视化分析、基于广州市二手房房价的可视化分析以及基于热销私家车销量数据的可视化分析。

## 本书读者对象

本书将下列人员作为目标读者。

（1）互联网、咨询、零售、金融等行业中，从事数据挖掘与可视化的从业人员。

（2）在产品、市场、用户、品牌等工作中，有数据挖掘与可视化需求的人士。

（3）高等学校计算机、金融、统计等相关专业的学生。

本书由暨南大学谢贤芬、华南农业大学古万荣共同完成。本书获暨南大学研究生教材建设项目资助（立项编号：2021YJC007），在此表示感谢。此外，还要感谢在本书撰写和出版过程中给予过帮助的人，尤其是以下研究生，在资料收集和数据整理方面做了许多工作：陈蔚钊、黄锦涛、李观明、朱奕鑫等。

由于作者知识和水平有限，书中难免有不足之处，敬请读者和同行批评指正！

编　者

2023 年 1 月

目 录

# 第1章

# 数据管理及分析软件

所谓数据挖掘，就是指在众多繁杂的数据中通过系统的方法来找寻有意义的信息。自从 20 世纪 90 年代数据挖掘概念被提出以来，其发展到现在可以说是最具有代表性的技术之一。本章主要讲述数据挖掘基本流程中的第一步，即如何收集数据并进行管理、常见的数据挖掘软件有哪些、不同软件平台的特点及适用性等。

## 1.1 数据收集及管理

### 1.1.1 数据的类型

数据指的是能够通过观察、计算或者做实验得出来的结果，也就是数值，按照不同的分类法可以得到不同的数据类型。通常可进行如下分类。

**1. 按观测结果的特征分类**

1）定性数据

定性数据（qualitative data）是用来描述事物的性质及其类别的一组文字表述型数据，因而不能将其量化，只能够将其定性。换句话说，定性数据就是诸如性别、国家、动植物分类等数据。例如，现在将某个班级的学生按照户籍分为城市、乡镇两类，那么在这里，户籍就构成了一个定性变量。

如户籍：城市，乡镇，乡镇，城市，城市，城市，乡镇，城市，……，乡镇，乡镇，城市，乡镇，城市，乡镇。

2）定量数据

与定性数据用来描述事物的性质和类别不同，定量数据（quantitative data）指的是以数量的形式而存在的数据，可以对其进行衡量等操作。定量数据类似于平常所说的年龄、身高、体重、时间、质量、距离等数值。例如，现在统计某个班级里每个学生的年龄，那么年龄在这里就成为一个定量变量。

如年龄（岁）：17，18，17，18，18，19，16，18，16，17，19，……，16，15，18，17，16，19，18，17，17。

**2. 按数据收集方法分类**

1）观测数据

观测数据（observational data）指的是可以通过观察以及调查而直接得到的数据，所以其又被称为原始数据。在这里举个小例子来说明何为观测数据：现在给某个班级的同学每人分发一份调查问卷，共取得 35 份问卷，那么收集到的这些问卷数据就成为几组观测数据。

2）实验数据

实验数据（experimental data）指的是在实验中通过对相关变量，如实验时间、过程、对象等进行有效的控制而得到的数据。比如，对一起栽培的植物施加不同的光照条件，以检验不同的光照条件对植物生长的影响，所得到的结果就是实验数据。

### 3. 按描述的现象与时间关系分类

1）截面数据

截面数据（cross-sectional data）是指在同一个时间点或者时间段上不同变量的数据的集合，是静态数据，又被称为横截面数据，其反映了某一个事物或者现象在某个时间点上的变化情况。例如，2020 年我国各个省份的 GDP（国内生产总值），这些数据就是一个截面数据：

| 省份 | 广东 | 江苏 | 山东 | …… | 海南 | 宁夏 | 青海 | 西藏 |
|---|---|---|---|---|---|---|---|---|
| GDP/亿元 | 110 760.94 | 102 719 | 73 129 | …… | 5 532.39 | 3 920.55 | 3 005.92 | 1 902.74 |

2）时间序列数据

时间序列数据（time series data）是指在不同时间点上按照一定的时间间隔收集来的数据，其反映了某一个事物或者现象随着时间变化而变化的情况，所以又被称为动态数据。例如，现在收集海南 2010—2020 年的 GDP 数据，那么收集而来的这些数据就是一个时间序列数据：

| 时间 | 2010 年 | 2011 年 | 2012 年 | …… | 2017 年 | 2018 年 | 2019 年 | 2020 年 |
|---|---|---|---|---|---|---|---|---|
| GDP/亿元 | 2 064.50 | 2 522.66 | 2 855.54 | …… | 4 462.54 | 4 832.05 | 5 308.93 | 5 532.39 |

## 1.1.2  数据的收集

在平常的工作和生活中，人们难免会跟各式各样的数据打交道，在打交道的过程中有时候需要根据数据的类型不同来作出对应的判断和决定。为了让判断和决定更加有效和准确，人们就开始进行有目的的数据收集，根据数据来挖掘其相关的信息。数据收集指的是按照自身需求来收集相关的数据。在准备进行数据收集的时候，往往需要进行一系列的工作，其步骤如下。

（1）确定调查的对象，明确调查的目的。

（2）根据调查对象不同选择相对应的调查方法。

（3）收集数据。

（4）用合适的方式整理好收集来的数据。

（5）分析数据，得出结果。

不过需要注意的是，在进行数据收集的时候，一定要确保采样得来的数据具有代表性，能够代表总体，同时样本的分布也要较为均匀。除此之外，数据的收集还需要有一定的格式，如基础格式、文字标签等，下面简单介绍这两种格式。

原始数据格式是人们平时最常见的基础格式，如图 1-1 所示。

| | A | B | C | D | E | F | G | H | I | J |
|---|---|---|---|---|---|---|---|---|---|---|
| 1 | 员工编号 | 性别 | 学历 | 年龄 | 本司工作年限 | 英语水平 | 身高 | 体重 | 年收入 | 所在部门 |
| 2 | 1 | 2 | 3 | 23 | 1 | 2 | 158 | 65 | 1 | 2 |
| 3 | 2 | 1 | 2 | 34 | 3 | 1 | 168 | 75 | 2 | 5 |
| 4 | 3 | 2 | 4 | 32 | 2 | 2 | 174 | 65 | 2 | 4 |
| 5 | 4 | 1 | 2 | 37 | 3 | 1 | 185 | 78 | 3 | 4 |

图 1-1　原始数据格式

这种原始数据的特点是：一行代表一个样本，一列代表一个样本属性，有多少个样本就需要录入多少行数据。

而文字标签则是让结果显示成具体的标签而不是数字，如图 1-2 所示。

| | A | B | C | D | E |
|---|---|---|---|---|---|
| 1 | 标题 | 数字 | 标签 | | |
| 2 | 性别 | 1 | 男 | | |
| 3 | | 2 | 女 | | |
| 4 | 学历 | 2 | 大学本科 | | |
| 5 | | 3 | 硕士研究生 | | |
| 6 | | 4 | 博士研究生 | | |
| 7 | 本司工作年限 | 1 | 一年以下 | | |
| 8 | | 2 | 一年至三年 | | |
| 9 | | 3 | 三年至五年 | | |
| 10 | 英语水平 | 1 | 四级 | | |
| 11 | | 2 | 六级 | | |
| 12 | 年收入 | 1 | 10万元以下 | | |
| 13 | | 2 | 10万~20万元 | | |
| 14 | | 3 | 20万~30万元 | | |
| 15 | 所在部门 | 2 | 销售部 | | |
| 16 | | 4 | 人事部 | | |
| 17 | | 5 | 财务部 | | |

图 1-2　文字标签格式

【例 1-1】　调查数据

为了了解某企业 50 名员工的基本状况，现在收集了这些员工的 10 项指标：

员工编号：定性变量，可以简单记为工号或者 ID（身份标识号）。

员工性别：定性变量，简单记为性别，或者记为 gender。

员工学历：定性变量，简单记为学历，或者记为 education。

员工年龄：定量变量，单位为岁，简单记为年龄，或者记为 age。

员工在公司的工作年限：定量变量，单位为年，简单记为工作年限，或者记为 year。

员工的英语水平：定性变量，简单记为英语水平，或者记为 level。

员工的身高：定量变量，单位为 cm，简单记为身高，或者记为 height。

员工的体重：定量变量，单位为 kg，简单记为体重，或者记为 weight。

员工的年收入：定量变量，单位为万元，简单记为年收入，或者记为 income。

员工的部门：定性变量，简单记为部门，或者记为 department。

数据由其变量和属性组成。在本例子中共有 10 个变量：工号、性别、学历、年龄、工作年限、英语水平、身高、体重、年收入、部门。

表 1-1 是该企业 50 名员工的个人基本情况，按照基础数据格式，每一行代表一个对象，也就是样本，每一列就是该列所在的行样本的属性。这样就可以得到表 1-1 的数据集。

### 表 1-1　50 名员工的个人基本信息

| 工号 | 性别 | 学历 | 年龄 | 工作年限 | 英语水平 | 身高 | 体重 | 年收入 | 部门 |
|---|---|---|---|---|---|---|---|---|---|
| 10248008 | 女 | 硕士研究生 | 33 | 一年以下 | 专业八级 | 158 | 65 | 26.0 | 销售部 |
| 10229019 | 男 | 大学本科 | 36 | 一年至三年 | 专业四级 | 174 | 75 | 10.4 | 销售部 |
| 12108019 | 女 | 大学本科 | 36 | 三年至五年 | 专业四级 | 167 | 65 | 21.0 | 财务部 |
| 12332010 | 男 | 博士研究生 | 31 | 三年至五年 | 四级 | 171 | 75 | 24.9 | 人事部 |
| 12331015 | 男 | 大学本科 | 25 | 一年以下 | 四级 | 175 | 74 | 25.9 | 后勤部 |
| 16248014 | 男 | 硕士研究生 | 26 | 三年至五年 | 六级 | 178 | 67 | 18.6 | 销售部 |
| 16352030 | 女 | 硕士研究生 | 31 | 三年至五年 | 六级 | 164 | 56 | 9.1 | 销售部 |
| 16171019 | 男 | 博士研究生 | 37 | 三年至五年 | 四级 | 165 | 50 | 12.5 | 后勤部 |
| 16391008 | 女 | 硕士研究生 | 27 | 一年以下 | 四级 | 158 | 55 | 35.6 | 后勤部 |
| 20395019 | 男 | 大学本科 | 29 | 一年以下 | 专业四级 | 170 | 71 | 22.8 | 财务部 |
| 20100029 | 男 | 大学本科 | 30 | 三年至五年 | 六级 | 182 | 71 | 10.3 | 销售部 |
| 20324035 | 男 | 大学本科 | 26 | 一年以下 | 六级 | 172 | 76 | 13.0 | 销售部 |
| 22186005 | 男 | 大学本科 | 33 | 三年至五年 | 四级 | 174 | 80 | 9.8 | 后勤部 |
| 22160006 | 女 | 硕士研究生 | 33 | 五年以上 | 专业四级 | 159 | 52 | 35.3 | 人事部 |
| 22274026 | 女 | 硕士研究生 | 38 | 三年至五年 | 六级 | 167 | 45 | 20.5 | 销售部 |
| 23376027 | 男 | 硕士研究生 | 41 | 三年至五年 | 四级 | 182 | 64 | 34.1 | 销售部 |
| 23368030 | 女 | 大学本科 | 42 | 三年至五年 | 专业四级 | 161 | 62 | 20.6 | 财务部 |
| 24225006 | 男 | 大学本科 | 36 | 五年以上 | 四级 | 168 | 68 | 15.8 | 财务部 |
| 24105026 | 女 | 大学本科 | 29 | 三年至五年 | 四级 | 165 | 53 | 29.4 | 销售部 |
| 24286013 | 男 | 硕士研究生 | 31 | 五年以上 | 六级 | 171 | 76 | 14.8 | 销售部 |
| 25235027 | 女 | 博士研究生 | 39 | 三年至五年 | 六级 | 164 | 54 | 8.2 | 销售部 |
| 25352033 | 男 | 硕士研究生 | 35 | 三年至五年 | 四级 | 178 | 74 | 11.1 | 销售部 |
| 26177005 | 男 | 大学本科 | 42 | 五年以上 | 四级 | 184 | 79 | 15.8 | 人事部 |
| 26196010 | 男 | 硕士研究生 | 41 | 五年以上 | 六级 | 177 | 68 | 19.8 | 后勤部 |
| 27173011 | 女 | 硕士研究生 | 30 | 三年至五年 | 专业四级 | 162 | 60 | 11.5 | 销售部 |
| 27237032 | 女 | 硕士研究生 | 29 | 三年至五年 | 六级 | 160 | 53 | 19.4 | 销售部 |
| 27289024 | 男 | 博士研究生 | 28 | 一年以下 | 六级 | 173 | 75 | 10.8 | 销售部 |
| 29107020 | 男 | 硕士研究生 | 28 | 三年至五年 | 专业四级 | 182 | 75 | 22.9 | 销售部 |
| 29365032 | 男 | 大学本科 | 34 | 五年以上 | 四级 | 176 | 74 | 10.4 | 人事部 |
| 30273031 | 男 | 大学本科 | 37 | 三年至五年 | 六级 | 179 | 68 | 35.6 | 财务部 |
| 30243029 | 男 | 硕士研究生 | 25 | 一年以下 | 专业四级 | 169 | 53 | 9.5 | 人事部 |
| 31364037 | 女 | 大学本科 | 28 | 三年至五年 | 四级 | 162 | 56 | 7.3 | 销售部 |
| 31316038 | 女 | 大学本科 | 26 | 三年至五年 | 六级 | 159 | 45 | 22.8 | 销售部 |
| 32304031 | 女 | 博士研究生 | 30 | 三年至五年 | 六级 | 167 | 63 | 17.9 | 财务部 |
| 32208040 | 男 | 博士研究生 | 34 | 三年至五年 | 专业四级 | 181 | 78 | 35.5 | 人事部 |
| 32292012 | 男 | 大学本科 | 34 | 三年至五年 | 六级 | 170 | 71 | 28.4 | 财务部 |
| 32185004 | 女 | 大学本科 | 27 | 一年以下 | 四级 | 158 | 55 | 13.4 | 销售部 |
| 33219013 | 女 | 大学本科 | 31 | 三年至五年 | 六级 | 163 | 49 | 11.1 | 销售部 |

| 工号 | 性别 | 学历 | 年龄 | 工作年限 | 英语水平 | 身高 | 体重 | 年收入 | 部门 |
|------|------|------|------|----------|----------|------|------|--------|------|
| 33384028 | 男 | 硕士研究生 | 40 | 五年以上 | 专业八级 | 174 | 72 | 8.1 | 人事部 |
| 33172017 | 女 | 大学本科 | 27 | 三年至五年 | 四级 | 161 | 53 | 27.2 | 销售部 |
| 37288004 | 女 | 大学本科 | 39 | 三年至五年 | 六级 | 166 | 48 | 19.1 | 销售部 |
| 37359035 | 女 | 博士研究生 | 28 | 一年以下 | 专业四级 | 160 | 54 | 17.6 | 财务部 |
| 38391022 | 女 | 硕士研究生 | 34 | 五年以上 | 六级 | 159 | 45 | 10.3 | 财务部 |
| 38399025 | 男 | 大学本科 | 42 | 五年以上 | 四级 | 173 | 57 | 9.5 | 人事部 |
| 38120022 | 男 | 大学本科 | 27 | 一年以下 | 专业四级 | 162 | 63 | 35.6 | 人事部 |
| 38319004 | 男 | 硕士研究生 | 32 | 三年至五年 | 专业八级 | 176 | 55 | 14.4 | 销售部 |
| 38254010 | 女 | 大学本科 | 35 | 五年以上 | 四级 | 165 | 52 | 25.3 | 销售部 |
| 40294017 | 女 | 大学本科 | 32 | 三年至五年 | 专业八级 | 168 | 50 | 21.4 | 人事部 |
| 40365026 | 女 | 硕士研究生 | 30 | 三年至五年 | 六级 | 166 | 62 | 15.5 | 销售部 |
| 40388036 | 女 | 博士研究生 | 32 | 三年至五年 | 四级 | 164 | 51 | 36.8 | 销售部 |

## 1.1.3　数据的管理

当人们将收集的数据整理好以便分析的时候，就不得不面临一个问题：要怎样保存这些数据以便日后访问呢？这时候就需要对收集的数据进行管理工作，也就是数据管理。

数据管理在计算机应用领域当中是一个非常重要的模块，它指的是针对不同的数据进行收集、整理、组织、存储、加工、传输和检索的各个过程，目的是能够更加充分且有效地发挥数据的作用。随着技术的进步，数据管理经历了从人工管理到文件系统，再到数据库系统这三个发展阶段。如今市场上可以用于数据管理的软件很多，不过对于一般的数据分析来说，电子表格已经足以胜任其所需的数据管理工作了。

**1. 电子表格管理数据**

如果要对数据量不是很大的数据集进行管理，并且不要求多人同时访问，则可采用电子表格来管理数据。目前市面上常用的电子表格有 Excel 和 WPS，这两款软件各有千秋，可以根据自身习惯和喜好来选择使用哪款来管理数据。图 1-3 是电子表格管理数据的界面。

本书将例 1-1 收集的数据存放在 BaPy_data.xlsx 文件的 BAdata 工作表中。

**2. 数据库管理数据**

当数据量比较大的时候，使用电子表格软件来进行管理就比较困难了，面对这种情况，可以采用数据库来管理这些数据。数据库是一个仓库，能够按照一定的规则来保存大量的数据。目前常用的数据库管理软件有 Navicat、DBeaver、Workbench、SQLyog 以及 phpMyAdmin 等，这些软件可以说是各有特色，当需要用到数据库来管理数据的时候，可以按需选择来使用。

| | A | B | C | D | E | F | G | H | I | J |
|---|---|---|---|---|---|---|---|---|---|---|
| 1 | 员工编号 | 性别 | 学历 | 年龄 | 本司工作年限 | 英语水平 | 身高 | 体重 | 年收入 | 所在部门 |
| 2 | 10248008 | 女 | 硕士研究生 | 33 | 一年以下 | 专业八级 | 158 | 65 | 26.0 | 销售部 |
| 3 | 10229019 | 男 | 大学本科 | 36 | 一年至三年 | 专业四级 | 174 | 75 | 10.4 | 销售部 |
| 4 | 12108019 | 女 | 大学本科 | 36 | 三年至五年 | 专业四级 | 167 | 65 | 21.0 | 财务部 |
| 5 | 12332010 | 男 | 博士研究生 | 31 | 三年至五年 | 四级 | 171 | 75 | 24.9 | 人事部 |
| 6 | 12331015 | 男 | 大学本科 | 25 | 一年以下 | 四级 | 175 | 74 | 25.9 | 后勤部 |
| 7 | 16248014 | 男 | 硕士研究生 | 26 | 三年至五年 | 六级 | 178 | 67 | 18.6 | 销售部 |
| 8 | 16352030 | 女 | 硕士研究生 | 31 | 三年至五年 | 六级 | 164 | 56 | 9.1 | 销售部 |
| 9 | 16171019 | 女 | 博士研究生 | 37 | 三年至五年 | 四级 | 165 | 50 | 12.5 | 后勤部 |
| 10 | 16391008 | 女 | 硕士研究生 | 27 | 一年以下 | 四级 | 158 | 55 | 35.6 | 后勤部 |
| 11 | 20395019 | 男 | 大学本科 | 29 | 一年以下 | 专业四级 | 170 | 71 | 22.8 | 财务部 |
| 12 | 20100029 | 男 | 大学本科 | 30 | 三年至五年 | 六级 | 182 | 71 | 10.3 | 销售部 |
| 13 | 20324035 | 男 | 大学本科 | 26 | 一年以下 | 六级 | 172 | 76 | 13.0 | 销售部 |
| 14 | 22186005 | 男 | 大学本科 | 33 | 三年至五年 | 四级 | 174 | 80 | 9.8 | 后勤部 |
| 15 | 22160006 | 女 | 硕士研究生 | 33 | 五年以上 | 专业四级 | 159 | 52 | 35.3 | 人事部 |
| 16 | 22274026 | 女 | 硕士研究生 | 38 | 三年至五年 | 六级 | 167 | 45 | 20.5 | 销售部 |
| 17 | 23376027 | 男 | 硕士研究生 | 41 | 三年至五年 | 四级 | 182 | 64 | 34.1 | 销售部 |
| 18 | 23368030 | 女 | 大学本科 | 42 | 三年至五年 | 专业四级 | 161 | 62 | 20.6 | 财务部 |
| 19 | 24225006 | 男 | 大学本科 | 36 | 五年以上 | 四级 | 168 | 68 | 15.8 | 财务部 |
| 20 | 24105026 | 女 | 大学本科 | 29 | 三年至五年 | 四级 | 165 | 53 | 29.4 | 销售部 |
| 21 | 24286013 | 男 | 硕士研究生 | 31 | 五年以上 | 六级 | 171 | 76 | 14.8 | 销售部 |
| 22 | 25235027 | 女 | 博士研究生 | 39 | 三年至五年 | 六级 | 164 | 54 | 8.2 | 销售部 |
| 23 | 25352033 | 男 | 硕士研究生 | 35 | 三年至五年 | 四级 | 178 | 74 | 11.1 | 销售部 |
| 24 | 26177005 | 男 | 大学本科 | 42 | 五年以上 | 四级 | 184 | 79 | 15.8 | 人事部 |
| 25 | 26196010 | 男 | 硕士研究生 | 41 | 五年以上 | 四级 | 177 | 60 | 19.8 | 销售部 |
| 26 | 27173011 | 女 | 硕士研究生 | 30 | 三年至五年 | 专业四级 | 162 | 60 | 11.5 | 销售部 |
| 27 | 27237032 | 女 | 硕士研究生 | 29 | 三年至五年 | 六级 | 160 | 53 | 19.4 | 销售部 |
| 28 | 27289024 | 男 | 博士研究生 | 28 | 一年以下 | 六级 | 173 | 75 | 10.8 | 销售部 |
| 29 | 29107020 | 男 | 硕士研究生 | 28 | 三年至五年 | 专业四级 | 182 | 75 | 22.9 | 销售部 |
| 30 | 29314037 | 男 | 硕士研究生 | 40 | 五年以上 | 四级 | 168 | 69 | 15.1 | 销售部 |

图 1-3　电子表格管理数据的界面

# 1.2　数据挖掘软件

## 1.2.1　常见统计分析软件

数据分析指的是对数据进行控制、处理、整理、分析的过程。目前市面上的统计分析软件比较多，如 Excel、SAS（Statistical Analysis System）、SPSS（Statistical Product and Service Solutions）、R 语言、EViews（Econometrics Views）、Stata 等，下面本节简单地介绍常见的统计分析软件。

（1）Excel。Excel 是由微软公司所开发的一款电子表格软件，与金山的 WPS 电子表格一样，Excel 作为工作中常用的办公软件，既是进行数据管理的工具，也是进行数据分析的基本工具。Excel 具有许多强大的功能，比如合并计算、快速填充和可视化功能等，这极大地提高了人们工作时的效率。但是 Excel 也有一些缺点，比如不能很好地处理大型的数据集，统计方法也不太全面。

（2）SAS。SAS 是一个模块化、集成化的大型应用软件系统。得益于其广泛使用，SAS 被人们誉为统计分析的标准软件。与此同时，它也是世界上功能最为强大的统计分析软件，有着十分完善的数据分析和管理功能。不过由于 SAS 包含了太多功能，在使用时需要使用者掌握许多知识，所以 SAS 一般更适合专业人士。

（3）SPSS。SPSS 是如今最著名的统计分析软件之一，翻译成中文就是社会学统计软件包的意思。SPSS 具有完整的数据输入、编辑、统计分析、报表、图形制作等功能，广泛地应用于社会科学、自然科学的各个领域。与 SAS 适合专业人士使用不同，SPSS 无论是初学者、熟练者抑或是专业者都适用。

（4）R 语言。R 语言是用于统计分析、绘图的语言和操作环境，来自 S 语言，是 S 语言的一个变种。R 是一个自由、免费、源代码开放的软件，是一个非常优秀的统计分析工具。

（5）EViews。EViews 一般称为计量经济学软件包，是如今最为流行的计量经济学软件之一。EViews 的前身是 1981 年第 1 版的 Micro TSP，与 SPSS 偏向于统计学领域不同，EViews 更偏向于计量经济学领域。EViews 更重视建立计量模型，也就是模型回归估计，是完成计量经济学研究的得力工具。

（6）Stata。Stata 和 SPSS、SAS 并称为当今三大统计软件，它是一套完整、集成的统计分析软件包。Stata 与 SAS 相比不但体积小巧，而且功能也十分强大并且简单易懂。Stata 在新版本中采用了具有亲和力的窗口接口，当使用者创建程序时，Stata 能提供具有直接命令式的语法。同时，Stata 提供完整的使用手册，包含统计样本建立、解释、模型与语法、文献等。

虽然用于数据分析的工具有许多种，但是其实总结起来万变不离其宗，无非是数据收集、数据管理、数据分析、数据展示等几个方面。由于 Python 功能强大并且语法简单，可拓展性也强，所以本书选择了 Python 作为分析工具。

## 1.2.2　Python 语言

Python 作为一种面向对象的解释型语言，同时也是一种优雅、简单明了的编程语言。Python 是数据分析的一把利器，作为一门新兴的编程语言，Python 相比其他语言更加容易入门。与此同时，Python 是完全免费开源的，它拥有非常多用于数据分析或者其他领域的优秀的第三方库。由于 Python 自身有许多的优点，这使得它成为如今最受欢迎的程序设计语言之一。目前国内外许多公司都在使用 Python，如 YouTube、Google、阿里云等。

下面本书介绍常见的 Python 数据分析领域相关库。

（1）NumPy（Numerical Python）：NumPy 是 Python 中科学计算领域的一个基础包，可用来存储和处理大型矩阵，支持大量的维度数组与矩阵运算，此外针对数组运算 NumPy 提供了大量的数学函数库。

（2）Matplotlib：Matplotlib 是 Python 的一个 2D（二维）绘图库，作为 Python 最流行的可视化模块之一，Matplotlib 不但功能十分强大，而且用起来也较为简便。

（3）Pandas：Pandas 是为了解决数据分析任务而创建的，它基于 NumPy，是 Python 的一个数据分析包，同时也是一个完全开源的 Python 库。

（4）SciPy：SciPy 是 Python 的一个开源科学分析包，可以用来进行信号处理、图像处理、常微分方程数值的求解等问题的处理。由于 SciPy 能够有效地计算 NumPy 矩阵，所以在进行数据分析的同时使用 NumPy 和 SciPy 可以更加高效地解决问题。

（5）Statsmodels：Statsmodels 是 Python 的一个软件包，其可用来拟合多种统计模型，执行统计测试以及可视化，为 SciPy 提供了补充。

（6）scikit-learn：scikit-learn 简称 sklearn，其基于 NumPy 和 Matplolib 库而构建，为 SciPy 的扩展。sklearn 支持包括分类、回归、降维和聚类（clustering）四大机器学习算法，同时还包括了模型评估、数据处理和特征提取这三大模块。

相比前面提到过的其他数据分析软件，Python 是综合能力最为强大的一个数据分析工具，下面将 Python 和上述软件进行对比。

（1）Python 是通过调用各种库和模块来处理 Excel 表格的，与 Excel 相比，Python 在处理更大的数据集时效率更高，能够很轻松地实现自动化，同时也能够搭建一些算法模型。

（2）与 SPSS 相比，由于 SPSS 是个统计软件，所以其不太适合做一些贴近实际应用场景的数据分析，更加适合在科学研究方面做实验数据的分析。而 Python 则不一样，它能够处理复杂的数据逻辑，因此在一些实际的应用场景使用上会比 SPSS 更有优势。

（3）与 R 语言相比，Python 的速度更快，语法更清晰，更加简单易学，更适合初学编程的人入门学习。

（4）同时相比上述的这些工具，Python 在大数据分析以及机器学习这些领域的应用中处于领先地位。如今使用 Python 可以实现很多数据科学方面的应用，如数据收集、整理、清洗、可视化、机器学习以及开发等，所以，只使用 Python 就可以做到全套服务。

# 1.3　习　　题

## 一、填空题

1. 按观测结果的特征分类，数据可分为_____和_____。

2. 观测数据又称_____。

3. 常见的电子表格软件有_____和_____。

4. 数据管理是对不同的数据进行_____、_____、组织、存储、_____、传输和检索的各个过程。

5. Python 是一种面向对象的_____语言。

6. EViews 一般称为_____。

7. scikit-learn 简称为_____。

8. Stata 与_____、_____并称当今三大统计软件。

9. 当数据量不是很大的时候可以使用_____来管理数据。

10. 最常见的基础格式是_____。

## 二、判断题

1. 截面数据指的是按照一定的时间间隔在不同时间上收集到的数据。（　　　）

2. 定性数据是一组文字表述型数据。（　　　）

3. Excel 可以处理大型的数据集。（　　　）

4. 数据是通过观察、计算或者实验得出来的结果。（　　　）

5. R 语言是功能性语言。（　　　）

6. 数据管理经历了人工管理、文件系统以及数据库系统这三个发展阶段。（　　　）

7. 实验数据指可以直接通过调查或观察收集得来的数据。（　　　）

8. SPSS 一般称为计量经济学软件包。（　　　）

9. 数据挖掘是指从大量的数据中通过算法搜索隐藏于其中信息的过程。（　　　）

10. 原始数据的特点是一行代表一个样本属性，一列就代表一个样本。（　　　）

11. 文字标签就是让最后的结果显示成具体的标签而不是数字。（　　　）

## 三、简答题

1. 按照不同的分类法可以得到哪些不同的数据类型？

2. 说出三个常见的统计分析软件。

3. 进行数据收集的时候需要进行哪些工作？

4. 简述 Python 相比其他数据分析软件的优势。

5. 常见的 Python 数据分析领域相关库有哪些？

# 第2章

# Python编程基础

本章主要介绍编写 Python 程序所需要的一些基本概念、背景以及技术生态，也就是目前常用的 Python 编程平台，Python 编程的基本语法（包括数据类型、对象、函数等），以及 Python 基本分析库的使用。最后，本章还会通过一个网络电影播放量排行榜案例来进一步说明 Python 的语法使用。

## 2.1　Python 简介

Python 是一门强大而又优雅的面向对象程序设计语言，自 20 世纪 90 年代初诞生至今，其受到了越来越多程序设计人员的喜爱。如图 2-1 所示，在 2021 年 11 月的 TIOBE 排行榜，Python 超越了 C 语言，雄踞第一名的位置，相比 2020 年提升了一个排名，呈上升状态。这说明 Python 得到了越来越多程序员的认可，应用也更加广泛。

| Nov 2021 | Nov 2020 | Change | Programming Language | Ratings | Change |
|----------|----------|--------|----------------------|---------|--------|
| 1 | 2 | ^ | Python | 11.77% | -0.35% |
| 2 | 1 | v | C | 10.72% | -5.49% |
| 3 | 3 | | Java | 10.72% | -0.96% |
| 4 | 4 | | C++ | 8.28% | +0.69% |
| 5 | 5 | | C# | 6.06% | +1.39% |
| 6 | 6 | | Visual Basic | 5.72% | +1.72% |
| 7 | 7 | | JavaScript | 2.66% | +0.63% |
| 8 | 16 | ^^ | Assembly language | 2.52% | +1.35% |
| 9 | 10 | ^ | SQL | 2.11% | +0.58% |
| 10 | 8 | v | PHP | 1.81% | +0.02% |

图 2-1　TIOBE 排行榜

Python 作为一门简单易学、语法优雅、功能强大的语言，几乎可以说只要其他编程语言能做的事情 Python 也能做。同时，Python 还应用于各种各样的领域，如数据分析、机器学习、游戏开发、网络爬虫和可视化等领域，应用十分广泛。目前行业内有很多知名企业都在使用 Python，如 Google、Quora、豆瓣、知乎、Facebook、美团、腾讯以及百度等。各种编程语言社区指数如图 2-2 所示，用以反映各语言的受欢迎程度。

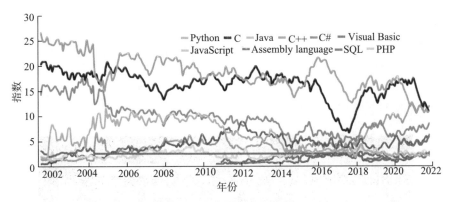

图 2-2　编程语言社区指数

当前 Python 分为两个主要版本：Python 2.x 和 Python 3.x，需要注意的是 Python 3.x 版本并没有向下兼容，也就是说如果开发者电脑装的是 Python 3.x 版本，那么有些使用 Python 2.x 所编写的代码就有可能无法在 Python 3.x 环境中运行。由于 Python 3.x 是 Python 今后发展的趋势，所以本书推荐使用 Python 3.x 版本，本书使用的案例代码都是使用 Python 3.x 编写的。如果在个人电脑上已经安装 Python 2.x 版本，也可以运行本书案例程序，但建议升级到 Python 3.x 版本以便提升兼容性。在个人电脑上安装 Python 的编译环境的步骤如下。

（1）检查当前的电脑上是否安装了 Python，使用快捷键 win＋R 打开运行界面（图 2-3），输入 cmd 打开命令行窗口之后输入 python，如果出现提示符"＞＞＞"，则说明当前电脑已经安装了 Python（图 2-4）。

图 2-3　运行界面

图 2-4　命令行窗口

（2）如果输入 python 后的信息显示：Python 不是内部或外部命令，也不是可运行的程序或批处理文件，那就说明在当前电脑上还没有安装 Python 环境。这种情况就需要下载 Python 的安装程序，打开浏览器访问 Python 官方网站：http://python.org，如图 2-5 所示，在这个网站里使用者能够下载 Python 的软件以及程序安装包，同时在这里也能够找到很多 Python 相关的资料。

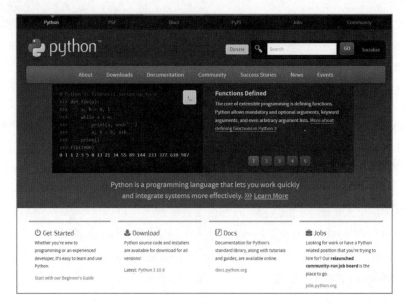

图 2-5　Python 官网

在下载界面可以选择下载与电脑操作系统匹配的最新 Python 版本，也可以下载 Python 的历史版本。下载后打开，将显示如图 2-6 所示界面，为了能够更轻松地配置系统，可选择把复选框 Add Python 3.10 to PATH 勾选上，随后就可以进行安装。安装完成后可以在命令行界面执行命令 python，如果出现提示符"＞＞＞"则说明已经安装成功。

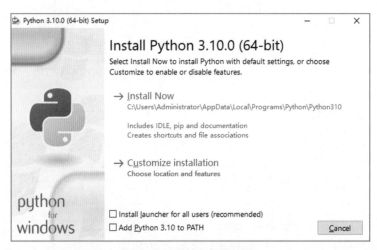

图 2-6　Python 安装界面

## 2.2　数据挖掘编程平台

### 2.2.1　Anaconda 科学计算发行包

Anaconda 是 Python 的一个开源发行版本，里面包括了 NumPy、Pandas、Matplotlib 等常用的 Python 包及其依赖项。Anaconda 可以统一地管理各种环境的发行版本，同时也可以很方便地获取包并对其进行管理。简单地说，Anaconda 就是一个包和环境的管理器，里面包含了各种数据分析和科学计算的 python 模块。开发者可以登录 Anaconda 的官方网站（https://www.anaconda.com）来下载 Anaconda 的安装包，如图 2-7 所示。

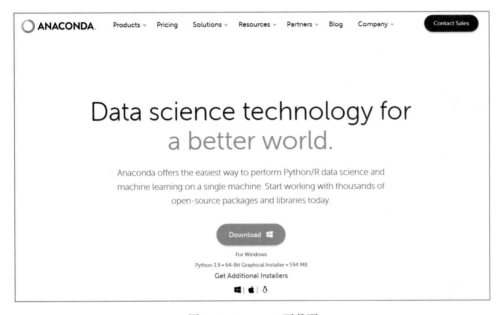

图 2-7　Anaconda 下载页

由于 Anaconda 默认包含 Python 中最常用的数据科学包，所以它的下载文件会比较大，大概 500 M。不过有时官网的下载速度会比较慢，这时候就可以选择使用镜像源下载，如清华大学开源软件镜像站（图 2-8）：https://mirrors.tuna.tsinghua.edu.cn/anaconda/archive/，在这里可以根据操作系统类型选择对应的 Anaconda 安装包进行下载，本书推荐下载 Python 3.7 及以上版本。

安装完成后就可以在本机 Windows 的开始菜单中，看到如图 2-9 所示的界面。

在开始菜单中，单击 Anaconda Navigator（Anaconda 3）进入如图 2-10 所示的界面。

在这个导航界面中有非常多的学习资料和一些相关平台，可以根据自身需求来选择使用和学习。如果只是用来进行简单计算操作的话，可以使用 Anaconda Prompt（Anaconda3），这个界面基本等同于平常使用的 cmd 窗口，比如可以使用命令 "conda list" 来查看已经安装好的包，如图 2-11 所示。

tuna　清华大学开源软件镜像站　　　　HOME　EVENTS　BLOG　RSS　PODCAST　MIRRORS

## Index of /anaconda/archive/

Last Update: 2022-08-30 07:27

| File Name ↓ | File Size ↓ | Date ↓ |
|---|---|---|
| Parent directory/ | - | - |
| Anaconda-1.4.0-Linux-x86.sh | 220.5 MiB | 2013-07-04 01:47 |
| Anaconda-1.4.0-Linux-x86_64.sh | 286.9 MiB | 2013-07-04 17:26 |
| Anaconda-1.4.0-MacOSX-x86_64.sh | 156.4 MiB | 2013-07-04 17:40 |
| Anaconda-1.4.0-Windows-x86.exe | 210.1 MiB | 2013-07-04 17:48 |
| Anaconda-1.4.0-Windows-x86_64.exe | 241.4 MiB | 2013-07-04 17:58 |
| Anaconda-1.5.0-Linux-x86.sh | 238.8 MiB | 2013-07-04 18:10 |
| Anaconda-1.5.0-Linux-x86_64.sh | 306.7 MiB | 2013-07-04 18:22 |
| Anaconda-1.5.0-MacOSX-x86_64.sh | 166.2 MiB | 2013-07-04 18:37 |
| Anaconda-1.5.0-Windows-x86.exe | 236.0 MiB | 2013-07-04 18:45 |
| Anaconda-1.5.0-Windows-x86_64.exe | 280.4 MiB | 2013-07-04 18:57 |
| Anaconda-1.5.1-MacOSX-x86_64.sh | 166.2 MiB | 2013-07-04 19:11 |
| Anaconda-1.6.0-Linux-x86.sh | 241.6 MiB | 2013-07-04 19:19 |
| Anaconda-1.6.0-Linux-x86_64.sh | 309.5 MiB | 2013-07-04 19:32 |
| Anaconda-1.6.0-MacOSX-x86_64.sh | 169.0 MiB | 2013-07-04 19:47 |
| Anaconda-1.6.0-Windows-x86.exe | 244.9 MiB | 2013-07-04 19:56 |
| Anaconda-1.6.0-Windows-x86_64.exe | 290.4 MiB | 2013-07-04 20:09 |
| Anaconda-1.6.1-Linux-x86.sh | 247.1 MiB | 2013-07-05 08:34 |
| Anaconda-1.6.1-Linux-x86_64.sh | 317.6 MiB | 2013-07-05 09:20 |
| Anaconda-1.6.1-MacOSX-x86_64.pkg | 197.3 MiB | 2013-07-05 10:05 |
| Anaconda-1.6.1-MacOSX-x86_64.sh | 170.0 MiB | 2013-07-05 12:20 |
| Anaconda-1.6.1-Windows-x86.exe | 244.4 MiB | 2013-07-05 12:29 |

图 2-8　清华大学开源软件镜像站页面

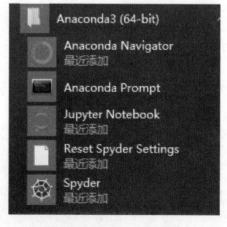

图 2-9　Windows 开始菜单

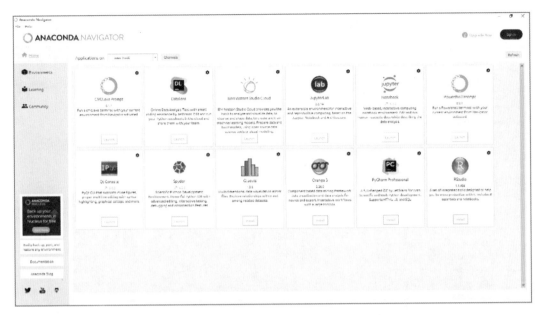

图 2-10　Anaconda 主界面

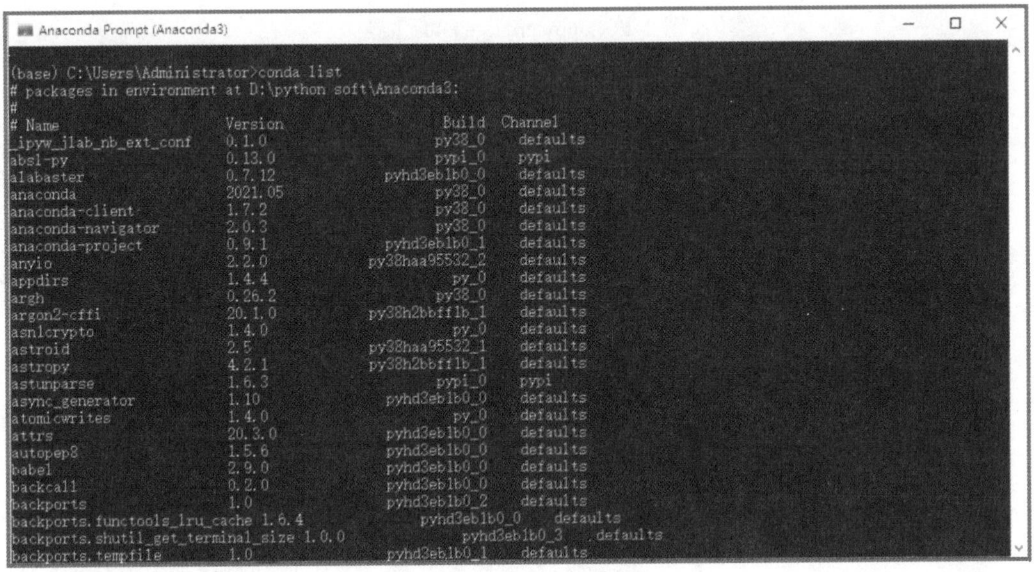

图 2-11　conda list 命令

　　使用者也可以在 Anaconda Prompt（Anaconda3）运行 Python 代码，或者安装 Python 的相关库，安装库的命令为 conda install ××××或者 pip install ××××。比如安装 Scrapy 框架，只需要在命令行界面输入"conda install scrapy"即可。下面是一些常用的包命令：

　　（1）查看已安装的包：conda list；

　　（2）卸载包：conda uninstall；

（3）更新包：conda update。

如果要进一步进行基本数据分析，可以使用 Jupyter Notebook（Anaconda3），如图 2-12 所示。

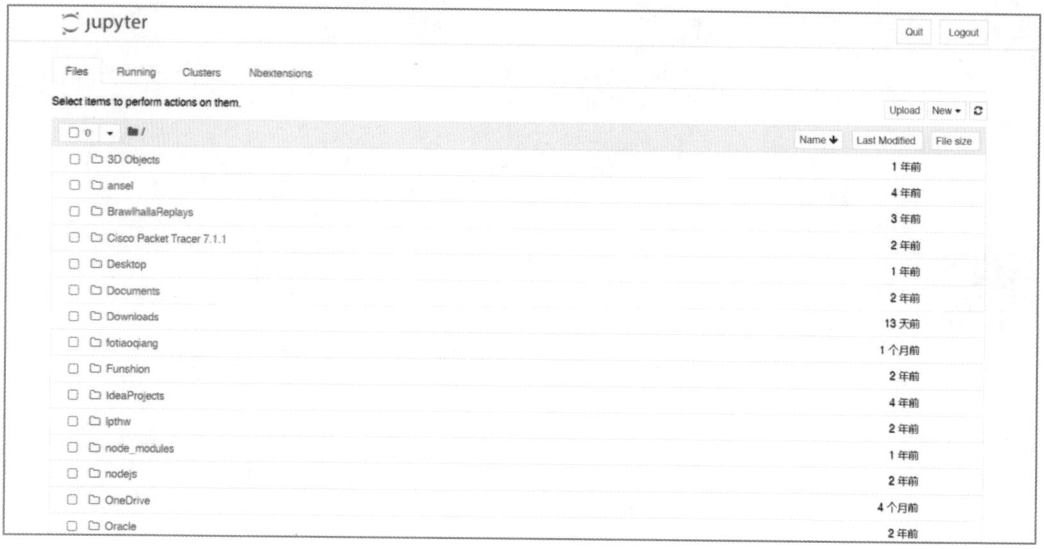

图 2-12　Jupyter Notebook 主界面

## 2.2.2　PyCharm 分析平台

PyCharm 是一款功能强大的 Python IDE（集成开发环境），得益于其配置简单、功能强大，对初学者来说使用起来十分简便、友好，因而也可使用 PyCharm 来编写 Python 代码。在浏览器上登录 PyCharm 的官网（https://www.jetbrains.com/zh-cn/pycharm/）来下载 PyCharm，如图 2-13 所示。

图 2-13　PyCharm 下载界面

在下载界面单击"下载"按钮，可以看到有两个版本的 PyCharm：一个是 professional
（专业版），还有一个是 community（社区版）。因为社区版足以满足本书涉及的数据分析
需求，且社区版是免费的，所以这里推荐下载社区版。

PyCharm 的安装过程较为简单，因而本书在这里就不再赘述。只需一直单击下一步，
然后直到完成安装即可。安装好之后打开 PyCharm 社区版，如图 2-14 所示。

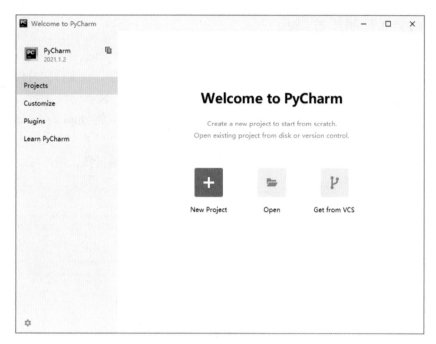

图 2-14　PyCharm 社区版主界面

在图 2-14 中，单击"New Project"按钮可新建一个项目，随后进入 PyCharm 的主界面，
如图 2-15 所示，可以在这里新建 Python 文件来进行 Python 代码的编写等操作。

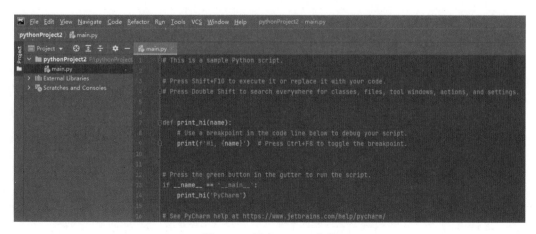

图 2-15　新建 Python 文件

Pycharm 支持诸多功能强大的插件，这些插件能够让开发者更加方便快捷地编写 Python 代码，同时也能加快项目的开发进度。

当编译器安装好后就可以进行编程开发了。然工欲善其事，必先利其器，没有一定的编程语言基础的话，编程是无从谈起的。良好的 Python 基础是做好数据挖掘工作的前提条件，因此在之后的章节中本书将会详细讲解 Python 的基础语法。

### 2.2.3　Jupyter 编辑平台

Jupyter Notebook 是一个交互式的笔记本，在以前被称为 IPython notebook，其支持超过 40 种编程语言。Jupyter Notebook 实际上是一个网页应用程序，它支持实时代码、可视化以及 markdown，可以很方便地创建和共享程序文档。Jupyter Notebook 的特点是使用者可以通过 GitHub、电子邮件以及 Jupyter Notebook Viewer 等方式将 Jupyter Notebook 分享给其他用户。

总而言之，Jupyter Notebook 是一个甚为实用的 Python 编辑器。用户可以通过登录 Jupyter 的官网（https://jupyter.org）来下载，如图 2-16 所示。

图 2-16　Jupyter 官网

本书推荐使用 Anaconda 来安装 Jupyter Notebook，如果已经安装了 Anaconda，则 Anaconda 已经默认安装好了 Jupyter Notebook 和其他的一系列工具。打开 Anaconda 的导航界面可以看到 Jupyter Notebook 已经安装好了，如图 2-17 所示。

如果 Anaconda 没有自动安装 Jupyter Notebook 的话，那么也可以在终端（也就是 Anaconda Prompt）输入下面的命令来安装：

图 2-17　Anaconda 导航界面

```
conda install jupyter notebook
```

如前文所述，Anaconda Prompt（Anaconda3）基本等同于常用的 cmd 窗口，所以也可以通过 pip 来安装 Jupyter Notebook，命令如下：

```
pip3 install jupyter
```

上面是 Python 3.x 版本的安装方法，如果使用的是 Python 2.x，输入的命令则只能为：

```
pip install jupyter
```

安装完成之后，如果想要使用 Jupyter Notebook，直接在 Anaconda 的导航界面单击 launch 运行即可，也可以在 Anaconda Prompt（Anaconda3）终端界面输入以下命令来启动 Jupyter Notebook：

```
jupyter notebook
```

如果对 Jupyter Notebook 的命令不熟悉的话，可以在终端使用以下命令来查看 Jupyter Notebook 的官方帮助文档：

```
jupyter notebook -h
```

执行完启动命令后，在电脑的终端中将会显示一系列 Notebook 的服务器信息，终端显示内容如图 2-18 所示，随后浏览器就会自动启动 Jupyter Notebook。

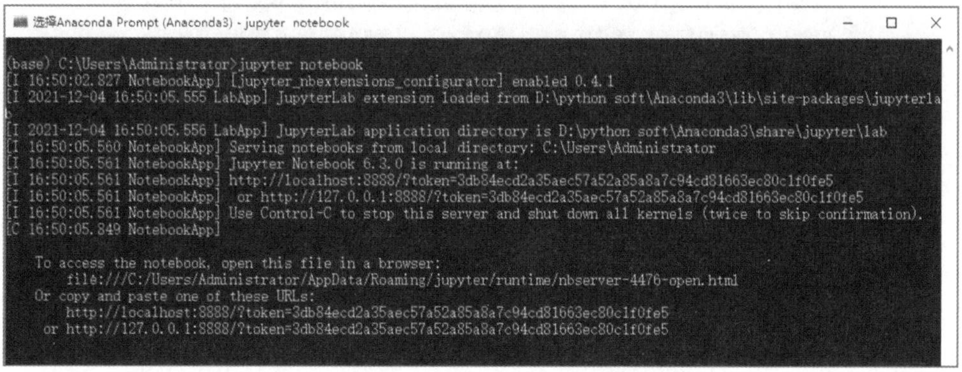

图 2-18　终端显示内容

这里需要注意的是，Jupyter Notebook 开始操作启动完成后，请不要将终端关闭，因为终端一旦关闭，就会断开和本地服务器的连接，从而导致无法操作 Jupyter Notebook。

Jupyter Notebook 启动完成后会以网页的形式打开，界面如图 2-19 所示。

由于在一般情况下 Jupyter Notebook 启动的时候会把用户的目录设置为默认目录，所以使用不同的电脑打开 Jupyter Notebook 一般都会显示不一样的界面。

以上就是在本地使用 Jupyter Notebook 的方法了，如果只是想简单地使用 Jupyter Notebook，但是又觉得 Jupyter Notebook 的安装包太大，不想安装在本地，那么也可以直接在 Jupyter Notebook 官网上单击 "Try it in your browser" 来使用浏览器版 Jupyter Notebook，如图 2-20 所示。但是浏览器版的 Jupyter Notebook 里面只有一些常用的程序包（图 2-21），当涉及复杂的操作时就需要采用本地安装版。

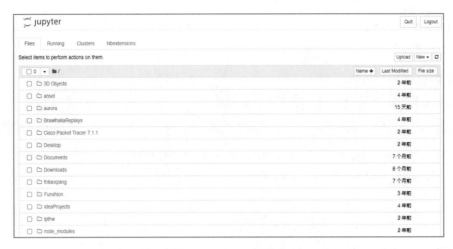

图 2-19　Jupyter 界面

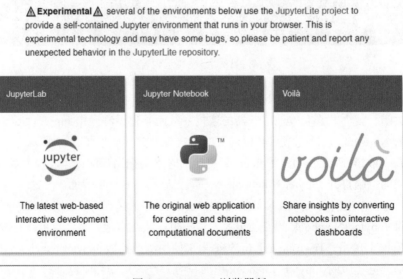

图 2-20　Jupyter 浏览器版

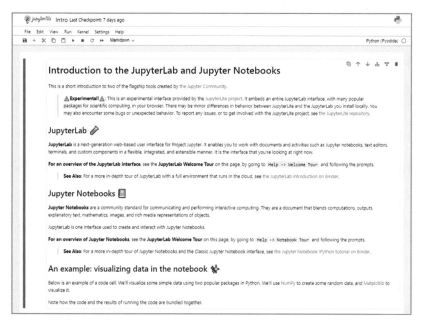

图 2-21　Jupyter 浏览器版界面

# 2.3　Python 基本语法

## 2.3.1　基本数据类型

本节主要介绍 Python 3.x 的各种数据类型以及如何将这些数据类型存储到变量中，同时介绍如何使用这些变量。在 Python 3.x 中一共有六种数据类型，它们分别是 Number（数字）、String（字符串）、List（列表）、Tuple（元组）、Set（集合）和 Dictionary（字典）。这六种数据类型，按照数据是否可改变，又分为不可变数据和可变数据，其中，Number、String、Tuple 是不可变数据，不可变数据类型也就是说改变这个数据类型会分配一个新的对象；List、Dictionary、Set 三者则是可变数据。

### 1. 常量与变量

常量指的是不会变化的量，但实际上在 Python 中并没有常量，因为 Python 不像一些语言（比如 C/kotlin）一样定义了 const 修饰符。虽然在语法上 Python 并没有常量，但是开发者可以自定义常量，在开发中一般用变量名全大写的形式来表示这是一个常量。

与常量相对应的是变量，变量顾名思义就是可以变化的量。开发者可以通过变量名来访问一个变量，如现在新建一个 hello_ python.py 文件（后缀 .py 指这个文件是一个 Python 程序，运行该程序的时候编辑器就会使用 Python 解释器来运行它），代码如下：

```
//hello_python.py
1:  text = "Hello Python!"
2:  print(text)
```

将这个程序编译运行，可以看到屏幕上输出了"Hello Python!"。在这个程序里面，定义了一个名为 text 的变量。需要注意的是，每个变量都存储了一个值，这个值是和该变量相关联的信息。在 hello_ python.py 这个文件里，变量 text 存储的值为文本"Hello Python!"。

在程序中也可以随时修改变量的值，如现在修改 hello_python.py 程序中的变量 text：

```
//hello_python.py
1:  text = "Hello Python!"
2:  print(text)
3:
4:  text = "Hello World!"
5:  print(text)
```

将修改后的程序编译运行之后可以在输出界面看到如下的输出结果：

```
Hello Python!
Hello World!
```

有两行输出，其中 text 存储的文本已经被修改为"Hello World!"，因为 Python 会不断地记录变量的最新值。不过需要注意的是，在 Python 中给变量命名的时候并不能随意命名，需要遵循的一些命名规则如下。

（1）变量名只能由字母、数字以及下画线组成。命名时不可以数字开头，只能以字母或下画线开头。例如，可以把变量命名为 text_1，但不能将其命名为 1_text。

（2）变量名不能有空格，可以用下画线来分隔这些单词。比如现在把变量命名为 important text 会引发错误，但是命名为 important_text 则没问题。

（3）不可把 Python 的保留单词也就是关键字和函数用来当作变量名，如 and。

（4）变量名不应太长，应该简短又具有代表性。例如，height 比 h 好，important_text 比 i_t 好，name_weight 比 weight_of_persons_name 好。

以上就是对 Python 变量进行命名时的一些基本规则。编程时应该养成良好的命名习惯，这需要大量的练习和实践，尤其是当程序复杂的时候更应如此。在 Python 中用关键字来称呼一些具有特殊功能的标识符，关键字是 Python 自身使用的。开发者在编写程序的时候不允许定义和 Python 关键字重名的变量、函数、类、模板以及其他对象等。Python 常用关键字如表 2-1 所示。

表 2-1　Python 常用关键字

| False | None | True | and | as | assert |
|-------|------|------|-----|-----|--------|
| break | class | continue | def | del | elif |
| else | except | finally | for | from | global |
| if | import | in | is | lambda | nonlocal |
| or | not | pass | return | try | raise |
| while | with | yield | | | |

在 Python 中每个关键字都有其独特的含义，可以使用如下命令来查看 Python 中所有的关键字：

```
>>>import keyword
>>>keyword.kwlist
```

执行完上面的命令后会有如下的结果：

```
['False', 'None', 'True', 'and', 'as', 'assert', 'break', 'class',
'continue', 'def', 'del', 'elif', 'else',
'except', 'finally', 'for', 'from', 'global', 'if', 'import', 'in', 'is',
'lambda', 'nonlocal', 'not', 'or', 'pass', 'raise', 'return', 'try',
'while', 'with', 'yield']
```

### 2. 数字

在编写程序的时候，开发者常常会使用数字来记录比赛得分、身高、体重等各种信息。Python 会根据数字的不同用法选择相对应的方式来处理它们。在 Python 3.x 中，Python 支持 int、float、bool 以及复数（complex）这几种数字。下面将依次讲解这些类型。

首先是整数，Python 3.x 与 Python 2.x 不同，在 Python 3.x 中只有一种整数类型 int，并不像 Python 2.x 中还存在 Long 类型。在 Python 中，开发者可对整数进行加（＋）减（－）乘（＊）除（/）以及乘方和取余的运算，如下：

```
>>> 1 + 2  # 加法
3
>>> 2 - 1  # 减法
1
>>> 1 * 2  # 乘法
2
>>> 1 / 2  # 除法，得到一个浮点数
0.5
>>> 2 ** 3 # 乘方
8
>>> 2 % 3 # 取余
2
```

> 注意：
> （1）可以同时为不止一个变量赋值，比如：x, y = 5, 6。
> （2）在 Python 中，一个变量可以通过赋值指向不同类型的对象。
> （3）在 Python 中，数值的除法有两个运算符：/ 返回一个浮点数，// 返回一个整数。
> （4）在进行混合计算的时候，Python 会将整型的数转换为浮点数。

在 Python 3.x 中，布尔值 bool 分为 True 和 False，它们的值分别为 1 和 0，同时也可以和数字相加。Python 还支持复数，由实数部分和虚数部分构成，其中实部和虚部都是浮点型，可以用 a+bj,或者 complex(a,b) 表示。

### 3. 字符串

字符串是由有限个字符组成的序列，作为 Python 最常用的数据类型之一，开发者可以使用单引号或者双引号来创建字符串，如下所示：

```
string1 = 'A String'
string2 = "Another String"
```

由于可以使用单引号或者双引号这一灵活性，开发者可以在字符串中包含引号和撇号，如下所示：

```
string1 = 'She say"I want to start learning Python".'
String2 = "The language 'Python' is not the snake."
```

在 Python 中，开发者可以用很多方式来使用字符串，最常用的就是改变字符串的大小写，如下所示：

```
text = "hello python"
print(text.title())
```

将这两行代码保存到 text.py 文件中，随后编译运行，可以在屏幕看到如下的输出：

```
Hello Python
```

在这个案例中，本书将"hello python"这个全是小写的字符串存储到了变量 text 中。在 print()语句中对变量 text 使用了方法 title()。方法是 Python 可以对数据进行的操作。title()这个方法的作用是将字符串中每个单词的首字母都改为大写，这个方法比较有用，特别是在处理名字这些信息的时候，利用该方法可将所有人的名字一次性改为首字母大写的形式来保存起来。

除了 title()这个方法以外，Python 还有很多实用的方法，如字符串的拼接、使用制表符或换行符来添加空白、删除空白等。同时，Python 字符串还有字符串运算符、转义字符、字符串格式化等操作，由于篇幅所限，本书就不一一赘述。

**4. 列表**

列表是 Python 中使用最多的一种数据类型，它由一些按特定顺序排列的元素组成。列表能够让开发者存储成组的信息，里面可以包含几个甚至上百万个元素，这些元素可以是不同数据类型的数据、对象，甚至是别的列表。在 Python 中，方括号"[]"用来表示一个列表，其中，列表里面的元素用逗号分隔开来。定义一个简单的列表，如下所示：

```
student= ['class', 'number', 'age', 'height', 'weight']
print(student)
```

如果直接打印一个列表的话，那么 Python 将会将该列表的内部表示打印出来，包括该列表的方括号。上面的代码编译运行后如下所示：

```
['class', 'number', 'age', 'height', 'weight']
```

但是有时候这个列表的内部表示并不是开发者所想看到的输出结果，那么下面就来说如何访问列表的元素。由于列表是一个有序集合，所以只需要指出元素的索引位置即可访问该列表的元素，若需从列表 student 中提取班别信息，则可使用 student[0]进行访问，代码如下：

```
students= ['class', 'number', 'age', 'height', 'weight']
print(student[0])
```

上面就是访问列表元素的语法，输出整洁而干净，如下所示：

```
class
```

同时，和大多数编程语言一样，在 Python 中第一个列表元素的索引是 0 而不是 1。开发者也可以像使用变量一样使用列表中的值，例如，现在可以根据列表中的值来使用拼接创建消息，如下所示：

```
student= ['class', 'number', 'age', 'height', 'weight']
text = "The student " + student [1].title() + " is 01"
print(text)
```

上面的代码用 student [1]的值来生成了一个句子，并将其存储在变量 text 中。输出如下所示：

```
The student number is 01
```

由于所创建的列表都是动态的，所以当列表创建完成后，开发者可以对列表进行增删改查操作，如下所示：

```
student= ['class', 'number', 'age', 'height', 'weight']
print(student)
del(student[0])   # 删除列表元素，删除后将无法再访问该元素
print(student)
```

编译运行后可看到以下的输出：

```
['class', 'number', 'age', 'height', 'weight']
'number', 'age', 'height', 'weight']
```

在 Python 中有一些列表的内置函数，如表 2-2 所示。

表 2-2    Python 列表内置函数

| 函数 | 功能 |
| --- | --- |
| len(list) | 返回列表元素个数 |
| max(list) | 返回列表元素最大值 |
| min(list) | 返回列表元素最小值 |
| list(tuple) | 将元组转换为列表 |

除了这些内置函数还有一些列表的方法，如表 2-3 所示。

表 2-3    Python 列表方法

| 方法 | 功能 |
| --- | --- |
| list.append(obj) | 在列表末尾添加一个新的对象 |
| list.count(obj) | 计算该元素在列表中出现的次数 |
| list.extend(list) | 在列表的末尾用新列表扩展原来的列表 |
| list.index(obj) | 在列表中找到该元素的索引位置 |
| list.insert(index, obj) | 把对象插入列表 |
| list.pop() | 将列表的最后一个元素移除，并返回该元素的值 |
| list.remove(obj) | 移除列表中某个值的第一个匹配项 |
| list.reverse() | 将列表中的元素反转 |
| list.sort() | 对列表进行排序 |

### 5. 元组

由于列表是可以修改的，所以列表十分适合使用在那些可能会发生变化的数据集中。但是有时候开发者需要创建一些不可修改的列表，Python 就把这种不可变的列表称为元组。在 Python 中，元组用"()"来表示，和列表有点相似，元组里面的元素也是用逗号来分隔开的。元组的创建也非常简单，创建完成后也可像列表一样访问元组的元素，如下所示：

```
student1 = ('Zhang San','1998','170','120')
student2 = ('Li Si','1999','170','120')
print(student1[0])
print(student2[0])
```

以上的实例运行结果如下：

```
Zhang San
Li Si
```

虽然元组是不可以修改的，但是可以对元组进行连接操作，如下：

```
student1 = ('Zhang San','1998','170','120')
student2 = ('Li Si','1999','170','120')
students = student1 + student2
print(students)
```

以上实例运行结果如下：

```
('Zhang San','1998','170','120', 'Li Si','1999','170','120')
```

由于元组不可修改，所以开发者无法删除元组里面的元素，要想删除的话只能使用 del()来删除整个元组。在 Python 中也有内置的元组函数，如表 2-4 所示。

表 2-4　Python 内置元组函数

| 函数 | 功能 |
| --- | --- |
| cmp(tuple1, tuple2) | 比较两个元组元素大小 |
| len(tuple) | 计算元组元素个数 |
| max(tuple) | 返回元组元素最大值 |
| min(tuple) | 返回元组元素最小值 |
| tuple(list) | 将列表转换为元组 |

### 6. 集合

集合和列表有点相似，都是一个无序的元素序列，但集合里面的每个元素都必须是独一无二的。集合的创建比较简单，在 Python 中使用"{}"或者 set() 函数来创建一个集合。但是需要注意的是，如果要创建一个空集合，就必须用 set()函数而不是"{}"，因为"{}"是用来创建一个空字典的，如下：

```
student={'class', 'weight', 'age', 'number', 'height', 'age', 'height',
'weight'}
print(student)
'age' in student    # 判断元素是否在集合内
```

编译运行该代码可以得到以下的结果：

```
{'class', 'weight', 'age', 'number', 'height'}
True
```

从上面的运行结果可以看到，Python 会自动将集合里面的元素去重；同时，Python 还提供许多面向集合的基本操作，如表 2-5 所示。

表 2-5　Python 集合基本操作

| 操作 | 功能 |
| --- | --- |
| set.add(a) | 如果元素 a 存在就把元素添加到集合中，否则不进行任何操作 |
| set.update(a) | 把元素 a 添加到集合中，参数可以是列表、元组、字典等 |
| set.remove(a) | 把元素 a 从集合 set 中移除，如果 a 不存在，就会发生错误 |
| set.discard(a) | 把元素 a 从集合 set 中移除，就算 a 不存在也不会发生错误 |
| set.pop() | 随机弹出一个元素 |
| len(set) | 计算集合 set 中元素的个数 |
| set.clear() | 将集合 set 清除 |
| del set | Python 内置的删除方法 |
| x & y 或者 x.intersection(y) | 求集合 x 和集合 y 的交集 |
| x \| y 或者 x.union(y) | 求集合 x 和集合 y 的并集 |
| x - y 或者 x. difference (y) | 求集合 x 和集合 y 的差集 |

### 7. 字典

字典其实就是一系列的键值对，其中每一个值都与一个键相关联，开发者可以使用一个键来访问和它相关联的值。同时字典可存储任意类型对象，如字符串、数字、元组等。

在 Python 可以使用花括号{}来创建一个字典，字典中的每个键值对用冒号":"来分割，每个键值对之间用逗号","来分割，其格式如下：

```
dictionary = {key1 : value1, key2 : value2 }
```

在字典中，键必须是唯一的，但对应的值可以不是唯一，可以取任意的数据类型。比如，可采用如下方式创建一个简单的字典：

```
student = {'class' : 01, 'age' : 18, 'number' : 001, 'height' : 175,
'weight' : 120}
```

也可以这样创建字典：

```
dictionary1 = {'asd' : 123}
dictionary2 = {123 : 456}
```

如果想要访问字典中的元素，可以指定字典名或者把对应的键放在方括号中，如下所示：

```
student = {'class' : 1, 'age' : 18, 'number' : 100, 'height' : 175, 'weight' :
120}
```

```
print ("student ['class']: ", student['class'])
print ("student['age']: ", student['age'])
```

以上实例的输出结果为：

```
student ['class']: 1
student['age']:18
```

如果用字典里没有的键来访问数据的话就会出现错误，如下所示：

```
student = {'class' : 1, 'age' : 18, 'number' : 100, 'height' : 175, 'weight':
120}
print("student ['name']: ", student['name'])
```

运行上述代码，则可得到以下的输出：

```
File " test.py", line 2, in <module>
        print("student ['name']: ", student['name'])
KeyError: 'name'
```

开发者可以通过添加新的键值对的方式来向字典添加新内容，如下所示：

```
student = {'class' : 1, 'age' : 18, 'number' : 100, 'height' : 175, 'weight':
120}
student['age'] = 19 #更新 age
student['name'] = 'ZhangSan' #添加信息
print ("student['age']: ", student['age'])
print ("student ['name']: ", student['name'])
```

以上代码编译运行后可得如下结果：

```
student['age']: 19
student ['name']: ZhangSan
```

在 Python 中既能删除字典中的单一元素，也可清空字典。用 del 命令删除一个字典，如下所示：

```
student = {'class' : 1, 'age' : 18, 'number' : 100, 'height' : 175, 'weight':
120,'name':'ZhangSan'}
del student['name'] # 删除键'name'
student.clear() # 清空字典
del student # 删除字典

print ("student['age']: ", student['age'])
print ("student ['name']: ", student['name'])
```

以上的代码会引发异常，因为在执行 del 操作后字典将不存在，如下所示：

```
File " test.py", line 6, in <module>
        print ("student['age']: ", student['age'])
NameError: name 'student' is not defined
```

在使用字典的时候需要注意以下两个问题。

（1）同一个键不能出现两次，如果同一个键被赋值两次的话，只会记住后一个值。

（2）键一定不可变，所以不能用列表充当键，因为列表是可变的。

在 Python 中，字典有如表 2-6 的内置函数。

表 2-6　Python 字典内置函数

| 函数 | 功能 |
| --- | --- |
| str(dictionary) | 以可打印的字符串形式将字典输出 |
| len(dictionary) | 计算字典中元素的个数 |
| type(variable) | 返回输入的变量类型，如果是字典就返回字典 |

### 2.3.2　基本语句

**1. if 语句**

在进行编程时，有时候需要检查一些条件，并根据这些条件来决定采用什么措施。在 Python 中，if 语句能够让开发者检查程序的状态以采取相应的措施。作为一个单分支语句，if 语句一般为如下形式：

```
if 条件:
     代码块
```

if 语句的执行流程如图 2-22 所示。

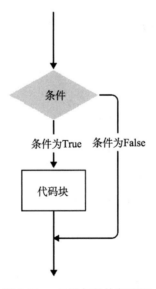

图 2-22　if 语句的执行流程

下面举一个简单的实例：

```
x = 0
if x:
     print ("x为 true")
```

```
    print (x)
y= 123
if y:
    print ("y为true")
    print (y)
```

将以上代码编译运行，可以得到如下结果：

```
y为true
123
```

从上面的结果可以看出，由于 x 为 0，所以对应 if 的语句没有执行。

除了单分支语句外，Python 也有多分支语句。但是在 Python 中没有 switch 语句和 case 语句，同时也用 elif 代替了 else if，所以多分支语句的基本格式为：

```
if x1:
    y1
elif x2:
    y2
else:
    y3
```

如果 x1 为 True，将执行 y1 块语句，否则就判断 x2，如果 x2 为 False 则继续往下判断。下面通过一个猜数字的小游戏来示范 if 语句的多分支语句：

```
target= 15
guess = int(input("请输入你猜的数字: "))
if guess == target:
    print("恭喜，你猜对了! ")
elif guess < target:
    print("猜小了")
elif guess > target:
    print("猜大了")
```

将以上代码保存到 test.py 文件中编译运行，可得以下结果：

```
请输入你猜的数字: 123
猜大了
```

在 Python 中，开发者也可对 if 语句进行嵌套使用，如下：

```
if x1:
    y1
elif x2:
    y2
    if x3:
    y3
    elif x4:
    y4
    else:
    y5
else:
    x5
```

if 语句中还可以使用比较运算符，常见的运算符如表 2-7 所示。

表 2-7    if 语句常见运算符

| 运算符 | 描述 |
| --- | --- |
| != | 不等于 |
| < | 小于 |
| <= | 小于等于 |
| == | 等于 |
| > | 大于 |
| >= | 大于等于 |

### 2. 循环语句

在 Python 中，循环语句分为 for 和 while 两种，在这里首先介绍 for 循环。在 Python 中，for 循环经常用于遍历列表、元组和字典等一系列数据类型，利用 for 循环，开发者可以逐个获取列表等类型的各个元素，其语法格式一般如下：

```
for 变量 in 对象:
    代码
```

其中，上面的对象可以为字符串、列表、元组、字典和集合等数据类型，里面的代码部分又称循环体。for 循环语句的执行流程如图 2-23 所示。

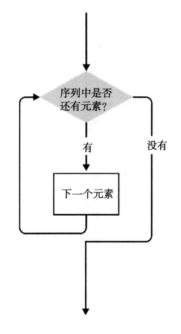

图 2-23    for 循环语句的执行流程

下面通过一个例子来展示 for 循环语句的用法，具体代码如下：

```
students = ['adam', 'mike', 'tom','helen']
for student in students:
        print(student)
```

该代码运行结果如下：

```
adam
mike
tom
helen
```

输出比较简单，可以看到，当使用 for 循环遍历列表 students 的时候，列表里面的每个值都会被先后赋给迭代变量 student 并代入循环中使用，随后通过 print()语句对列表 students 里面的每一位学生的名字进行输出。

下面介绍 while 循环。如上面所说，for 循环作用于一个序列中的每个元素，而 while 循环则是直到指定的条件不满足时才会退出当前循环，其语法格式一般如下：

```
while 条件：
        代码块
```

while 循环语句的执行流程如图 2-24 所示。

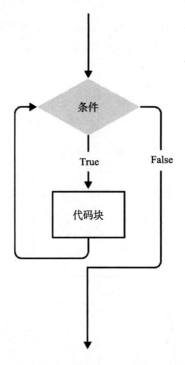

图 2-24　while 循环语句的执行流程

需要注意的是，Python 中并没有 do while 循环语句，下面利用 while 循环来完善前面的猜大小游戏代码，如下：

```
target= 123
guess = 0
while guess != target:
        guess = int(input("请输入你猜的数字："))
        if guess == target:
                print("恭喜，你猜对了！")
        elif guess < target:
                print("猜小了")
        elif guess > target:
                print("猜大了")
```

运行结果如下：

```
请输入你猜的数字：100
猜小了
请输入你猜的数字：150
猜大了
请输入你猜的数字：123
恭喜，你猜对了！
```

在使用 while 循环语句时需要注意的是，每个 while 循环都必须有结束标志，不然程序会不断地循环执行下去，在实际编写代码的时候需要避免这种无限循环的情况。

### 3. 退出语句

在使用循环语句时，如果在循环还没结束时就想退出当前循环，这时需用到退出语句。在 Python 中，退出语句分为 break 和 continue，其中 break 语句是跳出整个循环，而 continue 语句则是跳出本次循环。

break 语句在 Python 中用于 for 和 while 循环中，用来终止其循环。break 语句的使用非常简单，只需要在想要终止的循环中直接加入即可，如下：

```
for x in range(1,100):
    if(x == 5):
      break
  print(x)
```

输出结果如下：

```
1
2
3
4
```

从上面的结果中不难看出，当程序循环至 x=5 时，break 语句就会执行，而后直接终止这个循环。

continue 语句和 break 语句一样用于 for 和 while 循环中，用于终止当前循环，直接跳到下一个循环。continue 语句的使用和 break 语句一样，只需要在想要终止的循环中直接加入即可，如下所示：

```
i = 1
while i < 10:
    i = i + 1
    if i % 2 != 0:        # 如果 n 是奇数，执行 continue 语句
        continue          # continue 语句会直接继续下一轮循环，后续的 print()语
句不会执行
    print(i)
```

输出结果如下所示：

```
2
4
6
8
```

分析上面的输出结果，可以看到程序打印介于 0 和 10 之间的偶数，当 i 为奇数时使用 continue 语句跳过当前循环而继续下一个循环。

### 2.3.3 函数的定义与使用

函数其实就是一段带名字的代码，用来完成某个具体的操作。当开发者要执行某个函数所定义的操作时，可以调用该函数。因此在程序中多次执行同一项任务时，无须反复编写该操作的代码，直接调用函数即可，这极大地提高了代码的可重用性。

Python 提供了许多内置函数，比如 input()等。不过开发者也可以创建自己的函数，这叫作自定义函数。在 Python 中用 def 关键字来定义一个函数，语法格式如下：

```
def 函数名（参数列表）：
    函数体
```

需要注意的是，在默认情况下参数值和参数名称的匹配需按照函数声明中定义的顺序。下面演示一下最简单的函数结构，这是一个打印"Hello Python！"的简单函数，函数名为 hello_python ()，如下：

```
def hello_python ():
    print("Hello Python!")

hello_python ()
```

从输出结果可以看到，该函数打印出了"Hello Python！"。这是最为简单的情况，下面来给这个函数带上参数变量：

```
def hello(text):
    print("Hello " + name.title() + "!")

name = 'tom'
hello(name)
```

在这里，hello(name)调用了函数 hello()，并提供了执行 print()语句所需要的名字信息。在这个函数里会接收传递给它的名字，并进行输出：

```
Hello Tom!
```

这样做的好处是，调用时不管传入什么值到 name 变量值，该函数都会生成相对应的输出。在函数 hello()中，变量 name 是一个形参。形参顾名思义就是形式参数，它并没有实际的值，可以把它理解为变量。在调用代码 hello (name) 中，name 是一个实参。实参顾名思义就是实际参数，它是开发者在调用函数时所传递给函数的信息。在调用函数时，将实参 name 传递给了函数 hello ()，然后实参的值就会被存储在形参 text 中。

由于定义一个函数的时候可能会有多个形参，所以在调用函数的时候也会有多个实参。在 Python 中，有很多种方法向函数传递实参，如位置参数、默认参数、变长参数、关键字参数以及命名关键字参数。在这五种传递方式里面比较常用的有位置参数、变长参数、默认参数和关键字参数，下面依次介绍这几种方式。

### 1. 位置参数

位置参数要求实参的顺序与形参的顺序相同，这是最为简单的参数传递方式，也比较常见。现在来看一个显示学生信息的函数，用位置参数来传递实参。这个函数指出一个学生的名字、性别以及学号，如下所示：

```
def student_information(student_name, student_sex,student_number):
    #显示学生信息
    print(student_name.title() + " is a " + student _sex + " and the
number is " + student_number)

student_information ('tom', 'boy','001')
```

输出如下所示：

```
Tom is a boy and the number is 001
```

可以看到函数的输出描述了学生 tom 的一些信息，开发者也可以多次调用函数，如下：

```
def student_information(student_name, student_sex,student_number):
    #显示学生信息
    print(student_name.title() + " is a " + student _sex + " and the
number is " + student_number)

student_information ('tom', 'boy','001')
student_information ('jerry', 'boy','002')
```

输出如下：

```
Tom is a boy and the number is 001
Jerry is a boy and the number is 002
```

需要注意的是，在使用位置参数来传递实参时，一定要保证实参和形参的顺序一致，否则结果就会出现错误，如下：

```
def student_information(student_name, student_sex,student_number):
    #显示学生信息
    print(student_name.title() + " is a " + student _sex + " and the
```

```
number is " + student_number) student_information ('boy', '001',' tom')
```

有如下的输出：

```
Boy is a 001 and the number is tom
```

从输出结果可以看到，这并不是我们希望得到的运行结果，因此使用位置参数时一定要注意顺序问题。

### 2. 变长参数

开发者在编写程序时，有时候并不知道函数需要多少个实参，这时候就需要用到变长参数了。Python 允许函数接收任意数量的实参。比如，打印一个班级的学生：

```
def class1(*students):
        #打印一个班级的学生
        print(students)

class1('tom', 'jerry',' adam','harry')
```

上面函数的“*students”这个形参名前面的“*”会让 Python 创建一个空的元组“students”，传递的所有实参值都会被封装到该元组中。输出如下：

```
('tom', 'jerry', 'adam', 'harry')
```

由于变长参数是封装到元组中的，所以可以用一个循环语句将这条 print()语句替换，对学生进行遍历，如下：

```
def class1(*students):
        #遍历打印一个班级的学生
        for student in students:
            print(student)

class1('tom', 'jerry',' adam','harry','aaron')
```

不管有多少个实参，这种语法都能用。输出如下：

```
tom
jerry
adam
harry
aaron
```

### 3. 默认参数

在编写程序的时候，可以给函数的形参设置一个默认值，也就是默认参数。使用默认值可以清楚地指出该函数的用法，同时也可以简化函数的调用。如果在调用函数时没有传递实参，Python 就会使用形参的默认值；否则，就会使用开发者指定的值。所以当开发者给形参指定一个默认值后，在函数调用中就可以省略与形参相应的实参，如下：

```
def add(x,y=3):
        print(x+y)
```

```
add(4)
add(3,5)
```

输出结果如下：

```
7
8
```

#### 4. 关键字参数

当编写的程序比较复杂时，开发者很难将所有的参数顺序记住。这时可以给参数起一个名字，以便让程序不出错，而这就是关键字参数。比如，现在对之前位置参数的函数进行修改，代码如下：

```
def student_information(student_name, student_sex,student_number):
    #显示学生信息
    print(student_name.title() + " is a " + student _sex + " and the
number is " + student_number)

student_information (student_name='tom', student_sex='boy', stu-
dent_number='001')
student_information (student_sex='boy', student_number='002',student_
name='jerry')
```

以上代码输出的结果：

```
Tom is a boy and the number is 001
Jerry is a boy and the number is 002
```

可以看到，和位置参数不一样，在使用关键字参数的时候就算改变实参的地址也不会影响最后的输出结果。也就是说在使用关键字参数时，传递实参并不需要指定实参的顺序。

虽然使用关键字参数时并不需要给定参数顺序，但是要注意的是，一定要正确地给出函数定义中的形参名。

#### 5. 匿名函数

匿名函数是指不需要显式地给出函数的定义，在 Python 中用关键字 lambda 来创建一个匿名函数，它的一般格式为：

```
lambda [变量1 [,变量2,...,变量n]]:表达式
```

可以看到，用 lambda 表达式比用 del 来定义一个函数要简单得多，如下：

```
sub = lambda x1, x2: x2 - x1
print("x2 - x1 = ", sub(120, 123))
```

上面的代码输出结果为：

```
x2 - x1 = 3
```

#### 6. 返回值

函数并不总是直接输出结果的，它可以用来处理一些数据，然后返回一个或一组值。在 Python 中，return()语句用于退出函数，同时也可以返回一个表达式，如下所示：

```
def sub(x1,x2):
    target = x2 - x1
  return target

target = sub(111,123)
print("x2 - x1 = ", target)
```

输出结果如下所示：

```
x2 - x1 = 12
```

### 2.3.4　案例：网络电影的播放量排行榜

本节通过案例介绍如何利用 Python 对收集而来的数据进行排序操作。这里收集了 2021 年 6 月的网络电影播放量信息，随后将该数据存放在 BaPy_data.xlsx 文件的 BBdata 工作表中，如表 2-8 所示。

表 2-8　2021 年 6 月网络电影播放量信息

| 电影名称 | 上映天数 | 平台 | 当月播放量/万 | 全网热度 |
|---|---|---|---|---|
| 《九叔归来 2》 | 55 | 腾讯视频 | 1 500 | 35.85 |
| 《九门》 | 48 | 全平台 | 1 252 | 39.04 |
| 《锦鼠御猫之九幽血狼》 | 37 | 全平台 | 2 750 | 41.23 |
| 《东北喜事之山炮扶上墙》 | 42 | 腾讯视频 | 2 983 | 44.31 |
| 《黄皮子坟》 | 38 | 全平台 | 8 639 | 49.68 |
| 《岁月忽已暮》 | 21 | 全平台 | 1 137 | 49.01 |
| 《西游之双圣战神》 | 23 | 腾讯视频 | 1 923 | 48.78 |
| 《山歌》 | 19 | 腾讯视频 | 365 | 46.11 |
| 《牛头不对马嘴》 | 26 | 腾讯视频 | 2 110 | 46.02 |
| 《东北老炮儿 2》 | 31 | 腾讯视频 | 2 564 | 32.4 |
| 《别叫我情圣》 | 52 | 腾讯视频 | 477 | 31.82 |
| 《虚拟世界》 | 64 | 腾讯视频 | 15 | 32.65 |
| 《奇花记》 | 64 | 腾讯视频 | 1 888 | 44.32 |
| 《狄仁杰之伏妖篇》 | 28 | 腾讯视频 | 920 | 45.64 |
| 《射雕英雄传之九阴白骨爪》 | 33 | 腾讯视频 | 6 097 | 45.32 |
| 《倩女仙缘 2》 | 34 | 腾讯视频 | 921 | 45.25 |
| 《长生志》 | 20 | 全平台 | 60 | 36.03 |
| 《跨越时空去爱你》 | 14 | 腾讯视频 | 149 | 47.02 |
| 《绝色逃生》 | 17 | 腾讯视频 | 1 238 | 33.7 |
| 《摸金玦之守护人》 | 73 | 腾讯视频 | 469 | 33.04 |

在本案例中主要用到 Pandas 和 Matplotlib 两个库，这两个库本书会在接下来的章节中详细讲解。

（1）根据当月的播放量对收集到的电影数据进行排列，可以用 Pandas 中的方法

sort_values()来进行排序。该方法是根据某一列来进行排序，其基本格式如下：

```
pandas.sort_values(by="X",inplace=True, ascending=True)
```

Pandas 会按照 X 这个字段排序，inplace 的默认值为 False，如果为 True 的话就会在当前的 dataframe 上操作。ascending 默认值为 True，按从小到大排列，False 的话则相反。

现在来编写排序的代码，如下：

```
import os
import pandas as pd
print(os.getcwd())

os.chdir("D:\\myPY")
print(os.getcwd())

rexcel=pd.read_excel('BaPy_data.xlsx')
rexcel.sort_values(by='当月播放量（万）',inplace=True,ascending=False)
print(rexcel)
```

排序结果如图 2-25 所示。

```
D:\myPY
         电影名称      上映天数      平台    当月播放量（万）    全网热度
4          黄皮子坟        38    全平台         8639     49.68
14  射雕英雄传之九阴白骨爪    33   腾讯视频         6097     45.32
3    东北喜事之山炮扶上墙    42   腾讯视频         2983     44.31
2    锦鼠御猫之九幽血狼    37    全平台         2750     41.23
9        东北老炮儿2     31   腾讯视频         2564     32.40
8        牛头不对马嘴     26   腾讯视频         2110     46.02
6        西游之双圣战神     23   腾讯视频         1923     48.78
12          奇花记        64   腾讯视频         1888     44.32
0         九叔归来2        55   腾讯视频         1500     35.85
1            九门        48    全平台         1252     39.04
18          绝色逃生        17   腾讯视频         1238     33.70
5         岁月忽已暮        21    全平台         1137     49.01
15        倩女仙缘2        34   腾讯视频          921     45.25
13    狄仁杰之伏妖篇        28   腾讯视频          920     45.64
10        别叫我情圣        52   腾讯视频          477     31.82
19      摸金珠之守护人        73   腾讯视频          469     33.04
7            山歌        19   腾讯视频          365     46.11
17      跨越时空去爱你        14   腾讯视频          149     47.02
16          长生志        20    全平台           60     36.03
11          虚拟世界        64   腾讯视频           15     32.65

Process finished with exit code 0
```

图 2-25　排序结果

（2）筛选 2021 年 6 月播放量在 2 000 万以上的电影。这里使用 apply()函数及 loc 方法，代码如下：

```
import matplotlib.pyplot as plt
```

```
import os
import pandas as pd
print(os.getcwd())

os.chdir("D:\\myPY")
print(os.getcwd())

def video(x):
    return x >=2000

rexcel=pd.read_excel('BaPy_data.xlsx')
rexcel=rexcel.loc[rexcel['当月播放量（万）'].apply(video)]
print(rexcel)
```

其中，apply()函数是用来遍历该列里面的所有数据，保留符合条件的数据结果，而 loc 方法则通过标签来选取对应的行和列，具体筛选结果如图 2-26 所示。

| D:\myPY | 电影名称 | 上映天数 | 平台 | 当月播放量（万） | 全网热度 |
|---|---|---|---|---|---|
| 2 | 锦鼠御猫之九幽血狼 | 37 | 全平台 | 2750 | 41.23 |
| 3 | 东北喜事之山炮扶上墙 | 42 | 腾讯视频 | 2983 | 44.31 |
| 4 | 黄皮子坟 | 38 | 全平台 | 8639 | 49.68 |
| 8 | 牛头不对马嘴 | 26 | 腾讯视频 | 2110 | 46.02 |
| 9 | 东北老炮儿2 | 31 | 腾讯视频 | 2564 | 32.40 |
| 14 | 射雕英雄传之九阴白骨爪 | 33 | 腾讯视频 | 6097 | 45.32 |

图 2-26　筛选结果

也可以使用 matplotlib. pyplot 模块来实现按播放量排序的柱状图的功能，具体代码如下：

```
import matplotlib.pyplot as plt
import os
import pandas as pd
plt.rcParams['font.sans-serif']=['SimHei'] #用来正常显示中文标签
plt.rcParams['axes.unicode_minus']=False #用来正常显示负号
print(os.getcwd())

os.chdir("D:\\myPY")
print(os.getcwd())

rexcel=pd.read_excel('BaPy_data.xlsx')

rexcel.sort_values(by='当月播放量（万）',inplace=True,ascending=False)
rexcel.plot.bar(x='电影名称',y='当月播放量（万）',color='blue',title='6月
网络电影播放量')

plt.tight_layout()
plt.show()
```

输出结果如图 2-27 所示。

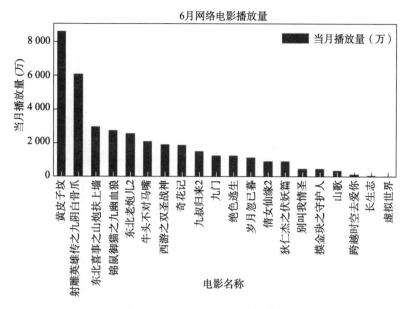

图 2-27　网络电影播放量柱状图

从图 2-27 中可以看出，2021 年 6 月网络电影播放量中，电影《黄皮子坟》的播放量最高，为 8 000 余万，排名第二位的电影是《射雕英雄传之九阴白骨爪》，播放量约为 6 000 万。这两部电影的播放量远远高于其他电影，播放量最低的电影是《虚拟世界》。

# 2.4　基本分析包

## 2.4.1　数值分析包 NumPy

NumPy（Numerical Python）是一个 Python 拓展库，可以用来进行各种大型矩阵的操作，相比 Python 自身，用嵌套列表来表示矩阵要高效得多。除了矩阵操作，NumPy 还提供了大量用于数组运算的函数库。

NumPy 是由 Travis Oliphant 于 2005 年创建的一个开源项目，它的源代码可以在 Github 上找到，具体地址为：https://github.com/numpy/numpy。

NumPy 主要用在数组计算上，它提供了一个比 Python 列表快 50 倍的数组对象，该数组对象为 ndarray。同时，NumPy 也包含用来整合 C/C++代码的工具以及傅里叶变换、随机数生成、线性代数等功能。

下面介绍如何安装 NumPy，最为简单的方法是采用 pip 命令，若安装的是 Python3.x 版本，还可用 pip3 命令，安装代码如下：

```
pip3 install --user numpy scipy matplotlib
```

--user 是用来设置不写入系统目录，而只安装在当前的用户下。

安装好之后可以验证是否安装成功，验证方法如下：

```
>>> import numpy as np
>>> print( np.random.rand(6,4))
```

import 关键字会将 NumPy 库导入当前的程序，通常用别名 np 来导入。别名也就是同一事物的代替，在 Python 中用关键字 as 来创建一个别名。上面的代码会输出一个随机的 6×4 矩阵，如图 2-28 所示。

```
>>> import numpy as np
>>> print(np.random.rand(6,4))
[[0.12906631 0.97533586 0.70952945 0.3718165 ]
 [0.91596763 0.85821458 0.83003843 0.80656282]
 [0.97762609 0.73130688 0.69391163 0.68958868]
 [0.69725169 0.26764026 0.97836517 0.05651754]
 [0.9284814  0.66822361 0.23505876 0.94216925]
 [0.30977102 0.12974872 0.57172618 0.1088727 ]]
```

图 2-28    random 代码运行结果图

也可以安装 NumPy 的 Python 发行版，比如 Spyder NumPy 和 Anaconda 等。当安装好 NumPy 之后就可以进行使用了。正如本书前面所述，NumPy 主要用于数组计算，其数组对象为 ndarray。ndarray 是一个多维数组，用来存放同类型数据的集合，下标索引同样从 0 开始。在 NumPy 中，可以使用 array() 函数来创建一个 ndarray 对象，如下：

```
import numpy as np

array1 = np.array([[1, 2, 3], [4, 5, 6],[7,8,9]])
print(type(array1))
print(array1)
```

输出结果如下：

```
<class 'numpy.ndarray'>

[[1 2 3]
 [4 5 6]
 [7 8 9]]
```

开发者也可以使用 randn() 和其他函数来产生一组矩阵，如下：

```
import numpy as np
from numpy.random import randn

array1 = randn(2).reshape(1, 2)  #创建一个个数为2,1行2列的数组
array2 = np.random.rand(2,3)     #创建一个2行3列的，值在[0,1]之间的array
array3 = np.random.randint(3,9)  #返回一个在[3,9)中的随机整数
array4 = np.random.choice(3, 2, replace=False)  # 生成大小在[0,3)，长度
为2，且值不重复的数组
array5 = np.eye(3)   # 生成3行3列的单位矩阵，同eye(3,3)

print('array1:',array1)
```

```
print('array2:',array2)
print('array3:',array3)
print('array4:',array4)
print('array5:',array5)
print('0数组:',np.zeros([1,2]))   #生成1行2列的0数组
print('1数组:',np.ones([1,2]))    # 生成1行2列的1数组
```

上述代码输出结果如下：

```
array1: [[0.65492162 0.6119965 ]]
array2: [[0.17846355 0.26396646 0.14645629]
 [0.06025858 0.44577773 0.16574406]]
array3: 4
array4: [0 2]
array5: [[1. 0. 0.]
 [0. 1. 0.]
 [0. 0. 1.]]
0数组: [[0. 0.]]
1数组: [[1. 1.]]
```

NumPy 搭配 SciPy 和 Matplotlib 一起使用，这个组合营造了一个非常强大的科学计算环境，可以用来替代 MatLab，这种做法有助于使用者通过 Python 来了解机器学习以及数据科学。比如，现在用 NumPy 和 Matplotlib 画出一个数据直方图，它是符合标准正态分布的，具体代码如下：

```
import numpy as np
from matplotlib import pyplot as plt

x = np.random.normal(size=5000)   # 创建大小为5000的随机数
plt.hist(x)   # 绘制直方图
plt.show()   # 显示
```

这是一个服从标准正态分布的矩阵，结果如图 2-29 所示。

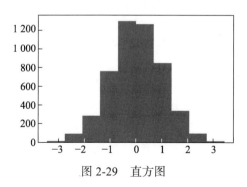

图 2-29   直方图

## 2.4.2   数据分析包 Pandas

Pandas 是基于 NumPy 的一个 Python 库，常用来处理数据分析和进行数据挖掘。Pandas

与 NumPy 有所不同，NumPy 适合处理统一数值数组数据，而 Pandas 更适合处理表格和混杂数据。

可以使用 pip 命令来安装 Pandas，如下：

```
pip install pandas
```

安装成功之后，还可以使用如下语句为 Pandas 定义别名 pd，如下：

```
import pandas as pd
```

作为一个核心包，Pandas 里面还包含许多包。其主要的数据结构是 Series（序列）与 DataFrame（数据框），这两种数据结构足以用来处理统计、金融以及工程等领域里的大多数典型用例。下面详细介绍这两种数据结构。

**1. Series 数据**

Series 由一组数据和与之相关的数据标签组成，而 DataFrame 则由一组有序的列组成，其中每列可以是不同的值类型。

在 Python 中，可以使用 pd.Series(list,index=[])函数来创建一个 Series 对象，该函数第一个参数可以是字典或者是 DataFrame 中的某一行或者列，如果是字典的话，那么字典的键就会被作为 Series 的索引。第二个参数是数据的索引，可以忽略不写，如下：

```
import numpy as np
import pandas as pd
array1 = np.arange(5)
x = pd.Series(array1)
print(x)
```

可看到如下结果：

```
0    0
1    1
2    2
3    3
4    4
dtype: int32
```

在上面的结果中，左边一列的数据表示数据的索引，右边的一列则是数据，最下面的 dtype 表示数据类型。

除此之外，还可以用类似字典的方式来创建 Series，如下：

```
import pandas as pd

x = {1: "Hello", 2: "Pandas"}
y = pd.Series(x)
print(y)
```

输出结果如下：

```
1    Hello
2    Pandas
dtype: object
```

Series 的索引和切片等操作和 ndarray 类似，但是与之不同的是，Series 的操作会根据索引来自动对齐数据。

**2. DataFrame 数据**

DataFrame 是一个表格型的数据类型，同时也是最为常用的 Pandas 数据类型。DataFrame 有行索引和列索引，可以将其看作由 Series 组成的字典。

在 DataFrame 中，数据并不是像列表、字典等一维数据结构那样存放，而是以类似二维数组的数组结构来存放。

在 Python 中可以使用 pandas.DataFrame( data, index, columns, dtype, copy)来创建一个 DataFrame 对象，其中，index 指的是行索引，columns 则是指定的列索引，按照顺序排列。dtype 是数据类型，copy 是复制数据，默认是 False。

首先来创建一个简单的 DataFrame 对象，如下：

```python
import pandas as pd

x = [['Hello',1],['Pandas',2]]
y = pd.DataFrame(x,columns=['Word','Number'])
print(y)
```

输出结果如下：

```
     Word  Number
0   Hello       1
1  Pandas       2
```

除此之外，也可以使用 ndarray 来创建一个 DataFrame 数据，但是要注意的是 ndarray 的长度一定要一致。如果在创建的时候传递了索引，数组的长度就是索引的长度。否则默认情况下，索引将是 range(n)，其中 n 为数组长度，如下所示：

```python
import pandas as pd
x = {'Student':['Tom', 'Jarry', 'Adam'],'Class':[1,2,3]}
y = pd.DataFrame(x)
print(y)
```

运行结果如下：

```
    Student  Class
0   Tom          1
1   Jarry        2
2   Adam         3
```

可以看到，DataFrame 就像是一个表格，里面包含了行和列，其中，第一列的值 0,1,2 是函数 range(n)的默认索引。在编写代码的时候也可以指定索引值，如下所示：

```python
import pandas as pd

x = {
  "Student": ['Tom', 'Jarry', 'Adam'],
  "Class": [1, 2, 3]
}
y = pd.DataFrame(x, index = ["Information1", "Information2", "Infor-
```

```
mation3"])
print(y)
```

输出结果如下：

```
          Student  Class
Information1   Tom      1
Information2   Jarry    2
Information3   Adam     3
```

除了指定索引值之外，Pandas 还可以通过 loc 属性来返回指定索引值所对应的该行值，如下所示：

```
import pandas as pd

x = {
  "Student": ['Tom', 'Jarry', 'Adam'],
  "Class": [1, 2, 3]
}
y = pd.DataFrame(x, index = ["Information1", "Information2", "Infor-
mation3"])

print(y.loc["Information3"])
```

输出结果如下：

```
Student    Adam
Class         3
Name: Information3, dtype: object
```

### 3. Pandas 数据处理

在一般的数据处理分析中，开发者往往很少会使用 Series 和 DataFrame 来进行自我生成数据。开发者更多使用的是导入数据，而 Pandas 则提供了读入 Excel 表格数据的函数，它们可以把 Excel 表格型数据读取为 DataFrame 对象。

下面介绍 Pandas 常用的文件处理函数，如表 2-9 所示。

表 2-9　Pandas 常用的文件处理函数

| 函数 | 功能 |
| --- | --- |
| read_csv | 从文件、URL（统一资源定位符）、文件型对象中加载带分隔符的数据 |
| read_excel | 读取 Excel 表格数据 |
| read_sql | 读取 SQL（结构化查询语言）查询结果为 Pandas 的 DataFrame |
| read_json | 读取 JSON（JS 对象简谱）格式中的数据 |
| read_table | 从文件、URL、文件型对象中加载带分隔符的数据 |
| read_html | 读取 HTML 中所有的表格 |
| read_stata | 读取 Stata 文件的数据 |
| read_msgpack | 二进制编码格式的 Pandas 数据 |
| read_hdf | 读取 Pandas 写的 HDF5 文件 |
| read_sas | 读取 SAS 数据集 |

上面这些 Pandas 的函数参数都较为复杂，可在 Pandas 官网上自行查阅相关资料。目前最为常用的函数是 pandas.read_excel()和 pandas.read_csv()。比如，导入前面的企业员工数据集，它存放在 BaPy_data.xlsx 文件中的 BAdata 表中。代码如下：

```
import os
os.getcwd()
os.chdir("D:\\myPY")
print(os.getcwd())

import pandas as pd
BAdata=pd.read_excel("BaPy_data.xlsx","BAdata")
```

当成功导入数据之后，开发者就要对数据进行审阅。这样做是为了了解它们的数据结构和类型等情况，同时也为后续的分析处理打下了良好的基础。比如，可通过下面这条语句查看 BAdata 表前 5 行的数据：

```
print(BAdata.head())
```

结果如图 2-30 所示。

```
D:\myPY
      员工编号  性别   学历    年龄 本司工作年限  英语水平  身高 体重  年收入 所在部门
0   10248008  女  硕士研究生 33   一年以下   专业八级  158 65  26.0 销售部
1   10229019  男  大学本科  36   一年至三年  专业四级  174 75  10.4 销售部
2   12108019  女  大学本科  36   三年至五年  专业四级  167 65  21.0 财务部
3   12332010  男  博士研究生 31   三年至五年   四级   171 75  24.9 人事部
4   12331015  男  大学本科  25   一年以下    四级   175 74  25.9 后勤部
```

图 2-30　BAdata 表前 5 行数据

在 head()函数里默认是前 5 行，如果想查看别的行数，可在括号里面填写相应的行号。现在来查看倒数 5 行的数据，代码如下：

```
print(BAdata.tail())
```

结果如图 2-31 所示。

```
D:\myPY
      员工编号  性别   学历    年龄 本司工作年限  英语水平  身高 体重  年收入 所在部门
47  38319004  男  硕士研究生 32   三年至五年  专业八级  176 55  14.4 销售部
48  38254010  女  大学本科  35   五年以上    四级   165 52  25.3 销售部
49  40294017  女  大学本科  32   三年至五年  专业八级  168 50  21.4 人事部
50  40365026  女  硕士研究生 30   三年至五年   六级   166 62  15.5 销售部
51  40388036  女  博士研究生 32   三年至五年   四级   164 51  36.8 销售部
```

图 2-31　BAdata 倒数 5 行数据

可以利用 shape 属性和 dtype 属性分别查看数据的维度信息和数据格式，代码如下：

```
print(BAdata.shape) #查看维度信息
```

```
print(BAdata.dtypes)      #查看每一列的数据格式
```

输出结果如图 2-32 所示。

```
D:\myPY
(52, 10)
员工编号          int64
性别          object
学历          object
年龄           int64
本司工作年限       object
英语水平        object
身高           int64
体重           int64
年收入        float64
所在部门        object
dtype: object
```

图 2-32　维度信息和数据格式

从中可以看到，BAdata 表中有 52 行数据，同时每行数据有 10 个属性以及每一个属性的数据结构。如果想要查看数据表的基本信息，可以使用 info()函数，代码如下：

```
print(BAdata.info())      #数据表的基本信息
```

结果如图 2-33 所示。

```
D:\myPY
<class 'pandas.core.frame.DataFrame'>
RangeIndex: 52 entries, 0 to 51
Data columns (total 10 columns):
 #   Column    Non-Null Count  Dtype
---  ------    --------------  -----
 0   员工编号      52 non-null      int64
 1   性别        52 non-null     object
 2   学历        52 non-null     object
 3   年龄        52 non-null      int64
 4   本司工作年限    52 non-null      object
 5   英语水平      52 non-null      object
 6   身高        52 non-null      int64
 7   体重        52 non-null      int64
 8   年收入       52 non-null     float64
 9   所在部门      52 non-null      object
dtypes: float64(1), int64(4), object(5)
memory usage: 4.2+ KB
None
```

图 2-33　数据表基本信息

除此之外，还可以查看具体某列的信息以及按索引提取单行或者多行的信息，同时还可以对数据进行排序以及查看统计信息。

成功导入数据之后，可以进行数据的预处理操作，比如合并操作，可以使用 merge() 函数和 concat() 函数。如果熟悉 SQL 的话，可以将合并操作理解为 SQL 中的 JOIN 操作。merge() 函数可根据一定的键将不同 DataFrame 中的行连接起来，而 concat() 函数则相当于数据库中的全连接，可以指定连接的方式。不过与数据库不同的是，concat() 不会去重，要想去重的话可以使用 drop_duplicates() 方法。

还有很多数据预处理操作函数可在 Pandas 官网上查阅，可使用 help() 命令来进行查阅。

### 2.4.3 基本描述统计分析函数

描述统计指的是通过数学方法或者图表的方式，对收集来的数据和资料进行整理、分析，并对数据的分布状态、数字特征等进行估计和描述。

在 NumPy 和 Pandas 库中有很多的描述统计分析函数，下面介绍一些基本的描述统计分析函数。

#### 1. NumPy 统计分析函数

NumPy 包中有很多的统计函数，一些基本的统计函数如表 2-10 所示。

表 2-10　NumPy 基本统计函数

| 函数 | 功能 |
| --- | --- |
| mean | 计算算术平均值 |
| median | 计算中位数 |
| mode | 计算众数 |
| cov | 计算协方差 |
| corrcoef | 计算相关系数 |
| normal | 创建一组服从正态分布的定量数 |
| randint | 创建一组服从均匀分布的定性数 |
| array | 创建一组数 |
| ptp | 计算极差（最大值 – 最小值） |
| std | 计算标准差 |
| var | 计算方差 |
| average | 计算加权平均值 |
| amin | 计算数组中的元素沿指定轴的最小值 |
| amax | 计算数组中的元素沿指定轴的最大值 |

下面通过代码介绍这些基本统计函数的使用方法及功能。

（1）计算每一行和每一列的最小值以及最大值，代码如下：

```
import numpy as np

x = np.array([[1, 2, 3], [4, 5, 6], [7, 8, 9]])
```

```
print('数组是: ')
print(x)
print('每一行的最小值为: ')
print(np.amin(x, 1))
print('每一列的最小值为: ')
print(np.amin(x, 0))
print('每一行的最大值为: ')
print(np.amax(x, 1))
print('每一列的最大值为: ')
print(np.amax(x, 0))
```

输出结果如下：

```
数组是:
[[1 2 3]
 [4 5 6]
 [7 8 9]]
每一行的最小值为:
[1 4 7]
每一列的最小值为:
[1 2 3]
每一行的最大值为:
[3 6 9]
每一列的最大值为:
[7 8 9]
```

（2）计算每一行和每一列的极值，也就是最大值减去最小值，代码如下：

```
import numpy as np

x = np.array([[1, 2, 3], [4, 5, 6], [7, 8, 9]])
print('数组是: ')
print(x)
print('数组的极值: ')
print(np.ptp(x))
print('行的极值: ')
print(np.ptp(x, axis=1))
print('列的极值: ')
print(np.ptp(x, axis=0))
```

结果如下：

```
数组是:
[[1 2 3]
 [4 5 6]
 [7 8 9]]
数组的极值:
8
行的极值:
[2 2 2]
```

列的极值:
```
[6 6 6]
```

（3）计算每一行和每一列的均值，代码如下:

```
import numpy as np

x = np.array([[1, 2, 3], [4, 5, 6], [7, 8, 9]])
print('数组是: ')
print(x)
print('数组的均值: ')
print(np.mean(x))
print('行的均值: ')
print(np.mean(x, axis=1))
print('列的均值: ')
print(np.mean(x, axis=0))
```

结果如下:

```
数组是:
[[1 2 3]
 [4 5 6]
 [7 8 9]]
数组的均值:
5.0
行的均值:
[2. 5. 8.]
列的均值:
[4. 5. 6.]
```

## 2. Pandas 统计分析函数

Pandas 包中常见的描述统计函数见表 2-11。

表 2-11  Pandas 包中常见的描述统计函数

| 函数 | 功能 | 函数 | 功能 |
|------|------|------|------|
| sum | 求和 | std | 计算标准差 |
| count | 计算观测值的个数 | cumsum | 计算累加值 |
| max | 计算最大值 | cumprod | 计算累乘值 |
| min | 计算最小值 | quantile | 计算分位数 |
| sem | 计算平均值标准误差 | kurt | 计算峰度 |
| mean | 计算平均值 | skew | 计算偏度系数 |
| median | 计算中位数 | cov | 计算协方差 |
| mad | 计算平均绝对方差 | rank | 计算排名 |
| prod | 计算乘积 | corr | 计算相关系数 |
| abs | 计算绝对值 | cummin | 计算累最小值 |
| mode | 求众数 | cummax | 计算累最大值 |
| var | 计算方差 | describe | 打印统计信息 |

下面通过案例简单介绍上述一些函数的作用，案例使用的数据存放在 BaPy_data.xlsx

文件中的 BAdata 表的企业员工数据集。

（1）计算员工中的学历频数，代码如下：

```
import os
os.getcwd()
os.chdir("D:\\myPY")
print(os.getcwd())
import pandas as pd
BSdata=pd.read_excel("BaPy_data.xlsx","BAdata")

#计数数据的频数分析##一维
n1=BSdata['学历'].value_counts()
print("学历频数表 n1:\n",n1)
T1=n1/sum(n1)*100
print("学历频率表 T1:\n",T1)
```

结果如下：

```
学历频数表 n1:
大学本科      24
硕士研究生    20
博士研究生     8
Name: 学历, dtype: int64
学历频率表 T1:
大学本科      46.153846
硕士研究生    38.461538
博士研究生    15.384615
Name: 学历, dtype: float64
```

（2）求出不同学历的平均收入，代码如下：

```
import os
os.getcwd()
os.chdir("D:\\myPY")
print(os.getcwd())

import pandas as pd
BSdata=pd.read_excel("DaPy_data.xlsx","BAdata")

print(BSdata.groupby(['学历'])['年收入'].mean())
```

结果如下：

```
学历
博士研究生    20.525000
大学本科     19.245833
硕士研究生    18.675000
Name: 年收入, dtype: float64
```

（3）相关系数矩阵和协差阵，代码如下：

```
#相关系数矩阵
```

```
print(BSdata.corr())

#协差阵
print(BSdata.cov())
```

结果如下：

|        | 员工编号 | 年龄 | 身高 | 体重 | 年收入 |
|--------|----------|------|------|------|--------|
| 员工编号 | 1.000000 | 0.033053 | -0.120243 | -0.365083 | 0.004905 |
| 年龄 | 0.033053 | 1.000000 | 0.281727 | 0.101614 | -0.075060 |
| 身高 | -0.120243 | 0.281727 | 1.000000 | 0.706537 | -0.059248 |
| 体重 | -0.365083 | 0.101614 | 0.706537 | 1.000000 | -0.057454 |

|        | 员工编号 | 年龄 | 身高 | 体重 | 年收入 |
|--------|----------|------|------|------|--------|
| 员工编号 | 7.111375e+13 | 1.397055e+06 | -7.516675e+06 | -3.228489e+07 | 361345.785 |
| 年龄 | 1.397055e+06 | 2.512217e+01 | 1.046757e+01 | 5.340875e+00 | -3.286727 |
| 身高 | -7.516675e+06 | 1.046757e+01 | 5.495136e+01 | 5.492308e+01 | -3.836953 |
| 体重 | -3.228489e+07 | 5.340875e+00 | 5.492308e+01 | 1.099668e+02 | -5.263499 |

（4）求公司员工的总年收入，代码如下：

```
import os
os.getcwd()
os.chdir("D:\\myPY")
print(os.getcwd())

import pandas as pd
BSdata=pd.read_excel("DaPy_data.xlsx","BAdata")

#求总年收入
print(BSdata['年收入'].sum())
```

结果如下：

```
999.5999999999999
```

（5）求最高年收入和最低年收入，代码如下：

```
import os
os.getcwd()
os.chdir("D:\\myPY")
print(os.getcwd())

import pandas as pd
BSdata=pd.read_excel("DaPy_data.xlsx","BAdata")

#求最高年收入和最低年收入
print(BSdata['年收入'].max())
print(BSdata['年收入'].min())
```

结果如下：

```
36.8
```

7.3

（6）打印统计信息，代码如下：

```
import os
os.getcwd()
os.chdir("D:\\myPY")
print(os.getcwd())

import pandas as pd
BSdata=pd.read_excel("DaPy_data.xlsx","BAdata")

#打印数据统计信息
print(BSdata.describe(include='all'))
```

结果如下：

| | 员工编号 | 性别 | 学历 | ... | 体重 | 年收入 | 所在部门 |
|---|---|---|---|---|---|---|---|
| count | 5.200000e+01 | 52 | 52 | ... | 52.000000 | 52.000000 | 52 |
| unique | NaN | 2 | 3 | ... | NaN | NaN | 4 |
| top | NaN | 男 | 大学本科 | ... | NaN | NaN | 销售部 |
| freq | NaN | 27 | 24 | ... | NaN | NaN | 27 |
| mean | 2.711610e+07 | NaN | NaN | ... | 62.615385 | 19.223077 | NaN |
| std | 8.432897e+06 | NaN | NaN | ... | 10.486506 | 8.736235 | NaN |
| min | 1.022902e+07 | NaN | NaN | ... | 45.000000 | 7.300000 | NaN |
| 25% | 2.217951e+07 | NaN | NaN | ... | 53.000000 | 11.100000 | NaN |
| 50% | 2.726303e+07 | NaN | NaN | ... | 63.000000 | 18.250000 | NaN |
| 75% | 3.252103e+07 | NaN | NaN | ... | 72.500000 | 25.000000 | NaN |
| max | 4.038804e+07 | NaN | NaN | ... | 80.000000 | 36.800000 | NaN |

[11 rows x 10 columns]

# 2.5 习  题

## 一、填空题

1. 当前 Python 分为两个主要版本：_____和_____。

2. Python 中循环语句分为_____和_____。

3. Jupyter Notebook 是一个_____的笔记本。

## 二、判断题

1. NumPy 是一个开源项目。（  ）

2. Pandas 是和 NumPy 毫无关联的一个 Python 拓展库。（  ）

## 三、编程题

现在有一个 MyPY_data.xlsx 文件，它存放在 F 盘的 PyTest 文件夹中，里面是一个学生信息的数据表，有 150 个学生的学号、姓名、班级、年龄、身高、体重等基本信息。要求编写程序，打印前 10 个学生和后 10 个学生的信息。

# 第3章

# Matplotlib数据可视化

Matplotlib 是受 Matlba 的启发而创建的，本章将介绍如何使用 Matplotlib 来进行数据可视化的操作。作为 Python 强大的图形库之一，Matplotlib 和 NumPy 搭配使用时营造了一个强大的科学计算环境，可以用来代替 MatLab，有助于使用者通过 Python 来深入了解机器学习或者数据科学。

## 3.1  Matplotlib 基本参数配置

在 cmd 界面使用 pip 命令来安装 Matplotlib，命令如下：

```
python -m pip install matplotlib
```

### 3.1.1  线条的设置

线型图是用 Matplotlib 来绘图的最基本用法。首先来看一个案例，如下：

```
import numpy as np
import matplotlib.pyplot as plt

x = np.linspace(1, 10, 10)

plt.plot(x, x**3)
plt.show()
```

输出结果如图 3-1 所示。

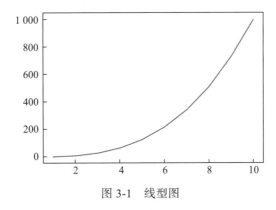

图 3-1  线型图

这是一个简单的线型图案例，使用的是 plot()函数，这个方法比较灵活。其具体可以利用 help()函数查看 Matplotlib 的官方文档，如下：

```
from matplotlib import pyplot as plt
help(plt.plot)
```

对于 plot()函数，一般使用如下的调用形式：

```
plot([x], y, [fmt], data=None, **kwargs)                    #单条线
plot([x], y, [fmt], [x2], y2, [fmt2], ..., **kwargs)  #多条线
```

在上面的参数中，x 和 y 分别为 *x* 轴和 *y* 轴对应的数据，可选参数 fmt 则是定义颜色、线型等基本格式，而**kwargs 则是一些可选内容，如指定线条的宽度或者线条的标签等。

fmt 的格式为：fmt = '[color][marker][line]'，其中，color 为线颜色，marker 为标记格式，line 为线条属性，比如：

```
plt.plot(x, x**3, 'yD-')                                    # 黄色菱形点实线
```

结果如图 3-2 所示。

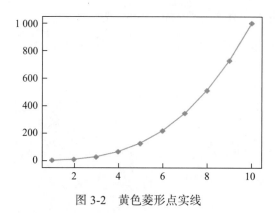

图 3-2　黄色菱形点实线

表 3-1 为线条相关属性标记的设置。

表 3-1　线条相关属性标记的设置

| 缩写字母 | 颜色 | 标记 | 标记格式 | 字符 | 线型 |
| --- | --- | --- | --- | --- | --- |
| 'b' | 蓝色 | 'o' | 圆圈 | '-' | 普通线 |
| 'r' | 红色 | '.' | 点 | '_' | - -虚线 |
| 'c' | 青色 | 'D' | 菱形 | '-.' | - .虚线 |
| 'm' | 洋红色 | 's' | 正方形 | ':' | . .虚线 |
| 'g' | 绿色 | 'h' | 六边形 1 | '|' | 竖线 |
| 'y' | 黄色 | 'H' | 六边形 2 | '_' | 下画线 |
| 'k' | 黑色 | '*' | 星号 | '+' | + |
| 'w' | 白色 | 'd' | 小菱形 | 'x' | x |

除了使用缩写字母来表示颜色之外，还可以使用其他规范的字符串来表示颜色，比如用十六进制字符串('#FFFF00')或者('yellow')。如果需要查询 Matplotlib 支持什么颜色，可以调用 matplotlib.pyplot.colors()函数来查看。以下是相关的代码：

```
import matplotlib.pyplot as plt
import numpy as np
t=np.arange(-5,5,0.2)
x=np.tan(t*np.pi)
plt.subplot(1,2,1)  # plt.subplot('行','列','编号'),要生成一行两列,
                      这是第一个图
plt.plot(t,x,'y--')

plt.subplot(1,2,2)  #一行两列,这是第二个图
plt.plot(t,2*x,'b-.')
plt.show()
```

运行此段代码,结果如图 3-3 所示。

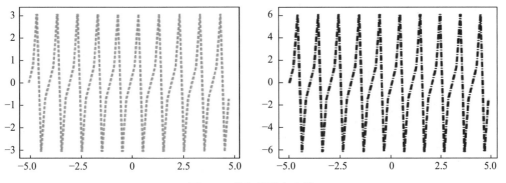

图 3-3　黄色菱形点实线

上面两个例子都给 plot() 函数输入二维数组或者列表,当开发者输入一维数组或者列表的时候,Matplotlib 就会将其默认为一系列的 y 值,然后自动为其生成 x 的值,x 的长度和 y 是一致的,如下:

```
import numpy as np
import matplotlib.pyplot as plt
x = np.linspace(1, 10, 10)
plt.plot(x, 'b--')
plt.show()
```

结果如图 3-4 所示。

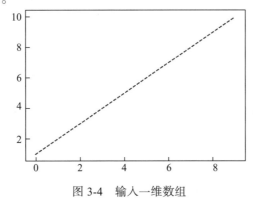

图 3-4　输入一维数组

### 3.1.2　坐标轴的设置

在使用 Matplotlib 画坐标图时，有时候需要为坐标轴设置很多参数，如坐标轴名称、坐标轴范围等，下面将详细介绍如何设置 Matplotlib 函数的具体参数。

首先是基本用法，可以使用 xlabel()和 ylabel()函数来设置 $x$ 轴和 $y$ 轴的描述，同时也可以用 xlim(start,stop)和 ylim(start,stop)来设置 $x$ 轴和 $y$ 轴的范围，如下：

```python
import numpy as np
import matplotlib.pyplot as plt
plt.rcParams['font.sans-serif']=['SimHei']   #用来正常显示中文标签
plt.rcParams['axes.unicode_minus']=False     #用来正常显示负号
x = np.linspace(1, 10, 10)

plt.xlabel("x轴")                              # 设置 x 轴的文本
plt.ylabel("y轴")                              # 设置 y 轴的文本

plt.xlim(1, 20)                                # 设置 x 轴的取值范围为: 1 到 20
plt.ylim(1, 100)                               # 设置 y 轴的取值范围为:1 到 100

plt.plot(x,x**2, 'b--')
plt.show()
```

运行此段代码，结果如图 3-5 所示。

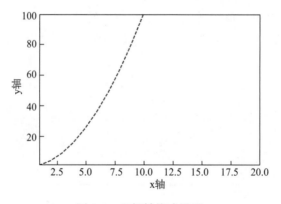

图 3-5　坐标轴格式设置

除此之外，还可以使用 xticks()和 yticks()来设置 $x$ 轴和 $y$ 轴的刻度及标签，如下：

```python
x = np.linspace(1, 10, 10)
plt.xlabel("x轴")
plt.ylabel("y轴")

plt.xticks(x)
# 设置 y 刻度：用文字来显示刻度
```

```
plt.yticks([1, 10, 20, 50, 100], ['first', 'second', 'third', 'fourth',
            'fifth'])

plt.plot(x,x**2, 'b--')
```

上面代码的 yticks 就是对 y 刻度中的数值和文字一一进行了映射操作，结果如图 3-6 所示。

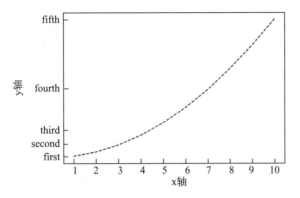

图 3-6　设置坐标轴刻度及标签

需要注意的是，如果同时使用 xlim()和 xticks()的话，那么 xlim()必须在 xticks()之前，否则就会失效。另外，还可以使用 title()可来设置图的标题，如下：

```
import matplotlib.pyplot as plt
import numpy as np

x = np.linspace(1, 10, 10)
plt.xlabel("x")
plt.ylabel("y")
plt.title('Y=X')  # 设置标题
plt.plot(x,x, 'b-')
plt.show()
```

运行此段代码，结果如图 3-7 所示。

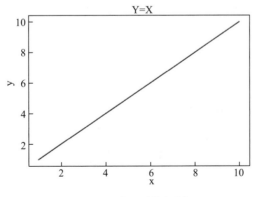

图 3-7　设置图的标题

### 3.1.3　图例的设置

在使用 Matplotlib 绘图时，还可以通过添加图例、注解等函数，对图进行进一步描述。所谓图例，就是利用各种不同的符号或颜色对内容与指标进行说明，有助于更好地区分不同的数据序列。图 3-8 中，左上角的信息框就是图例，用来表示每条线的名称。在 Matplotlib 中使用 legend()函数来绘制图例。

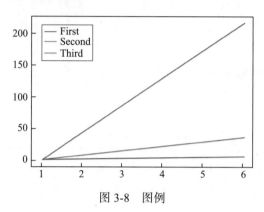

图 3-8　图例

legend 的用法如下：

```
matplotlib.pyplot.legend(*args, **kwargs)
```

最常用的几个属性，分别是设置图例位置、图例字体、图例边框及背景。

**1. 图例位置**

用 loc 属性来设置图例位置，用法如下：

```
matplotlib.pyplot.legend(loc='upper right')
```

其中，upper right 指的是图例在图中的位置，loc 属性的所有可取值的图例位置信息如表 3-2 所示。

表 3-2　图例位置信息

| 'best' | 'upper right' | 'upper left' |
|---|---|---|
| 'lower left' | 'lower right' | 'right' |
| 'center left' | 'center right' | 'lower center' |
| 'upper center' | 'center' | |

**2. 图例字体**

用 fontsize 属性来设置图例字体大小，用法如下：

```
matplotlib.pyplot.legend(fontsize=int or float or {'xx-small',
    'x-small', 'small', 'medium', 'large', 'x-large', 'xx-large'})
```

改变图例的字体大小，代码如下：

```
import matplotlib.pyplot as plt
```

```
import numpy as np
x = np.arange(1,10,5)
plt.plot(x,x**1,label='First')
plt.plot(x,x**2,label='Second')
plt.plot(x,x**3,label='Third')
plt.legend(['First','Second','Third'],fontsize='xx-large')
                                       # 设置图例大小为 xx-large

plt.show()
```

运行此段代码，结果如图 3-9 所示。

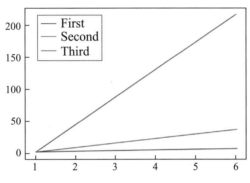

图 3-9　改变图例字体大小

### 3. 图例边框及背景

使用 frameon 参数来设置是否显示图例的边框，如下所示：

```
import matplotlib.pyplot as plt
import numpy as np
x = np.arange(1,10,5)
plt.plot(x,x**1,label='First')
plt.plot(x,x**2,label='Second')
plt.plot(x,x**3,label='Third')
plt.legend(['First','Second','Third'],frameon=True)   # 设置图例为显示边框
plt.show()
```

运行此段代码，结果如图 3-10 所示。

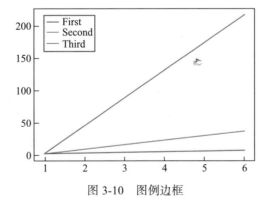

图 3-10　图例边框

同时，也可以使用 edgecolor 参数来设置图例边框颜色，如下所示：

```
plt.legend(['First','Second','Third'],edgecolor='blue')
```

结果如图 3-11 所示。

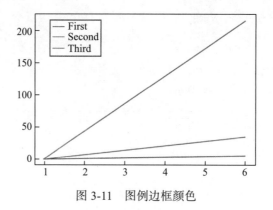

图 3-11　图例边框颜色

还可以使用 facecolor 参数来设置图例背景颜色，但是需要注意的是，没有边框的话这个参数是无效的，如下：

```
plt.legend(['First','Second','Third'], facecolor ='yellow')
```

结果如图 3-12 所示。

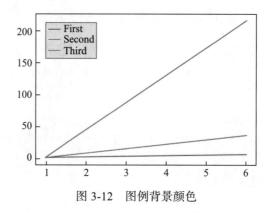

图 3-12　图例背景颜色

## 3.2　绘图参数文件及主要函数

### 3.2.1　绘图参数文件

在使用 Matplotlib 绘图时，可以手动设置各种各样的属性，如线条形状、字体大小和图例等。除此之外，也可以使用 Matplotlib 自带的参数配置文件 matplotlibrc [matplotlib resource configurations]来定义各种属性，这个配置文件被称为 rc 参数或者 rc 配置。使用这个文件基本可以操控 Matplotlib 中所有的属性，比如图像的大小、subplot 边距、线条宽度、颜色、字体、网格等。

Matplotlib 把默认参数配置保存在"matplotlibrc"文件中，可以通过修改配置文件的方式来修改图表的缺省样式。可以使用多个"matplotlibrc"配置文件，它们的搜索顺序如下，其中顺序靠前的配置文件会被优先采用。

（1）当前的程序路径。

（2）用户的配置路径。

（3）系统的配置路径。

当系统在绘图的时候就会按照上面的顺序来寻找配置文件，如果对上面的路径不熟悉的话可以使用下面的代码来查看，如下：

```
import matplotlib

print(matplotlib.get_configdir())        # 用户配置路径
print(matplotlib.matplotlib_fname())      # 当前使用的配置文件的路径
```

输出结果如下：

```
C:\Users\Administrator\.matplotlib
D:\python soft\Anaconda3\lib\site-packages\matplotlib\mpl-data\
matplotlibrc
```

如果想要修改参数文件，就必须知道默认的配置信息，直接在安装目录下打开 matplotlibrc 文件，或者使用如下命令来查看：

```
print(matplotlib.rcParams)
print(matplotlib.rcParamsDefault)
print(matplotlib.rc_params())
```

上面三个命令的作用是一致的，均为打开 matplotlibrc 文件。打开之后可以看到这个默认的配置文件一般都是如下的格式：

```
属性：属性值
```

还可以通过该文件查看可自定义的配置属性。有两种方式来修改默认参数，首先是使用 rc() 函数，如下所示：

```
import numpy as np
import matplotlib
import matplotlib.pyplot as plt

x = np.linspace(-10, 10, 100)
plt.xlabel("x")
plt.ylabel("y")
plt.rc('lines', linewidth=5)              #修改默认线条大小
plt.plot(x,x**3)
plt.show()
```

运行此段代码，结果如图 3-13 所示。

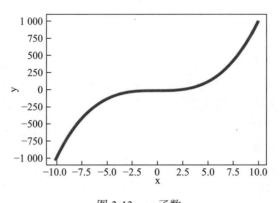

图 3-13　rc 函数

除了使用 rc()函数来配置参数以外，还可以通过 rcParams['属性名']来配置，如下：

```
from matplotlib.pylab import mpl
mpl.rcParams['lines.linewidth'] = 5      #修改默认线条大小
```

以上就是修改绘图参数的方法。除此之外 Matplotlib 还提供了恢复默认参数和从已有的文件更新的函数，如下：

```
from matplotlib.pylab import mpl
mpl.rcdefaults()                         # 恢复默认参数
mpl.cr_file()                            #从已有的文件更新
```

除了可以自定义绘图参数以外，Matplotlib 还配有众多已经定义好的样式进行快速配置，也就是 style，这是 pyplot 的一个子模块，可以用来进行转换风格的操作。pyplot 有非常多的预设风格，可以使用如下命令来进行查看：

```
print(plt.style.available)
```

结果如下：

```
['Solarize_Light2', '_classic_test_patch', 'bmh', 'classic',
  'dark_background', 'fast',
  'fivethirtyeight', 'ggplot', 'grayscale', 'seaborn', 'seaborn-bright',
  'seaborn-colorblind', 'seaborn-dark', 'seaborn-dark-palette',
  'seaborn-darkgrid', 'seaborn-deep', 'seaborn-muted', 'seaborn-notebook',
  'seaborn-paper', 'seaborn-pastel', 'seaborn-poster', 'seaborn-talk',
  'seaborn-ticks', 'seaborn-white', 'seaborn-whitegrid',
  'tableau-colorblind10']
```

除了打印出所有预设风格的名称以外，pyplot 也可以直接打开相对应的预设风格文件来查看相应的文件（图 3-14）。这里的预设风格文件，默认保存在安装路径下的"Lib\site-packages\matplotlib\ mpl-data\stylelib"文件夹下。

从图 3-14 可以看到，每一个以.mplstyle 为后缀的文件都是一个 style 文件，也就是系统预设的风格。双击打开 classic 风格文件，内容如图 3-15 所示。

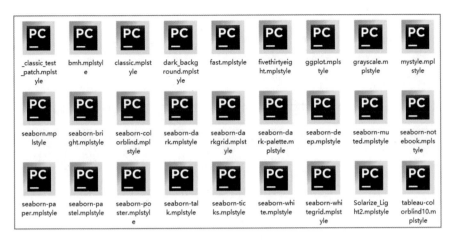

图 3-14　预设风格文件夹

```
1   ### Classic matplotlib plotting style as of v1.5
2
3
4   ### LINES
5   # See http://matplotlib.org/api/artist_api.html#module-matplotlib.lines for more
6   # information on line properties.
7   lines.linewidth    : 1.0     # line width in points
8   lines.linestyle    : -       # solid line
9   lines.color        : b       # has no affect on plot(); see axes.prop_cycle
10  lines.marker       : None    # the default marker
11  lines.markerfacecolor : auto   # the default markerfacecolor
12  lines.markeredgecolor : auto   # the default markeredgecolor
13  lines.markeredgewidth : 0.5    # the line width around the marker symbol
14  lines.markersize : 6           # markersize, in points
15  lines.dash_joinstyle : round       # miter|round|bevel
16  lines.dash_capstyle : butt         # butt|round|projecting
17  lines.solid_joinstyle : round      # miter|round|bevel
18  lines.solid_capstyle : projecting  # butt|round|projecting
19  lines.antialiased : True           # render lines in antialiased (no jaggies)
20  lines.dashed_pattern : 6, 6
21  lines.dashdot_pattern : 3, 5, 1, 5
22  lines.dotted_pattern : 1, 3
23  lines.scale_dashes: False
24
25  ### Marker props
26  markers.fillstyle: full
27
28  ### PATCHES
29  # Patches are graphical objects that fill 2D space, like polygons or
30  # circles.  See
31  # http://matplotlib.org/api/artist_api.html#module-matplotlib.patches
32  # information on patch properties.
33  patch.linewidth         : 1.0    # edge width in points
34  patch.facecolor         : b
35  patch.force_edgecolor   : True
36  patch.edgecolor         : k
37  patch.antialiased       : True   # render patches in antialiased (no jaggies)
```

图 3-15　classic 风格文件内容

可以看到，其内容是关于字体、坐标轴、线型、颜色等的设置。至于如何使用这些系统预设的风格则比较简单，直接使用 use() 函数即可，如下：

```python
import numpy as np
import matplotlib.pyplot as plt


x = np.linspace(-10, 10, 100)
y = x**2+3*x+1
```

```
plt.style.use('bmh')          #使用 bmh 的绘图风格
plt.plot(x,y,label='y = x**2+3*x+1')
plt.show()
```

运行此段代码，结果如图 3-16 所示。

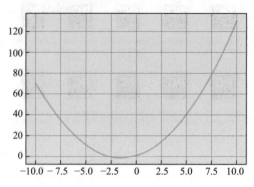

图 3-16　系统预设风格

除了使用系统预设的风格外，也可以自定义绘图风格。

（1）在 stylelib 文件夹下新建一个 mystyle.mplstyle 文件，文件的内容如下：

```
axes.facecolor: blue
lines.linewidth:5
lines.color: red
```

（2）保存好之后就可以调用自定义的绘图风格了，如下：

```
import numpy as np
import matplotlib.pyplot as plt

x = np.linspace(-10, 10, 100)
y = x**2+3*x+1
plt.style.use('mystyle')   #使用自定义的 mystyle 绘图风格
plt.plot(x,y,label='y = x**2+3*x+1')
plt.show()
```

运行此段代码，结果如图 3-17 所示。

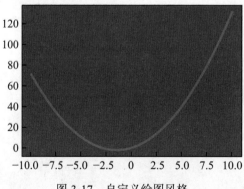

图 3-17　自定义绘图风格

### 3.2.2 绘图主要函数

一个完整的图表有着非常多的信息，打开 Matplotlib 的官网可以看到图表的组成元素，如图 3-18 所示。

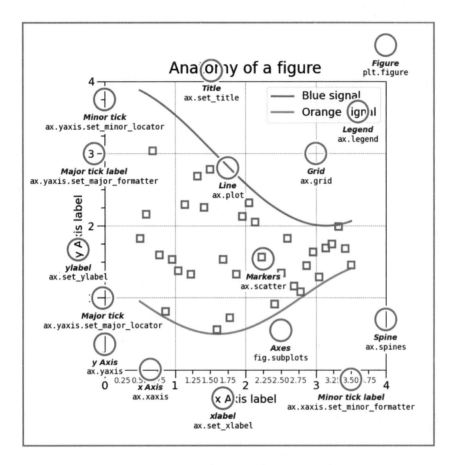

图 3-18　图表的组成元素

下面介绍该绘图包的主要函数。

**1. plot()函数**

plot()函数是用来表现变量的变化以及趋势，其语法格式为：

```
matplotlib.pyplot.plot(*args, scalex=True, scaley=True, data=None,
                       **kwargs)
```

其中，*args 是函数的横、纵坐标向量，scalex 和 scaley 表示是否缩放坐标轴。需要注意的是，其默认是缩放的。data 参数表示用来绘图的数据，**kwargs 则是所绘的图的属性，如下：

```
import numpy as np
```

```
import matplotlib.pyplot as plt

x = np.linspace(-10, 10, 100)
y = np.cos(x)
plt.plot(x,y,color='y')
plt.legend(['cos'])
plt.show()
```

输出如图 3-19 所示。

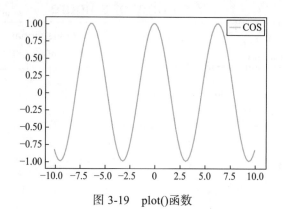

图 3-19    plot()函数

### 2. text()函数

text()函数会返回一个 Text 对象，它的功能是根据给定的 $x$ 轴和 $y$ 轴的坐标信息向图像添加指定文本，其调用格式如下：

```
matplotlib.pyplot.text(x, y, text, fontdict=None, **kwargs)
```

其中，x，y 和 text 参数是必选参数，分别代表文本的坐标和文本。**kwargs 是 Text对象的相关属性，而 fontdict 则是可选参数，代表字体属性字典，默认值是 none，用于覆盖默认文本的字体属性。

常用的属性如下，可根据情况使用：

```
字体的大小：size
字体的透明度：alpha
字体：family
字体的风格：style
字体的粗细：weight
框体的颜色：facecolor
框体的透明度：alpha
```

范例如下：

```
import numpy as np
import matplotlib.pyplot as plt

x = np.linspace(-15, 10, 100)
```

```
y = np.tan(x)

plt.plot(x,y,color='y')
plt.legend(['tan'])
plt.text(5, 10,"y=tanx", size = 20, alpha = 0.5)
                                    #字体大小为20，透明度为0.5
plt.show()
```

结果如图 3-20 所示。

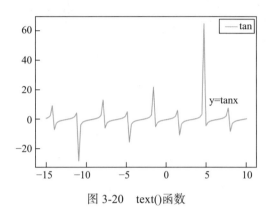

图 3-20　text()函数

### 3. annotate()函数

annotate()函数和 text()函数有点相似，都是用于在图形上给数据添加文本注解，但是和 text()函数不同的是，annotate()支持带箭头的画线工具，这种做法便于在合适的位置添加描述信息。annotate()函数调用格式如下：

```
matplotlib.pyplot.annotate(s, xy, *args, **kwargs))
```

annotate()函数返回一个注解对象，同时可以接收这些参数：必选参数 s 和 xy，分别代表文本的内容和文本的坐标。可选参数 xytext 是放置文本的坐标位置(x,y)，可选参数 xycoords 是被注释点的坐标系属性，可取表 3-3 的属性值。

表 3-3　xycoords 属性值

| 属性值 | 含义 |
| --- | --- |
| figure fraction | 以百分比为单位，参考绘图区的左下角 |
| figure points | 以点数为单位，参考绘图区的左下角 |
| figure pixels | 以像素数为单位，参考绘图区的左下角 |
| data | 以被注释的坐标点 xy 为参考 |
| polar | 使用极坐标系 |
| axes fraction | 以百分比为单位，参考子绘图区的左下角 |
| axes points | 以点数为单位，参考子绘图区的左下角 |
| axes pixels | 以像素数为单位，参考子绘图区的左下角 |

annotate()函数的使用范例如下：

```
import numpy as np
import matplotlib.pyplot as plt

x = np.linspace(-20, 20, 100)
y = np.tan(x)

plt.plot(x,y,color='y')
plt.legend(['tan'])
plt.annotate('pi/4',xy=(np.pi/4,1.0),xytext=(np.pi/4,10.0),arrowprop
            s=dict(color='red',arrowstyle='->'))
plt.show()
```

结果如图 3-21 所示。

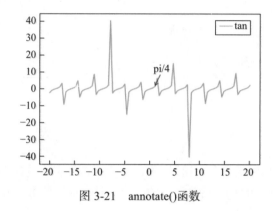

图 3-21    annotate()函数

### 4. scatter ()函数

scatter()函数用于绘制散点图（stripplot），在接下来的章节里会详细介绍。

# 3.3    Matplotlib 基本绘图

## 3.3.1    直方图的绘制及参数说明

直方图（histogram）是一种统计报告图，又被称为质量分布图，它由一系列纵向条纹或者线段组成。一般用横轴表示数据类型，纵轴表示分布情况。

直方图用来展现数据的分布。由于在统计学中很多假设条件都会用正态分布，所以可以通过直方图来判断数据是否服从正态分布。在 Matplotlib 中使用 hist()函数来绘制直方图，其调用格式如下：

```
matplotlib.pyplot.hist(x, bins=10, range=None, density=False,
    weights=None, cumulative=False, bottom=None,
    histtype='bar', align='mid', orientation='vertical',
    rwidth=None, log=False, color=None, label=None, stacked=False,
    hold=None, **kwargs)
```

hist()函数基本用法如下：

```
import numpy as np
import matplotlib.pyplot as plt
x = np.random.randint(0,100,100)
plt.hist(x)
plt.show()
```

运行此段代码，结果如图 3-22 所示。

hist()函数常用参数说明如下。

（1）x：数组或者数组序列，用来绘制直方图的数据。

（2）bins：序列或者整数值，直方图的区间分布，用法如下：

```
x = np.random.randint(0,100,100)
plt.hist(x,bins=20)#将值进行 20 等分
```

结果如图 3-23 所示。

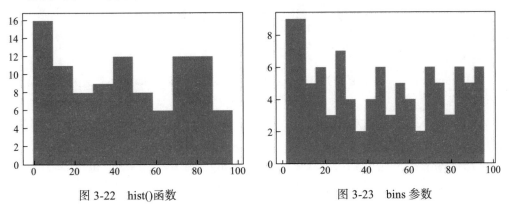

图 3-22　hist()函数　　　　　　　　　图 3-23　bins 参数

（3）range：元组或 None，当开发者没有给出 bins 时 range 就会生效，它用于指定数据的上界和下界，用法如下：

```
x = np.random.randint(0,100,100)
plt.hist(x,bins=20,range=(20,30))#将值进行 20 等分,数据的范围为 20-30
```

结果如图 3-24 所示。

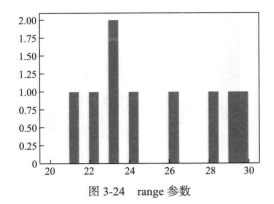

图 3-24　range 参数

（4）density：布尔值，用来表示是否用频率来替换频数。当设置为 True 时，表示绘制频率分布图，当设置为 False 时，表示绘制频数分布图，如下：

```
x = np.random.randint(0,100,100)
plt.hist(x,bins=20,range=(20,30) ,density=True)
                        #将值进行 20 等分,数据的范围为 20-30，频率分布
```

结果如图 3-25 所示。

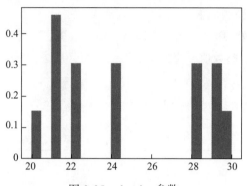

图 3-25　density 参数

（5）cumulative：布尔值，为 True 时计算累计频数，如果 density 取值为 True 则计算累计频率。

（6）histtype：指定直方图的类型，有{'bar', 'barstacked', 'step', 'stepfilled'}四种方式，默认为 bar。

（7）align：指定对齐方式，有{'left', 'mid', 'right'}三种方式，默认为 mid。

（8）orientation：指定直方图绘制方向，有{'horizontal', 'vertical'}两种方式，默认为 vertical。其用法如下：

```
x = np.random.randint(0,100,100)
plt.hist(x,orientation='horizontal')#水平绘制
```

结果如图 3-26 所示。

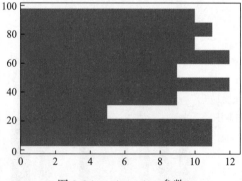

图 3-26　orientation 参数

（9）rwidth：标量值或 None，设置条形宽度的比例。

（10）color：数组或者 None，用于设置颜色，如下：

```
import numpy as np
import matplotlib.pyplot as plt

plt.hist(np.random.normal(size=200),color='yellow')
plt.show()
```

运行此段代码，结果如图 3-27 所示。

（11）label：字符串（序列）或 None，用于设置标签。

这里利用上述这些常用的参数，编写一个简单的直方图实现，代码如下：

```
import matplotlib as mpl
import matplotlib.pyplot as plt
import numpy as np
mpl.rcParams["font.sans-serif"] = ["SimHei"]# 设置字体为黑体
mpl.rcParams["axes.unicode_minus"] = False   # 设置坐标轴是否显示负号

x = np.random.randint(0,20,1500)              # 生成数据
bins = range(0,20,1)
plt.hist(x,bins=bins,color="b",histtype="step",alpha=0.6)
plt.xlabel("电影评分")
plt.ylabel("观看时间/分")

plt.show()
```

运行此段代码，结果如图 3-28 所示。

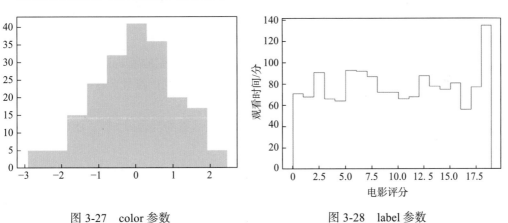

图 3-27　color 参数　　　　　　　　图 3-28　label 参数

## 3.3.2　折线图的绘制及参数说明

折线图可用于表示随着时间或者有序的序列变化而变化的趋势，亦可以将一个数据值用数据点来表示，大部分应用于对比关系以及分析数据的趋势中。

在 Matplotlib 中，可用 plot() 函数来绘制折线图，在 plot() 函数的参数中，除了设置 $x$ 轴和 $y$ 轴的数据以外还有非常多的修饰曲线的参数，常用的有：marker 指定数据点的风格，

color 指定曲线颜色，linestyle 指定曲线的风格等。由于其常用参数在前面的章节已经讲述过，因而在这里就不再展开了。

下面来绘制一个简单的多条折线图，代码如下：

```
import matplotlib as mpl
import matplotlib.pyplot as plt
import numpy as np

x = np.linspace(0, 4 * np.pi, 200)
y1, y2 = np.sin(x), np.cos(x)

plt.plot(x, y1, marker='o',color='r', ls='--', lw=3)
plt.plot(x, y2, marker='*',color='b', ls='-.')
plt.show()
```

运行此段代码，结果如图 3-29 所示。

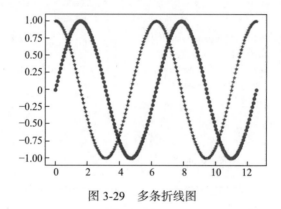

图 3-29　多条折线图

从图 3-29 可以看到，正弦曲线 $\sin(x)$ 用红色来表示，余弦曲线 $\cos(x)$ 用蓝色来表示，颜色参数通过 color 来进行设置。另外，两条曲线的点用不同的符号来进行标识，通过参数 marker 来进行设置。

除了绘制多条折线图外，还可以绘制柱状图和折线图的混合图，即"柱线合并图"，过程如下。

（1）导入需要使用的 Python 包。

```
import matplotlib as mpl
import matplotlib.pyplot as plt
```

（2）设置绘图参数，这里包括中文字符及负号的设置。

```
mpl.rcParams["font.sans-serif"] = ["SimHei"]  # 设置中文字体为黑体
mpl.rcParams["axes.unicode_minus"] = False     # 设置显示负号
```

（3）创建两个列表变量 x 和 y，均包含 4 个数据元素。

```
# 创建变量数据
x = [2, 5, 9, 11]
```

```
y = [150, 280, 130, 460]
```

（4）绘制两个变量的柱线合并图。

```
# 绘制柱状图
plt.bar(x=x, height=y, label='电影大全', color='steelblue', alpha=0.8)
# 在柱状图上显示具体数值，ha 参数控制水平对齐方式，va 控制垂直对齐方式

for x1, yy in zip(x, y):
    plt.text(x1, yy + 1, str(yy), ha='center', va='bottom', fontsize=20,
             rotation=0)

plt.title("2021年电影上新数量")      # 设置图表标题
plt.xlabel("时间(月份)")             # 设置 x 坐标轴名称
plt.ylabel("电影数量")               # 设置 y 坐标轴名称
plt.legend()                        #设置图例

# 绘制折线图
plt.plot(x, y, "r", marker='*', ms=10, label="a")
plt.xticks(rotation=45)
plt.legend(loc="upper left")
plt.savefig("a.jpg")
plt.show()
```

运行上述代码，结果如图 3-30 所示。

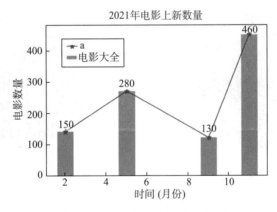

图 3-30　两个变量的柱线合并图

### 3.3.3　饼图的绘制及参数说明

饼图将一个圆饼划分成多个区块，每个区块表示该分类占总体的比例大小，各种分类通过区块大小来进行对比，整个圆饼则代表数据的总量。饼图常应用于很多领域。

在 Matplotlib 中用 pie()函数来绘制饼图，其调用格式如下：

```
matplotlib.pyplot.pie(x, explode=None, labels=None, colors=None,
       autopct=None,pctdistance=0.6, shadow=False,
```

```
                labeldistance=1.1, startangle=None,radius=None,
                counterclock=True, wedgeprops=None, textprops=None,
                center=(0, 0), frame=False, rotatelabels=False, hold=None,
                data=None)
```

下面讲解常用的几个参数。

（1）x：每一个区块的比例，这个是必选参数。如果 x 的和大于 100 的话，那么系统就会将多出的部分平分，用法如下：

```
import matplotlib.pyplot as plt
plt.rcParams['font.sans-serif']=['SimHei']   #设置字体为"黑体"

x = [10,20,30,40]
plt.pie(x) #绘制饼图
plt.title("饼图示例")
plt.show()
```

运行此段代码，结果如图 3-31 所示。

（2）labels：设置饼图中各个区块的标签，用法如下：

```
labels = 1,2,3,4
plt.pie(x, labels= labels)                        #设置标签
```

运行此段代码，结果如图 3-32 所示。

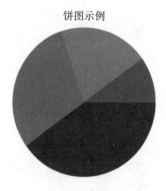

图 3-31　每一个区块的比例

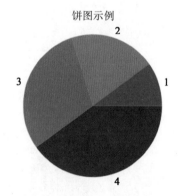

图 3-32　设置各个区块的标签

（3）explode：用于突出饼图中的区块，也就是每个区块距离饼图中心的距离，默认值为（0,0），也就是饼图中心，用法如下：

```
plt.pie(x,labels=labels,explode = (0,0.2,0,0) ) #分离第二块出来
```

结果如图 3-33 所示。

（4）autopct：用于控制饼图百分比信息的字符串格式化方式，默认值为 None。用法如下：

```
plt.pie(x,labels=labels,explode = (0,0.2,0,0),autopct='%1.2f' )
                                       #百分比信息保留两位小数点
```

结果如图 3-34 所示。

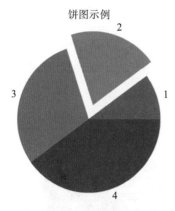
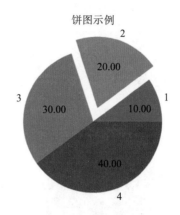

图 3-33　突出饼图中的区块　　　　图 3-34　控制饼图百分比信息的字符串格式化方式

（5）colors：可选参数，默认值为 None，用来指定每个区块的颜色参数。用法如下：

```
colors = ['r','y','b','g']
plt.pie(x,labels=labels,explode = (0,0.2,0,0),autopct='%1.2f',
        colors=colors)                          #自定义颜色
```

运行此段代码，结果如图 3-35 所示。

（6）shadow：设置是否有阴影，默认值为 False，加上阴影能让饼图更加具有立体感。
用法如下：

```
plt.pie(x,labels=labels,explode = (0,0.2,0,0),autopct='%1.2f',
        colors=colors,shadow=True)              #给饼图添加阴影
```

结果如图 3-36 所示。

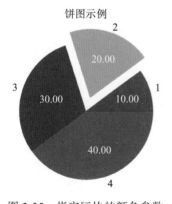
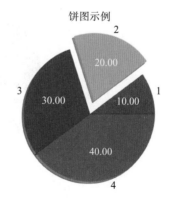

图 3-35　指定区块的颜色参数　　　　图 3-36　设置阴影

（7）radius：设置饼图的半径，半径越大饼图就越大，用法如下：

```
plt.pie(x,labels=labels,explode=(0,0.2,0,0),autopct='%1.2f',
        colors=colors,shadow=True,radius=1.3)     #半径为 1.3
```

结果如图 3-37 所示。

（8）startangle：设置饼图的初始绘制角度，用法如下：

```
plt.pie(x,labels=labels,explode=(0,0.2,0,0),autopct='%1.2f',colors=
    colors,shadow=True,radius=1.3,startangle=60)  #初始角度为 60
```

结果如图 3-38 所示。

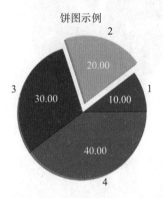

图 3-37    设置饼图的半径          图 3-38    设置饼图的初始绘制角度

（9）counterclock：用来设置饼图的方向，参数值默认为 True，表示逆时针方向，当设置为 False 时表示顺时针方向，用法如下：

```
plt.pie(x,labels=labels,explode=(0,0.2,0,0),autopct='%1.2f',colors=
    colors,shadow=True,radius=1.3,startangle=60,counterclock=False)
                                              #调整饼图方向
```

运行此段代码，结果如图 3-39 所示。

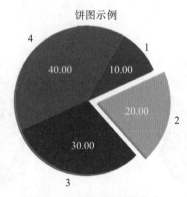

图 3-39    设置饼图的方向

至此，已分别介绍多个常用的饼图绘制参数。下面，将以全国人均可支配收入组成情况为数据，绘制简单饼图，代码如下：

```
import matplotlib.pyplot as plt
plt.rcParams['font.sans-serif']=['SimHei'] #设置中文字体为黑体
```

```
#准备数据
movie_name = ['人均工资性收入','人均经营净收入','人均财产净收入','人均转移净收入']
place_count = [17917,5307,2791,6173]

plt.figure(figsize=(20, 8), dpi=100)   #创建画布

#绘制饼图
plt.pie(place_count, labels=movie_name, autopct="%1.2f%%", col-
ors=['g','m','c','y'])
plt.legend()
plt.title("2020年全国人均可支配收入组成情况占比图片")
plt.axis('equal')
plt.show()
```

运行此段代码，结果如图 3-40 所示。

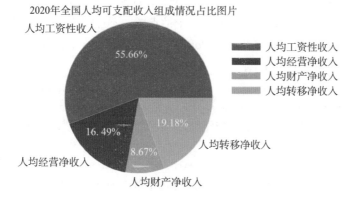

图 3-40　全国人均可支配收入组成情况

从图 3-40 中可以看出，全国人均可支配收入一共由四部分组成：人均工资性收入、人均经营净收入、人均财产净收入和人均转移净收入。其中，绿色部分所占面积最大，对应的数据系列为人均工资性收入，这部分收入在人均可支配总收入中占比为 55.66%；而蓝色部分所占面积最小，表明对应的人均财产净收入在人均可支配总收入中的比重最小，为 8.67%。

### 3.3.4　散点图的绘制及参数说明

所谓散点图，顾名思义就是由一个个点构成的图，这与线型图有点类似，但是不同的是，散点图并不会将各点用线条连接起来，散点图主要用来分析特征之间的相关关系。

在 Matplotlib 中，可以用函数 plot() 来绘制散点图，如下：

```
import matplotlib.pyplot as plt
import numpy as np

x = np.linspace(0,100,20)
y = np.cos(x)
plt.plot(x,y,'bo')
plt.show()
```

运行此段代码，结果如图 3-41 所示。

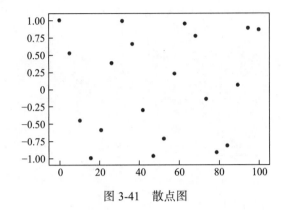

图 3-41  散点图

从图 3-41 中可以看到，由于没有指定线型，并且数据集也比较稀疏，所以用 plot 方法绘制出来的图并不是一个 cos 余弦图而是一个散点图。不过需要注意的是，plot()函数用来绘制散点图并不是很灵活，所以在 Matplotlib 中便提供了一个专门用于绘制散点图的方法 scatter()，该函数的调用格式如下：

```
matplotlib.pyplot.scatter(x, y, s=None, c=None, marker=None,
        cmap=None, norm=None,vmin=None, vmax=None, alpha=None,
        linewidths=None, verts=None, edgecolors=None,hold=None,
        data=None, **kwargs)
```

可以看到，scatter()的使用方式和 plot()有些相似，但是 scattter()具有更高的灵活性，它可以使每个数据有单独的散点与之匹配，同时每个散点有不同的属性。其常用参数及说明如表 3-4 所示。

表 3-4  scatter()常用参数及说明

| 参数 | 接收值 | 说明 |
| --- | --- | --- |
| x,y | 数组 | $x$ 轴和 $y$ 轴的数据 |
| s | 数值或者一维数组 | 散点图中标记的大小，以像素为单位 |
| c | 颜色或一维数组 | 散点图中点的颜色 |
| marker | 字符串 | 散点的标记 |
| alpha | 小数（0 到 1） | 散点的透明度 |
| linewidths | 数值 | 散点图的线宽 |
| edgecolors | 颜色或者一维数组 | 散点图的边界颜色 |

除了这些常用参数外，scatter()还有其他的一些参数：用于设置亮度的 vmax 和 vmin、Normalize 可选的 norm 以及输入数据为 Colormap 实例的 cmap 参数，这些参数都是可选的且默认值都为 None。

下面是函数 scatter()的常见用法。

（1）绘制基本散点，如下：

```
import matplotlib
import matplotlib.pyplot as plt
```

```
import numpy as np

x = np.random.rand(20)
y = np.random.rand(20)
plt.scatter(x, y)
plt.show()
```

运行此段代码，结果如图 3-42 所示。

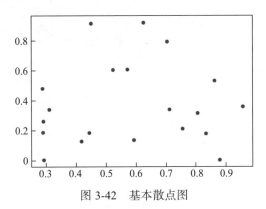

图 3-42  基本散点图

图 3-42 是将所需的 x 数据和 y 数据传入函数 scatter()中绘制的基本散点图效果。这里，x 数据和 y 数据均利用 NumPy 包中的 random.rand()函数生成 20 个数值介于 0 和 1 的随机数，scatter()函数的其他参数采用默认值。

（2）绘制大小不同的散点，如下：

```
import matplotlib
import matplotlib.pyplot as plt
import numpy as np

x = np.random.rand(20)
y = np.random.rand(20)

s = (40*np.random.rand(20))**2    # 每个点随机大小
plt.scatter(x, y, s=s)
plt.show()
```

结果如图 3-43 所示。

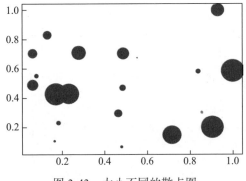

图 3-43  大小不同的散点图

从图 3-43 中可以看到，指定了函数 scatter() 的 s 属性后可以绘制出大小不同的散点图。这里，x 和 y 数据均利用 NumPy 包中的 random.rand() 函数生成 20 个数值介于 0 和 1 的随机数，s 数据则是在生成 20 个数值介于 0 和 1 的随机数后再进行运算，得到 20 个数值介于 0 和 1 600 的随机数，scatter() 函数的其他参数采用默认值。

（3）绘制不同颜色的散点，如下：

```
import matplotlib
import matplotlib.pyplot as plt
import numpy as np

x = np.random.rand(20)
y = np.random.rand(20)
s = (40*np.random.rand(20))**2 # 各个点随机大小
c = np.random.rand(20)#各个点随机颜色
plt.scatter(x, y, s=s, c=c, alpha=0.5) #透明度为 0.5
plt.show()
```

运行此段代码，结果如图 3-44 所示。

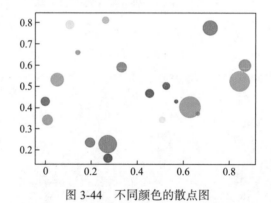

图 3-44    不同颜色的散点图

从图 3-44 中可以看到，指定了函数 scatter() 的 c 属性后可以绘制出不同颜色的散点图。这里，x 和 y、c 和 s 数据的产生和前面一样，同时将 alpha 属性的散点透明度设置为 0.5，scatter() 函数的其他参数采用默认值。

（4）在散点图上绘制两组不同形状的散点并设置图例，如下：

```
import matplotlib.pyplot as plt
import numpy as np

x = np.random.rand(30)
y = np.random.rand(30)
x1 = np.random.rand(30)
y1 = np.random.rand(30)
plt.scatter(x, y, marker='D', label="diamond")  # diamond 形状的散点
plt.scatter(x1, y1, marker='o', label="circle") # circle 形状的散点
plt.legend(loc='best')
plt.show()
```

运行此段代码，结果如图 3-45 所示。

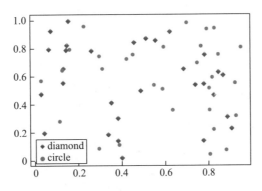

图 3-45　两组数据序列及设置图例

从图 3-45 中可以看到，绘制了两组数据序列的散点图，每组数据序列使用不同的形状表示数据点并同时设置图例。这里，x、y 和 x1、y1 两组数据均利用 NumPy 包中的 random.rand() 函数生成 30 个数值介于 0 和 1 的随机数，然后分别用 scatter() 函数绘制两组数据。将属性 marker 和 label 分别设置为'D'、'o'，"diamond"、"circle"，指定散点形状为菱形和圆形并设置图例，scatter() 函数的其他参数采用默认值，最后通过 plt.legend(loc='best') 来设置图例的位置。

与 plot() 方法相比，当数据量较小时，用 scatter() 方法来绘制散点图灵活性更高，因为 scatter() 可以给每个散点单独配置，但是 scatter() 方法也因此需要耗费更多的内存资源。当数据量非常大时，用 plot() 方法来绘制散点图会比 scatter() 方法效率高，因为与 scatter() 方法对每个点单独设置不同，plot() 方法对每个点的属性如大小、形状和颜色等都进行统一设置，所以运行效率会更高。

### 3.3.5　箱线图的绘制及参数说明

箱线图通常用来展示一组数据的分布情况，由于其形状像一个箱子，所以被称为箱线图，又称为"箱式图""盒式图"或者"盒须图"。它主要用来反映原始数据分布的特征情况，同时还可以对多组数据的分布情况进行比较。

在做数据分析的时候，如果需要了解数据的分布情况，可使用箱线图。箱线图可以很直观、清晰地展示数据的分布情况，同时也可以反映数据的异常情况。在 Matplotlib 中使用 boxplot() 函数来绘制箱线图，其调用格式如下：

```
matplotlib.pyplot.boxplot(x, notch=None, sym=None, vert=None,
    whis=None, positions=None, widths=None, patch_artist=None,
    meanline=None, showmeans=None, showcaps=None, showbox=None,
    showfliers=None, boxprops=None, labels=None, flierprops=None,
    medianprops=None, meanprops=None, capprops=None, whiskerprops=None)
```

其常用参数及说明如表 3-5 所示。

表 3-5　boxplot()常用参数及说明

| 参数 | 说明 | 参数 | 说明 |
|------|------|------|------|
| x | 绘制的数据 | notch | 箱线图是否凹口，默认为否 |
| sym | 异常点的形状，默认为+号 | vert | 箱线图是否垂直摆放，默认为是 |
| whis | 上下须与上下四分位的距离 | positions | 设置箱线图的位置 |
| widths | 箱线图的宽度，默认为 0.5 | patch_artist | 是否填充颜色 |
| meanline | 是否用线表示均值，默认为点 | showmeans | 是否显示均值，默认为否 |
| showcaps | 是否显示顶端和末端的两条线 | showbox | 是否显示箱体，默认为是 |
| showfliers | 是否显示异常值，默认为是 | boxprops | 箱体的属性，如填充色等 |
| labels | 添加标签，类似于图例 | filerprops | 异常值的属性 |
| meanprops | 均值的属性 | medianprops | 中位数的属性 |
| capprops | 箱线图顶端和末端线条的属性 | whiskerprops | 须的属性 |

除了这些常用参数外，boxplot()还有其他的一些参数：用于设置是否自动调整范围的 autorange，设置是否自适应标签位置的 manage_ticks，用于引导缺口盒形图中位数周围置信区间的 bootstrap，设置每个元素中位数的 usermedians，设置箱线图顺序的 zorder，调整记号位置和标签、匹配箱线图位置的 manage_ticks，以及设置是否使用 Line2 维生成长方体 patch_artist 参数。

下面是 boxplot()函数的常用方法。

### 1. 绘制基本的箱线图

```python
import matplotlib.pyplot as plt

a = [12,4,-15,5,10,0,4,5,8,13]
plt.boxplot(a)   #绘制箱线图
plt.show()
```

此段代码中，数据变量 a 为包含 10 个数据的列表，调用 plt.boxplot()函数基于 a 变量数据绘制箱线图。运行此段代码，结果如图 3-46 所示。

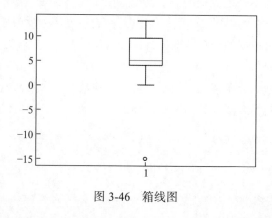

图 3-46　箱线图

从图 3-46 中可以看到，数据变量 a 的中位数是 5，上四分位数（Q3）和下四分位数（Q1）

分别为 10 和 4，也就是说数据变量 a 的数值 50%都在这个区间范围内。同时数据变量 a 的上边缘和下边缘分别为 13 和 0，还有一个偏离其他数据较远的离群值–15。

**2. 绘制水平箱线图并显示均值**

```
import matplotlib.pyplot as plt
import numpy as np
import pandas as pd

x = np.random.normal(-10, 10, 100)
x = pd.Series(x)
y = np.random.normal(1, 5, 10)
y = pd.Series(y)
plt.boxplot([x,y],vert=False,showmeans=True)    #水平绘制
plt.show()
```

此段代码中，数据变量 x 先用 NumPy 包中的 random.normal()函数生成 100 个均值为 –10、标准差为 10 的正态分布数据，随后调用 Pandas 包中的 Series()函数将 x 转换为 Series 类型的数据。数据变量 y 同理，先用 random.normal()函数生成 10 个均值为 1、标准差为 5 的正态分布数据，随后调用 Series()函数将 y 转换为 Series 类型的数据。调用 plt.boxplot() 函数基于 x 变量和 y 变量数据绘制箱线图，vert 设置为 False 将箱线图水平摆放，showmeans 设置为 True 显示均值。运行此段代码，结果如图 3-47 所示。

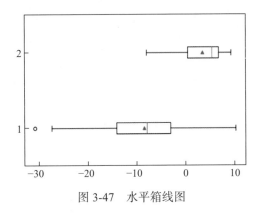

图 3-47　水平箱线图

从图 3-47 中可以看到，数据变量 x 的 50%数据在–15 到–3，均值接近–10，另外存在一个离群值；数据变量 y 的 50%数据在 0 到 8，均值接近 1，没有异常值。

**3. 改变箱线图的颜色**

```
import matplotlib.pyplot as plt
import numpy as np
import pandas as pd

x = np.random.normal(-10, 10, 100)
x = pd.Series(x)
y = np.random.normal(1, 5, 10)
y = pd.Series(y)
```

```
z = np.random.normal(-7, 3, 16)
z = pd.Series(z)

#填充颜色，箱体边框色为黄色，箱体填充色为蓝色
plt.boxplot([x,y,z],patch_artist = True, boxprops =
            {'color':'yellow','facecolor':'blue'})
plt.show()
```

此段代码中，与上个例子一样，变量 x、y 和 z 数据均为服从正态分布的 Series 类型数据。接着调用 plt.boxplot()函数基于 x、y 和 z 三个变量数据绘制箱线图，参数 patch_artist 设置为 True 表示填充箱体的颜色，在 boxprops 属性中设置箱体边框色为黄色，填充色为蓝色。运行此段代码，结果如图 3-48 所示。

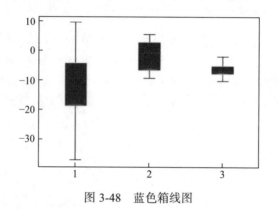

图 3-48    蓝色箱线图

从图 3-48 中可以看到，三个箱体边框色为黄色、填充色为蓝色的箱线图，三个变量都没有异常值，中位数分别为–10，0 和–8，三个变量均不存在离群值。

**4. 改变箱线图的形状**

```
import matplotlib.pyplot as plt
import numpy as np
import pandas as pd

x = np.random.normal(-10, 10, 100)
x = pd.Series(x)
y = np.random.normal(1, 5, 10)
y = pd.Series(y)
z = np.random.normal(-7, 3, 16)
z = pd.Series(z)
plt.boxplot([x,y,z],notch = True,sym = '.')
                          #箱线图变凹口同时异常点的形状为 circle
plt.show()                # 显示图像
```

此段代码中，对数据变量 x、y 和 z 的操作和上一个例子一致。调用 plt.boxplot()函数基于 x、y 和 z 变量数据绘制箱线图，notch 设置为 True 表示把箱线图以凹口的形式展现出来，设置 sym 属性为'.'，将异常点的形状改为圆形。运行此段代码，结果如图 3-49 所示。

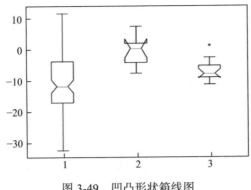

图 3-49　凹凸形状箱线图

从图 3-49 中可以看到，三个箱体的中位数附近都变成了凹凸形状，同时离群值点的形状也变为了空心圆形。

### 3.3.6　其他图表的绘制

除了前面所讲的常用图表外，Matplotlib 还可以用来绘制柱状图、面积图、三维散点图、小提琴图（violinplot）以及自相关图等图表，下面依次讲解如何绘制这些图表。

**1. 柱状图的绘制**

柱状图又称长条图，和直方图有点类似。不过直方图和柱状图在图表绘制和意义上，都有较大的差异。直方图一般用来展现数据的分布，而柱状图则是用来比较数据的大小。

在 Matplotlib 中可以使用 bar() 函数来绘制柱状图，其调用格式如下：

```
matplotlib.pyplot.bar(left, height, width=0.8, bottom=None, hold=None,
                      data=None, **kwargs)
```

其常用参数说明如表 3-6 所示。

表 3-6　bar() 常用参数说明

| 参数 | 说明 | 参数 | 说明 |
| --- | --- | --- | --- |
| left | $x$ 轴的数据 | height | $y$ 轴的数值 |
| width | 柱状图的宽度 | alpha | 透明度 |
| linewidth | 线宽 | color | 填充色 |
| edgecolor | 图形边缘颜色 | label | 标签 |

通过例子介绍 bar() 函数绘制柱状图的基本方法，如下：

```
import matplotlib.pyplot as plt
import numpy as np
import pandas as pd

x = np.random.normal(-10, 10, 20)
y = np.random.normal(1, 5, 20)
```

```
plt.bar(x,y, alpha=0.6,width = 0.8, facecolor = 'yellow', edgecolor =
'blue', lw=1)

plt.show()
```

运行此段代码，结果如图 3-50 所示。

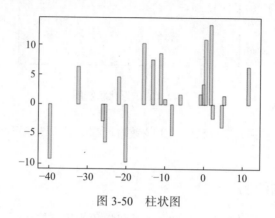

图 3-50　柱状图

### 2. 面积图的绘制

面积图又被称为区域图，一般用来强调数量随着时间连续变化的程度，同时也可以用来表示每个种类和整体之间的关系。

与面积图相比，折线图可以很直观地反映一个序列的趋势，但是并没有反映总量的变化趋势，而面积图则可用来展示总量的变化趋势。在 Matplotlib 中提供了用来绘制面积图的函数 stackplot()，其调用格式如下：

```
matplotlib.axes.stackplot(axes, x, *args, labels=(), colors=None,
                          baseline='zero', data=None, **kwargs)
```

常用参数及说明如表 3-7 所示。

表 3-7　stackplot()常用参数说明

| 参数 | 说明 | 参数 | 说明 |
| --- | --- | --- | --- |
| x | $x$ 轴的数据 | y | $y$ 轴的数值 |
| labels | 标签 | colors | 颜色 |
| baseline | 基线 | | |

下面是面积图的常用绘制方法：

```
import matplotlib.pyplot as plt
import numpy as np

x = np.array([-1, 0, 1, 2, 3])
y = np.array([1, 2, 3, 4, 5])
z = np.array([0, 6, 2, 10, 7])
a = np.array([10, 8, 12, 5, 9])
```

```
labels = ["y ", "z", "a"]

fig =plt.figure()
ax = fig.add_subplot()
ax.stackplot(x, y, z, a, labels=labels)

plt.show()
```

此段代码中，首先利用 NumPy 包的 array()函数将四个列表转为数组，再将数组分别赋值给数据变量 x、y、z 和 a。接着，调用 plt.figure()创建一个画布，在画布中调用 stackplot()函数来绘制数据变量 x 为 x 轴的面积图，同时利用 label 属性将 y、z 和 a 设置为标签。运行此段代码，结果如图 3-51 所示。

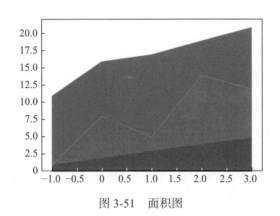

图 3-51　面积图

从图 3-51 中可以看出，在面积图中，对不同的数据变量 y、z 和 a 分别用不用颜色来表示折线与自变量坐标轴之间的区域。在面积图中，我们除了可以看到不同的数据随时间而变化的程度，也可以看到波峰和低谷以及数据高低点的持续时间。

**3. 三维散点图的绘制**

在编写代码的时候，有时需要绘制三维的图表，就必须导入 mpl_toolkits.mplot3d 模块。下面来绘制一个三维散点图，相应的代码比较简单，因为除了 z 轴外，三维散点图和本书之前讲的二维散点图的各个参数都是一样的。一个简单的三维散点图绘制代码如下：

```
from mpl_toolkits.mplot3d import Axes3D
import matplotlib.pyplot as plt

x = [1, 4, 7, 2, 5, 8, 11, 14]
y = [10, 13, 16, 19, 17, 20,21,4]
z = [3, 6, 9, 12, 15, 18, 21,2]

fig = plt.figure()
ax = Axes3D(fig)
ax.plot(x,y,z,'yo')
plt.show()
```

此段代码中，数据变量 x、y 和 z 均为包含了 8 个数据的列表。调用 plt.figure()创建一个画布 fig，随后调用 mpl_toolkits.mplot3d 包的 Axes3D() 函数来创建一个 Axes3D 对象，最后调用 plot() 函数绘制一个三维散点图，'yo' 表示黄色的圆点。运行此段代码，结果如图 3-52 所示。

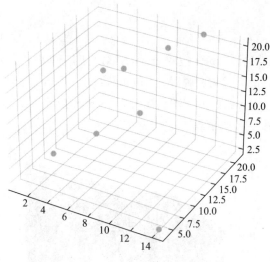

图 3-52　三维散点图

创建 3D（三维）的图表有两种方式：第一种是上面的例子，也就是使用 Axes3D 将图片变为三维，还有一种就是通过 add_subplot(111,projection='3d'）这种方式把坐标子图的坐标轴变为三维。

**4. 小提琴图的绘制**

小提琴图和箱线图有点类似，箱线图显示了分位数的位置，而小提琴图则显示了任意位置的密度，因而通过小提琴图就可以知道不同位置的数据分布情况。

在 Matplotlib 库中，使用 violinplot() 函数来绘制小提琴图，其调用格式如下：

```
matplot-
lib.pyplot.violinplot(dataset,positions=None,vert=True,widths=0.5,
        showmeans=False, showextrema=True, showmedians=False,
        points=100, bw_method=None, *, data=None)
```

violinplot 常用的参数有以下几个。

（1）vert：用于设置小提琴图的摆放方向，默认值为 True，即竖直摆放小提琴图，用法如下：

```
import matplotlib.pyplot as plt
import numpy as np
#竖直的小提琴图
plt.violinplot(dataset=np.random.normal(size=500),vert=False)
plt.show()
```

此段代码中，调用 plt.violinplot() 函数来绘制小提琴图，其中，小提琴图的数据是通过 NumPy 包中的 random.normal() 随机生成的 500 个数值，设置 vert 为 False 表示将小提琴图水平放置。运行此段代码，结果如图 3-53 所示。

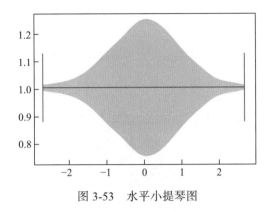

图 3-53　水平小提琴图

从图 3-53 中可以看出，这个随机得出的数据分布比较均匀，中位数在 0 附近，最大值和最小值分别在 3 和–3 附近。

（2）showmeans：用于设置是否在小提琴图中显示均值，默认值为 False，即不显示均值。绘制的时候用横线来表示均值，用法如下：

```
import matplotlib.pyplot as plt
import numpy as np
#显示均值
plt.violinplot(dataset=np.random.normal(size=500), showmeans=True)
plt.show()
```

此段代码中，调用 plt.violinplot() 函数来绘制小提琴图，数据同样是通过 NumPy 包中的 random.normal() 随机生成 500 个数值，将 showmeans 设置为 True 表示显示均值。运行这段代码，结果如图 3-54 所示。

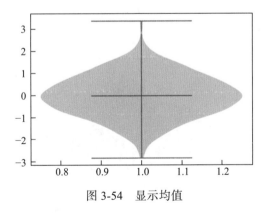

图 3-54　显示均值

从图 3-54 中可以看出，该小提琴图数据的均值为 0。

（3）showmedians：用于设置是否在小提琴图中显示中位数，默认为 False，即不显示中位数。同样地，绘制的时候用横线来表示中位数，用法如下：

```
import matplotlib.pyplot as plt
import numpy as np

plt.violinplot(dataset=np.random.normal(size=500),showmedians=True)
                                                        #显示中位数
plt.show()
```

此段代码中，将参数 showmedians 设置为 True 表示显示中位数。运行这段代码，结果如图 3-55 所示。

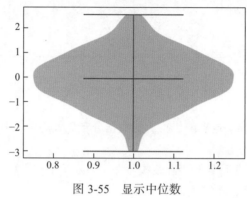

图 3-55　显示中位数

（4）showextrema：用于设置是否在小提琴图中显示最值，默认为 True，即显示最大值和最小值，用法如下：

```
import matplotlib.pyplot as plt
import numpy as np

plt.violinplot(dataset=np.random.normal(size=500),showextrema=False)
                                                        #不显示最值
plt.show()
```

此段代码中，将参数 showextrema 设置为 False 表示不显示最值。运行这段代码，结果如图 3-56 所示。

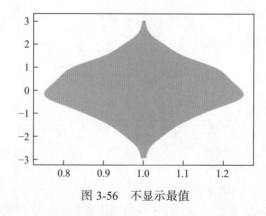

图 3-56　不显示最值

从图 3-56 中可以看出，该小提琴图不再像之前那样显示最大值、最小值和中位数。

从上面的几个常用参数中可以看到，小提琴图的绘制用法和箱线图的用法比较类似，在绘制小提琴图时可以参考箱线图的用法。

**5. 自相关图的绘制**

自相关图是一个二维的垂线图，横坐标表示延迟阶数，纵坐标则表示自相关系数。在Matplotlib 库中，可用 acorr()函数来绘制自相关图，调用格式如下：

```
matplotlib.pyplot.acorr(x, *, data=None, **kwargs)
```

其常用的参数有以下几个。

（1）x：数组，自相关图的数据。

（2）normed：输入向量是否归一化为单位长度，默认为 True。

（3）usevlines：确定打印样式，如果为 True 的话则绘制垂直线。

（4）maxlags：要显示的滞后阶数，默认值为 10。

（5）marker：数据点的标记，默认值为'o'，只有当 usevlines 为 False 时才可使用。

（6）linestyle：线型，只有当 usevlines 为 False 时才可用于绘制数据点。

下面来绘制一个简单的自相关图，如下：

```
import matplotlib.pyplot as plt
import numpy as np

np.random.seed(100 ** 3)
x = np.random.randn(100)
plt.acorr(x,usevlines = True, normed=True,maxlags=50)
plt.show()
```

此段代码中，首先指定种子数，通过调用 NumPy 包中的 random.seed()函数来实现。随后使用 NumPy 包中的 random.randn()函数生成随机的 100 个数据赋值给数据变量 x。最后，调用 plt.acorr()函数来绘制自相关图， usevlines 设置为 True 表示绘制垂直线，normed 设置为 True 表示将输入向量归一化为单位长度，maxlags=50 表示要显示的滞后阶数为 50。运行此段代码，结果如图 3-57 所示。

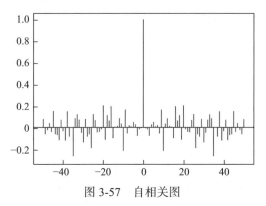

图 3-57　自相关图

从图 3-57 中可以看出，该自相关图呈现拖尾以及振荡衰减的现象。此外，也可以使用Statsmodels 库的 plot_acf()函数来绘制自相关图，如下：

```
from statsmodels.graphics.tsaplots import plot_acf
plot_acf(x)
```

结果如图 3-58 所示。

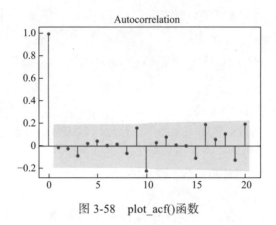

图 3-58    plot_acf()函数

从图 3-58 中可以看出，该自相关图呈现拖尾，从滞后 1 阶位置开始，自相关系数就基本落在 2 倍标准差范围内，即不存在相关性。

## 3.4    Matplotlib 绘图案例

### 3.4.1    案例：直方图分析企业员工业绩

本案例使用收集到的企业员工数据集，该数据集存放在 BaPy_data.xlsx 文件的 BAdata 工作表中。若希望查看销售部员工的业绩，这时可以使用直方图来直观展示员工的业绩分布情况，代码如下：

```
BAdata=pd.read_excel("BaPy_data.xlsx",'BAdata')
x = BAdata[BAdata.所在部门=='销售部'].年收入

plt.title("销售部员工业绩")
plt.xlabel("年收入/万元")
plt.ylabel("人数/个")

plt.hist(x)  #绘制直方图
plt.grid()   #设置网格
plt.show()
```

此段代码中，首先通过使用Pandas包中的read_excel()函数来读取存放在BaPy_data.xlsx 文件中的 BAdata 表数据，随后获取该表中销售部的年收入数据并赋值给数据变量 x，最后调用 plt.hist()函数来绘制直方图；同时通过调用 plt 中的 title()、xlabel()、ylabel()以及 grid()函数来分别设置直方图的标题、坐标轴标签以及网格。运行此段代码，结果如图 3-59 所示。

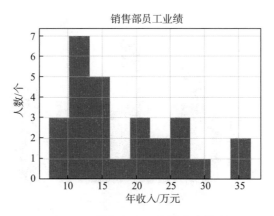

图 3-59　销售部员工业绩分布情况

从图 3-59 中可以很直观地看到销售部员工的业绩分布情况，年收入主要集中在 10 万元到 15 万元。同时还可以将频数分布直方图改为频率分布直方图，只需要设置属性 density 即可，如下：

```
plt.hist(x, density=True)  #绘制频率分布直方图
```

结果如图 3-60 所示。

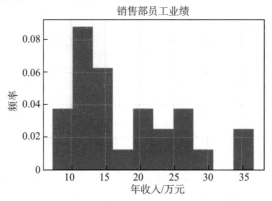

图 3-60　销售部员工业绩频率分布直方图

基于销售部中工作年限为三年至五年员工的业绩数据，绘制一个频率分布直方图，如下：

```
x = BAdata[BAdata.本司工作年限=='三年至五年'].年收入

plt.title("三年至五年工作年限员工业绩")
plt.xlabel("年收入/万元")
plt.ylabel("频率")
plt.hist(x, density=True)  #绘制频率分布直方图
plt.show()
```

运行此段代码，结果如图 3-61 所示。

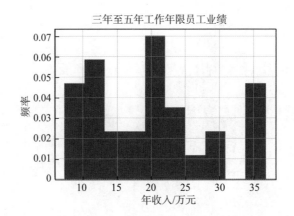

图 3-61　三年至五年工作年限员工业绩频率分布直方图

从图 3-61 可以看出，销售部中工作年限为三年至五年员工的业绩大多分布在 20 万～25 万元，业绩为 13 万～19 万元和 25 万～28 万元的员工占比较小，不存在业绩为 31 万～34 万元的员工。

### 3.4.2　案例：折线图分析商品销售情况

现收集到某企业 2000—2020 年共 21 年的年度冰箱销售额数据，将其存放在 BaPy_data.xlsx 文件的 FGdata 工作表中。数据如表 3-8 所示。

表 3-8　企业冰箱销售额

| 年份 | 销售额 | 年份 | 销售额 |
| --- | --- | --- | --- |
| 2000 | 1 325 640 | 2011 | 2 598 018 |
| 2001 | 2 606 667 | 2012 | 2 716 308 |
| 2002 | 1 485 589 | 2013 | 2 547 238 |
| 2003 | 3 376 214 | 2014 | 3 187 723 |
| 2004 | 1 529 672 | 2015 | 3 090 982 |
| 2005 | 2 306 411 | 2016 | 2 434 659 |
| 2006 | 2 625 935 | 2017 | 2 778 167 |
| 2007 | 2 628 130 | 2018 | 3 204 811 |
| 2008 | 3 270 901 | 2019 | 3 193 949 |
| 2009 | 3 316 215 | 2020 | 2 820 332 |
| 2010 | 3 410 318 | | |

使用收集到的数据来绘制一个折线图，代码如下：

```
FGdata=pd.read_excel("BaPy_data.xlsx",'FGdata')
x = FGdata.年份
y = FGdata.销售额

plt.plot(x,y,c='y', ls='-')

plt.title("企业冰箱销售额数据")
```

```
plt.xlabel("年份")
plt.ylabel("百万")
plt.grid()
plt.xticks(np.arange(2000,2021))

plt.show()
```

此段代码中,首先通过使用Pandas包中的read_excel()函数来读取存放在BaPy_data.xlsx文件中的FGdata表数据,随后获取该表中的年份以及销售额数据并赋值给数据变量 x 和 y,最后调用plt.plot()函数来绘制直方图。其中,c 和 ls 属性分别表示线条的颜色和形状。同时,设置直方图的标题、坐标轴标签以及网格后,通过调用plt.xticks()函数将 x 轴的取值范围设置为2000~2020。运行此段代码的结果如图 3-62 所示。

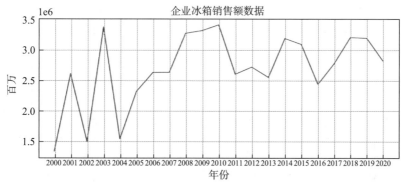

图 3-62　商品销售情况折线图

从图 3-62 中可以很直观地看到这 21 年来企业的冰箱销售额走势。可以看出,该企业的冰箱销售额在 2003 年达到短暂的顶峰后暴跌,经过几年后回暖,在 2010 年又达到了接近 2003 年的顶峰状态。随后在 2010—2020 年,虽然没有超过过往的业绩,但是销售额稳定在了一定的范围内,没有出现像 2003—2004 年那样的暴跌状态。

### 3.4.3　案例:基于饼图比较商品销售额

现在收集到了某企业销售部的商品销售信息,将其存放在BaPy_data.xlsx文件的SGdata表中。数据如表 3-9 所示。

表 3-9　企业商品销售信息

| 员工编号 | 员工姓名 | 商品名称 | 商品单价 | 商品数量 | 商品销售额 |
| --- | --- | --- | --- | --- | --- |
| 10248012 | 陈佳琳 | 冰箱 | 2 690 | 17 | 45 730 |
| 10248012 | 陈佳琳 | 洗衣机 | 2 999 | 18 | 53 982 |
| 10248012 | 陈佳琳 | 空调 | 3 600 | 26 | 93 600 |
| 10248012 | 陈佳琳 | 热水器 | 1 999 | 39 | 77 961 |
| 10248012 | 陈佳琳 | 洗碗机 | 2 800 | 35 | 98 000 |
| 10248012 | 陈佳琳 | 抽油烟机 | 1 280 | 38 | 48 640 |
| 10248013 | 古子谦 | 冰箱 | 2 200 | 23 | 50 600 |

| 员工编号 | 员工姓名 | 商品名称 | 商品单价 | 商品数量 | 商品销售额 |
|---|---|---|---|---|---|
| 10248013 | 古子谦 | 洗衣机 | 2 590 | 24 | 62 160 |
| 10248013 | 古子谦 | 空调 | 3 299 | 34 | 112 166 |
| 10248013 | 古子谦 | 洗碗机 | 3 800 | 32 | 121 600 |
| 10248013 | 古子谦 | 抽油烟机 | 1 790 | 28 | 50 120 |
| 10248009 | 李思思 | 洗衣机 | 4 500 | 18 | 81 000 |
| 10248009 | 李思思 | 热水器 | 899 | 56 | 50 344 |
| 10248009 | 李思思 | 洗碗机 | 4 580 | 42 | 192 360 |
| 10248009 | 李思思 | 抽油烟机 | 1 599 | 29 | 46 371 |
| 10248010 | 刘威 | 冰箱 | 2 900 | 22 | 63 800 |
| 10248010 | 刘威 | 洗衣机 | 3 200 | 26 | 83 200 |
| 10248010 | 刘威 | 空调 | 3 599 | 29 | 104 371 |
| 10248010 | 刘威 | 热水器 | 999 | 46 | 45 954 |
| 10248010 | 刘威 | 洗碗机 | 3 200 | 36 | 115 200 |
| 10248011 | 马旭日 | 冰箱 | 3 500 | 19 | 66 500 |
| 10248011 | 马旭日 | 洗衣机 | 2 700 | 22 | 59 400 |
| 10248011 | 马旭日 | 空调 | 2 599 | 40 | 103 960 |
| 10248011 | 马旭日 | 洗碗机 | 4 999 | 14 | 69 986 |
| 10248011 | 马旭日 | 抽油烟机 | 3 500 | 35 | 122 500 |
| 10248008 | 张倩 | 冰箱 | 2 690 | 13 | 34 970 |
| 10248008 | 张倩 | 洗衣机 | 3 680 | 26 | 95 680 |
| 10248008 | 张倩 | 空调 | 2 380 | 32 | 76 160 |
| 10248008 | 张倩 | 热水器 | 1 199 | 48 | 57 552 |
| 10248008 | 张倩 | 洗碗机 | 3 699 | 26 | 96 174 |
| 10248008 | 张倩 | 抽油烟机 | 2 200 | 38 | 83 600 |

现基于表 3-9 的数据绘制商品销售情况饼图，代码如下：

```
SGdata=pd.read_excel("BaPy_data.xlsx",'SGdata')
x = SGdata[SGdata.商品名称=='冰箱'].商品销售额
x = np.sum(x)
y = SGdata[SGdata.商品名称=='洗衣机'].商品销售额
y = np.sum(y)
z = SGdata[SGdata.商品名称=='空调'].商品销售额
z = np.sum(z)
q = SGdata[SGdata.商品名称=='热水器'].商品销售额
q = np.sum(q)
w = SGdata[SGdata.商品名称=='洗碗机'].商品销售额
w = np.sum(w)
e = SGdata[SGdata.商品名称=='抽油烟机'].商品销售额
e = np.sum(e)

labels = ["冰箱","洗衣机","空调","热水器","洗碗机","抽油烟机"]
```

```
s=[x,y,z,q,w,e]
colors=['red','green','blue','cyan','yellow','pink']
explode = (0,0,0,0,0.1,0)

plt.pie(s,explode=explode,colors=colors,labels=labels,autopct="%.0f%%",
        radius=1.3,shadow=True)
plt.title("商品销售情况")

plt.axis("equal")
plt.show()
```

此段代码中，首先通过使用 Pandas 包中的 read_excel()函数读取存放在 BaPy_data.xlsx
文件中的 SGdata 表数据，随后分别获取冰箱、洗衣机、空调、热水器、洗碗机和抽油烟机
的销售额数据；通过调用 NumPy 包中的 sum()函数计算它们总的销售额，然后分别赋值给
相对应的数据变量。对饼图的标签、数据、颜色等进行设置，接着调用 plt.pie()函数来绘制
饼图，其中 explode = (0,0,0,0,0.1,0)表示突出显示饼图中的第五部分，plt.axis("equal")表示 x
轴和 y 轴的刻度等长。运行此段代码的结果如图 3-63 所示。

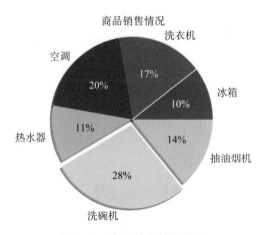

图 3-63　商品销售情况饼图

从图 3-63 中可以看到，该企业的洗碗机和空调销售额总和约占总销售额的一半，而冰
箱和热水器的销售额比较低。

### 3.4.4　案例：散点图分析员工收入与学历的关系

本案例利用 BaPy_data.xlsx 文件中 BAdata 下的企业员工数据集，分析员工收入与其学
历之间的关系，这里利用散点图进行分析，如下：

```
BAdata=pd.read_excel("DaPy_data.xlsx",'BAdata')
x = BAdata.年收入
y = BAdata.学历

plt.scatter(y,x)
plt.title("收入情况")
```

```
plt.xlabel("学历")
plt.ylabel("年收入/万元")
plt.show()
```

此段代码中，首先通过使用 Pandas 包中的 read_excel()函数来读取存放在 DaPy_data.xlsx 文件中的 BAdata 表数据，获取该表中的年收入以及学历数据并赋值给数据变量 x 和 y，然后通过调用 plt.scatter()函数来绘制散点图。同时还通过使用 plt 的 title()、xlabel()、ylabel() 函数来分别设置散点图的标题、*x* 轴和 *y* 轴的标签。运行此段代码的结果如图 3-64 所示。

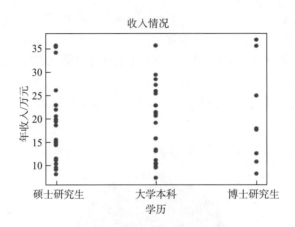

图 3-64　员工收入情况散点图

从图 3-64 中可以看出，在该企业中，员工收入与学历并没有一定的联系，因为该企业不同学历的员工的收入并没有实质性的差异。

### 3.4.5　案例：利用箱线图分析销售经理业绩

现在利用收集到的某企业销售部的商品销售信息来分析销售经理李思思的业绩，数据存放在 BaPy_data.xlsx 文件中的 SGdata 表中。代码如下：

```
SGdata=pd.read_excel("BaPy_data.xlsx",'SGdata')
x = SGdata[SGdata.员工姓名=='陈佳琳'].商品销售额
y = SGdata[SGdata.员工姓名=='古子谦'].商品销售额
z = SGdata[SGdata.员工姓名=='李思思'].商品销售额
a = SGdata[SGdata.员工姓名=='刘威'].商品销售额
b = SGdata[SGdata.员工姓名=='马旭日'].商品销售额
c = SGdata[SGdata.员工姓名=='张倩'].商品销售额

plt.title('销售业绩情况')
labels = ['陈佳琳','古子谦','李思思','刘威','马旭日','张倩']
plt.boxplot([x, y, z, a,b,c],notch=False, labels = labels,patch_artist
= False,
    boxprops = {'color':'black','linewidth':'2.0'},
```

```
          capprops={'color':'black','linewidth':'2.0'})
plt.show()
```

此段代码中，首先通过使用 Pandas 包中的 read_excel()函数来读取存放在 BA_data.xlsx
文件中的 SGdata 表数据，随后分别获取不同员工的销售额并赋值给相对应的数据变量。设
置图标题及标签后，通过调用 plt.boxplot()函数来绘制出不同员工的商品销售额箱线图。其
中，patch_artist = False 表示不填充箱体的颜色，boxprops= {'color':'black','linewidth':'2.0'}表
示箱体的颜色为黑色、线宽为 2.0，capprops={'color':'black','linewidth':'2.0'}表示箱线图顶端
和末端线条的颜色为黑色，粗细为 2.0。运行此段代码的结果如图 3-65 所示。

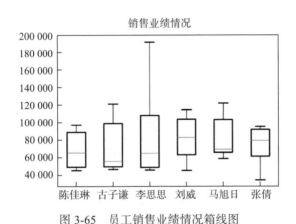

图 3-65　员工销售业绩情况箱线图

从图 3-65 中可以看出，虽然李思思的最低商品、销售业绩和中位数销售业绩并非是销
售部成员中表现最好的，但是其最高商品销售业绩却远高于其他销售部的成员。说明李思
思基本符合销售经理的水准，尤其是在最高商品销售业绩上，远超一般销售人员的正常范
围。虽然李思思大部分的商品销售业绩和其他销售人员集中在同一个区间内，但是她的中
位数销售业绩却几乎是销售部所有的销售人员中最低的，说明她有一半商品的销售额是低
于其他销售人员的，只是她的最高销售额拔高了总体水准，她必须尽快提升那一半商品的
销售额以提高总体销售水平。

### 3.4.6　案例：利用面积图分析人口年龄构成情况

现有某城市 1860—2005 年人口年龄构成数据，存放在 BA_data.xlsx 文件中的 EGdata
表中，具体数据如表 3-10 所示。

表 3-10　某城市 1860—2005 年人口年龄构成数据

| 年份 | Under 5 | 5 to 19 | 20 to 44 | 45 to 64 | 65+ |
| --- | --- | --- | --- | --- | --- |
| 1860 | 15.4 | 35.8 | 35.7 | 10.4 | 2.7 |
| 1870 | 14.3 | 35.4 | 35.4 | 11.9 | 3 |
| 1880 | 13.8 | 34.3 | 35.9 | 12.6 | 3.4 |
| 1890 | 12.2 | 33.9 | 36.9 | 13.1 | 3.9 |

续表

| 时间 | Under 5 | 5 to 19 | 20 to 44 | 45 to 64 | 65+ |
|------|---------|---------|----------|----------|-----|
| 1900 | 12.1 | 32.3 | 37.7 | 13.7 | 4.1 |
| 1910 | 11.6 | 30.4 | 39 | 14.6 | 4.3 |
| 1920 | 10.9 | 29.8 | 38.4 | 16.1 | 4.7 |
| 1930 | 9.3 | 29.5 | 38.3 | 17.4 | 5.4 |
| 1940 | 8 | 26.4 | 38.9 | 19.8 | 6.8 |
| 1950 | 10.7 | 23.2 | 37.6 | 20.3 | 8.1 |
| 1960 | 11.3 | 27.1 | 32.2 | 20.1 | 9.2 |
| 1970 | 8.4 | 29.5 | 31.7 | 20.6 | 9.8 |
| 1980 | 7.2 | 24.8 | 37.1 | 19.6 | 11.3 |
| 1990 | 7.6 | 21.3 | 40.1 | 18.6 | 12.5 |
| 2000 | 6.8 | 21.8 | 37 | 22 | 12.4 |
| 2005 | 6.8 | 20.7 | 35.4 | 24.6 | 12.4 |

利用上面的数据来绘制一个面积图，如下：

```
EGdata=pd.read_excel("BA_data.xlsx",'EGdata')
fig,ax=plt.subplots()

x=EGdata.时间                        #年份

y1=EGdata["Under 5"].values          #5 岁以下的百分比数据
y2=EGdata["5 to 19"].values          #5 岁到 19 岁的百分比数据
y3=EGdata["20 to 44"].values         #20 岁到 44 岁的百分比数据
y4=EGdata["45 to 64"].values         #45 岁到 64 岁的百分比数据
y5=EGdata["65+"].values              #65 岁以上的百分比数据
ax.stackplot(x,y1,y2,y3,y4,y5)       #面积图
ax.set(xlim=(1860,2005),ylim=(0,100),xlabel="年份",ylabel="占比/%")
                                     #坐标轴标签
ax.twinx()                           #设置双 y 轴，共享 x 轴
plt.title('城市人口占比面积图')
#文本注释
ax.text(0.8, 0.95, "65+", transform=ax.transAxes)
ax.text(0.8, 0.8, "45 to 64", transform=ax.transAxes)
ax.text(0.8, 0.5, "20 to 44", transform=ax.transAxes)
ax.text(0.8, 0.2, "5 to 19", transform=ax.transAxes)
ax.text(0.8, 0.03, "Under 5", transform=ax.transAxes)

plt.show()
```

此段代码中，首先通过使用 Pandas 包中的 read_excel()函数来读取存放在 BA_data.xlsx
文件中的 EGdata 表数据，随后分别获取不同年龄段的百分比并赋值给相对应的数据变量。
通过调用 stackplot()函数来绘制所有数据变量的面积图，ax.set()函数用来设置坐标轴的属

性，其中 xlabel 和 ylabel 分别表示 x 轴和 y 轴的标签，xlim=(1860,2005)和 ylim=(0,100)则分别表示 x 轴的取值范围为 1860～2005，y 轴的取值范围为 0～100。绘制好面积图后通过 ax.twinx()来设置双 y 轴，两个 y 轴共享一个 x 轴。随后设置图的标题以及添加文本注释，在文本注释中，transform=ax.transAxes 表示坐标轴转换，ax.text(0.8, 0.95, "65+", transform=ax.transAxes)则表示在坐标轴的(0.8，0.95)位置添加一个"65+"的文本注释，其余同理。运行此段代码的结果如图 3-66 所示。

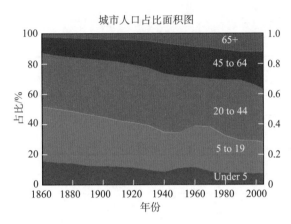

图 3-66　某城市 1860—2005 年人口年龄构成面积图

从图 3-66 中可以看出，该城市的老年化程度在不断攀升，因为老年人口占总人口的比例在不断地上升，而年轻人口占总人口的比例在不断下降。虽然该城市 19 岁以下的人口在经过大约 80 年的平稳下滑后在 1940 年到 1960 年经历了一次短暂的上升，但是上升到顶峰后只维持了短短几年时间便继续呈现下滑趋势。较之以前，虽然下滑趋势平稳了不少，但是依旧呈现下滑的趋势，由此可见，该城市的人口老龄化是大势所趋，很难得以改善。

# 3.5　习　　题

## 一、填空题

1. 散点图主要用于分析特征间的＿＿＿＿＿关系。

2. 除了使用缩写字母来表示颜色之外，还可以使用其他规范的字符串来表示颜色，比如用＿＿＿＿＿或者＿＿＿＿＿。

3. 除了使用＿＿＿＿＿来配置参数以外，还可以通过 rcParams['属性名']这样的方式来配置。

## 二、判断题

1. Matplotlib 提供了用来绘制面积图的函数 boxplot()。(　　　)

2. 可以使用直方图来展现数据的分布。(　　　)

## 三、编程题

1. 用 Matplotlib 编写一个程序，显示 y=x**3+2*x-1 这个函数的图像，同时给图表和坐标轴加上标题（标题可以任起）。

2. 现在收集到 2020 年中国电影票房排行榜前 10 的电影数据，存放在 BA_data.xlsx 文件中的 DGdata 表中，要求使用条形图（barplot）来直观展示该数据，具体数据如表 3-11 所示。

表 3-11  2020 年中国电影票房排行榜

| 电影名称 | 票房/亿 | 上映日期 |
| --- | --- | --- |
| 《八佰》 | 31.09 | 2020-08-21 |
| 《我和我的家乡》 | 28.3 | 2020-10-01 |
| 《姜子牙》 | 16.03 | 2020-10-01 |
| 《金刚川》 | 11.23 | 2020-10-23 |
| 《夺冠》 | 8.36 | 2020-09-25 |
| 《拆弹专家 2》 | 6.02 | 2020-12-24 |
| 《除暴》 | 5.38 | 2020-11-20 |
| 《宠爱》 | 5.1 | 2019-12-31 |
| 《我在时间尽头等你》 | 5.05 | 2020-08-25 |
| 《误杀》 | 5.01 | 2019-12-13 |

# 第4章

# Seaborn数据可视化

## 4.1　Seaborn 库简介

Seaborn 是基于 Python 的数据可视化开源软件库。它基于 Matplotlib，以 Matplotlib 为基础进行更高级别的封装而成。相较于 Matplotlib，Seaborn 更加简单、易上手，绘制的图像设计巧妙、十分美观。Seabron 提供大量的图表绘制函数，且这些绘图函数可以与 Pandas 库结合，使用 DataFrame 格式的行列索引就可提供绘图数据。另外，Seaborn 提供了详细的官方文档，并对各类绘图进行分类讲解，还提供了各类图表的绘图案例。无论是对于使用过 Matplotlib、有数据可视化经验的开发人员，还是对于完全没有经验的新手，Seaborn 都是简单易上手的一个数据可视化库。

在实际运用环境下，Seaborn 通常作为 Matplotlib 的一个补充，并非直接替代。根本上来说，Seaborn 是基于 Matplotlib 的高级封装，使用更方便，但细节上的配置还需用到 Matplotlib 设置。学习好 Matplotlib 能更好地运用 Seaborn。

由于 Seaborn 基于 Matplotlib，所以 Seaborn 的很多图表函数和参数配置与 Matplotlib 都是很接近的。与 Matplotlib 相比，Seaborn 有以下几个鲜明特点。

（1）绘图接口更为集成，书写代码更为简捷。

（2）集成了基本的统计函数，可以简便地绘制统计图表。

（3）对 Pandas 和 NumPy 数据类型支持非常友好。

（4）颜色和风格配置十分详细，可以高度个性化绘制图表样式。

安装 Seaborn 库非常简单，使用 pip 命令即可，如下：

```
pip install seaborn
```

若在 Anaconda 下安装，亦可使用 conda 命令，如下：

```
conda install seaborn
```

## 4.2　基本绘图参数设置

在数据可视化过程中，通常使用不同的视觉表示方式来显示数据集中多个变量之间的关系与变化。为了有效地表达数据变量之间的关系，使其直观地可视化表达图像，其中两个重要方法便是分组绘图和分面绘图。

分组绘图的主要功能是针对某个字段分组，不同组的数据分别绘图，并绘制在一张图上，以不同的样式加以区分。一般而言，数据集会存在因子变量类型字段。因子变量类型字段的取值为有限个枚举值。如"性别"字段，其一般取值为（"男""女"）；"星期"字段，其一般取值为（"周一""周二""周三""周四""周五""周六""周日"）。面对此类数据，常常用到分组分析。在分组分析中，以因子变量字段进行分组，对每个分组进行绘图，结合多个图像对比分析。利用分组绘图，可指定这些字段，以颜色或者横轴的分布位置来区分表达，从而更直观地对比不同分组的数据。

分面绘图的主要功能是在一张图上，划分不同的区域，在不同的区域中绘制子图。例如，可按照某个变量分组，再按照分组分成多个子图，显示在一张图片上，这样可以对比各个分组的数据。

## 4.2.1 分组绘图设置

在 Seaborn 中实现分组绘图有多种方法。在这里主要介绍以下两种方法。

### 1. 利用 hue 参数实现分组

下面以企业员工数据集为例，说明利用 hue 参数实现分组绘图设置。企业员工数据集中有多个字段，包括员工编号、性别、学历、年龄、本公司工作年限、英语水平、身高、体重、年收入和所在部门 10 个字段。下面以"身高"和"体重"分别为 $x$ 轴与 $y$ 轴，绘制散点图。示例代码如下：

```python
import seaborn as sns
import matplotlib.pyplot as plt
import pandas as pd
import numpy as np

# 设置风格
sns.set_style("white")

# 解决 Seaborn 中文显示问题
plt.rcParams['font.sans-serif'] = ['SimHei']
plt.rcParams['axes.unicode_minus'] = False
plt.rcParams['font.size'] = 14

# 加载数据集
BAdata=pd.read_excel(r"D:\BaPy_data.xlsx","BAdata")

# 设置图片大小
plt.figure(figsize=(12, 6))

# 无分组绘图
plt.subplot(121)
ax1 = sns.scatterplot(x="身高", y="体重", data=BAdata)
ax1.set_title("无分组绘图")

# 以性别分组绘图
plt.subplot(122)
```

```
ax2 = sns.scatterplot(x="身高", y="体重",hue="性别", data=BAdata)
ax2.set_title("以"性别"为分组绘图")

plt.show()
```

运行此代码，生成如图 4-1 所示的散点图。

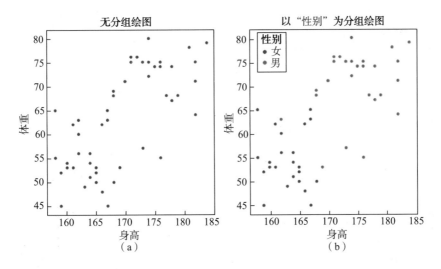

图 4-1　无分组散点图与分组散点图对比

其中，图 4-1（a）不使用 hue 指定分组，图 4-1（b）使用 hue 指定以"性别"为分组。可以看出，通过 hue 参数指定分组后，默认情况下，散点以不同颜色区分两组数据。

除了 hue 参数以外，还可以使用 style、size 等参数，更明显地强调不同分组的差异，同时提升易读性。其中，style 参数可以对不同的分类使用不同的标记样式。size 参数可以根据数值大小对应点的大小。palette 为指定调色，既可以自定义调色，也可使用 Matplotlib 的 colormap 定义好的调色。示例代码如下：

```
import seaborn as sns
import matplotlib.pyplot as plt
import pandas as pd
import numpy as np

# 解决 Seaborn 中文显示问题
plt.rcParams['font.sans-serif'] = ['SimHei']
plt.rcParams['axes.unicode_minus'] = False
plt.rcParams['font.size'] = 14


# 加载数据集
BAdata=pd.read_excel(r"D:\BaPy_data.xlsx","BAdata")

# 设置图片大小
```

```
plt.figure(figsize=(12, 6))

# 以"性别"分组绘图
sns.scatterplot(x="身高", y="体重", hue="性别", style="性别", size="体重",
                palette="Set1", data=BAdata)
plt.title("使用 size、style 参数")

plt.show()
```

运行此代码，生成如图 4-2 所示的散点图。

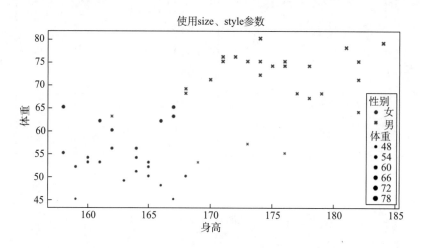

图 4-2　使用参数的效果

从图 4-2 中可以看出，"女"与"男"分组的点的样式区分为"•"与"×"，且点的大小根据体重的值变化。调色盘也与默认调色不一样，为红蓝两种颜色区分。

值得注意的是，hue 参数指定的变量类型是因子变量时，它默认指定的调色方法是分类调色，即颜色是离散的。如果 hue 参数指定的变量是数值类型，它默认指定的调色方法是连续调色，即颜色是根据数值渐变的。除了散点图外，其他图像也可以进行分组绘图，且通过参数分组绘图的方法和散点图类似，故不细节展开。

**2. 利用 catplot(*)方法分组绘图**

catplot(*)方法和利用函数参数的方法有很大不同，catplot(*)函数主要利用坐标轴来体现分组。一般通过指定 $x$ 轴或者 $y$ 轴为分组轴，在坐标轴上以刻度位置来区分分组。

catplot(*)函数的一些常用参数如表 4-1 所示。

表 4-1　catplot(*)函数常用参数

| 参数 | 说明 |
| --- | --- |
| x | 指定横轴 |
| y | 指定纵轴 |
| data | 指定输入数据 |

| 参数 | 说明 |
|------|------|
| kind | 指定绘图种类，可选: 'strip'、'swarm'、'box'、'violin'、'boxen'、'point'、'bar'或'count' |
| color | 指定颜色 |
| height | 指定高度 |
| aspect | 指定宽高比，用于通过指定高度确定宽度 |
| order | 指定坐标轴上分组的排序 |
| hue | 指定分组，用颜色区分 |
| hue_order | 指定 hue 参数分组的排序 |
| col | 指定某字段，按字段按行分面 |
| row | 指定某字段，按字段按列分面 |
| col_order | 指定按行分面的排序 |
| row_order | 指定按列分面的排序 |
| col_wrap | 指定每行分面的最大数量 |
| color | 指定所有元素的颜色 |
| palette | 指定调色盘 |
| ci | 指定置信区间的大小，以绘制估计值 |
| estimator | 指定统计函数 |

其中，kind 参数可选值对应的图表类型如下。

（1）'strip'：散点图（默认值）。

（2）'swarm'：分簇散点图。

（3）'box'：箱形图（boxplot）。

（4）'violin'：小提琴图。

（5）'boxen'：增强箱形图。

（6）'point'：点图。

（7）'bar'：直方图。

（8）'count'：计数直方图。

同样以企业员工数据集为例，指定 $x$ 轴分组因子为"所在部门"，使用 catplot(*)函数绘制分组散点图。示例代码如下：

```
import seaborn as sns
import matplotlib.pyplot as plt
import pandas as pd
import numpy as np

# 解决 Seaborn 中文显示问题
plt.rcParams['font.sans-serif'] = ['SimHei']      #设置中文字体为黑体
plt.rcParams['axes.unicode_minus'] = False

# 加载数据集
BAdata=pd.read_excel(r"D:\BaPy_data.xlsx","BAdata")
```

```
# 以所在部门分组绘图
sns.catplot(x="所在部门", y="年收入",data=BAdata, kind="strip", height=5,
aspect=2)
plt.show()
```

运行此代码，生成如图 4-3 所示的散点图。

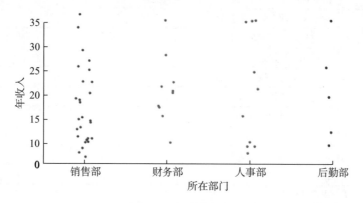

图 4-3　分组散点图

可以看出，分组因子"所在部门"在 $x$ 轴上进行了分组。

catplot(*)函数的默认绘图方式是散点图，可通过指定 kind 参数绘制其他分组图像。示例代码如下：

```
import seaborn as sns
import matplotlib.pyplot as plt
import pandas as pd
import numpy as np

# 解决 Seaborn 中文显示问题
plt.rcParams['font.sans-serif'] = ['SimHei']
plt.rcParams['axes.unicode_minus'] = False
plt.rcParams['font.size'] = 14

# 加载数据集
BAdata=pd.read_excel(r"D:\BaPy_data.xlsx","BAdata")

# 以所在部门分组绘图
g = sns.catplot(x="年收入", y="所在部门", data=BAdata, hue="性别",
                kind="box", height=6, aspect=1.2)
plt.show()
```

运行此代码，生成如图 4-4 所示的分组箱形图。

如图 4-4 所示，箱形图在 $y$ 轴上按照"所在部门"进行分组，同时也利用 hue 参数对"性别"进行颜色分组。

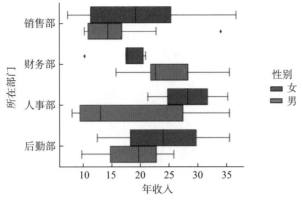

图 4-4  分组箱形图

## 4.2.2  分面绘图设置

分析多维数据集时，一个有效的方法就是绘制多张子图，并组织在一张网格上。分面绘图是数据可视化分析很重要的一个基本方法。Seaborn 中，分面绘图主要使用 FacetGrid 类实现。下面将介绍 FacetGrid 类的一些实用的使用方法。

使用 FacetGrid 类分面绘图主要分为两个步骤。

第一步，使用 FacetGrid 类需要对构造函数进行初始化。初始化主要是指定网格的样式，有丰富的参数可以用来设置样式。

第二步，使用 FacetGrid.map(*)函数指定绘图函数，给绘图函数设置基本的参数进行绘图。FacetGrid.map(*)是 FacetGrid 类的分面绘图函数，输入一个绘图函数、DataFrame 格式的数据以及指定绘图字段，就可以绘制出分面图形。

### 1. FacetGrid 类

FacetGrid 类的构造函数 seaborn.FacetGrid(*)的功能主要是设置多图网格的样式，通过给参数赋值的方式来实现。表 4-2 给出 FacetGrid 构造函数常用的参数说明。

表 4-2  FacetGrid 构造函数常用的参数说明

| 参数 | 说明 |
| --- | --- |
| col | 指定某字段，按字段按行分面 |
| row | 指定某字段，按字段按列分面 |
| data | 指定输入数据 |
| height | 指定高度 |
| aspect | 指定宽高比，用于通过指定高度确定宽度 |
| palette | 指定调色盘 |
| hue | 指定分组，用颜色区分 |
| hue_order | 指定 hue 参数分组的排序 |
| col_order | 指定按行分面的排序 |
| row_order | 指定按列分面的排序 |
| col_wrap | 指定每行分面的最大数量 |
| margin_title | 布尔值，如果为 True，列标题会放在图像右边 |

下面将以企业员工数据集为例，举例说明重要参数的使用方式。

需绘制各部门男女人数统计图。首先，可以根据"性别"为分组，分成两张子图。再在每张子图绘制各个部门的男性或女性的人数计数图。示例代码如下：

```python
import seaborn as sns
import matplotlib.pyplot as plt
import pandas as pd
import numpy as np

# 解决 Seaborn 中文显示问题
plt.rcParams['font.sans-serif'] = ['SimHei']
plt.rcParams['axes.unicode_minus'] = False
plt.rcParams['font.size'] = 14

# 加载数据集
BAdata=pd.read_excel(r"D:\BaPy_data.xlsx","BAdata")

# 利用 FacetGrid 类
g = sns.FacetGrid(data=BAdata, height=5, aspect=1, col="性别",
                  col_order=["男","女"])
g.map(sns.countplot, "所在部门", order=['销售部','人事部','财务部','后勤部'])
g.set_axis_labels("部门", "人数")
plt.show()
```

运行此代码，生成如图 4-5 所示的各部门不同性别的人数计数图。

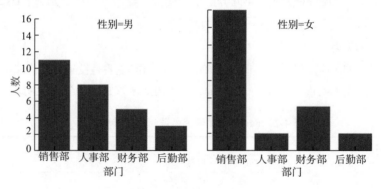

图 4-5　各部门不同性别人数计数图

代码中 col 指定为"性别"，图像按"性别"分组，根据 col_order 指定的顺序，按行绘制两张子图。height 和 aspect 参数指定宽高比。set_axis_labels(*)方法指定坐标轴标签。

row 的使用与 col 类似，只是 row 指定关键字是以按列排列绘制图像。且当 row 与 col 参数同时使用时，可以绘制出 $n×m$ 的多图矩阵。以上一例为基础，根据"学历"字段再进行一次分组，可以绘制出各个部门不同性别、不同学历的人员统计图。示例代码如下：

```python
import seaborn as sns
import matplotlib.pyplot as plt
```

```
import pandas as pd
import numpy as np

# 解决 Seaborn 中文显示问题
plt.rcParams['font.sans-serif'] = ['SimHei']
plt.rcParams['axes.unicode_minus'] = False
plt.rcParams['font.size'] = 12

# 加载数据集
BAdata=pd.read_excel(r"D:\BaPy_data.xlsx","BAdata")

g = sns.FacetGrid(data=BAdata, height=2, aspect=2,
                    col="性别",
                    col_order=['男','女'],
                    row="学历",
                    row_order=['大学本科','硕士研究生','博士研究生'],
                    margin_titles=True)

g.map(sns.countplot, "所在部门",
      order=['销售部','人事部','财务部','后勤部'])
g.set_axis_labels("部门", "人数")
plt.show()
```

运行此代码，生成如图 4-6 所示的各部门不同性别和不同学历人数计数图。

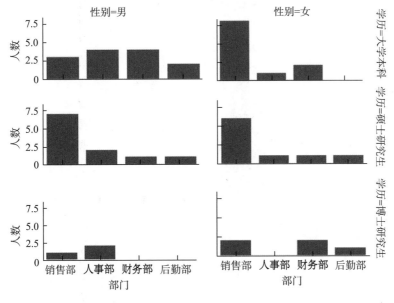

图 4-6　各部门不同性别和不同学历人数计数图

代码中 col 指定为"性别"，图像按"性别"分组，根据 col_order 指定的顺序绘图。row

指定为"学历",图像按"学历"分组,根据 row_order 指定的顺序绘图。col 分为 2 组,row 分为 3 组,最后绘制图像为 2×3 的多图组。

### 2. FacetGrid.map(*)函数

FacetGrid.map(*)函数的主要功能为将绘图函数应用于 FacetGrid 的子图上。其参数主要用于指定绘图函数与绘图的关键字和基本参数。函数的参数如下:

```
FacetGrid.map(self, func, *args, **kwargs)
```

这里,参数 func 用于指定绘制图像的类型。func 参数输入为一个 callable 对象,即函数对象。如 seaborn.countplot、seaborn.kdeplot 等都可作为 func 参数的输入。Seaborn 所提供的每个绘图函数都有对应的对象,在此作为输入可指定绘制图像的类型。*args 用于指定绘制图像的列关键字。输入为关键字字符串,且必须是 FacetGrid 构造函数参数 data 中使用的数据的某一列。**kwargs 用于使用 func 所指定绘图函数的其他参数。且要求这些参数必须是该绘图函数本身所带有的。

下面绘制不同部门员工体重核密度图(kdeplot)。可以根据"所在部门"关键字为分组,按"列"排列多个子图。示例代码如下:

```
import seaborn as sns
import matplotlib.pyplot as plt
import pandas as pd
import numpy as np

# 解决 Seaborn 中文显示问题
plt.rcParams['font.sans-serif'] = ['SimHei']
plt.rcParams['axes.unicode_minus'] = False
plt.rcParams['font.size'] = 14

# 加载数据集
BAdata=pd.read_excel(r"D:\BaPy_data.xlsx","BAdata")

g = sns.FacetGrid(data=BAdata, height=1.5, aspect=5, palette="BrBG",
                  hue="性别", row="所在部门", row_order=['销售部','人事部',
                  '财务部','后勤部'])

g.map(sns.kdeplot, "体重", shade=True)
g.set_axis_labels("体重", "核密度")

# 添加右边的 hue 分组标签
g.add_legend()
plt.show()
```

运行此代码,生成如图 4-7 所示的各部门员工体重核密度图。

代码中,map(*)方法指定绘图函数为 seaborn.kdeplot。绘图的列关键字指定为"体重"。kdeplot(*)函数的参数 shade 设置为 True。指定其他绘图函数与上述类似。

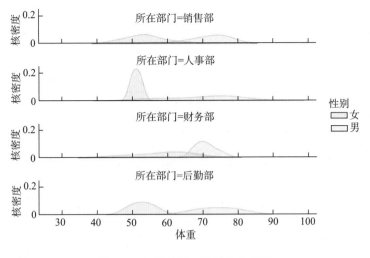

图 4-7　各部门员工体重核密度图

# 4.3　统计绘图函数

## 4.3.1　因子变量绘图

因子变量一般指枚举类型的变量。数据分析中，数据集常常包含因子变量类型的字段，如性别、季节、是否为吸烟者等。面对因子变量进行可视化分析时，常用的绘图函数有箱形图、小提琴图、散点图、条形图、计数图（countplot）。

本小节将使用企业员工数据集进行因子变量绘图。

### 1. 箱形图

Seaborn 中绘制箱形图的函数为 boxplot(*)。boxplot(*)函数的常用参数如表 4-3 所示。

表 4-3　boxplot(*)函数的常用参数

| 参数 | 说明 |
| --- | --- |
| x | 指定横轴 |
| y | 指定纵轴 |
| data | 指定输入数据 |
| hue | 指定分组，用颜色区分 |
| hue_order | 指定 hue 参数分组的排序 |
| order | 指定坐标轴上分组的排序 |
| color | 指定所有元素的颜色 |
| palette | 指定调色盘 |
| color | 指定所有元素的颜色 |

续表

| 参数 | 说明 |
| --- | --- |
| ax | 指定用于绘制图像的 ax 对象 |
| width | 指定描边的宽度 |
| linewidth | 指定箱形元素上线的粗细度 |
| dodge | 布尔值。当 hue 参数被使用时，指定是否适应 hue 分组后分组坐标轴 |

企业员工数据集中，"性别"字段为因子变量。以"性别"为分组因子，分析身高数据并绘制其箱形图。示例代码如下：

```
import seaborn as sns
import matplotlib.pyplot as plt
import pandas as pd
import numpy as np
plt.rcParams['font.sans-serif'] = ['SimHei']
plt.rcParams['axes.unicode_minus'] = False

# 加载数据集
BAdata=pd.read_excel(r"D:\BaPy_data.xlsx","BAdata")

# 设置图片大小
plt.figure(figsize=(8, 6))

# 绘制箱形图
sns.boxplot(x='性别',y='身高',data=BAdata)
plt.show()
```

运行此代码，生成如图 4-8 所示的箱形图。

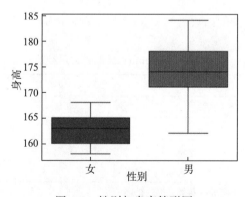

图 4-8　性别与身高箱形图

## 2. 小提琴图

Seaborn 中绘制小提琴图的函数为 violinplot(*)。violinplot(*)函数的常用参数如表 4-4 所示。

表 4-4 violinplot(*)函数的常用参数

| 参数 | 说明 |
|---|---|
| x | 指定横轴 |
| y | 指定纵轴 |
| data | 指定输入数据 |
| hue | 指定分组,用颜色区分 |
| hue_order | 指定 hue 参数分组的排序 |
| order | 指定坐标轴上分组的排序 |
| color | 指定所有元素的颜色 |
| palette | 指定调色盘 |
| ax | 指定用于绘制图像的 ax 对象 |
| width | 指定小提琴图的宽度 |
| linewidth | 指定描边的宽度 |
| dodge | 布尔值。当 hue 参数被使用时,指定是否适应 hue 分组后分组坐标轴 |
| bw | 输入可选: 'scott'、'silverman'或浮点值。输入值用于计算核密度带宽 |
| cut | 指定一个距离值,用于控制图像的范围 |
| scale | 用于缩放每张小提琴图的宽度。可选: 'area'、'count'、'width' |
| scale_hue | 布尔值。当使用 hue 参数时,控制使用缩放比例的计算方式。若为 True,按各个分组计算。若为 False,按整体计算 |
| gridsize | 指定用于计算核密度的点的数量 |
| inner | 小提琴图内部数据点的表示方式。可选: 'box'、'quartile'、'point'、'stick' |
| split | 布尔值。当使用带有两种颜色的变量时,若为 True 则会为每种颜色绘制对应半边小提琴,可以更容易直接地比较分布 |

其中,scale 参数可以指定为以下几种值。

(1)'area':若为'area',小提琴图具有相同的面积。

(2)'count':若为'count',小提琴的宽度会根据图中数据点的数量进行缩放。

(3)'width':若为'width',小提琴图具有相同的宽度。

其中,inner 参数可以指定为以下几种值。

(1)'box':若为'box',则绘制一个微型箱形图。

(2)'point':若为'point',则显示具体数据点。

(3)'stick':若为'stick',则显示具体数据线。

(4)None:使用 None 则绘制不加修饰的小提琴图。

企业员工数据集中,"英语水平"字段为因子变量。以"英语水平"为分组因子,分析年收入。指定因子变量在坐标轴横轴上按照"四级""六级""专业四级""专业八级"的顺序排序,绘制小提琴图。示例代码如下:

```
import seaborn as sns
import matplotlib.pyplot as plt
import pandas as pd
import numpy as np
```

```
plt.rcParams['font.sans-serif'] = ['SimHei']
plt.rcParams['axes.unicode_minus'] = False

# 加载数据集
BAdata=pd.read_excel(r"D:\BaPy_data.xlsx","BAdata")

# 设置图片大小
plt.figure(figsize=(8, 6))

# 绘制小提琴图
sns.violinplot(x='英语水平',y='年收入',data=BAdata, order=['四级', '六级',
               '专业四级', '专业八级'])
plt.show()
```

运行此代码，生成如图 4-9 所示的小提琴图。

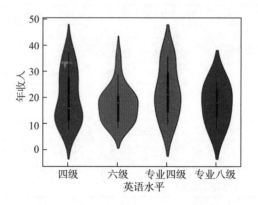

图 4-9　英语水平与年收入小提琴图

### 3. 散点图

Seaborn 中绘制散点图的函数为 stripplot(*)。stripplot(*)函数的常用参数如表 4-5 所示。

表 4-5　**stripplot(*)函数的常用参数**

| 参数 | 说明 |
| --- | --- |
| x | 指定横轴 |
| y | 指定纵轴 |
| data | 指定输入数据 |
| order | 指定坐标轴上分组的排序 |
| hue | 指定分组，用颜色区分 |
| hue_order | 指定 hue 参数分组的排序 |
| ax | 指定用于绘制图像的 ax 对象 |
| orient | 指定绘图的方向。可选：'v'为垂直，'h'为水平 |
| jitter | 指定点的抖动度。当有很多点重合的时候，可以使用此参数使点扩散开来。可选：浮点数、True 或者 1 表示默认 |

| 参数 | 说明 |
|---|---|
| dodge | 布尔值。当 hue 参数被使用时，指定是否适应 hue 分组后分组坐标轴 |
| pelatte | 指定调色盘 |
| size | 指定点的半径大小，为浮点数 |
| edgecolor | 指定描边的颜色 |
| linewidth | 指定描边的宽度 |

企业员工数据集中，"所在部门"字段为因子变量。以"所在部门"为分组因子，分析年收入数据，绘制其散点图。示例代码如下：

```
import seaborn as sns
import matplotlib.pyplot as plt
import pandas as pd
import numpy as np
plt.rcParams['font.sans-serif'] = ['SimHei']
plt.rcParams['axes.unicode_minus'] = False

# 加载数据集
BAdata=pd.read_excel(r"D:\BaPy_data.xlsx","BAdata")

# 设置图片大小
plt.figure(figsize=(8, 6))

# 绘制散点图
sns.stripplot(x='所在部门',y='年收入',data=BAdata)
plt.show()
```

运行此代码，生成如图 4-10 所示的散点图。

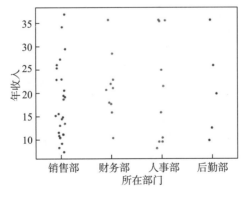

图 4-10　所在部门与年收入散点图

## 4. 条形图

Seaborn 中绘制条形图的函数为 barplot(\*)。barplot(\*)函数的常用参数如表 4-6 所示。

表 4-6　barplot(*)函数的常用参数

| 参数 | 说明 |
| --- | --- |
| x | 指定横轴 |
| y | 指定纵轴 |
| data | 指定输入数据 |
| hue | 指定分组，用颜色区分 |
| hue_order | 指定 hue 参数分组的排序 |
| order | 指定坐标轴上分组的排序 |
| estimator | 指定统计函数。默认为求均值 |
| palette | 指定调色盘 |
| color | 指定所有元素的颜色 |
| ax | 指定用于绘制图像的 ax 对象 |
| linewidth | 指定描边的宽度 |
| dodge | 布尔值。当 hue 参数被使用时，指定是否适应 hue 分组后分组坐标轴 |
| ci | 指定置信区间的大小，以绘制估计值 |
| n_boot | 指定计算置信区间需要的 boostrap 迭代次数 |
| saturation | 指定颜色饱和度，浮点值 |
| seed | 指定随机种子 |
| errcolor | 指定表示置信区间的线的颜色 |
| errwidth | 指定误差线的宽度 |
| capsize | 指定误差线"帽子"的宽度 |

　　企业员工数据集中，"学历"字段为因子变量。以"学历"为分组因子。指定因子变量在坐标轴横轴上按照"大学本科""硕士研究生""博士研究生"排序，绘制条形图。示例代码如下：

```python
import seaborn as sns
import matplotlib.pyplot as plt
import pandas as pd
import numpy as np
plt.rcParams['font.sans-serif'] = ['SimHei']
plt.rcParams['axes.unicode_minus'] = False

# 加载数据集
BAdata=pd.read_excel(r"D:\BaPy_data.xlsx","BAdata")
# 设置图片大小
plt.figure(figsize=(8, 6))

# 绘制条形图
sns.barplot(x='学历',y='年收入',data=BAdata, ci=None, order=['大学本科',
           '硕士研究生', '博士研究生'])
plt.show()
```

运行此代码，生成如图 4-11 所示的条形图。

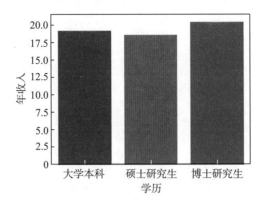

图 4-11　学历与年收入条形图

### 5. 计数图

Seaborn 中绘制计数图的函数为 countplot(*)。countplot(*)函数的功能为对因子变量中各项进行分组计数。比如，对因子变量"性别"进行计数，实际操作为计算数据集中性别为"男"的数据条数和性别为"女"的数据条数，再绘制为条形图。countplot(*)函数的常用参数如表 4-7 所示。

表 4-7　countplot(*)函数的常用参数

| 参数 | 说明 |
| --- | --- |
| x | 指定横轴为因子轴，此时 $y$ 轴的计数轴 |
| y | 指定纵轴为因子轴，此时 $x$ 轴的计数轴 |
| data | 指定输入数据 |
| hue | 指定分组，用颜色区分 |
| hue_order | 指定 hue 参数分组的排序 |
| order | 指定坐标轴上分组的排序 |
| palette | 指定调色盘 |
| color | 指定所有元素的颜色 |
| ax | 指定用于绘制图像的 ax 对象 |
| dodge | 布尔值。当 hue 参数被使用时，若为 True，坐标轴上适应 hue 分组 |
| saturation | 指定颜色饱和度，浮点值 |
| orient | 指定绘图的方向。可选：'v'为垂直，'h'为水平 |

企业员工数据集中，"性别"字段为因子变量。以"性别"为分组因子，分析各部门男女员工数量，绘制散点图。示例代码如下：

```
import seaborn as sns
import matplotlib.pyplot as plt
import pandas as pd
import numpy as np
plt.rcParams['font.sans-serif'] = ['SimHei']
```

```
plt.rcParams['axes.unicode_minus'] = False

# 加载数据集
BAdata=pd.read_excel(r"D:\BaPy_data.xlsx","BAdata")

# 设置图片大小
plt.figure(figsize=(8, 6))

# 绘制计数图
sns.countplot(x='性别', hue="所在部门", data=BAdata)
plt.show()
```

运行此代码，生成如图 4-12 所示的计数图。

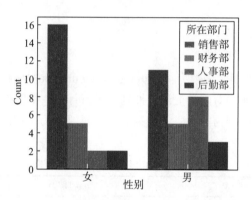

图 4-12    不同性别和不同部门员工计数图

### 4.3.2    数值变量绘图

数值变量一般指连续数值类型的变量。数据分析中，数据集常常包含数值变量类型的字段，比如年龄、身高、年收入等。面对数值变量进行可视化分析时，常用的绘图函数有直方图、核密度图和变量关系组图（pariplot）。

#### 1. 直方图

Seaborn 中绘制直方图的函数为 histplot(*)。histplot(*)函数的常用参数如表 4-8 所示。

表 4-8    histplot(*)函数的常用参数

| 参数 | 说明 |
| --- | --- |
| x | 指定横轴 |
| y | 指定纵轴 |
| data | 指定输入数据 |
| hue | 指定分组，用颜色区分 |
| hue_order | 指定 hue 参数分组的排序 |
| palette | 指定调色盘 |
| color | 指定所有元素的颜色 |

| 参数 | 说明 |
|------|------|
| ax | 指定用于绘制图像的 ax 对象 |
| binwidth | 指定每个直方的宽度 |
| binrange | 指定直方边的最大值和最小值 |
| stat | 指定每个直方箱内的统计方式。可选：'count'、'frequency'、'density'、'probability'或'proportion'、'percent' |
| discrete | 布尔值。若为 True，默认指定 binwidth=1 |
| cumulative | 布尔值。若为 True，则激活累计函数 |
| common_norm | 布尔值。若为 True 且使用归一化统计，则归一化将应用于完整数据集。否则，归一化则独立应用于各个直方内 |
| multiple | hue 参数分组后，为了视觉上区分分组，指定其区分的视觉表示方式。可选：'layer'、'dodge'、'stack'、'fill' |
| element | 指定直方图的视觉表示方式。可选：'bars'、'step'、'poly' |
| fill | 布尔值。若为 True，填充直方。否则，不填充直方 |
| shrink | 指定数值，根据数值缩放每个直方 |
| kde | 布尔值。若为 True，计算核密度。否则不计算 |
| kde_kws | 输入值为字典。设置用于核密度的计算的参数 |
| line_kws | 输入值为字典。设置控制核密度图像样式的参数 |
| legend | 布尔值。若为 True，则显示 hue 参数分组的标签。否则不显示 |
| cbar | 布尔值。若为 True，则添加 colorbar。否则不添加 |
| thresh | 指定数值，小于或等于该数值的单元变为透明。只有在双变量时可使用 |

其中，stat 参数的可选值如下。

（1）'count'：统计计算方式为计数。

（2）'frequency'：统计计算方式为计数除以箱宽度。

（3）'density'：标准化使直方图的面积为 1。

（4）'probability'或'proportion'：标准化使得直方高度的总和为 1。

（5）'percent'：标准化使直方高度总和为 100。

企业员工数据集中，"年收入"字段为因子变量。以"年收入"为数值变量，可以利用直方图分析分布于不同年收入区间的人数。示例代码如下：

```
import seaborn as sns
import matplotlib.pyplot as plt
import pandas as pd
import numpy as np
plt.rcParams['font.sans-serif'] = ['SimHei']
plt.rcParams['axes.unicode_minus'] = False

# 加载数据集
BAdata=pd.read_excel("BaPy_data.xlsx","BAdata")

# 设置图片大小
```

```
plt.figure(figsize=(8, 6))

# 绘制直方图
sns.histplot(x='年收入',data=BAdata, binwidth=3)
plt.show()
```

运行此代码，生成如图 4-13 所示的直方图。其中 binwidth 参数用于设置直方图长方体的宽度。

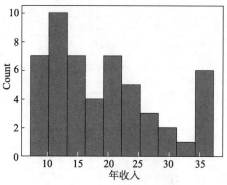

图 4-13    员工年收入直方图

## 2. 核密度图

Seaborn 中绘制核密度图的函数为 kdeplot(*)。kdeplot(*)函数的常用参数如表 4-9 所示。

表 4-9    kdeplot(*)函数的常用参数

| 参数 | 说明 |
| --- | --- |
| x | 指定横轴 |
| y | 指定纵轴 |
| data | 指定输入数据 |
| shade | 布尔值。若为 True，则进行填充。否则不填充 |
| gridsize | 指定用于计算核密度的点的数量 |
| cut | 用于控制曲线的范围 |
| clip | 指定一对数值，不估算超出范围的核密度 |
| legend | 布尔值。若为 True，则显示 hue 参数分组的标签。否则不显示 |
| cumulative | 布尔值。若为 True，则激活累计函数 |
| ax | 指定用于绘制图像的 ax 对象 |
| hue | 指定分组，用颜色区分 |
| hue_order | 指定 hue 参数分组的排序 |
| palette | 指定调色盘 |
| multiple | hue 参数分组后，为了视觉上区分分组，指定其区分的视觉表示方式。可选：'layer'、'dodge'、'stack'、'fill' |
| color | 指定所有元素的颜色 |
| fill | 布尔值。如果是 True，填充图像区域。否则，默认值取决于 multiple 参数 |
| level | 指定等高线级别数量 |

企业员工数据集中，"年收入"字段为因子变量。以"年收入"为数值变量，可以绘制以性别分组的年收入核密度图。此外，将"年龄"和"年收入"两个变量输入 kdeplot(*) 函数，可以绘制出双变量密度图。示例代码如下：

```python
import matplotlib.pyplot as plt
import pandas as pd
import numpy as np
plt.rcParams['font.sans-serif'] = ['SimHei']
plt.rcParams['axes.unicode_minus'] = False
plt.rcParams['font.size'] = 14

# 加载数据集
BAdata=pd.read_excel(r"D:\BaPy_data.xlsx","BAdata")

fig = plt.figure(figsize=(12,6))
ax1 = plt.subplot(121)
ax2 = plt.subplot(122)

# 绘制核密度图
sns.kdeplot(x='年收入', hue='性别', data=BAdata, shade=True, ax=ax1)
ax1.set_ylabel("核密度")

# 绘制双变量核密度图
sns.kdeplot(x="年龄", y="年收入", data=BAdata, shade=True, cmap="Blues",
            ax=ax2)
plt.show()
```

运行此代码，生成如图 4-14 所示的核密度图和双变量核密度图。

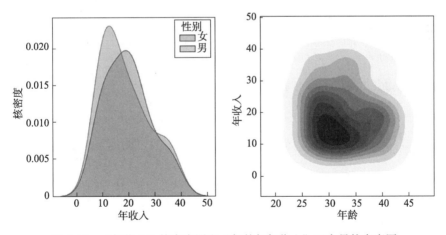

图 4-14　"年收入"核密度图和"年龄与年收入"双变量核密度图

### 3. 变量关系组图

Seaborn 中绘制变量关系组图的函数为 pairplot(*)。pairplot(*)函数的常用参数如表 4-10 所示。

表 4-10　pairplot(*)函数的常用参数

| 参数 | 说明 |
| --- | --- |
| data | 指定输入数据 |
| hue | 指定分组，用颜色区分 |
| hue_order | 指定 hue 参数分组的排序 |
| palette | 指定调色盘 |
| vars | 指定用于绘图的变量名，输入值为变量名列表 |
| x_vars、y_vars | 指定 $x$ 轴（或 $y$ 轴）方向上的变量名和排列顺序，输入值为变量名 list |
| kind | 指定绘图种类，可选：'strip'、'swarm'、'box'、'violin'、'boxen'、'point'、'bar'或'coun' |
| diag_kind | 指定斜对角线上图像的绘图种类。可选：'auto'、'hist'、'kde' |
| marker | 指定分组后数据点的样式 |
| height | 指定高度 |
| aspect | 指定宽高比 |
| corner | 布尔值。若为 True，显示上三角部分的子图。否则不显示 |
| dropna | 布尔值。若为 True，绘制前去除丢失值 |

变量关系组图指对数据集中所有的数值变量，以两两一对组合，再绘制一组图像。

企业员工数据集中，"员工编号""年龄""身高""体重"和"年收入"为数值变量，故可组成 5×5 的组图。组图中可由 kind 参数指定绘制的图像类型。kind 可指定为{scatter, kde, hist, reg}四种值，分别是散点图、核密度图、直方图和线性回归图，其中默认值为散点图。

以企业员工数据集为例，绘制散点图组图。示例代码如下：

```
import seaborn as sns
import matplotlib.pyplot as plt
import pandas as pd
import numpy as np
plt.rcParams['font.sans-serif'] = ['SimHei']
plt.rcParams['axes.unicode_minus'] = False

# 加载数据集
BAdata=pd.read_excel("BaPy_data.xlsx","BAdata")

# 绘制变量关系组图
sns.pairplot(data=BAdata)
plt.show()
```

运行此代码，生成如图 4-15 所示的组图。

### 4.3.3　两变量关系绘图

Seaborn 中两变量关系图（jointplot）通常使用 jointplot(*)函数绘制。在 Seaborn 中，jointplot(*)是相较于 JointGrid 类更简单、更易用的一个绘图函数。大部分绘制两变量关系图的需求，可以使用此函数来满足。如果需要更复杂、更灵活的功能，可以直接使用 JointGrid 类。jointplot(*)函数的常用参数如表 4-11 所示。

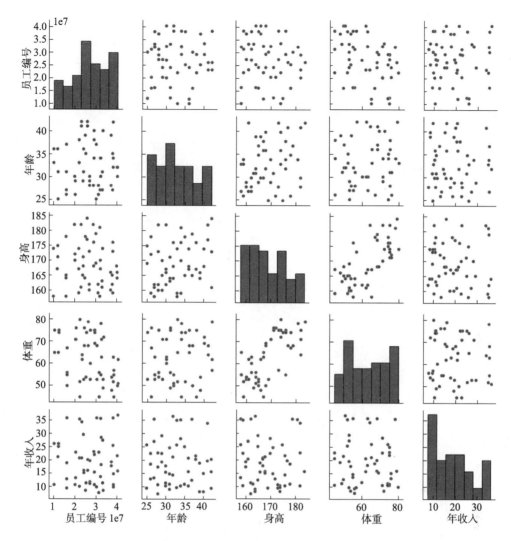

图 4-15　企业员工数据集变量关系组图

表 4-11　jointplot(*)函数的常用参数

| 参数 | 说明 |
| --- | --- |
| x | 指定横轴 |
| y | 指定纵轴 |
| data | 指定输入数据 |
| kind | 指定绘图种类,可选:'strip'、'swarm'、'box'、'violin'、'boxen'、'point'、'bar'或'coun' |
| color | 指定颜色 |
| height | 指定高度 |
| ratio | 指定中间图的高和边缘图的高的比例 |
| space | 指定中间坐标轴与边缘轴之间的空间 |
| dropna | 布尔值。若为 True,绘制前去除丢失值 |

续表

| 参数 | 说明 |
| --- | --- |
| xlim、ylim | 指定一对数据，限制坐标轴的范围 |
| hue | 指定分组，用颜色区分 |
| hue_order | 指定分组变量的排序优先级 |
| ax | 指定用于绘制图像的 ax 对象 |

以企业员工数据集为例。下面绘制两变量关系图，分析企业员工数据集中年龄与年收入之间的关系，具体代码如下：

```python
import seaborn as sns
import matplotlib.pyplot as plt
import pandas as pd
import numpy as np

plt.rcParams['font.sans-serif'] = ['SimHei']
plt.rcParams['axes.unicode_minus'] = False
plt.rcParams['font.size'] = 14

# 加载数据集
BAdata=pd.read_excel(r"D:/BaPy_data.xlsx","BAdata")

# 绘制两变量关系图
sns.jointplot(x='年龄',y='年收入',data=BAdata, height=7, kind="scatter",
            hue="性别",
            xlim=(20, 50),
            ylim=(0, 40))
plt.show()
```

运行此代码，生成如图 4-16 所示的两变量关系图。

图 4-16 中，中间部分为散点图，上边和右边的边缘图为核密度图。在 jointplot(*)函数中，只能指定中间部分的图像类型，边缘部分的图像会由 Seaborn 选择合适的图像类型。若需要由自己自由选择，可使用 JointGrid 类的功能实现。

### 4.3.4 时间序列图

某一指标的数值随着时间变化而变化，对该指标不同时间的数值按时间先后顺序进行排列得到的数列称为时间序列。时间序列分析就是希望从已有的历史数据中发现数据的趋势和预测未来。根据时间形式不同，时间序列也分为年份、季度、月份、周、日或小时等多种时间划分形式。时间序列图

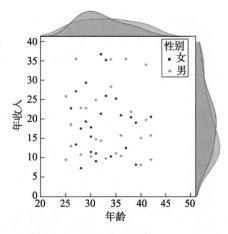

图 4-16　年龄与年收入两变量关系图

（tsplot）是以时间为横轴、变量为纵轴的图像。时间序列图能反映变量随时间的变化和趋势。

自 2020 年 1 月 Seaborn v0.10.0 更新后，原先用于绘制时间序列图的 tsplot(*)函数被移除。事实上，tsplot(*)的功能可以被 lineplot(*)替代。所以在新版本的 Seaborn 中，更推荐使用 lineplot(*)函数绘制时间序列图。lineplot(*)函数的常用参数如表 4-12 所示。

表 4-12　lineplot(*)函数的常用参数

| 参数 | 说明 |
| --- | --- |
| x | 指定横轴，一般为时间轴 |
| y | 指定纵轴，一般为被观察变量 |
| hue | 指定分组，用颜色区分分组 |
| style | 指定分组，用形状区分分组 |
| size | 指定分组，用大小区分分组 |
| data | 指定输入数据 |
| palette | 指定调色盘 |
| hue_order | 指定 hue 中分组变量的排序优先级 |
| estimator | 指定统计函数 |
| ci | 指定置信区间的大小，以绘制估计值 |
| n_boot | 指定计算置信区间需要的 boostrap 迭代次数 |
| seed | 指定随机种子 |
| sort | 布尔值。若为 True，数据将会对 x 或 y 变量进行排序。否则按照数据集中的顺序绘制 |
| err_style | 指定绘制置信区间的样式。可选：'band'、'bar' |
| ax | 指定用于绘制图像的 ax 对象 |

Seaborn 提供了丰富的内置数据集，其中，flights 是 Seaborn 内置的关于 1949—1960 年航班客流量的数据集。数据集包括年份（year）、月份（month）和客流量（passengers）三个字段，如表 4-13 所示。

表 4-13　1949—1960 年航班客流量数据集

| year | month | passengers |
| --- | --- | --- |
| 1949 | January | 112 |
| 1949 | February | 118 |
| 1949 | March | 132 |
| ... | ... | ... |
| 1960 | December | 432 |

下面通过绘制 1955—1960 年每年不同月份航班客流量变化的时间序列图，分析航班客流量的变化趋势，具体代码如下：

```
import seaborn as sns
import matplotlib.pyplot as plt
```

```
import pandas as pd
import numpy as np

# 加载数据集
flights = sns.load_dataset("flights")
data = flights[(flights['year']>=1955) & (flights['year']<=1960)]
                                   # 选取年份(year)在1955-1960的行

plt.figure(figsize=(12, 6))# 指定图片大小

# 绘制时间序列图
sns.lineplot(x="month",y="passengers",data=data,hue="year",style="year",palette="tab10", linewidth=2.5)
plt.show()
```

运行此代码，生成如图 4-17 所示的时间序列图。示例代码中，参数 x 指定为月份，即月份被指定为时间轴。参数 y 指定为客流量，指定客流量为被观察变量。在 lineplot(*)中，hue、style、palette 等参数的用法与其他函数是类似的。

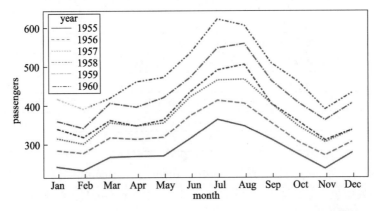

图 4-17　1955—1960 每年不同月份航班客流量变化的时间序列图

### 4.3.5　热力图

Seaborn 中绘制热力图（heatmap）主要是用函数 heatmap(*)实现。heatmap(*)函数的常用参数如表 4-14 所示。

表 4-14　heatmap(*)函数的常用参数

| 参数 | 说明 |
| --- | --- |
| data | 指定输入数据 |
| vmin、vmax | 指定调色板的取值范围，不设置时直接按数据集取其最大和最小 |
| cmap | 指定 colormap，输入为 Matplotlib 中 colormap 名称或对象 |
| center | 指定调色板的中间值 |
| robust | 布尔值。若为 True 且没使用 vmin 和 vmax，colormap 的范围用稳健分位数计算。否则使用数据中的极限值 |

| 参数 | 说明 |
|------|------|
| annot | 布尔值。指定是否显示数值 |
| fmt | 指定字符串编码格式 |
| linewidths | 指定色块的间距 |
| cbar | 布尔值。若为 True，则添加 colorbar。否则不添加 |
| xticklabels | 指定 x 轴标签的表现方式 |
| yticklabels | 指定 y 轴标签的表现方式 |
| mask | 布尔矩阵。指定图像部分方块不显示 |
| ax | 指定用于绘制图像的 ax 对象 |

其中，xticklabels、yticklabels 参数的可选值如下。

（1）'auto'：若为'auto'，尽可能密集地绘制不重叠的标签。

（2）布尔值：若为 True，绘制 DataFrame 中的标签。否则不绘制标签。

（3）列表：若为列表，按列表绘制标签。

（4）整型：若为整型，按该整型为间隔绘制标签。

4.3.4 节利用 flights 航班数据集绘制时间序列图。flights 是 Seaborn 内置的关于 1949—1960 年航班客流量的数据集。数据集包括年份、月份和客流量三个字段。下面将以 flights 数据集为例，绘制 1949—1960 年航班客流量热力图。通过绘制时间关系的热力图分析 1949—1960 年客流量的变化趋势。在绘制热力图之前，需要对数据集的 DataFrame 进行处理，因为热力图的输入应该为一个矩阵。针对当前数据集，矩阵的行索引应为年份，而列索引应为月份。某行某列便对应某年某月，当前位置的值便为某年某月的客流量。使用 Pandas 的 pivot(*)方法可以实现转换。利用由 DataFrame 转换成的矩阵便可绘制热力图。示例代码如下：

```python
import matplotlib.pyplot as plt
import seaborn as sns
import pandas as pd
import numpy as np
sns.set_theme()

# 加载数据集 flights
flights = sns.load_dataset("flights")

# 转换成以 year 为行索引, month 为列索引的矩阵形式
data = flights.pivot("month", "year", "passengers")

# 指定图片大小
plt.figure(figsize=(12, 7))

# 绘制客流量热力图
sns.heatmap(data, annot=True, fmt="d", linewidths=.5, cmap="YlGn")
plt.show()
```

运行此代码，生成如图 4-18 所示的热力图。

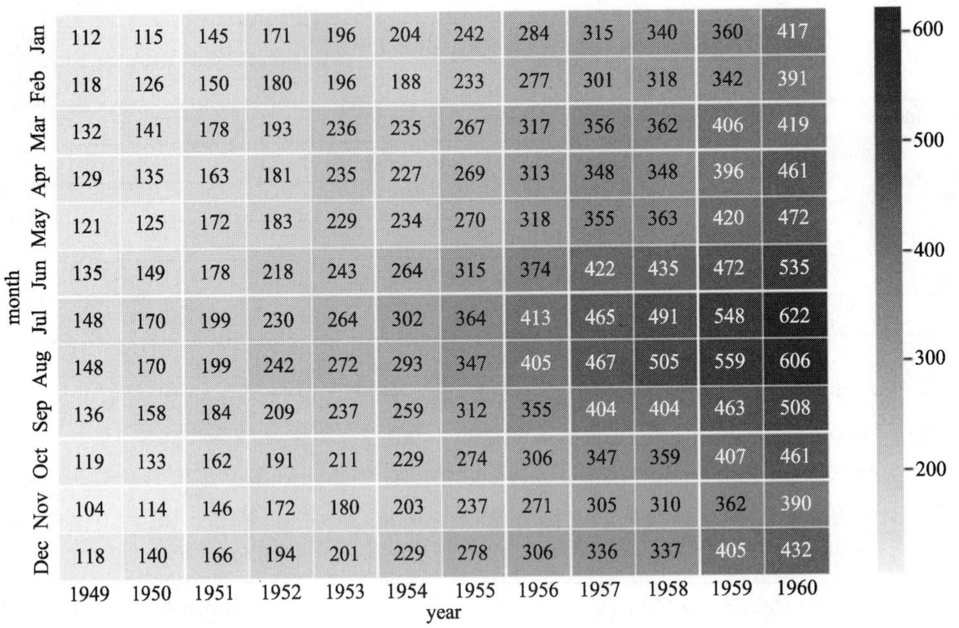

| | 1949 | 1950 | 1951 | 1952 | 1953 | 1954 | 1955 | 1956 | 1957 | 1958 | 1959 | 1960 |
|---|---|---|---|---|---|---|---|---|---|---|---|---|
| Jan | 112 | 115 | 145 | 171 | 196 | 204 | 242 | 284 | 315 | 340 | 360 | 417 |
| Feb | 118 | 126 | 150 | 180 | 196 | 188 | 233 | 277 | 301 | 318 | 342 | 391 |
| Mar | 132 | 141 | 178 | 193 | 236 | 235 | 267 | 317 | 356 | 362 | 406 | 419 |
| Apr | 129 | 135 | 163 | 181 | 235 | 227 | 269 | 313 | 348 | 348 | 396 | 461 |
| May | 121 | 125 | 172 | 183 | 229 | 234 | 270 | 318 | 355 | 363 | 420 | 472 |
| Jun | 135 | 149 | 178 | 218 | 243 | 264 | 315 | 374 | 422 | 435 | 472 | 535 |
| Jul | 148 | 170 | 199 | 230 | 264 | 302 | 364 | 413 | 465 | 491 | 548 | 622 |
| Aug | 148 | 170 | 199 | 242 | 272 | 293 | 347 | 405 | 467 | 505 | 559 | 606 |
| Sep | 136 | 158 | 184 | 209 | 237 | 259 | 312 | 355 | 404 | 404 | 463 | 508 |
| Oct | 119 | 133 | 162 | 191 | 211 | 229 | 274 | 306 | 347 | 359 | 407 | 461 |
| Nov | 104 | 114 | 146 | 172 | 180 | 203 | 237 | 271 | 305 | 310 | 362 | 390 |
| Dec | 118 | 140 | 166 | 194 | 201 | 229 | 278 | 306 | 336 | 337 | 405 | 432 |

month / year

图 4-18　航班客流量热力图

从图 4-18 中可以看出客流量与年份、月份之间的关系。从整体上看，左侧部分颜色较浅，右侧部分颜色较深，表明 1949—1960 年，航班客流量总体上是越来越大的。从纵向角度看，客流量主要集中在每年的 6—9 月，比如 1960 年的 6—9 月客流量均达到了 500 以上，而其他月份的客流量数据集中在 400 左右。

## 4.4　Seaborn 可视化案例

### 4.4.1　案例：粽子销售数据的可视化

本案例将以我国目前最大的网购平台淘宝作为数据来源，通过爬虫的方式获取粽子销售数据。本案例将利用 Seaborn 对粽子销售数据进行可视化数据分析。粽子销售数据部分数据集如图 4-19 所示。它包括商品名字、商品价格、店铺名字、销量以及省份 5 个字段，数据集共有 4 377 条有效数据。

下面对粽子销售数据按店铺销量和商品销量分别进行排序，取销量排位前 10 的商品与商店，绘制粽子销量分组直方图。分析店铺、地域等因素与粽子销量的关系，具体代码如下。

（1）导入需要的 Python 包。

```
import pandas as pd
import numpy as np
import seaborn as sns
import matplotlib.pyplot as plt
```

| 商品名字 | 商品价格 | 店铺名字 | 销量 | 省份 |
|---|---|---|---|---|
| 五芳斋粽子礼盒 心悦+18只装咸鸭蛋组合端午节礼品团购嘉兴肉粽子 | 129 | 五芳斋官方 | 6 | 浙江 |
| 北京稻香村端午粽子手工豆沙粽220g*2袋散装豆沙粽香甜软糯豆沙粽 | 44 | 天猫超市 | 8 | 上海 |
| 五芳斋粽子礼盒装鲜肉蛋黄大肉粽嘉兴豆沙甜粽端午团购散装礼品 | 89.9 | 五芳斋官方 | 1000000 | 浙江 |
| 稻香私房鲜肉粽蛋黄肉粽嘉兴粽子咸鸭蛋礼盒装端午节送礼特产团购 | 138 | 稻香村食品 | 1936 | 北京 |
| 嘉兴粽子 蛋黄鲜肉粽新鲜大肉粽早餐散装团购浙江特产蜜枣多口味 | 3.8 | 城城喂食猫 | 9500 | 浙江 |
| 嘉兴特产粽子礼盒装甜咸粽8粽4味真空手工农家粽端午节团购 | 58.8 | chenyan301 | 17 | 浙江 |
| 五芳斋华礼竹篮礼盒1360g蛋粽组合端午礼品嘉兴粽子礼盒 | 159 | 天猫超市 | 1028 | 上海 |
| 五芳斋 140g*8只大粽子 福韵端午豆沙蜜枣蛋黄粽新包装送礼礼盒 | 79.9 | 天猫超市 | 9000 | 上海 |
| 真真老老粽情礼盒10粽6蛋1.52kg/盒嘉兴粽子端午节粽子礼盒装 | 109 | 天猫超市 | 2117 | 上海 |
| 五芳斋嘉兴粽子新鲜量贩蛋黄肉粽豆沙粽悦喜散装端午粽600g*2袋 | 59.9 | 天猫超市 | 1349 | 上海 |
| 真真老老粽子臻芯800g/盒*1端午节礼盒装嘉兴特产送礼 | 75 | 天猫超市 | 1815 | 上海 |
| 五芳斋粽子竹篮礼盒华礼嘉兴特产蛋黄鲜肉粽豆沙咸蛋端午送礼团购 | 159 | 五芳斋官方 | 20000 | 浙江 |
| 昌记嘉兴粽子礼盒礼盒装高档端午节礼品真空粽子送礼特产团购定制 | 298 | 宏军伟业食 | 1589 | 北京 |
| 嘉兴粽子礼盒装团购批发定制蛋黄肉粽蜜枣豆沙甜粽端午节礼品送礼 | 119 | 九禧食品旗 | 2814 | 浙江 |
| 真真老老嘉兴粽子礼盒装肉粽糯米鲜肉蛋黄肉大粽子甜粽端午节礼品 | 59.9 | 真真老老旗 | 700000 | 浙江 |

图 4-19　粽子销售数据部分数据集

（2）设置绘图参数，包括中文字体、负号显示、字号等参数。

```
plt.rcParams['font.sans-serif'] = ['SimHei']
plt.rcParams['axes.unicode_minus'] = False
plt.rcParams['font.size'] = 16
```

（3）加载数据，并选取销量最高的 10 家店铺进行可视化。

```
# 加载数据集
data = pd.read_excel("BaPy_data.xlsx","粽子数据")

# 选取销量最高的 10 个店铺
data_grouped = data.groupby([data['店铺名字'],data['省份']]).sum()
data_grouped.sort_values(by="销量",inplace=True,ascending=False)
top10shop = data_grouped.head(10).reset_index()

# 1.绘制 TOP10 店铺销量排序图
# 设置图片大小
plt.figure(figsize=(10,5))
# 绘制图像
g1 = sns.barplot(x="店铺名字", y="销量", hue="省份",
                 dodge=False,
                 data=top10shop,
                 estimator=sum,
                 ci=None,
                 palette="gist_earth")

# 设置横坐标标签位置与标题
plt.xticks(horizontalalignment="left",rotation=-15, size=14)
plt.title('店铺销量排序图')
plt.show()
```

运行此代码，生成如图 4-20 所示的 TOP10 店铺销量排序条形图。

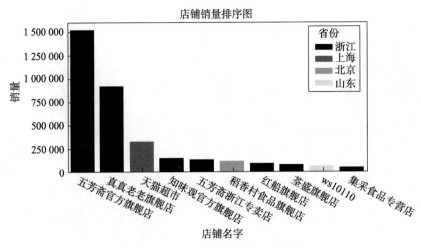

图 4-20　TOP10 店铺销量排序条形图

从图 4-20 中可以看出，五芳斋与真真老老两个品牌的店铺销量占据前列。销量前 10 的店铺中，来自浙江省份的店铺就有 7 家，说明浙江的粽子产业在全国范围内有着区域品牌优势。

（4）选取销量最高的 10 个商品进行绘图分析。

```python
# 选取销量最高的 10 个商品
data.sort_values(by="销量",inplace=True,ascending=False)
top10item = data.head(10)

# 2.绘制 TOP10 商品销量排序图
# 设置图片大小
plt.figure(figsize=(12,6))

# 绘制图像
g2 = sns.barplot(x="商品名字", y="销量", hue="省份",
                dodge=False,
                data=top10item,
                estimator=sum,
                ci=None,
                palette="terrain")

#设置横坐标标签位置与标题
plt.xticks(horizontalalignment="left",rotation=-15, size=14)
plt.title('商品销量排序图')

plt.show()
```

运行此代码，生成如图 4-21 所示的 TOP10 商品销量排序条形图。

粽子商品销量前 10 名中，五芳斋有 3 款产品入围，真真老老也有 3 款进入前 10 名，其中销量最高的商品也是出自五芳斋。另外可以发现，浙江省的销量占比远超其他省份。

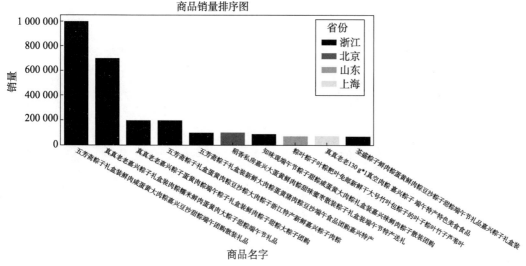

图 4-21　TOP10 商品销量排序条形图

　　五芳斋是著名的中华老字号企业，也是全国最大的粽子产销商。五芳斋粽子是浙江嘉兴地方知名品牌，曾荣获国家质量监督检验检疫总局国家地理标志（原产地）注册产品，五芳斋商标已经被认证为中国驰名商标。同样地，真真老老这一粽子品牌也曾获得"中华名小吃""嘉兴市著名商标"等荣誉，且连续六届荣获"全国粽子文化节金奖"。五芳斋和真真老老这两大粽子品牌在淘宝平台遥遥领先的店铺销量与商品销量，充分验证了企业品牌对消费者消费行为的巨大影响力。

## 4.4.2　案例：基于 Python 的招聘信息可视化

　　"Boss 直聘"是在全球首创互联网直聘模式的在线招聘网站，以"直聊+精准匹配"为产品核心，将即时通信引入招聘场景，并利用大数据（big data）和人工智能技术不断追求岗位与人才的多维度精准推荐和匹配，为用户实现求职招聘效率和效果的全面提升。本案例以"Boss 直聘"平台上爬取的广州地区招聘信息数据集为基础，利用 Seaborn 进行招聘信息可视化分析。

　　广州地区招聘信息数据集部分数据如图 4-22 所示。它包括公司名称、工作岗位、工作

| 公司名称 | 工作岗位 | 工作地点 | 所属行业 | 公司融资情况 | 公司规模 | 薪资要求 | 工作经验 | 学历要求 |
|---|---|---|---|---|---|---|---|---|
| 中软国际 | 评论运营 | 广州 | 互联网 | 已上市 | 10000人以上 | 6 | 1~3年 | 本科 |
| 清欢文化 | 内容运营 | 广州·天河区 | 互联网 | 未融资 | 20~99人 | 5 | 1~3年 | 大专 |
| 禾多云力 | 用户运营 | 广州 | 互联网 | 不需要融资 | 100~499人 | 7 | 1~3年 | 本科 |
| 猎游 | 用户运营 | 广州 | 移动互联网 | A轮 | 100~499人 | 6 | 1~3年 | 本科 |
| 全视界 | 短视频内 | 广州·番禺区 | 文化/体育/娱乐 | 天使轮 | 0~20人 | 5 | 1~3年 | 本科 |
| 精锐教育 | 社群运营 | 广州·天河区 | 培训机构 | 已上市 | 10000人以上 | 3 | 3个月 | 本科 |
| 仟语 | 用户运营 | 广州·番禺区 | 移动互联网 | 未融资 | 20~99人 | 5 | 1~3年 | 大专 |
| 帕迪德德 | 新媒体运 | 广州·荔湾区 | 电子商务 | 不需要融资 | 20~99人 | 6 | 1~3年 | 大专 |
| 欢聚集团 | 社区运营 | 广州 | 移动互联网 | 已上市 | 1000~9999人 | 3 | 3个月 | 本科 |
| 澳盈科讯 | 新媒体内 | 广州 | 在线教育 | 天使轮 | 20~99人 | 7 | 1~3年 | 本科 |
| 号百商旅 | 公众号文 | 广州·越秀区 | 生活服务 | 已上市 | 100~499人 | 6 | 1~3年 | 本科 |
| 学个案 | 内容运营 | 广州 | 移动互联网 | 天使轮 | 20~99人 | 5 | 1~3年 | 本科 |
| 暴雷 | 新媒体内 | 广州·天河区 | 咨询 | 未融资 | 0~20人 | 6 | 1~3年 | 大专 |
| 微连传媒 | 实习生运 | 广州 | 媒体 | 不需要融资 | 20~99人 | 3 | 3个月 | 大专 |

图 4-22　广州地区招聘信息数据集部分数据

地点、所属行业、公司融资情况、公司规模、薪资要求、工作经验以及学历要求 9 个字段，数据集共包含 299 条有效数据。

下面利用 Seaborn 对数据集中多个字段进行可视化分析。案例代码如下：

```python
import pandas as pd
import numpy as np
import seaborn as sns
import matplotlib.pyplot as plt
plt.rcParams['font.sans-serif'] = ['SimHei']
plt.rcParams['axes.unicode_minus'] = False
plt.rcParams['font.size'] = 12

# 读取广州地区招聘信息数据集
HRdata = pd.read_excel(r"D:/BaPy_data.xlsx","招聘数据")

# 1.工作地点分布
plt.figure(figsize=(9,6))
ax1 = sns.countplot(y="工作地点", data=HRdata)
ax1.set(title='工作地点分布',xlabel='数量')

plt.show()
```

运行此代码，生成工作地点分布图，如图 4-23 所示。

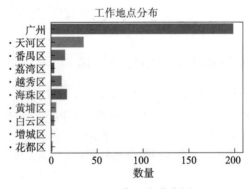

图 4-23　工作地点分布图

如图 4-23 所示，由于"工作地点"的大部分数据没有具体到区名，地点为"广州"的数据占绝大多数。对具体到区名的岗位进行分析，它们大多集中在广州市的天河区、海珠区和番禺区，这三个地区对内容运营岗位的需求较旺盛，就业机会更多。

分析公司规模与公司融资情况，运行如下 Python 代码，结果如图 4-24 所示。

```python
# 2.公司规模与公司融资情况
plt.figure(figsize=(16,6))
ax2 = sns.countplot(x='公司规模', data=HRdata, palette='YlGnBu',
            hue='公司融资情况', order=['0-20 人','20-99 人',
            '100-499 人','500-999 人','1000-9999 人',
            '10000 人以上'], hue_order=['不需要融资','未融资',
```

```
                       '天使轮','A轮','B轮','C轮','D轮及以上','已上市'])
ax2.set(title='公司规模分布',xlabel='公司规模',ylabel='数量')
plt.show()
```

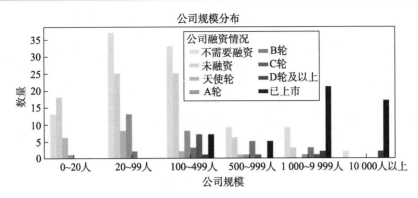

图 4-24　公司规模与公司融资情况

如图 4-24 所示，从公司规模与公司融资情况可以看出，除不需要融资的公司外，公司融资情况与其规模有很大关系。公司规模越大，融资情况越好。另外，从图中可以发现不需要融资和未融资的企业数量占比远高于其他情况的企业。整体而言，初创型公司（不需要融资、未融资、天使轮）占比最多，在当下百花齐放的时代，一大批公司借此机会组建兴起。

利用柱状图分析各行业平均薪资情况，运行如下 Python 代码，结果如图 4-25 所示。

```
# 3.各行业平均薪资
plt.figure(figsize=(18,6))
plt.xticks(horizontalalignment="left",rotation=-45, size=14)
ax3 = sns.barplot(x='所属行业',y='薪资要求' ,data=HRdata,
                  palette='Accent',ci=0)
ax3.set(title='各行业平均薪资', xlabel='所属行业', ylabel='平均薪资')
plt.show()
```

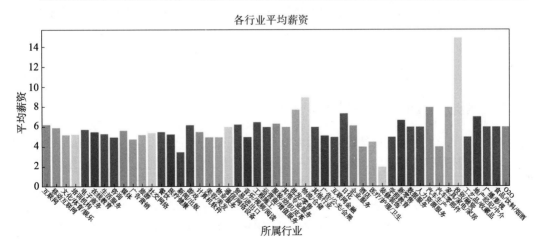

图 4-25　各行业平均薪资

如图 4-25 所示，从各行业平均薪资可以看出，大部分行业的平均薪资水平在 6 000 元左右。"投资/融资"行业平均薪资远高于其他行业，而"装修装饰"行业薪资明显低于其他行业。

分析工作经验与学历要求情况，运行如下 Python 代码，结果如图 4-26 所示。

```
# 4.工作经验与学历要求
plt.figure(figsize=(9,6))
ax4 = sns.countplot(x="工作经验",
                    data=HRdata,
                    palette="BuPu",
                    hue="学历要求",
                    hue_order=["不限","大专","本科"],
                    order=["在校/应届","3个月","6个月","1年以内",
                        "1-3年"])

ax4.set(title='工作经验与学历要求', ylabel='数量')
plt.show()
```

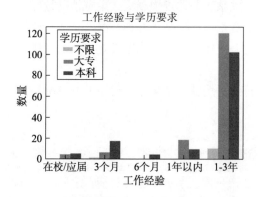

图 4-26　工作经验与学历要求情况

从图 4-26 可以看出，求职市场对学历要求不算高，但更喜好有充足工作经验的求职人。从经验要求来看，公司都需要有工作经验的内容运营员工，未出现无须经验的情况，这在一定程度上反映出，内容运营岗位更倾向于有丰富工作经验的求职者，企业可以相应地节约培训成本。所以在校生或是应届生应注意积累相关的实习经验或活动经验，为求职做准备。

### 4.4.3　案例：GDP 增长率的走势分析

GDP，是一个国家（或地区）所有常驻单位在一定时期内生产活动的最终成果。GDP 是国民经济核算的核心指标，也是衡量一个国家或地区经济发展水平的重要指标。本案例将以我国 GDP 数据为基础，对我国 GDP 及 GDP 增长走势进行可视化分析。

本案例 GDP 数据来源于国家统计局官网（http://www.stats.gov.cn/），使用了国家统计局的两个 GDP 数据集，分别为 2001—2020 年 GDP 数据集和 2001—2020 年 GDP 增长率数据集。数据集展示如图 4-27 和图 4-28 所示。

| 时间 | 国民总收入(亿元) | 国内生产总值(亿元) | 第一产业增加值(亿元) | 第二产业增加值(亿元) | 第三产业增加值(亿元) | 人均国内生产总值(元) |
|---|---|---|---|---|---|---|
| 2001年 | 109276.2 | 110863.1 | 15502.5 | 49659.4 | 45701.4 | 8717 |
| 2002年 | 120480.4 | 121717.4 | 16190.2 | 54104.1 | 51423.1 | 9506 |
| 2003年 | 136576.3 | 137422 | 16970.2 | 62695.8 | 57756 | 10666 |
| 2004年 | 161415.4 | 161840.2 | 20904.3 | 74285 | 66650.9 | 12487 |
| 2005年 | 185998.9 | 187318.9 | 21806.7 | 88082.2 | 77430 | 14368 |
| 2006年 | 219028.5 | 219438.5 | 23317 | 104359.2 | 91762.2 | 16738 |
| 2007年 | 270704 | 270092.3 | 27674.1 | 126630.5 | 115787.7 | 20494 |
| 2008年 | 321229.5 | 319244.6 | 32464.1 | 149952.9 | 136827.5 | 24100 |
| 2009年 | 347934.9 | 348517.7 | 33583.8 | 160168.8 | 154765.1 | 26180 |
| 2010年 | 410354.1 | 412119.3 | 38430.8 | 191626.5 | 182061.9 | 30808 |
| 2011年 | 483392.8 | 487940.2 | 44781.5 | 227035.1 | 216123.6 | 36277 |
| 2012年 | 537329 | 538580 | 49084.6 | 244639.1 | 244856.2 | 39771 |
| 2013年 | 588141.2 | 592963.2 | 53028.1 | 261951.6 | 277983.5 | 43497 |
| 2014年 | 644380.2 | 643563.1 | 55626.3 | 277282.8 | 310654 | 46912 |
| 2015年 | 685571.2 | 688858.2 | 57774.6 | 281338.9 | 349744.7 | 49922 |
| 2016年 | 742694.1 | 746395.1 | 60139.2 | 295427.8 | 390828.1 | 53783 |
| 2017年 | 830945.7 | 832035.9 | 62099.5 | 331580.5 | 438355.9 | 59592 |
| 2018年 | 915243.5 | 919281.1 | 64745.2 | 364835.2 | 489700.8 | 65534 |
| 2019年 | 983751.2 | 986515.2 | 70473.6 | 380670.6 | 535371 | 70328 |
| 2020年 | 1008782.5 | 1015986.2 | 77754.1 | 384255.3 | 553976.8 | 72000 |

图 4-27　2001—2020 年 GDP 数据集

| 时间 | 国内生产总值增长(百分点) | 第一产业对国内生产总值增长的拉动(百分点) | 第二产业对国内生产总值增长的拉动(百分点) | 第三产业对国内生产总值增长的拉动(百分点) |
|---|---|---|---|---|
| 2001年 | 8.3 | 0.4 | 3.9 | 4.1 |
| 2002年 | 9.1 | 0.4 | 4.5 | 4.2 |
| 2003年 | 10 | 0.3 | 5.8 | 3.9 |
| 2004年 | 10.1 | 0.7 | 5.2 | 4.1 |
| 2005年 | 11.4 | 0.6 | 5.8 | 5 |
| 2006年 | 12.7 | 0.6 | 6.3 | 5.8 |
| 2007年 | 14.2 | 0.4 | 7.1 | 6.7 |
| 2008年 | 9.7 | 0.5 | 4.7 | 4.5 |
| 2009年 | 9.4 | 0.4 | 4.9 | 4.1 |
| 2010年 | 10.6 | 0.4 | 6.1 | 4.2 |
| 2011年 | 9.6 | 0.4 | 5 | 4.2 |
| 2012年 | 7.9 | 0.4 | 3.9 | 3.7 |
| 2013年 | 7.8 | 0.3 | 3.8 | 3.7 |
| 2014年 | 7.4 | 0.3 | 3.4 | 3.7 |
| 2015年 | 7 | 0.3 | 2.8 | 3.9 |
| 2016年 | 6.8 | 0.3 | 2.5 | 4.1 |
| 2017年 | 6.9 | 0.3 | 2.4 | 4.2 |
| 2018年 | 6.7 | 0.3 | 2.3 | 4.2 |
| 2019年 | 6 | 0.2 | 1.9 | 3.8 |
| 2020年 | 2.3 | 0.2 | 1 | 1.1 |

图 4-28　2001—2020 年 GDP 增长率数据集

下面利用 Seaborn 对 GDP 以及 GDP 增长率数据进行可视化。其中，对 GDP 数值绘制条形图，对 GDP 增长率绘制折线图。案例代码如下。

（1）导入需要的 Python 包。

```
import pandas as pd
import numpy as np
import seaborn as sns
import matplotlib.pyplot as plt
```

（2）设置绘图参数，包括中文字体、负号显示、字号等参数。

```
plt.rcParams['font.sans-serif'] = ['SimHei']
```

```
plt.rcParams['axes.unicode_minus'] = False
plt.rcParams['font.size'] = 14
```

（3）加载 GDP 和 GDP 增长数据，并进行递增排序。

```
# 加载数据集
GDP=pd.read_excel(r"D:/BaPy_data.xlsx","GDP 数据")
GDPrate=pd.read_excel(r"D:/BaPy_data.xlsx","GDP 增长数据")

# 数据处理
# 设置为按时间递增顺序
GDP = GDP.iloc[::-1]
GDPrate = GDPrate.iloc[::-1]

# 设置索引
GDP = GDP.reset_index(drop=True)
GDPrate.set_index('时间',drop=True, append=False, inplace=True)
```

（4）利用 seaborns 包中的 barplot()函数绘制 GDP 柱形图，并标注出每年的 GDP 数值。

```
# 1.GDP 变化趋势
# 设置图像大小
plt.figure(figsize=(18,6))

# 绘制图像
ax1 = sns.barplot(x="时间",y="国内生产总值(亿元)",palette="YlOrRd",
                  data=GDP)

# 标注 y 值
for index,row in GDP.iterrows():
    plt.text(index,row['国民总收入(亿元)']+1e4,
             round(row['国民总收入(亿元)']),ha='center')
```

运行此段代码，生成如图 4-29 所示 2001—2020 年我国国内生产总值条形图。

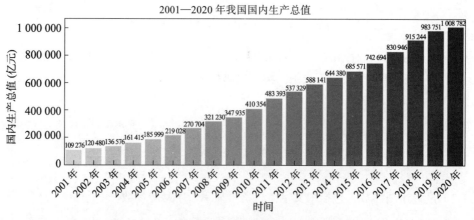

图 4-29　2001—2020 年我国国内生产总值条形图

从图 4-29 中可以看到, 2001—2020 年, 我国 GDP 一直处于稳定增长的态势。

（5）利用 seaborns 包中的 lineplot() 函数绘制 GDP 增长率折线图。

```
# 2.GDP 增长率变化趋势
# 设置图像大小
plt.figure(figsize=(18,6))

# 绘制图像
ax2 = sns.lineplot(data=GDPrate, palette="Set2", linewidth=2.5)
plt.ylabel("增长百分点")

plt.show()
```

运行此段代码, 结果如图 4-30 所示。

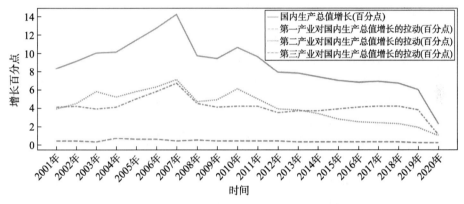

图 4-30　2001—2020 年我国国内生产总值增长率折线图

从图 4-30 中可以看出, 我国 GDP 增长率在近 10 年呈现下降趋势, 尤其 2019—2020 年下降明显。从图 4-28 可以看出, 在 2019 年以前, 第三产业对我国 GDP 的拉动占比很大, 显示了第三产业在我国国民经济中的重要地位。

# 4.5　习　　题

1. 基于企业员工数据集, 利用 Seaborn 可视化库进行绘制。
（1）分析企业员工身高和体重的关系, 绘制散点图。
（2）分析企业员工性别与体重的关系, 绘制箱形图与小提琴图。
（3）分析企业员工英语水平与年收入的关系, 绘制条形图。
（4）分析不同部门员工的人数, 绘制计数图。
（5）分析不同学历员工年收入分布, 绘制分组直方图。
（6）分析员工年收入核密度分布, 绘制核密度曲线的直方图。
（7）分析企业员工数据集中两两变量的关系, 绘制变量关系组图。
2. 分析 1949—1960 年航班总客流量随年份的变化, 绘制时间序列图。
3. 利用 NumPy 库生成随机 20×20 的矩阵, 绘制热力图。

# 第5章

# Pyecharts数据可视化

Pyecharts 是基于 Python 的 Echarts 图表开源软件库，可以在 Python 中实现可交互的数据可视化，并具有简单、易上手的特点。Pyecharts 绘制的图表基于 Echarts 图表，Echarts 图表由百度开源，是一个用于实现数据可视化的 JavaScript 软件库。其生成的图像具有良好的交互性，且设计巧妙美观，受许多开发者的喜欢。

可以通过 pip 命令进行安装：

```
pip install pyecharts
```

Pyecharts 分为 v0.5.X 和 v1 两个独立的版本。v1 是全新的版本，其虽向下不兼容，但使用起来与 v0.5.X 版本还是十分类似，因此较容易上手。需要注意的是，v0.5.X 支持 Python 3.7 和 3.4+版本，v1 仅支持 Python 3.6+版本。本章使用版本为 v1，将重点讲解 Pyecharts 在绘制图形时的重要参数和配置项。

截至 2021 年 7 月，Pyecharts 的最新版本是 1.9.0，具有以下特点。

（1）简洁的应用程序接口（API）设计，支持链式调用；

（2）囊括了 30 多种常见图表；

（3）支持 Jupyter Notebook 和 JupyterLab；

（4）可轻松集成至 Flask 和 Django 等主流 Python 框架；

（5）使用灵活的配置项来绘制图表，简单易上手；

（6）提供详细的官方文档和示例；

（7）提供多达 400 多个地图文件以及原生的百度地图，地理数据可视化十分便捷。

## 5.1 Pyecharts 全局参数配置

Pyecharts 通过配置项（option）来进行图表的个性化设置。在 Pyecharts 中，一切皆 Options。通过配置全局项，可以更好地设置个性化图表，为图表注入用户的个性化需求。

Pyecharts 配置项分为全局配置项和系列配置项两个部分。全局配置项可通过 set_global_opts()方法设置。全局配置项可以简单分为基本元素配置项与坐标轴配置项两部分。其中，基本元素配置项主要包括 InitOpts、TitleOpts、LegendOpts、TooltipOpts、VisualMapOpts、ToolboxOpts。坐标轴配置项主要包括 AxisOpts、DataZoomOpts。全局配置项分布图如图 5-1 所示。

### 5.1.1 基本元素配置项

**1. InitOpts**

InitOpts 为初始化配置项，配置项参数如表 5-1 所示。

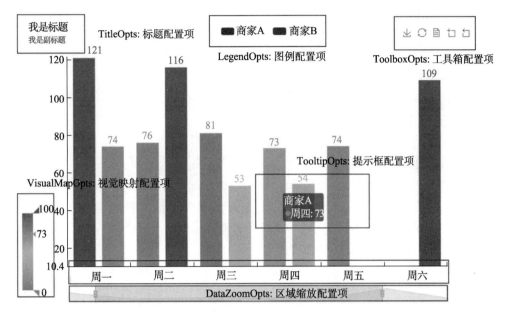

图 5-1　全局配置项分布图

**表 5-1　InitOpts 配置项参数**

| 配置项参数 | 说明 | 输入类型 |
|---|---|---|
| width | 用于设定图表宽度，单位为 px | 字符串 |
| height | 用于设定图表高度，单位为 px | 字符串 |
| renderer | 用于设定图表的渲染风格，可选 "canvas" 或 "svg" | 字符串 |
| chart_id | 用于设定图表 ID | 字符串 |
| theme | 用于设定图表的主题 | 字符串 |
| page_title | 用于设定图表的网页标题 | 字符串 |
| bg_color | 用于设定图表的背景颜色 | 字符串 |
| animation_opts | 画图动画初始化配置 | AnimationOpts |

其中，theme 参数可输入的所有的内置主题如下：chalk、dark、essos、infographic、light、macarons、purple-passion、roma、romantic、shine、vintage、walden、westeros、white、wonderland。

下面举例说明 InitOpts 的使用，示例代码如下：

```python
from pyecharts import options as opts
from pyecharts.charts import Bar

# 假设的数据
x_data = ['苹果', '西瓜', '香蕉', '橘子', '水蜜桃', '火龙果', '荔枝']
y_data_1 = [99, 143, 67, 90, 89, 55, 113]
y_data_2 = [180, 312, 145, 189, 167, 126, 245]

# 初始化配置
bar = (
```

```
Bar(init_opts=opts.InitOpts(width='720px', height='480px', # 尺寸配置
        theme='shine', # 主题配置
        bg_color='rgba(255, 248, 220, 0.4)')) # 背景颜色配置
.add_xaxis(x_data)
.add_yaxis('1月销量', y_data_1)
.add_yaxis('2月销量', y_data_2)
)

# 在 Jupyter Notebook 中渲染图像
bar.render_notebook()
```

运行此代码，生成如图 5-2 所示的图像。图中描述了某水果店 1 月和 2 月的各种水果销售情况。代码中进行了尺寸、主题、背景颜色配置。值得注意的是，render_notebook()是在 Jupyter Notebook 中渲染图像。若需要生成 HTML 文件，则需要用 render()方法，更多细节可以参考 5.3.1 节。

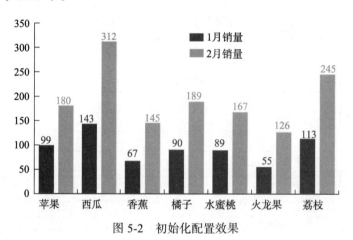

图 5-2　初始化配置效果

### 2. TitleOpts

TitleOpts 为标题配置项，配置项参数如表 5-2 所示。

表 5-2　TitleOpts 配置项参数

| 配置项参数 | 说明 | 输入类型 |
| --- | --- | --- |
| title | 用于设定主标题文本，支持换行符 | 字符串 |
| title_link | 设定 URL 链接，用于主标题跳转 | 字符串 |
| title_target | 主标题链接跳转方式。默认值是：blank。<br>可选: self 为当前窗口打开；blank 为新窗口打开 | 字符串 |
| subtitle | 副标题文本，支持换行符 | 字符串 |
| subtitle_link | 设定 URL 链接，用于副标题跳转 | 字符串 |
| subtitle_target | 副标题链接跳转方式。输入值与 title_target 一样 | 字符串 |
| pos_left | 用于设定 title 组件与容器左侧的距离。输入值为具体像素值或是百分比，如 30 或'30%'。亦可输入可选值'left'、'center'、'right' | 字符串 |

| 配置项参数 | 说明 | 输入类型 |
|---|---|---|
| pos_right | 用于设定 title 组件与容器右侧的距离。输入值为具体像素值或是百分比，如 30 或'30%' | 字符串 |
| pos_top | 用于设定 title 组件与容器上侧的距离。输入值为具体像素值或是百分比，如 30 或'30%'。亦可输入可选值'top'、'middle'、'bottom' | 字符串 |
| pos_bottom | 用于设定 title 组件与容器下侧的距离。输入值为具体像素值或是百分比，如 30 或'30%' | 字符串 |
| padding | 用于设定标题内边距，单位为 px。padding 参数的设置方式与 CSS 中的类似 | 数值或数组 |
| item_gap | 用于设定主副标题的间距 | 数值 |
| title_textstyle_opts | 主标题字体样式配置项 | TextStyleOpts |
| subtitle_textstyle_opts | 副标题字体样式配置项 | TextStyleOpts |

下面举例说明 TitleOpts 的使用，示例代码如下：

```python
from pyecharts import options as opts
from pyecharts.charts import Bar

# 假设的数据
x_data = ['苹果', '西瓜', '香蕉', '橘子', '水蜜桃', '火龙果', '荔枝']
y_data_1 = [99, 143, 67, 90, 89, 55, 113]
y_data_2 = [180, 312, 145, 189, 167, 126, 245]

# 标题配置
bar = (
    Bar()
    .set_global_opts(title_opts=opts.TitleOpts(title='我是主标题',
                                                # 设置主标题
                        subtitle='我是副标题', # 设置副标题
                        # 主标题字体样式配置
                        title_textstyle_opts=opts.TextStyleOpts(
                            color='blue'),
                        # 副标题字体样式配置
                        subtitle_textstyle_opts=opts.TextStyleOpts(
                            color='red'),
                        # 设置标题位置
                        pos_left='center',
                        pos_top='8%'))
    .add_xaxis(x_data)
    .add_yaxis('1 月销量', y_data_1)
    .add_yaxis('2 月销量', y_data_2)
)

bar.render_notebook()
```

运行此代码，结果如图 5-3 所示。

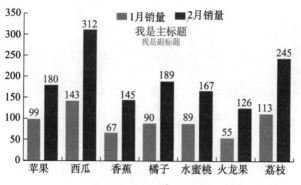

图 5-3　标题配置效果

### 3. LegendOpts

LegendOpts 为图例配置项，配置项参数如表 5-3 所示。

表 5-3　LegendOpts 配置项参数

| 配置项参数 | 说明 | 输入类型 |
|---|---|---|
| type_ | 图例的类型。可选：'plain'为普通图例，默认。'scroll'为可滚动翻页的图例 | 字符串 |
| selected_mode | 图例选择的模式。输入为布尔值时，若为 True，单击图例可以控制显示或不显示某个图例。反之则无法控制，显示全部图例。输入为字符串时，可选：'single'为单选模式，'multiple'为多选模式 | 字符串、布尔值 |
| is_show | 布尔值，控制是否显示图例组件 | 布尔值 |
| pos_left | 图例组件与容器左侧的距离。输入值为具体像素值或是百分比，如 30 或'30%'。亦可输入可选值'left'、'center'、'right' | 字符串 |
| pos_right | 用于设定 title 组件与容器右侧的距离。输入值为具体像素值或是百分比，如 30 或'30%' | 字符串 |
| pos_top | 用于设定 title 组件与容器上侧的距离。输入值为具体像素值或是百分比，如 30 或'30%'。亦可输入可选值'top'、'middle'、'bottom' | 字符串 |
| pos_bottom | 用于设定 title 组件与容器下侧的距离。输入值为具体像素值或是百分比，如 30 或'30%' | 字符串 |
| orient | 图例列表的布局朝向。可选：'horizontal'为水平布局，'vertical'为垂直布局 | 字符串 |
| align | 用于设定图例标记和文本的对齐方式。可选：'auto'为默认、'left'、'right' | 字符串 |
| padding | 用于设定图例内边距，单位为 px | 整型 |
| item_gap | 用于设定图例每项之间的间隔 | 整型 |
| item_width | 用于设定图例标记的宽度 | 整型 |
| item_height | 用于设定图例标记的高度 | 整型 |
| inactive_color | 用于设定图例关闭时的颜色 | 字符串 |
| textstyle_opts | 图例组件字体样式 | TextStyleOpts |
| legend_icon | 图例项的图标。输入 ECharts 提供的标记类型 | 字符串 |

下面举例说明 LegendOpts 的使用，示例代码如下：

```
from pyecharts import options as opts
from pyecharts.charts import Bar

# 假设的数据
x_data = ['苹果', '西瓜', '香蕉', '橘子', '水蜜桃', '火龙果', '荔枝']
y_data_1 = [99, 143, 67, 90, 89, 55, 113]
y_data_2 = [180, 312, 145, 189, 167, 126, 245]

# 图例配置
bar = (
    Bar()
    .add_xaxis(x_data)
    .add_yaxis('图例1', y_data_1)
    .add_yaxis('图例2', y_data_2)
    .set_global_opts(legend_opts=opts.LegendOpts(is_show=True,
                                    # 设置图例位置
                                    pos_left='12%',
                                    pos_top='10%',
                                    # 设置图例垂直布局
                                    orient='vertical',
                                    # 设置图例图标样式
                                    legend_icon='circle'))
)
bar.render_notebook()
```

运行此代码，结果如图 5-4 所示。

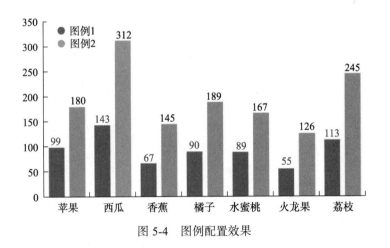

图 5-4　图例配置效果

### 4. TooltipOpts

TooltipOpts 为提示框配置项，配置项参数如表 5-4 所示。

表 5-4　TooltipOpts 配置项参数

| 配置项参数 | 说明 | 输入类型 |
| --- | --- | --- |
| is_show | 是否显示提示框组件 | 布尔值 |
| trigger | 用于设定提示框触发类型。可选: 'item'为数据项图形触发, 'axis'为坐标轴触发, 'none'为不触发 | 字符串 |
| trigger_on | 用于设定提示框触发的条件。可选:<br>'mousemove'为鼠标移动时触发。<br>'click'为鼠标单击时触发。<br>'mousemove\|click'为同时鼠标移动和单击时触发。<br>'none'为不触发 | 字符串 |
| axis_pointer_type | 指示器类型。可选:<br>'line': 直线指示器。<br>'shadow': 阴影指示器。<br>'none': 无指示器。<br>'cross': 十字准星指示器 | 字符串 |
| is_show_content | 是否显示提示框浮层, 默认显示 | 布尔值 |
| is_always_show_content | 是否永久显示提示框内容 | 布尔值 |
| show_delay | 用于设定浮层显示的延迟, 单位为 ms | 数值 |
| hide_delay | 用于设定浮层隐藏的延迟, 单位为 ms | 数值 |
| background_color | 用于设定提示框浮层的背景颜色 | 字符串 |
| border_color | 用于设定提示框浮层的边框颜色 | 字符串 |
| border_width | 用于设定提示框浮层的边框宽度 | 数值 |
| textstyle_opts | 文字样式配置项 | TextStyleOpts |

下面举例说明 TooltipOpts 的使用，示例代码如下：

```python
from pyecharts import options as opts
from pyecharts.charts import Bar

# 假设的数据
x_data = ['苹果', '西瓜', '香蕉', '橘子', '水蜜桃', '火龙果', '荔枝']
y_data_1 = [99, 143, 67, 90, 89, 55, 113]
y_data_2 = [180, 312, 145, 189, 167, 126, 245]

# 提示框配置
bar = (
    Bar()
    .add_xaxis(x_data)
    .add_yaxis('图例1', y_data_1)
    .add_yaxis('图例2', y_data_2)
    .set_global_opts(tooltip_opts=opts.TooltipOpts(
        is_show=True,                      # 显示提示框
        trigger_on="mousemove|click",  # 设置触发方式
        background_color="white",          # 提示框背景颜色
        textstyle_opts=opts.TextStyleOpts(color='red'),
        border_width=1,                    # 提示框描边宽度
```

```
            border_color="gray"))        # 提示框描边颜色
)

bar.render_notebook()
```

运行此代码，生成如图 5-5 所示的图像。

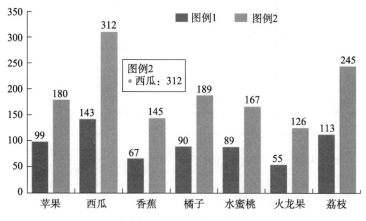

图 5-5   提示框配置效果

### 5. VisualMapOpts

VisualMapOpts 为视觉映射配置项，配置项参数如表 5-5 所示。

表 5-5   VisualMapOpts 配置项参数

| 配置项参数 | 说明 | 输入类型 |
|---|---|---|
| is_show | 是否显示视觉映射组件 | 布尔值 |
| type_ | 用于设定视觉映射组件过渡类型，可选：'color', 'size' | 字符串 |
| min_ | 用于设定视觉映射组件的最小值 | 浮点数或整型 |
| max_ | 用于设定视觉映射组件的最大值 | 浮点数或整型 |
| range_text | 用于设定视觉映射组件两端的文本 | 列表或元组 |
| range_color | 用于设定视觉映射组件过渡颜色 | 字符串数组 |
| range_size | 用于设定视觉映射组件过渡 symbol 大小 | 数组 |
| range_opacity | 用于设定视觉映射组件的透明度 | 数值 |
| orient | 用于设定如何放置组件。可选：'horizontal 为水平，'vertical'为垂直 | 字符串 |
| pos_left | 视觉映射组件与容器左侧的距离。输入值为具体像素值或是百分比，如 30 或'30%'。亦可输入可选值'left'、'center'、'right' | 字符串 |
| pos_right | 视觉映射组件与容器右侧的距离。输入值为具体像素值或是百分比，如 30 或'30%' | 字符串 |
| pos_top | 视觉映射组件与容器上侧的距离。输入值为具体像素值或是百分比，如 30 或'30%'。亦可输入可选值'top'、'middle'、'bottom' | 字符串 |
| pos_bottom | 视觉映射组件与容器下侧的距离。输入值为具体像素值或是百分比，如 30 或'30%' | 字符串 |
| split_number | 设定将连续型数据自动切分成几段。默认为 5 段 | 整型 |

| 配置项参数 | 说明 | 输入类型 |
|---|---|---|
| dimension | 用于设定组件映射维度 | 数值 |
| is_piecewise | 用于设定是否为分段型 | 布尔值 |
| is_inverse | 用于设定是否反转视觉映射组件 | 布尔值 |
| item_width | 设定图形的宽度 | 整型 |
| item_height | 设定图形的高度 | 整型 |
| background_color | 设定背景颜色 | 字符串 |
| border_color | 设定边框颜色 | 字符串 |
| border_width | 用于设定组件的边框线宽，单位为 px | 字符串 |
| textstyle_opts | 文字样式配置项 | TextStyleOpts |

下面举例说明 VisualMapOpts 的使用，示例代码如下：

```python
from pyecharts import options as opts
from pyecharts.charts import HeatMap
import numpy as np

# 假设的数据
data = [[0,0,1],[0,1,2],[0,2,3],[0,3,4],
        [1,0,5],[1,1,6],[1,2,7],[1,3,8],
        [2,0,9],[2,1,10],[2,2,11],[2,3,12],
        [3,0,13],[3,1,14],[3,2,15],[3,3,16]]
x_list = [str(i) for i in range(4)]
y_list = [str(i) for i in range(4)]

# 绘制热力图
heatmap = (
    HeatMap()
    .add_xaxis(x_list)
    .add_yaxis("", x_list, data)
    # 配置视觉映射组件
    .set_global_opts(visualmap_opts=opts.VisualMapOpts(
        min_=1, # 设置最小值
        max_=16, # 设置最大值
        pos_top='middle', # 设置位置居中
        item_height=320, # 设置组件高度
        item_width=20)) # 设置组件宽度
)

heatmap.render_notebook()
```

运行此代码，生成如图 5-6 所示的图像。

## 6. ToolboxOpts

ToolboxOpts 为工具栏配置项，配置项参数如表 5-6 所示。

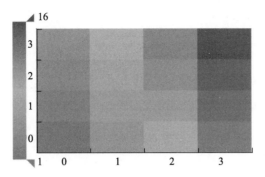

图 5-6　视觉映射组件配置效果

表 5-6　**ToolboxOpts** 配置项参数

| 配置项参数 | 说明 | 输入类型 |
|---|---|---|
| is_show | 是否显示工具栏组件 | 布尔值 |
| orient | 工具栏图标的布局方式。可选：'horizontal'为水平，'vertical'为垂直 | 字符串 |
| pos_left | 工具栏组件与容器左侧的距离。输入值为具体像素值或是百分比，如 30 或'30%'。亦可输入可选值'left'、'center'、'right' | 字符串 |
| pos_right | 工具栏组件与容器右侧的距离。输入值为具体像素值或是百分比，如 30 或'30%' | 字符串 |
| pos_top | 工具栏组件与容器上侧的距离。输入值为具体像素值或是百分比，如 30 或'30%'。亦可输入可选值'top'、'middle'、'bottom' | 字符串 |
| pos_bottom | 工具栏组件与容器下侧的距离。输入值为具体像素值或是百分比，如 30 或'30%' | 字符串 |
| feature | 工具配置项 | ToolBoxFeatureOpts |

下面举例说明 ToolboxOpts 的使用，示例代码如下：

```python
from pyecharts import options as opts
from pyecharts.charts import Bar

# 假设的数据
x_data = ['苹果', '西瓜', '香蕉', '橘子', '水蜜桃', '火龙果', '荔枝']
y_data_1 = [99, 143, 67, 90, 89, 55, 113]
y_data_2 = [180, 312, 145, 189, 167, 126, 245]

# 工具箱配置
bar = (
    Bar()
    .add_xaxis(x_data)
    .add_yaxis('图例1', y_data_1)
    .add_yaxis('图例2', y_data_2)
    .set_global_opts(toolbox_opts=opts.ToolboxOpts(
        is_show=True, # 显示工具箱
        orient="vertical", # 设置垂直布局
        pos_left="right", # 设置位置
```

```
        pos_top="center"
    ))
)

bar.render_notebook()
```

运行此代码，生成如图 5-7 所示的图像。

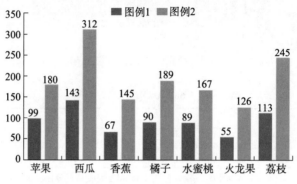

图 5-7　工具栏配置效果

### 7. DataZoomOpts

DataZoomOpts 为区域缩放配置项，配置项参数如表 5-7 所示。

表 5-7　DataZoomOpts 配置项参数

| 配置项参数 | 说明 | 输入类型 |
| --- | --- | --- |
| is_show | 是否显示组件 | 布尔值 |
| type_ | 组件类型，可选：'slider'、'inside' | 字符串 |
| is_realtime | 若为 True，实时更新图形。若为 False，则拖拽结束的时候更新图形 | 布尔值 |
| range_start | 数据窗口范围的起始值，用百分比表示 | 数值 |
| range_end | 数据窗口范围的结束值，用百分比表示 | 数值 |
| start_value | 数据窗口范围的起始数值 | 整型、字符串 |
| end_value | 数据窗口范围的结束数值 | 整型、字符串 |
| orient | 用于设定布局方式。可选：'horizontal'为水平，'vertical'为垂直 | 字符串 |
| is_zoom_lock | 是否锁定数据窗口的大小 | 布尔值 |
| pos_left | 区域缩放组件与容器左侧的距离。输入值为具体像素值或是百分比，如 30 或 '30%'。亦可输入可选值'left'、'center'、'right' | 字符串 |
| pos_right | 区域缩放组件与容器右侧的距离。输入值为具体像素值或是百分比，如 30 或'30%' | 字符串 |
| pos_top | 区域缩放组件与容器上侧的距离。输入值为具体像素值或是百分比，如 30 或 '30%'。亦可输入可选值'top'、'middle'、'bottom' | 字符串 |
| pos_bottom | 区域缩放组件与容器下侧的距离。输入值为具体像素值或是百分比，如 30 或'30%' | 字符串 |
| xaxis_index | 用于设定 dataZoom-inside 组件控制的 $x$ 轴 | 整型或数组 |
| yaxis_index | 用于设定 dataZoom-inside 组件控制的 $y$ 轴 | 整型或数组 |

下面举例说明 DataZoomOpts 的使用，示例代码如下：

```
from pyecharts import options as opts
from pyecharts.charts import Bar

# 假设的数据
x_data = ['苹果', '西瓜', '香蕉', '橘子', '水蜜桃', '火龙果', '荔枝']
y_data_1 = [99, 143, 67, 90, 89, 55, 113]
y_data_2 = [180, 312, 145, 189, 167, 126, 245]

# 区域缩放配置
bar = (
    Bar()
    .add_xaxis(x_data)
    .add_yaxis('图例1', y_data_1)
    .add_yaxis('图例2', y_data_2)
    .set_global_opts(datazoom_opts=opts.DataZoomOpts(
        range_start=10, # 设置数据窗口起始百分比
        range_end=60, # 设置数据窗口结束百分比
        type_="slider", # 设置组件的类型为滑动
        is_zoom_lock=True # 所得数据窗口大小
    ))
)
bar.render_notebook()
```

运行此代码，生成如图 5-8 所示的图像。

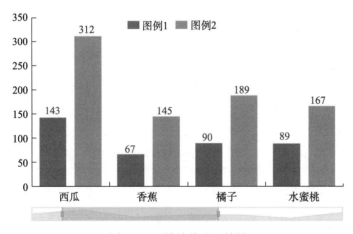

图 5-8　区域缩放配置效果

## 5.1.2　坐标轴配置项

### 1. AxisOpts
AxisOpts 为坐标轴配置项，配置项参数如表 5-8 所示。

### 2. AxisLineOpts
AxisLineOpts 为坐标轴轴线配置项，配置项参数如表 5-9 所示。

表 5-8　AxisOpts 配置项参数

| 配置项参数 | 说明 | 输入类型 |
|---|---|---|
| type_ | 坐标轴类型。可选：<br>'value'：数值轴（适合连续数据）。<br>'category'：类目轴（适合离散数据）。<br>'time'：时间轴。<br>'log'：对数轴 | 字符串 |
| name | 设定坐标轴名称 | 字符串 |
| is_show | 是否显示坐标轴 | 布尔值 |
| is_scale | 若为 True，坐标刻度不会强制包含零刻度 | 布尔值 |
| is_inverse | 控制是否为反向坐标轴 | 布尔值 |
| name_location | 坐标轴名称显示位置。可选：'start'、'middle'、'center'、'end' | 字符串 |
| name_gap | 用于设定坐标轴轴线与名称之间的距离 | 数值 |
| name_rotate | 用于设定坐标轴名的旋转角度 | 数值 |
| position | 设定 x 轴的位置。可选：'top'为顶部，'bottom'为底部 | 字符串 |
| offset | 在有多个 y 轴时，设定 y 轴相对于默认位置的偏移 | 数值 |
| split_number | 设定坐标轴的分割成几段，默认值为 5 | 数值 |
| min_ | 坐标轴刻度最小值<br>可选：数值或'dataMin'。'dataMin'表示取数据最小值作为最小刻度 | 数值、字符串 |
| max_ | 坐标轴刻度最大值。可选：数值或'dataMax'。'dataMax'表示取数据最小值作为最小刻度 | 数值、字符串 |
| min_interval | 自动计算的坐标轴最小间隔大小 | 数值 |
| max_interval | 自动计算的坐标轴最大间隔大小 | 数值 |
| axisline_opts | 坐标轴刻度线配置项 | AxisLineOpts |
| axistick_opts | 坐标轴刻度配置项 | AxisTickOpts |
| axislabel_opts | 坐标轴标签配置项 | LabelOpts |
| axispointer_opts | 坐标轴指示器配置项 | AxisPointerOpts |
| name_textstyle_opts | 坐标轴名称的文字样式 | TextStyleOpts |

表 5-9　AxisLineOpts 配置项参数

| 配置项参数 | 说明 | 输入类型 |
|---|---|---|
| is_show | 是否显示坐标轴轴线 | 布尔值 |
| is_on_zero | 如果为 True，则当前坐标轴在另一条坐标轴的 0 刻度上。只有在坐标轴包含 0 刻度时成立 | 布尔值 |
| on_zero_axis_index | 存在双轴时，指定在哪个轴的 0 刻度上 | 数值 |
| symbol | 轴线两边的箭头。可选：<br>字符串：坐标轴表示两端使用同样的箭头。<br>长度为 2 的字符串数组：分别表示两端的箭头。<br>可输入的字符串有：<br>'none'表示不显示箭头。<br>'arrow'表示显示箭头 | 字符串 |
| linestyle_opts | 坐标轴线风格配置项 | LineStyleOpts |

### 3. AxisTickOpts

AxisTickOpts 为坐标轴刻度配置项，配置项参数如表 5-10 所示。

表 5-10　AxisTickOpts 配置项参数

| 配置项参数 | 说明 | 输入类型 |
|---|---|---|
| is_show | 是否显示坐标轴刻度 | 布尔值 |
| is_inside | 若为 True，坐标轴刻度是否朝内。默认为 False，即朝外 | 布尔值 |
| length | 设定坐标轴刻度的长度 | 数值 |
| linestyle_opts | 坐标轴线风格配置项 | LineStyleOpts |

### 4. AxisPointerOpts

AxisPointerOpts 为坐标轴指示器配置项，配置项参数如表 5-11 所示。

表 5-11　AxisPointerOpts 配置项参数

| 配置项参数 | 说明 | 输入类型 |
|---|---|---|
| is_show | 是否显示坐标轴指示器 | 布尔值 |
| type_ | 设定指示器类型。可选：<br>'line'为直线指示器，默认。<br>'shadow'为阴影指示器。<br>'none'为无指示器 | 字符串 |
| label | 配置坐标轴指示器的文本标签 | LabelOpts |
| linestyle_opts | 坐标轴线风格配置项 | LineStyleOpts |

### 5. 坐标轴配置示例

下面举例说明 AxisOpts、AxisLineOpts、AxisTickOpts 和 AxisPointerOpts 等坐标轴配置项的使用，示例代码如下：

```python
from pyecharts import options as opts
from pyecharts.charts import Bar

# 假设的数据
x_data = ['苹果', '西瓜', '香蕉', '橘子', '水蜜桃', '火龙果', '荔枝']
y_data_1 = [99, 143, 67, 90, 89, 55, 113]
y_data_2 = [180, 312, 145, 189, 167, 126, 245]

# 坐标轴配置
bar = (
    Bar()
    .add_xaxis(x_data)
    .add_yaxis('图例1', y_data_1)
    .add_yaxis('图例2', y_data_2)
    .set_global_opts(
        xaxis_opts=opts.AxisOpts(
            name='水果/种类',
```

```
        # 设置坐标轴标签
        axislabel_opts=opts.LabelOpts(
            color='blue', # 标签字体颜色
            font_size=14, # 标签字体大小
        ),
        # 设置坐标轴指示器
        axispointer_opts=opts.AxisPointerOpts(
            is_show=True,
            type_='shadow'
        )
    ),
    yaxis_opts=opts.AxisOpts(
        name="销量/斤", # y 轴名
        min_=50, # y 轴最小值
        max_='dataMax', # y 轴最新大值
        # 设置坐标轴线
        axisline_opts=opts.AxisLineOpts(
            is_show=True,
            symbol=['none', 'arrow'] # 末端显示箭头
        ),
        # 设置坐标轴刻度
        axistick_opts=opts.AxisTickOpts(
            is_show=True,
            is_inside=True # 设置刻度朝内
        )
    )
)
)
bar.render_notebook()
```

运行此代码，生成如图 5-9 所示的图像。

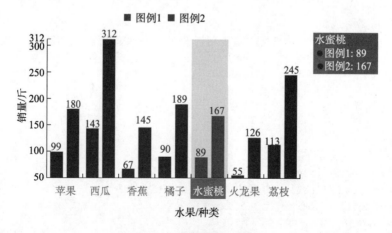

图 5-9　坐标轴配置效果

# 5.2 数据系列配置

数据系列配置项有两种传参方式：通过 set_series_opts(*)函数进行配置和添加数据时进行配置。两种方法配置产生的效果有所不同。通过 set_series_opts(*)函数进行配置的时候，会对图表包含的所有系列数据生效。如果添加数据时进行配置，只会对当前的数据生效。除此之外，还有许多函数支持配置项的输入，只要函数的参数允许，也可以输入配置项进行自由的个性化设置。比如 TextStyleOpts、LableStyleOpts 等这些配置项可以在许多函数中作为参数，可以根据 API 具体功能灵活使用。

通过 set_series_opts(*)进行配置，如下：

```
bar = (
    Bar()
    .add_xaxis(x_data)
    .add_yaxis('图例1', y_data_1)
    .set_series_opts(itemstyle_opts=opts.ItemStyleOpts(color='green')
)
)
```

添加系列数据的时候进行设置，如下：

```
bar = (
    Bar()
    .add_xaxis(x_data)
    .add_yaxis('图例1', y_data_1,
        itemstyle_opts=opts.ItemStyleOpts(color='green'))
)
```

## 5.2.1 样式类配置

### 1. ItemStyleOpts

ItemStyleOpts 为图元样式配置项，配置项参数如表 5-12 所示。

表 5-12　ItemStyleOpts 配置项参数

| 配置项参数 | 说明 | 输入类型 |
| --- | --- | --- |
| color | 用于设定图形的颜色 | 字符串 |
| color0 | 用于设定阴线图形的颜色 | 字符串 |
| border_color | 用于设定图形的描边颜色 | 字符串 |
| border_color0 | 用于设定阴线图形的描边颜色 | 字符串 |
| border_width | 用于设定描边宽度，默认为不描边 | 数值 |
| border_type | 用于设定描边样式。可选：'dashed'为虚线，'dotted'为点线 | 字符串 |
| opacity | 用于设定图形透明度 | 数值 |
| area_color | 用于设定区域的颜色 | 字符串 |

下面举例说明 ItemStyleOpts 的使用，示例代码如下：

```
from pyecharts import options as opts
from pyecharts.charts import Bar

# 假设的数据
x_data = ['苹果', '西瓜', '香蕉', '橘子', '水蜜桃', '火龙果', '荔枝']
y_data = [99, 143, 67, 90, 89, 55, 113]

# 绘制条形图
bar = (
    Bar()
    .add_xaxis(x_data)
    .add_yaxis('图例 1', y_data)
    # 图元样式配置
    .set_series_opts(itemstyle_opts=opts.ItemStyleOpts(
        color='green',          # 设置图元颜色
        opacity=0.5,            # 设置图元透明度
        border_color='black',   # 设置描边颜色
        border_width=2          # 设置描边粗细
    ))
)

bar.render_notebook()
```

运行此代码，生成如图 5-10 所示的图像。

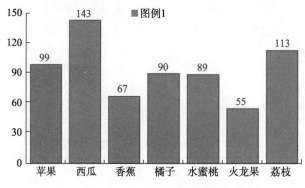

图 5-10　图元样式配置效果

## 2. TextStyleOpts

TextStyleOpts 为文字样式配置项，配置项参数如表 5-13 所示。

表 5-13　TextStyleOpts 配置项参数

| 配置项参数 | 说明 | 输入类型 |
| --- | --- | --- |
| color | 用于设定文字颜色 | 字符串 |
| font_style | 用于设定文字字体的风格。可选：'normal'、'italic'、'oblique' | 字符串 |

| 配置项参数 | 说明 | 输入类型 |
|---|---|---|
| font_weight | 用于设定主标题文字字体的粗细。可选：'normal'、'bold'、'bolder'、'lighter' | 字符串 |
| font_family | 用于设定文字的字体系列。如'serif'、'Courier New'、'Microsoft YaHei'等多种 | 字符串 |
| font_size | 用于设定文字的字体大小 | 数值 |
| align | 用于设定文字水平对齐方式。可选：'left'、'center'、'right' | 字符串 |
| vertical_align | 用于设定文字垂直对齐方式。可选：'top'、'middle'、'bottom' | 字符串 |
| line_height | 用于设定行高 | 字符串 |
| background_color | 用于设定文字块背景色 | 字符串 |
| border_color | 用于设定文字块描边颜色 | 字符串 |
| border_width | 用于设定文字块描边宽度 | 数值 |
| border_radius | 用于设定文字块的圆角 | 数值、数组 |
| padding | 用于设定文字块的内边距 | 数值、数组 |
| shadow_color | 用于设定文字块的背景阴影颜色 | 字符串 |
| shadow_blur | 用于设定文字块的背景阴影长度 | 数值 |
| width | 用于设定文字块的宽度 | 字符串 |
| height | 用于设定文字块的高度 | 字符串 |
| rich | 自定义富文本样式。配置方式参考 ECharts | 字典 |

下面举例说明 TextStyleOpts 的使用，示例代码如下：

```python
from pyecharts import options as opts
from pyecharts.charts import Bar

# 假设的数据
x_data = ['苹果', '西瓜', '香蕉', '橘子', '水蜜桃', '火龙果', '荔枝']
y_data_1 = [99, 143, 67, 90, 89, 55, 113]
y_data_2 = [180, 312, 145, 189, 167, 126, 245]

# 绘制条形图
bar = (
    Bar()
    .add_xaxis(x_data)
    .add_yaxis('一月销量', y_data_1)
    .add_yaxis('二月销量', y_data_2)
    .set_global_opts(
        # 标题配置项
        title_opts=opts.TitleOpts(
            title='我是主标题',
            pos_left='center',
            pos_top='8%',
                                    # 文字样式配置项
            title_textstyle_opts=opts.TextStyleOpts(
                color='green',         #设置字体颜色
```

```
            font_style='italic',        #设置字体风格为斜体
            font_weight='lighter',      #设置字体粗细
            font_size=24,   #设置字体大小
            font_family='serif'         #设置字体系列
        )
      )
    )
)
bar.render_notebook()
```

运行此代码，生成如图 5-11 所示的图像。

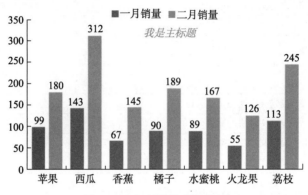

图 5-11　文字样式配置效果

### 3. LabelOpts

LabelOpts 为标签配置项，配置项参数如表 5-14 所示。

表 5-14　LabelOpts 配置项参数

| 配置项参数 | 说明 | 输入类型 |
|---|---|---|
| is_show | 用于设定是否显示标签 | 布尔值 |
| position | 用于设定标签的位置。可选：'top'、'left'、'right'、'bottom'、'inside'、'insideLeft'、'insideRight'、'insideTop'、'insideBottom'、'insideTopLeft'、'insideBottomLeft'、'insideTopRight'、'insideBottomRight' | 字符串 |
| color | 用于设定文字的颜色。可选：表示颜色的字符串或'auto'。如果为'auto'，则根据视觉映射设定颜色 | 字符串 |
| font_size | 用于设定标签文字的字体大小 | 数值 |
| font_weight | 用于设定文字字体的粗细，可选：'normal'、'bold'、'bolder'、'lighter' | 字符串 |
| font_family | 用于设定文字的字体系列。如'serif'、'Courier New'、'Microsoft YaHei'等多种 | 字符串 |
| rotate | 用于设定标签旋转角度 | 数值 |
| margin | 用于设定刻度标签与轴线之间的距离 | 数值 |
| interval | 用于设定坐标轴刻度标签的显示间隔 | 数值、字符串 |
| horizontal_align | 文字水平对齐方式。可选：'left'、'center'、'right' | 字符串 |
| vertical_align | 文字垂直对齐方式。可选：'top'、'middle'、'bottom' | 字符串 |
| formatter | 标签内容格式器，支持字符串模板和回调函数两种形式 | 字符串 |
| rich | 自定义富文本样式。配置方式参考 ECharts | 字典 |

下面举例说明 LabelOpts 的使用，示例代码如下：

```
from pyecharts import options as opts
from pyecharts.charts import Bar

# 假设的数据
x_data = ['苹果', '西瓜', '香蕉', '橘子', '水蜜桃', '火龙果', '荔枝']
y_data_1 = [99, 143, 67, 90, 89, 55, 113]
y_data_2 = [180, 312, 145, 189, 167, 126, 245]

# 绘制条形图
bar = (
    Bar()
    .add_xaxis(x_data)
    .add_yaxis('图例1', y_data_1)
    .add_yaxis('图例2', y_data_2)
    .set_series_opts(
        # 数据系列中标签配置
        label_opts=opts.LabelOpts(
            position='inside',    # 设置标签位置
            font_size=16          # 设置标签字体大小
        )
    )
    .set_global_opts(
        xaxis_opts=opts.AxisOpts(
            # 坐标轴中标签配置
            axislabel_opts=opts.LabelOpts(
                rotate=-15,       # 设置标签旋转
                font_size=14      # 设置标签字体大小
            )
        )
    )
)
bar.render_notebook()
```

运行此代码，生成如图 5-12 所示的图像。在数据系列中使用标签配置项可以对图像中

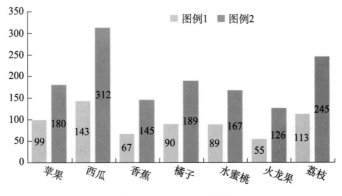

图 5-12  标签配置效果

的标签进行设置。比如在条形图中，所设置的标签为每个直方顶部的数字。亦可以在其他合适的配置项中使用标签配置项。比如在坐标轴配置项中，可以使用标签配置项配置坐标轴标签。

### 4. LineStyleOpts

LineStyleOpts 为线样式配置项，配置项参数如表 5-15 所示。

表 5-15　LineStyleOpts 配置项参数

| 配置项参数 | 说明 | 输入类型 |
|---|---|---|
| is_show | 是否显示线样式配置 | 布尔值 |
| width | 用于设定线宽 | 数值 |
| opacity | 用于设定透明度 | 数值 |
| curve | 用于设定线的弯曲度，0 表示完全不弯曲 | 数值 |
| type_ | 用于设定线的类型。可选：'solid'为实线，'dashed'为虚线，'dotted'为点线 | 字符串 |
| color | 用于设定线的颜色 | 字符串 |

下面举例说明 LineStyleOpts 的使用，示例代码如下：

```
# 线样式配置项
from pyecharts import options as opts
from pyecharts.charts import Line

# 假设的数据
x_data = ['A', 'B', 'C', 'D', 'E', 'F']
y_data_1 = [10, 15, 10, 15, 10, 15, 10]
y_data_2 = [20, 25, 20, 25, 20, 25, 20]
y_data_3 = [30, 35, 30, 35, 30, 35, 30]
y_data_4 = [40, 45, 40, 45, 40, 45, 40]
y_data_5 = [50, 55, 50, 55, 50, 55, 50]

# 绘制折线图
line = (
    Line()
    .add_xaxis(x_data)
    .add_yaxis('默认', y_data_1, linestyle_opts=opts.LineStyleOpts())
    .add_yaxis('宽度5', y_data_2, linestyle_opts=opts.LineStyleOpts
               (width=5))
    .add_yaxis('dashed型', y_data_3, linestyle_opts=opts.LineStyleOpts
               (type_='dashed'))
    .add_yaxis('dotted型', y_data_4, linestyle_opts=opts.LineStyleOpts
               (type_='dotted'))
    .add_yaxis('橙色', y_data_5, linestyle_opts=opts.LineStyleOpts
               (color='orange'))
)

line.render_notebook()
```

运行此代码，生成如图 5-13 所示的图像。

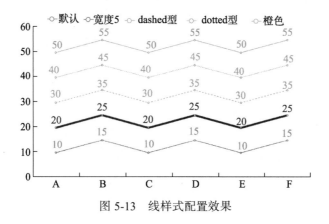

图 5-13　线样式配置效果

**5. EffectOpts**

EffectOpts 为涟漪特效配置项，配置项参数如表 5-16 所示。

表 5-16　EffectOpts 配置项参数

| 配置项参数 | 说明 | 输入类型 |
| --- | --- | --- |
| is_show | 是否显示特效 | 布尔值 |
| brush_type | 用于设定波纹的绘制方式，可选：'stroke'为无填充波纹，'fill'为填充波纹。散点图有效 | 字符串 |
| scale | 用于设定动画中波纹的最大缩放比例，散点图有效 | 数值 |
| period | 用于设定动画的周期，单位为秒。散点图有效 | 数值 |
| color | 用于设定特效标记的颜色 | 字符串 |
| symbol | 用于设定特效图形的标记。ECharts 提供的标记类型可选：'circle'、'rect'、'roundRect'、'triangle'、'diamond'、'pin'、'arrow'、'none'。也可以通过'image://url'设置为图片 | 字符串 |
| symbol_size | 用于设定特效标记的大小，可选：单个数字或数组表示宽和高 | 数值、数组 |
| trail_length | 用于设定特效尾迹的长度。从 0 至 1 取值，数值越大尾迹越长 | 数值 |

下面举例说明 EffectOpts 的使用，示例代码如下：

```python
from pyecharts import options as opts
from pyecharts.charts import EffectScatter

# 假设的数据
x_data = ['苹果', '西瓜', '香蕉', '橘子', '水蜜桃', '火龙果', '荔枝']
y_data_1 = [99, 143, 67, 90, 89, 55, 113]
y_data_2 = [180, 312, 145, 189, 167, 126, 245]
y_data_3 = [210, 121, 234, 140, 45, 367, 155]

# 绘制涟漪特效散点图
effectScatter = (
    EffectScatter()
```

```
        .add_xaxis(x_data)
        .add_yaxis('stroke型', y_data_1,
                # stroke 类型特效
                effect_opts=opts.EffectOpts(brush_type='stroke'))
        .add_yaxis('fill型', y_data_2,
                # fill 类型特效
                effect_opts=opts.EffectOpts(brush_type='fill'))
        .add_yaxis('范围&周期', y_data_3,
                # 设置范围和周期
                effect_opts=opts.EffectOpts(scale=5, period=5))
)

effectScatter.render_notebook()
```

运行此代码，生成如图 5-14 所示的图像。

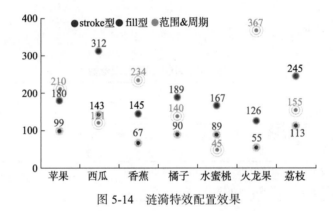

图 5-14    涟漪特效配置效果

## 5.2.2    标记类配置

### 1. 标记点配置

1）MarkPointItem

MarkPointItem 为标记点数据项，配置项参数如表 5-17 所示。

表 5-17    MarkPointItem 配置项参数

| 配置项参数 | 说明 | 输入类型 |
| --- | --- | --- |
| name | 设定标注名称 | 字符串 |
| type_ | 特殊的标注类型，标记最小值、最大值或平均值。可选：'min'、'max'、'average' | 字符串 |
| value_index | 使用 type_时有效。指定特殊标注类型的作用范围。为直角坐标系时，0 代表 $x$ 轴，1 代表 $y$ 轴 | 数值 |
| value_dim | 使用 type_时有效，用于指定在哪个维度上指定最大值、最小值。输入值为维度的名称 | 字符串 |
| coord | 用于设定标注的坐标 | 数组 |
| x | 标注相对容器的 $x$ 坐标，单位为像素 | 数值 |

| 配置项参数 | 说明 | 输入类型 |
|---|---|---|
| y | 标注相对容器的 $y$ 坐标，单位为像素 | 数值 |
| value | 用于设定标注值 | 数值 |
| symbol | 指定标记类型。ECharts 提供的标记类型可选：'circle'、'rect'、'roundRect'、'triangle'、'diamond'、'pin'、'arrow'、'none'。也可以通过'image://url'设置为图片 | 字符串 |
| symbol_size | 用于设定标记点的大小，可选：单个数字或数组表示宽和高 | 数值、数组 |
| itemstyle_opts | 标记点样式配置项 | ItemStyleOpts |

2）MarkPointOpts

MarkPointOpts 为标记点配置项，参数如表 5-18 所示。

**表 5-18　MarkPointOpts 配置项参数**

| 配置项参数 | 说明 | 输入类型 |
|---|---|---|
| data | 输入标记点数据 | MarkPointItem 数组 |
| symbol | 指定标记类型。ECharts 提供的标记类型可选：'circle'、'rect'、'roundRect'、'triangle'、'diamond'、'pin'、'arrow'、'none'。也可以通过'image://url'设置为图片 | 字符串 |
| symbol_size | 用于设定标记点的大小，可选：单个数字或数组表示宽和高 | 数值、数组 |
| label_opts | 标签配置项 | LabelOpts |

3）标记点配置示例

下面举例说明 MarkPointItem 和 MarkPointOpts 的使用，示例代码如下：

```python
from pyecharts import options as opts
from pyecharts.charts import Bar

# 假设的数据
x_data = ['苹果', '西瓜', '香蕉', '橘子', '水蜜桃', '火龙果', '荔枝']
y_data = [99, 143, 67, 90, 89, 55, 113]

bar = (
    Bar()
    .add_xaxis(x_data)
    .add_yaxis('', y_data)
    .set_series_opts(
        # 为了不影响标记点，这里把标签关掉
        label_opts=opts.LabelOpts(is_show=False),
        # 标记点配置
        markpoint_opts=opts.MarkPointOpts(
            data=[
                # 标记最大值
                opts.MarkPointItem(type_="max", name="最大值"),
                # 标记最小值
                opts.MarkPointItem(type_="min", name="最小值"),
```

```
            # 自定义标记
            opts.MarkPointItem(coord=['苹果', 120],
                        name="标记名称",
                        value='标记值',
                        symbol='rect')
        ]
    )
)
)
bar.render_notebook()
```

运行此代码，生成如图 5-15 所示的图像。

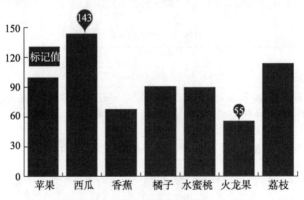

图 5-15　标记点配置效果

## 2. 标记线配置

1）MarkLineItem

MarkLineItem 为标记线数据项，配置项参数如表 5-19 所示。

表 5-19　MarkLineItem 配置项参数

| 配置项参数 | 说明 | 输入类型 |
| --- | --- | --- |
| name | 用于设定标注名称 | 字符串 |
| type_ | 特殊的标注类型，用于标注最大值、最小值等。可选:'min', 'max', 'average' | 字符串 |
| value_index | 使用 type_时有效。指定特殊标注类型的作用范围。为直角坐标系时，0 代表 $x$ 轴，1 代表 $y$ 轴 | 数值 |
| value_dim | 使用 type_时有效，用于指定在哪个维度上指定最大值、最小值。输入值为维度的名称 | 字符串 |
| coord | 起点或终点的坐标 | 数组 |
| x | 标注相对容器的 $x$ 坐标，单位为像素 | 数值 |
| y | 标注相对容器的 $y$ 坐标，单位为像素 | 数值 |
| value | 用于设定标注值 | 数值 |
| symbol | 指定终点标记类型。ECharts 提供的标记类型可选：'circle'、'rect'、'roundRect'、'triangle'、'diamond'、'pin'、'arrow'、'none'。也可以通过'image://url'设置为图片 | 字符串 |
| symbol_size | 用于设定终点标记的大小，可选：单个数字或数组表示宽和高 | 数值、数组 |

2）MarkLineOpts

MarkLineOpts 为标记线数据项，配置项参数如表 5-20 所示。

表 5-20　MarkLineOpts 配置项参数

| 配置项参数 | 说明 | 输入类型 |
|---|---|---|
| is_silent | 若为 True，图形不响应和触发鼠标事件。若为 False，图形响应和触发鼠标事件，默认 | 布尔值 |
| data | 输入标记线数据 | MarkLineItem 数组 |
| symbol | 用于设定标线两端的标记类型，可选：单个字符串为两端使用同样标记。字符串数组则分别指定两端使用的标记 | 字符串、字符串数组 |
| symbol_size | 用于设定两端的标记大小，可选：单个数值表示两端为同样标记大小。数组则分别表示两端的标记大小 | 数值、数组 |
| precision | 显示平均值线时，设定标线数值的精度 | 整型 |
| label_opts | 标签配置项 | LabelOpts |
| linestyle_opts | 标记线样式配置项 | LineStyleOpts |

3）标记线配置示例

下面举例说明 MarkLineItem 和 MarkLineOpts 的使用，示例代码如下：

```python
from pyecharts import options as opts
from pyecharts.charts import Bar

# 假设的数据
x_data = ['苹果', '西瓜', '香蕉', '橘子', '水蜜桃', '火龙果', '荔枝']
y_data = [99, 143, 67, 90, 89, 55, 113]

bar = (
    Bar()
    .add_xaxis(x_data)
    .add_yaxis('', y_data)
    .set_series_opts(
        # 标记线配置
        markline_opts=opts.MarkLineOpts(
            # 线样式配置
            linestyle_opts=opts.LineStyleOpts(color='orange',
                                              width=2,
                                              type_='dashed'),
            data=[
                # 标记最大值
                opts.MarkLineItem(type_="max", name="最大值"),
                # 标记最小值
                opts.MarkLineItem(type_="min", name="最小值"),
                # 自定义标记线
                opts.MarkLineItem(x='香蕉')
            ]
```

```
            )
        )
    )

bar.render_notebook()
```

运行此代码，生成如图 5-16 所示的图像。

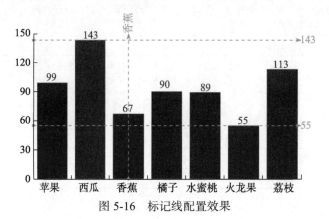

图 5-16    标记线配置效果

### 3. 标记区域配置

1）MarkAreaItem

MarkAreaItem 为标记区域数据项，配置项参数如表 5-21 所示。

表 5-21    MarkAreaItem 配置项参数

| 配置项参数 | 说明 | 输入类型 |
| --- | --- | --- |
| name | 标记区域名称 | 字符串 |
| type_ | 特殊的标注类型，标记最小值、最大值或平均值。可选：'min'、'max'、'average' | 字符串 |
| value_index | 使用 type_ 时有效。指定特殊标注类型的作用范围。为直角坐标系时，0 代表 x 轴，1 代表 y 轴 | 数值 |
| value_dim | 使用 type_ 时有效，用于指定在哪个维度上指定最大值、最小值。输入值为维度的名称 | 字符串 |
| x | 标注相对容器的 x 坐标，单位为像素 | 数值 |
| y | 标注相对容器的 y 坐标，单位为像素 | 数值 |
| label_opts | 标签配置项 | LabelOpts |
| itemstyle_opts | 数据项区域的样式 | ItemStyleOpts |

2）MarkAreaOpts

MarkAreaOpts 为标记区域配置项，参数如表 5-22 所示。

表 5-22    MarkAreaOpts 配置项参数

| 配置项参数 | 说明 | 输入类型 |
| --- | --- | --- |
| is_silent | 若为 True，图形不响应和触发鼠标事件。若为 False，图形响应和触发鼠标事件，默认 | 布尔值 |
| label_opts | 标签配置项 | LabelOpts |
| data | 标记区域数据 | MarkAreaItem 数组 |

3）标记区域配置示例

下面举例说明 MarkAreaItem 和 MarkAreaOpts 的使用，示例代码如下：

```python
from pyecharts import options as opts
from pyecharts.charts import Line

# 假设的数据
x_data = ['2011', '2012', '2013', '2014', '2015', '2016', '2017', '2018',
'2019', '2020', '2021']
y_data = [99, 143, 67, 90, 89, 55, 113, 158, 58, 78, 98]

line = (
    Line()
    .add_xaxis(x_data)
    .add_yaxis('', y_data)
    .set_series_opts(
        # 标记区域配置
        markarea_opts=opts.MarkAreaOpts(
            data=[
                opts.MarkAreaItem(
                    # 设置标记区域范围
                    x=("2016", "2020"),
                    # 设置标记区域样式
                    itemstyle_opts=opts.ItemStyleOpts(
                        color='orange',
                        opacity=0.2
                    )
                ),
            ]
        )
    )
)

line.render_notebook()
```

运行此代码，生成如图 5-17 所示的图像。

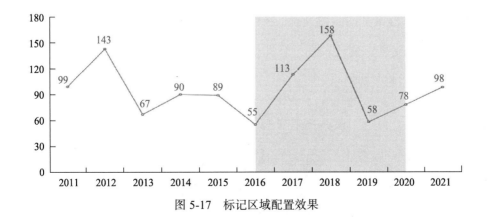

图 5-17 标记区域配置效果

### 5.2.3　其他配置

**1. SplitLineOpts**

SplitLineOpts 为分割线配置项，参数如表 5-23 所示。

**表 5-23　SplitLineOpts 配置项参数**

| 配置项参数 | 说明 | 输入类型 |
| --- | --- | --- |
| is_show | 是否显示分割线 | 布尔值 |
| linestyle_opts | 分割线线风格配置项 | LineStyleOpts |

下面举例说明 SplitLineOpts 的使用，示例代码如下：

```python
from pyecharts import options as opts
from pyecharts.charts import Line

# 假设的数据
x_data = ['2011', '2012', '2013', '2014', '2015', '2016', '2017', '2018',
'2019', '2020', '2021']
y_data = [99, 143, 67, 90, 89, 55, 113, 158, 58, 78, 98]

line = (
    Line()
    .add_xaxis(x_data)
    .add_yaxis('', y_data)
    .set_global_opts(
        # 显示 x 轴分割线
        xaxis_opts=opts.AxisOpts(
            splitline_opts=opts.SplitLineOpts(
                is_show=True)),
        # 显示 y 轴分割线
        yaxis_opts=opts.AxisOpts(
            splitline_opts=opts.SplitLineOpts(
                is_show=True))
    )
)

line.render_notebook()
```

运行此代码，生成如图 5-18 所示的图像。

图 5-18　分割线配置效果

## 2. SplitAreaOpts

SplitAreaOpts 为分隔区域配置项，参数如表 5-24 所示。

表 5-24　SplitAreaOpts 配置项参数

| 配置项参数 | 说明 | 输入类型 |
|---|---|---|
| is_show | 是否显示分隔区域 | 布尔值 |
| areastyle_opts | 分隔区域的样式配置项 | AreaStyleOpts |

下面举例说明 SplitAreaOpts 的使用，示例代码如下：

```python
from pyecharts import options as opts
from pyecharts.charts import Line

# 假设的数据
x_data = ['2011', '2012', '2013', '2014', '2015', '2016', '2017', '2018',
'2019', '2020', '2021']
y_data = [99, 143, 67, 90, 89, 55, 113, 158, 58, 78, 98]

line = (
    Line()
    .add_xaxis(x_data)
    .add_yaxis('', y_data)
    .set_global_opts(
        # 以 x 轴分割区域
        xaxis_opts=opts.AxisOpts(
            splitarea_opts=opts.SplitAreaOpts(
                is_show=True,
                areastyle_opts=opts.AreaStyleOpts(opacity=1)
            )
        )
    )
)
line.render_notebook()
```

运行此代码，生成如图 5-19 所示的图像。

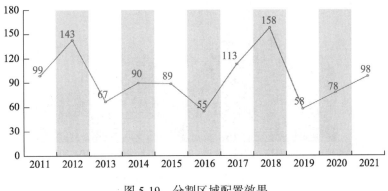

图 5-19　分割区域配置效果

### 3. AreaStyleOpts

AreaStyleOpts 为区域填充样式配置项，参数如表 5-25 所示。

表 5-25　AreaStyleOpts 配置项参数

| 配置项参数 | 说明 | 输入类型 |
| --- | --- | --- |
| opacity | 用于设定图形透明度 | 数值 |
| color | 用于设定填充的颜色 | 字符串 |

下面举例说明 AreaStyleOpts 的使用，示例代码如下：

```python
from pyecharts import options as opts
import pyecharts.options as opts
from pyecharts.charts import Line

x_data = ['2011', '2012', '2013', '2014', '2015', '2016', '2017', '2018',
'2019', '2020', '2021']
y_data_1 = [99, 143, 67, 90, 89, 55, 113, 158, 58, 78, 98]
y_data_2 = [12, 85, 140, 185, 123, 75, 42, 87, 112, 62, 34]

line=(
    Line()
    .add_xaxis(xaxis_data=x_data)
    .add_yaxis(series_name="y_data_1",y_axis=y_data_1,
            # 设置 y_data_1 填充区域
            areastyle_opts=opts.AreaStyleOpts(color='red',opacity=0.5))
    .add_yaxis(series_name="y_data_2",y_axis=y_data_2,
            # 设置 y_data_2 填充区域
            areastyle_opts=opts.AreaStyleOpts(color='blue',opacity=0.5))
)
line.render_notebook()
```

运行此代码，生成如图 5-20 所示的图像。

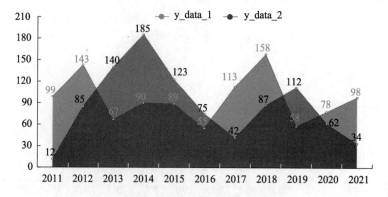

图 5-20　区域填充样式配置效果

# 5.3 运行环境

## 5.3.1 生成 HTML

Pyecharts 使用 render(*)函数生成 HTML 文件。除此之外，Pyecharts 还设置了其他函数满足更多使用场景的需求。在进行数据分析与数据可视化时，人们常常使用 Jupyter Notebook 来编写代码。Pyecharts 为用户在 Jupyter Notebook 上使用方便，提供了 render_notebook(*)函数。在环境为 JupyterLab 时，也提供了 load_javascript(*)函数作为适配。

### 1. pyecharts.Base.render

render(*)函数的功能为将图表渲染到 HTML 文件上。其具体参数如表 5-26 所示。

表 5-26　render(*)参数

| 参数 | 说明 | 输入类型 |
| --- | --- | --- |
| path | 指定生成 HTML 文件的路径。默认为当前文件夹 | 字符串 |
| template_name | 模板路径 | 字符串 |
| env | jinja2.Environment 类实例，用于配置各类环境参数 | Environment |

### 2. pyecharts.Base.render_notebook

render_notebook(*)函数的功能是将图表渲染到 Jupyter Notebook。在使用 Jupyter Notebook 时使用此函数，可以直接将图表渲染到 Jupyter Notebook 上，从而更直观方便地编写代码和观察图形效果。

### 3. pyecharts.Base.load_javascript

load_javascript(*)函数的功能为加载 JavaScript 资源，环境为 Jupyter Lab 时需要用到，仅在第一次渲染图前加载即可。

## 5.3.2 生成图片

Pyecharts 提供了 Selenium、Phantomjs 和 Pyppeteer 三种方式来生成图片。

### 1. make_snapshot

Pyecharts 库中使用 make_snapshot(*)函数生成图片。其具体参数如表 5-27 所示。

表 5-27　make_snapshot(*)参数

| 参数 | 说明 | 输入类型 |
| --- | --- | --- |
| engine | 指定渲染引擎 | Selenium、Phantomjs |
| file_name | 输入生成的 HTML 文件路径 | 字符串 |
| output_name | 输出图片的路径 | 字符串 |
| delay | 设定延迟时间。用于避免图片渲染未完成时去生成图片 | 浮点数 |
| pixel_ratio | 设定像素比例，用于调节图片质量 | 整型 |
| is_remove_html | 若为 True，渲染图片后删除原 HTML 文件。反之则不删除原 HTML 文件 | 布尔值 |
| browser | 使用 snapshot-selenium 时，需指定浏览器类型，目前仅支持 Chrome、Safari | 字符串 |

**2. snapshot-selenium**

安装 snapshot-selenium：

```
pip install snapshot-selenium
```

snapshot-selenium 是 Pyecharts 结合 Selenium 渲染图片的扩展，使用 Selenium 需要配置浏览器驱动，Pyecharts 目前支持 Chrome 和 Safari。下面将以 Chrome 为例。

selenium-python 官网：https://selenium-python.readthedocs.io/installation.html#drivers。

示例代码如下：

```python
from pyecharts import options as opts
from pyecharts.charts import Bar
from pyecharts.render import make_snapshot

# 加载 snapshot_selenium 的 snapshot
from snapshot_selenium import snapshot

# 假设的数据
x_data = ['苹果', '西瓜', '香蕉', '橘子', '水蜜桃', '火龙果', '荔枝']
y_data_1 = [99, 143, 67, 90, 89, 55, 113]
y_data_2 = [180, 312, 145, 189, 167, 126, 245]

def bar_chart() -> Bar:
    c = (
        Bar()
        .add_xaxis(x_data)
        .add_yaxis('一月销量', y_data_1)
        .add_yaxis('二月销量', y_data_2)
    )
    return c

# 生成图片
make_snapshot(snapshot, file_name=bar_chart().render(), output_name=
             "bar0.png")
```

**3. snapshot-phantomjs**

安装 snapshot-phantomjs：

```
pip install snapshot-phantomjs
```

snapshot-phantomjs 是 Pyecharts 结合 Phantomjs 渲染图片的扩展，需要先安装 Phantomjs，安装方法可参照 Phantomjs 官网：https://phantomjs.org/download.html。

示例代码如下：

```python
from pyecharts import options as opts
from pyecharts.charts import Bar
from pyecharts.render import make_snapshot

# 加载 snapshot_phantomjs 的 snapshot
```

```
from snapshot_phantomjs import snapshot

#数据变量
x_data = ['苹果', '西瓜', '香蕉', '橘子', '水蜜桃', '火龙果', '荔枝']
y_data_1 = [99, 143, 67, 90, 89, 55, 113]
y_data_2 = [180, 312, 145, 189, 167, 126, 245]

def bar_chart() -> Bar:
    c = (
        Bar()
        .add_xaxis(x_data)
        .add_yaxis('一月销量', y_data_1)
        .add_yaxis('二月销量', y_data_2)
    )
    return c

# 生成图片
make_snapshot(snapshot, file_name=bar_chart().render(), output_name=
              "bar0.png")
```

**4. snapshot-pyppeteer**

安装 snapshot-pyppeteer：

```
pip install snapshot-pyppeteer
```

安装完后建议执行 chromium 安装命令：

```
pyppeteer-install
```

snapshot-pyppeteer 是 Pyecharts 结合 Pyppeteer 渲染图片的扩展，需要先安装 Pyppeteer 和 Chromium，用上述命令即可安装完毕。更详细的安装方法可参照其 Github 地址：https://github.com/pyecharts/snapshot-pyppeteer。

示例代码如下：

```
from pyecharts import options as opts
from pyecharts.charts import Bar
from pyecharts.render import make_snapshot

# 加载 snapshot_pyppeteer 的 snapshot
from snapshot_pyppeteer import snapshot

# 假设的数据
x_data = ['苹果', '西瓜', '香蕉', '橘子', '水蜜桃', '火龙果', '荔枝']
y_data_1 = [99, 143, 67, 90, 89, 55, 113]
y_data_2 = [180, 312, 145, 189, 167, 126, 245]

def bar_chart() -> Bar:
    c = (
        Bar()
```

```
        .add_xaxis(x_data)
        .add_yaxis('一月销量', y_data_1)
        .add_yaxis('二月销量', y_data_2)
    )
    return c

# 生成图片
make_snapshot(snapshot, file_name=bar_chart().render(), output_name=
        "bar2.png", notebook=True)
```

需要注意的是，notebook 参数是 snapshot-pyppeteer 对 make_snapshot(*)的扩展参数。在 Jupyter Notebook 环境下渲染图片需要设置为 True。

### 5.3.3　案例：基于地图分析法的经济发展差异分析

国家的发展过程中往往会出现区域经济发展差异的现象，此现象在大国尤为常见。地区经济发展存在差异、发展水平不均衡是我国基本国情之一。虽然我国在改革开放以来，经济飞速发展，经济的总体发展水平得到了巨大提升，但在这个过程中，我国各地区的经济水平差异也越来越明显，并且呈扩大趋势。经济发展差异不利于国家的资源合理配置，会影响到国家发展的方方面面。因此，探索经济发展差异的原因，逐步缩小地区经济差异是一项重要任务。

下面将基于地图分析法，使用 Pyecharts 对我国各地区生产总值进行数据可视化分析，从而分析各地区经济发展差异。

本案例生产总值数据来源于国家统计局官网（http://www.stats.gov.cn/）。本案例使用了国家统计局提供的 2011—2020 年我国各地区的生产总值数据集，如图 5-21 所示。

| 地区 | 2020年 | 2019年 | 2018年 | 2017年 | 2016年 | 2015年 | 2014年 | 2013年 | 2012年 | 2011年 |
|---|---|---|---|---|---|---|---|---|---|---|
| 北京市 | 36102.6 | 35445.1 | 33106 | 29883 | 27041.2 | 24779.1 | 22926 | 21134.6 | 19024.7 | 17188.8 |
| 天津市 | 14083.7 | 14055.5 | 13362.9 | 12450.6 | 11477.2 | 10879.5 | 10640.6 | 9945.4 | 9043 | 8112.5 |
| 河北省 | 36206.9 | 34978.6 | 32494.6 | 30640.8 | 28474.1 | 26398.4 | 25208.9 | 24259.6 | 23077.5 | 21384.7 |
| 山西省 | 17651.9 | 16961.6 | 15958.1 | 14484.3 | 11946.4 | 11836.4 | 12094.7 | 11987.2 | 11683.1 | 10894.4 |
| 内蒙古自治区 | 17359.8 | 17212.5 | 16140.8 | 14898.1 | 13789.3 | 12949 | 12158.2 | 11392.4 | 10470.1 | 9458.1 |
| 辽宁省 | 25115 | 24855.3 | 23510.5 | 21693 | 20392.5 | 20210.3 | 20025.7 | 19208.8 | 17848.6 | 16354.9 |
| 吉林省 | 12311.3 | 11726.8 | 11253.8 | 10922 | 10427 | 10018 | 9966.5 | 9427.9 | 8678 | 7734.6 |
| 黑龙江省 | 13698.5 | 13544.4 | 12846.5 | 12313 | 11895 | 11690 | 12170.8 | 11849.1 | 11015.8 | 9935 |
| 上海市 | 38700.6 | 37987.6 | 36011.8 | 32925 | 29887 | 26887 | 25269.8 | 23204.1 | 21305.6 | 20009.7 |
| 江苏省 | 102719 | 98656.8 | 93207.6 | 85869.8 | 77350.9 | 71255.9 | 64830.5 | 59349.4 | 53701.9 | 48839.2 |
| 浙江省 | 64613.3 | 62462 | 58002.5 | 52403.1 | 47254 | 43507.7 | 40023.5 | 37334.6 | 34382.4 | 31854.8 |
| 安徽省 | 38680.6 | 36845.5 | 34010.9 | 29676.2 | 26307.7 | 23831.2 | 22519.7 | 20584 | 18341.7 | 16284.9 |
| 福建省 | 43903.9 | 42326.6 | 38687.8 | 33842.4 | 29609.4 | 26819.5 | 24942.1 | 22503.8 | 20190.7 | 17917.7 |
| 江西省 | 25691.5 | 24667.3 | 22716.5 | 20210.8 | 18388.6 | 16780.9 | 15667.8 | 14300.2 | 12807.7 | 11584.5 |
| 山东省 | 73129 | 70540.5 | 66648.9 | 63012.1 | 58762.5 | 55288.8 | 50774.8 | 47344.3 | 42957.3 | 39064.9 |
| 河南省 | 54997.1 | 53717.8 | 49935.9 | 44824.9 | 40249.3 | 37084.1 | 34574.8 | 31632.5 | 28961.9 | 26318.7 |
| 湖北省 | 43443.5 | 45429 | 42022 | 37235 | 33353 | 30344 | 28242.1 | 25378 | 22590.9 | 19942.5 |
| 湖南省 | 41781.5 | 39894.1 | 36329.7 | 33828.1 | 30853.5 | 28538.6 | 25881.3 | 23545.2 | 21207.2 | 18915 |

图 5-21　2011—2020 年我国各地区的生产总值数据集

本案例将从我国各地区的生产总值数据与生产总值增长率数据两个角度去分析各地区的经济发展。Pyecharts 有针对地图分析提供的地理图表 Geo、Map 与 BMap。本案例数据适合用 Map 图表进行可视化分析，下面将简单介绍 Map 图表。

地理图表可以在地图上呈现数据，从而从地图的角度去分析各地区数据差异。下面给出 Map 图表的常用参数，如表 5-28 与表 5-29 所示。

表 5-28　Map(*)参数

| 参数 | 说明 | 输入类型 |
| --- | --- | --- |
| init_opts | 初始化配置项 | InitOpts |

表 5-29　Map.add(*)参数

| 参数 | 说明 | 输入类型 |
| --- | --- | --- |
| series_name | 系列名称 | 字符串 |
| data_pair | 输入数据项（坐标点名称，坐标点值） | 二维数组 |
| maptype | 指定地图类型 | 字符串 |
| is_selected | 若为 True，则选中图例。反之则不选中 | 布尔值 |
| is_roam | 若为 True，则开启鼠标缩放和平移漫游。反之则不开启 | 布尔值 |
| center | 用于设定当前视角的中心点，用经纬度表示 | 数组 |
| aspect_scale | 用于放大或缩小地图的长宽比 | 数值 |
| bounding_coords | 用于设定左上角以及右下角分别对应的经纬度 | 二维数组 |
| min_scale_limit | 指定最小的缩放值 | 数值 |
| max_scale_limit | 指定最大的缩放值 | 数值 |
| name_property | 针对 GeoJSON 要素的自定义属性名称。可作为主键去关联数据点和 GeoJSON 地理要素。默认是'name' | 字符串 |
| selected_mode | 用于设定选中模式。可选：布尔值时，是否开启多选模式。字符串时，'single'为单选，'multiple'为多选 | 布尔值、字符串 |
| zoom | 用于设定当前视角的缩放比例 | 数值 |
| name_map | 用于自定义地区的名称映射 | 字典 |
| symbol | 标记图形形状 | 字符串 |
| map_value_calculation | 用于配置统计的方式。可选：'sum'为求和，'average' 为求平均值，'max'为取最大值，'min'为取最小值 | 字符串 |
| is_map_symbol_show | 若为 True，则显示标记图形。反之则不显示 | 布尔值 |
| layout_center | 用于设定地图中心在屏幕中的位置 | 字符串数组 |
| layout_size | 用于设定地图的大小 | 数值、字符串 |
| label_opts | 标签配置项 | LabelOpts |
| tooltip_opts | 提示框组件配置项 | TooltipOpts |
| itemstyle_opts | 图元样式配置项 | ItemStyleOpts |
| emphasis_label_opts | 高亮标签配置项 | LabelOpts |
| emphasis_itemstyle_opts | 高亮图元样式配置项 | ItemStyleOpts |

在使用 Map 图表前，需要对数据进行一定的预处理。Map 图表的输入数据格式为二维数组，格式要求如下：

```
[['地区 1', 数值 1], ['地区 2', 数值 2], ......['地区 m', 数值 m]]
```

　　为了转化成此格式，可以将 DataFrame 的地区名列以及 GDP 总值列转成两个列表，再将两个列表合并成要求的格式，此外，Pyecharts 的 Map 图表使用的中国地图中，地区的名字为简版名字。如"湖北省"应表示为"湖北"；"新疆维吾尔自治区"应表示为"新疆"。这样才能生效。所以对城市名需要用正则表达式进行处理。

　　下面使用 Map 图表绘制 2020 年各地区 GDP 分析图与 GDP 增长率分析图。示例代码如下：

```
from pyecharts import options as opts
from pyecharts.charts import Grid, Map, Pie
import pandas as pd
import numpy as np
import re

# 加载数据
gdp=pd.read_excel(r"D:/BaPy_data.xlsx","GDP 分省数据")

# 数据处理
# 地区数据
provinces=gdp['地区'].values.tolist()
# 处理数据集中的城市名，适配 Pyecharts 中的简版城市名，如"湖北省"改为"湖北"
provinces = [re.sub('[自治区市省回族维吾尔壮族]', '', i) for i in provinces]
# 2020 年 gdp 值列表
gdp2020=gdp['2020 年'].values.tolist()
# 计算 GDP 增长率
rate2020 = []
for index,row in gdp.iterrows():
    rate2020.append(round(((row['2020 年']-row['2019 年'])/ row['2019 年'
    ])*100, 1))

print("各地区 GDP 值: ", gdp2020)
print("GDP 增长率: ", rate2020)
```

运行此代码，输出结果如下。

处理城市名结果：['北京', '天津', '河北', '山西', '内蒙古', '辽宁', '吉林', '黑龙江', '上海', '江苏', '浙江', '安徽', '福建', '江西', '山东', '河南', '湖北', '湖南', '广东', '广西', '海南', '重庆', '四川', '贵州', '云南', '西藏', '陕西', '甘肃', '青海', '宁夏', '新疆']
各地区 GDP 值：[36102.6, 14083.7, 36206.9, 17651.9, 17359.8, 25115.0, 12311.3, 13698.5, 38700.6, 102719.0, 64613.3, 38680.6, 43903.9, 25691.5, 73129.0, 54997.1, 43443.5, 41781.5, 110760.9, 22156.7, 5532.4, 25002.8, 48598.8, 17826.6, 24521.9, 1902.7, 26181.9, 9016.7, 3005.9, 3920.5, 13797.6]
GDP 增长率：[1.9, 0.2, 3.5, 4.1, 0.9, 1.0, 5.0, 1.1, 1.9, 4.1, 3.4, 5.0, 3.7, 4.2, 3.7, 2.4, -4.4, 4.7, 2.6, 4.3, 3.8, 5.9, 4.8, 6.3, 5.6, 12.1, 1.5, 3.4, 2.2, 4.6, 1.5]

将城市名处理为简化版是为了适配 Pyecharts 的 Map 绘制。读取各个地区 2020 年 GDP 值，并计算 GDP 增长率。GDP 增长率是将 2020 年与 2019 年 GDP 的差值除以 2019 年 GDP 值计算得出的。

接着配置 Map，绘制各地区 GDP 分析图像。示例代码如下：

```
# 配置'各地区 GDP 分析'图像
map_gdp = (
    Map(init_opts=opts.InitOpts(page_title="各地区 GDP 分析"))
    .add(
        series_name="GDP",
        data_pair = [list(z) for z in zip(provinces, gdp2020)],
        maptype="china",
        is_map_symbol_show=False,
    )
    .set_global_opts(
        title_opts=opts.TitleOpts(title="各地区 GDP 分析"),
        legend_opts=opts.LegendOpts(is_show=False),
        visualmap_opts=opts.VisualMapOpts(
            is_calculable=True,
            min_=min(gdp2020),
            max_=max(gdp2020),
        )
    )
)

# 生成'各地区 GDP 分析'HTML
map_gdp.render("各地区 GDP 分析.html")
```

运行此段代码，生成"各地区 GDP 分析.html"文件，广东和江苏两省的 GDP 位居我国前列。西藏、青海等地区的 GDP 为绿色。东南地区的 GDP 比较高，而西北地区的 GDP 则处于比较低的水平。

2020 年各省（区、市）
GDP 分析

接着配置 Map，绘制各地区 GDP 增长率分析图像。示例代码如下：

```
# 配置 VisualMapOpts 的 pieces，用于增长率图像绘制
pieces=[
    {"min": 8, "color":"rgb(191,68,76)", "label": '> 8%'},
    {"min": 6, "max": 8, "color":"rgb(206,105,99)", "label": '6 - 8%'},
    {"min": 4, "max": 6, "color":"rgb(213,128,113)", "label": '6 - 4%'},
    {"min": 2, "max": 4, "color":"rgb(228,174,135)", "label": '2 - 4%'},
    {"min": 0, "max": 2, "color":"rgb(240,217,156)", "label": '0 - 4%'},
    {"max": 0, "color":"rgb(246,239,214)", "label": '< 0%'}
]
# 配置'各地区 GDP 增长率分析'图像
map_rate = (
    Map(init_opts=opts.InitOpts(page_title="各地区 GDP 增长率分析"))
    .add(
        series_name="GDP 增长率（%）",
```

```
        data_pair = [list(z) for z in zip(provinces, rate2020)],
        maptype="china",
        is_map_symbol_show=False,
    )
    .set_global_opts(
        title_opts=opts.TitleOpts(title="各地区 GDP 增长率分析"),
        legend_opts=opts.LegendOpts(is_show=False),
        visualmap_opts=opts.VisualMapOpts(
            is_show=True,
            pieces=pieces,
            is_piecewise=True,
            range_text=['增长率(%)','']
        )
    )
)

# 生成'各地区 GDP 增长率分析'HTML
map_rate.render("各地区 GDP 增长率分析.html")
```

2020 年各省（区、市）
GDP 增长率分析

运行此代码，生成"各地区 GDP 增长率分析.html"文件。西藏相较于其他地区，GDP 增长率最高。我国中南地区 GDP 增长率都处于一个较高的水平。除北部地区部分省市 GDP 增长率较低，其他大部分地区 GDP 增长率都处于不错的水平。

## 5.4 习　　题

1. 绘制条形图，使用全局配置项达成要求效果。

要求效果：图像高为 480 px，宽为 720 px；主题为"dark"；标题为"各品种宠物数量"；*x* 轴名为"宠物/品种"，*y* 轴名为"数量/只"。

数据：某宠物店拥有不同品种狗的数量。

```
x_data = ['哈士奇', '萨摩耶', '泰迪', '金毛', '牧羊犬', '吉娃娃', '柯基']
y_data = [89, 51, 99, 124, 96, 85, 150]
```

2. 绘制条形图，使用数据系列配置项达成要求效果。

要求效果：标题为"店铺服饰销量"，字体颜色为橙色，字体大小为 24；图元颜色为灰色，描边宽度为 2，描边颜色为黑色。

数据：某服饰店某周各品类服饰的销量。

```
x_data = ['衬衫', '毛衣', '领带', '裤子', '风衣', '高跟鞋', '袜子']
y_data = [88, 20, 50, 58, 142, 113, 27]
```

3. 使用以下数据绘制折线图，并合理使用配置项对图形进行个性化设置。

数据：10 年里，每年学生 1 与学生 2 早起打卡达成天数。

```
x_data = ['2011', '2012', '2013', '2014', '2015', '2016', '2017', '2018',
'2019', '2020', '2021']
y_data_1 = [99, 143, 67, 90, 89, 55, 113, 158, 58, 78, 98]
y_data_2 = [180, 312, 145, 189, 167, 126, 245, 152, 122, 104, 185]
```

4. 使用以下数据绘制条形图，并合理使用配置项对图形进行个性化设置。

数据：某月份水果店 1 和水果店 2 各品类水果的销量。

```
x_data = ['苹果', '西瓜', '香蕉', '橘子', '水蜜桃', '火龙果', '荔枝']
y_data_1 = [99, 143, 67, 90, 89, 55, 113]
y_data_2 = [180, 312, 145, 189, 167, 126, 245]
```

5. 使用以下数据绘制箱形图，并合理使用配置项对图形进行个性化设置。

数据：不同品牌手机使用人数。

```
x_data = ['Apple', 'Huawei', 'Xiaomi']
y_data = [[200, 127, 198, 196, 117, 159, 150, 181, 175, 105],
          [118, 104, 189, 149, 143, 103, 135, 129, 126, 109],
          [147, 107, 146, 116, 138, 111, 155, 137, 103, 138]]
```

6. 将习题 4 中绘制的折线图生成 HTML。

7. 将习题 4 中绘制的折线图生成图片（使用 Selenium、Phantomjs 和 Pyppeteer 三种方式之一）。

8. 分析 GDP 变化趋势。绘制近 20 年 GDP 变化条形图，合理使用配置项对图形进行个性化设置。

数据：近 20 年 GDP 数据集，可在国家统计局网站下载。

9. 分析 GDP 增长率变化趋势。绘制近 20 年 GDP 增长率折线图，合理使用配置项对图形进行个性化设置。

数据：近 20 年 GDP 增长率数据集，可在国家统计局网站下载。

# 第6章

# 线性相关与回归分析

气温的上升会影响雪糕的销售额吗？长期不吃早餐会导致胃癌吗？吸烟会影响寿命吗？喝酒频繁程度和老年痴呆息息相关吗？许多社会调查的目标就是研究不同变量之间的联系，依据一些科学的统计分析方法来研究因素与因素之间的相关关系。在相关关系得到验证之后，就能进一步挖掘数据，探索数据背后相互关系的因果链条。

线性相关与回归分析是对客观事物之间的相互联系进行分析，是数据统计分析中十分常用的方法，该方法广泛地应用于事物变量之间的关联性和影响关系的研究。线性相关与回归分析通过分析变量之间的关系，确定其相关程度。若变量之间存在相关性，可以依据此相关性对变量进行预测和估计。

下面介绍本章会使用到的两个 Python 统计分析库。

（1）SciPy：SciPy 是一个基于 Python 的开源软件库。其活跃于数学、科学、工程等多个领域。SciPy 包含的模块有最优化、线性代数、积分、插值、特殊函数、快速傅里叶变换、信号处理和图像处理、常微分方程求解和其他科学与工程中常用的计算。SciPy 基于 NumPy 进行科学计算，与 NumPy 协同工作，使用起来十分方便，可以高效地解决问题。

（2）Statsmodels：Statsmodels 是一个基于 Python 的统计模型开源软件库，作为 SciPy 的补充。可以在 Statsmodels 库中进行描述性统计、多种统计模型的估计、多种统计检验和数据探索可视化。

## 6.1　单变量线性相关与回归

相关分析是研究不同变量之间的相关关系的一种统计分析方法。与之稍有不同，回归分析是确定不同变量之间定量关系的一种统计分析方法。相关分析着重于探索不同变量之间的相关关系，而回归分析着重于对变量间的关系进行定量，进而用一个变量预测另一个变量。相关分析与回归分析存在着前提与继续的关系。回归分析之前，需要进行相关分析对变量之间的相关程度作出判断，故相关分析是回归分析的前提。而相关分析之后，需要进行回归分析对变量间关系进行定量来表现变量间相关的具体形式，故回归分析是相关分析的继续。

### 6.1.1　单变量线性相关模型

从哲学的角度出发，事物之间存在普遍联系，联系使世间万物系在一起。从数据分析的角度出发，相关分析就是对客观事物之间的关系进行分析，使用统计量来度量客观事物间关系的密切程度。在变量间线性相关的前提下，线性相关关系可以分为正相关、负相关两种。例如，在一段时间内，人口自然增长率随医疗水平上升而上升，则说明这两个变量间是正相关关系；而在另一段时间内，人口自然增长率随医疗水平上升而下降，则说明这两个变量是负相关关系。相关性越强，说明两个变量之间的影响越大，反之越小。

相关系数是研究变量之间线性相关程度的量。下面将介绍皮尔逊（Pearson）相关系数和斯皮尔曼（Spearman）相关系数，此时还需了解协方差（covariance）统计量的概念。协方差在概率论和统计学中用于衡量两个变量的总体误差。该统计量不同于方差，方差一般用于衡量一个变量的误差。

期望值分别为 $E[X]$ 与 $E[Y]$ 的两个实随机变量 $X$ 与 $Y$ 之间的协方差 $\mathrm{cov}(X,Y)$ 可以定义为

$$\mathrm{cov}(X,Y) = E[(X - E[X])(Y - E[Y])]$$

显然，如果 $X$ 大于自身期望 $E[X]$，同时，$Y$ 大于自身期望 $E[Y]$，即两个变量的变化趋势一致，此时协方差为正值；如果 $X$ 大于（或小于）自身期望 $E[X]$，同时 $Y$ 小于（或大于）自身期望 $E[Y]$，即两个变量的变化趋势相反，此时协方差为负值。

皮尔逊相关系数又叫简单相关系数，是研究线性相关较为常用的一个相关系数，用于度量两个变量 $X$ 和 $Y$ 之间的线性相关性，其值域为 $[-1,1]$。两个变量之间的皮尔逊相关系数定义为两个变量之间的协方差和标准差的商。其定义如下：

$$r(X,Y) = \frac{\mathrm{cov}(X,Y)}{\sigma_X \sigma_Y} = \frac{\sum_{i=1}^{n}(X_i - \overline{X})(Y_i - \overline{Y})}{\sqrt{\sum_{i=1}^{n}(X_i - \overline{X})^2}\sqrt{\sum_{i=1}^{n}(Y_i - \overline{Y})^2}}$$

皮尔逊相关系数绝对值满足 $|r| \leqslant 1$，$|r|$ 越接近 1 则相关性越强，越接近 0 则相关性越弱。

斯皮尔曼相关系数是由心理学家查尔斯·斯皮尔曼（Charles Spearman）命名的。与皮尔逊相关系数不同，斯皮尔曼相关系数不要求变量为连续变量，只要求变量是成对的等级变量或者是由连续变量转化得到的等级变量。它主要用于解决等级变量相关的问题。斯皮尔曼相关系数的定义如下：

$$\rho = 1 - \frac{6\sum d_i^2}{n(n^2 - 1)}$$

其中，$d_i$ 为两个变量之间每组值对应的等级差；$n$ 为样本数。

斯皮尔曼相关系数和皮尔逊相关系数一样，其值域为 $[-1,1]$，绝对值越接近 1 则相关性越强，越接近 0 则相关性越弱。

## 6.1.2　单变量线性回归模型

### 1. 单变量线性回归模型概述

线性回归属于监督学习，它根据样本数据对解释变量和被解释变量之间关系的具体形式进行估计。通常被预测的那个变量称为被解释变量，而已知值的变量为解释变量。通过回归分析，可以确定被解释变量与一个或多个解释变量间关系的具体形式。此时，通过确

定解释变量的值就可以估计被解释变量的值。在机器学习中，通常把模型看作一个"黑箱"。解释变量作为输入，放入黑箱中，黑箱给出被解释变量作为输出。当单变量线性回归模型作为黑箱时，黑箱往往是一个通过已知数据拟合出来的线性函数。

单变量线性回归，也可称为一元线性回归，是回归分析模型中最简单的一种形式，也是学习回归分析的基础。单变量线性回归的解释变量只有一个，通过这一个解释变量，预测出被解释变量。在现实案例中，一个被解释变量往往受多种因素影响。当影响被解释变量的多种因素中，存在一个起决定性作用的影响因素，此时可使用单变量线性回归模型进行分析。

假定解释变量为 $X_i$，被解释变量实际值为 $Y_i$，被解释变量估计值为 $\hat{Y}_i$。单变量线性回归模型的一般形式可以表示为

$$Y_i = \beta_0 + \beta_1 X_i + \mu_i$$

其中，$Y_i$ 为被解释变量；$X_i$ 为解释变量；$\mu_i$ 为随机误差项；$\beta_0$ 为模型的截距项；$\beta_1$ 为模型回归系数。通过已有数据样本对 $\beta_0$ 与 $\beta_1$ 进行参数估计，求得 $\beta_0$ 与 $\beta_1$ 的估计值 $\hat{\beta}_0$ 与 $\hat{\beta}_1$。

那么，样本回归方程可以表示为

$$\hat{Y}_i = \hat{\beta}_0 + \hat{\beta}_1 X_i$$

**2. 线性回归模型的基本假设**

为了保证参数估计值具有良好的性质，通常对模型提出以下四大基本假设。

（1）解释变量间相互独立，即无多重共线性。

（2）随机误差项 $\mu_i$ 具有零均值、同方差、序列不相关，即

$$E(\mu_i) = 0$$

$$\mathrm{Var}(u_i) = E(u_i^2) = \sigma^2$$

$$\mathrm{cov}(\mu_i, \mu_j) = E(\mu_i, \mu_j) = 0, \quad i \neq j \quad i, j = 1, 2, \cdots, n$$

（3）随机误差项 $\mu_i$ 与解释变量不相关，即

$$\mathrm{cov}(X_{ij}, u_i) = 0, \quad j = 1, 2, \cdots, k$$

（4）随机误差项 $\mu_i$ 服从正态分布，即

$$\mu_i \sim N(0, \sigma^2)$$

以上基本假设也被称为经典线性回归模型（Classical Linear Regression Model，CLRM）的基本假设或高斯（Gauss）假设，满足该假设的线性回归模型，也称为经典线性回归模型。

**3. 最小二乘法估计参数**

为了估计参数 $\hat{\beta}_0$ 与 $\hat{\beta}_1$ 的值，需要指标来衡量估计值 $\hat{Y}_i$ 与真实值 $Y_i$ 之间的差距。应当通过调整 $\hat{\beta}_0$ 与 $\hat{\beta}_1$ 的值，寻找最优解，使 $\hat{Y}_i$ 与 $Y_i$ 之间的差距最小。

均方误差是回归任务中最常用的性能度量，可以通过让均方误差最小化来估计 $\hat{\beta}_0$ 与 $\hat{\beta}_1$ 的值。这种基于均方误差最小化来求解模型参数的方法称为最小二乘法。最小二乘法根据样本点来寻找一条直线，使所有样本点到该直线的均方误差之和最小。

由最小二乘法求解 $\hat{\beta}_0$ 与 $\hat{\beta}_1$ 的公式为

$$\hat{\beta}_1 = \frac{\sum\limits_{i=1}^{n} Y_i(X_i - \overline{X})}{\sum\limits_{i=1}^{n} X_i^2 - \frac{1}{n}\left(\sum\limits_{i=1}^{n} X_i\right)^2}$$

$$\hat{\beta}_0 = \frac{1}{n}\sum\limits_{i=1}^{n}(Y_i - \beta_1 X_i)$$

其中，$\overline{X}$ 为所有 $X_i$ 的均值。求得 $\hat{\beta}_0$ 与 $\hat{\beta}_1$ 后，确定的函数 $\hat{Y}_i$ 为所建立的单变量线性回归模型。

### 4. 单变量线性回归模型的检验

1）拟合优度检验

对于单变量线性回归模型，所建模型预测结果必然与真实结果存在差距，因此需要相应的统计检验方法评价模型的拟合优度。拟合优度检验是对回归拟合值与真实值之间拟合程度的一种检验。度量拟合优度的指标为可决系数 $R^2$。$R^2$ 定义如下：

$$\text{TSS} = \sum\limits_{i=1}^{n}(Y_i - \overline{Y})^2$$

$$\text{ESS} = \sum\limits_{i=1}^{n}(\hat{Y}_i - \overline{Y})^2$$

$$\text{RSS} = \sum\limits_{i=1}^{n}(Y_i - \hat{Y})^2$$

$$R^2 = \frac{\text{ESS}}{\text{TSS}} = 1 - \frac{\text{RSS}}{\text{TSS}}$$

其中，TSS 为总体平方和；ESS 为回归平方和，RSS 为残差平方和。$R^2$ 的取值范围为 $[0,1]$，$R^2$ 越接近 1，说明拟合得越好。

在 Python 的 Statsmodels 库中，summary(*)函数会对模型自动进行多种检验，可以通过该函数得到回归模型参数信息和多种统计检验结果。其中，R-squared 项为一元线性回归可决系数 $R^2$ 的值；Adj.R-squared 项对应为多元线性回归的可决系数，后续多元线性回归部分会进一步讲解。

2）变量的显著性检验

线性相关与回归分析是要判断解释变量 $X$ 是否被解释变量 $Y$ 的一个显著影响因素。在一元线性相关与回归模型中，要判断 $X$ 是否对 $Y$ 具有显著的线性影响，就需要进行变量的显著性检验（$t$ 检验）。

对于一元线性回归方程中的 $\hat{\beta}_1$，它服从正态分布，即

$$\hat{\beta}_1 \sim N(\beta_1, \frac{\sigma^2}{\sum x_i^2})$$

由于真实的 $\sigma^2$ 未知，因此可使用它的无偏估计量 $\hat{\sigma}^2 = \sum e_i^2 / (n-2)$ 替代，即

$$t = \frac{\hat{\beta}_1 - \beta_1}{\sqrt{\hat{\sigma}^2 / \sum x_i^2}} = \frac{\hat{\beta}_1 - \beta_1}{S_{\hat{\beta}_1}} \sim t(n-2)$$

检验步骤如下。

（1）对参数提出如下假设：$H_0 : \beta_1 = 0, H_1 : \beta_1 \neq 0$。

（2）根据样本数据，计算统计量 $t$，计算公式如下：$t = \dfrac{\hat{\beta}_1}{S_{\hat{\beta}_1}}$。

（3）给定显著性水平 $\alpha$，查 $t$ 分布表，得临界值 $t_{\alpha/2}(n-2)$。

（4）进行比较，若 $|t| > t_{\alpha/2}(n-2)$，则拒绝 $H_0$，接受 $H_1$；若 $|t| \leqslant t_{\alpha/2}(n-2)$，则拒绝 $H_1$，接受 $H_0$。

与 $\hat{\beta}_1$ 参数类似，对于方程中的 $\hat{\beta}_0$ 参数的显著性检验，可构造统计量 $t$ 如下：

$$t = \frac{\hat{\beta}_0 - \beta_0}{\sqrt{\hat{\sigma}^2 / \sum x_i^2}} = \frac{\hat{\beta}_0 - \beta_0}{S_{\hat{\beta}_0}} \sim t(n-2)$$

在 Python 的 Statsmodels 库中，summary(*)函数会对模型自动进行多种检验。其中 $t$ 项为 $t$ 检验的统计值，$P > |t|$ 项为零假设为真的 P-value 值。

### 6.1.3　案例：CBA 球员得分能力的影响因素分析

近年来，我国篮球运动发展迅速，对球员各方面的要求日益提高，尤其是身体素质、技术和战术方面。有效运用战术的一个基础和前提是拥有良好的篮球技术，所以球员的得分能力和球员在比赛中的技术能力表现是息息相关的。

本案例将以篮板、助攻、抢断、扣篮、盖帽、失误、犯规、效率、二分命中率、三分命中率、罚球命中率等技术能力指标，分析影响球员得分能力的因素。这里使用 2020—2021 年赛季 CBA（中国职业篮球联赛）球员场均表现数据集。数据集的基本信息如图 6-1 所示。

| 球员 | 球队 | 场次 | 得分 | 篮板 | 助攻 | 抢断 | 扣篮 | 盖帽 | 失误 | 犯规 | 效率 | 二分命中率 | 三分命中率 | 罚球命中率 |
|---|---|---|---|---|---|---|---|---|---|---|---|---|---|---|
| 林韦翰 | 青岛 | 55 | 6.9 | 2.5 | 4.9 | 1.7 | 0 | 0 | 1.8 | 2.3 | 10.15 | 0.4 | 0.29 | 0.8 |
| 琼斯 | 吉林 | 38 | 38 | 10.8 | 9.6 | 2.2 | 0.1 | 0.6 | 3.1 | 3.6 | 39.18 | 0.551 | 0.263 | 0.737 |
| 邢志强 | 山西 | 31 | 4.5 | 1.7 | 0.5 | 0.4 | 0 | 0.3 | 0.4 | 1.2 | 3.74 | 0.421 | 0.345 | 0.25 |
| 陈盈骏 | 广州 | 55 | 13.4 | 4 | 7.4 | 2.2 | 0 | 0.1 | 2.5 | 3.4 | 18.22 | 0.508 | 0.396 | 0.792 |
| 朱传宇 | 新疆 | 20 | 3.4 | 1.9 | 0.5 | 0.4 | 0.2 | 0.5 | 0.6 | 1.3 | 4.05 | 0.5 | 0 | 0.4 |
| 区俊炫 | 上海 | 40 | 5.5 | 3.8 | 0.2 | 0.2 | 0.5 | 0.2 | 0.7 | 2.8 | 7.38 | 0.618 | 0 | 0.632 |
| 吴轲 | 山西 | 14 | 2.4 | 1.1 | 0.4 | 0.3 | 0 | 0 | 0.9 | 1.4 | 2.07 | 0.375 | 0.25 | 0.9 |
| 方硕 | 北京 | 52 | 14 | 2.8 | 5.9 | 1.5 | 0 | 0.1 | 3.3 | 2.9 | 12.4 | 0.431 | 0.317 | 0.846 |
| 王子瑞 | 北控 | 54 | 6 | 1.6 | 2.8 | 0.9 | 0 | 0 | 1.1 | 1.6 | 6.54 | 0.429 | 0.357 | 0.75 |
| 弗格 | 辽宁 | 11 | 17.9 | 5 | 4.4 | 1.9 | 0 | 0.3 | 1.7 | 3.1 | 20.82 | 0.492 | 0.341 | 0.893 |
| 徐铭智 | 福建 | 9 | 6.2 | 1.3 | 2 | 0.8 | 0 | 0 | 0.6 | 1.2 | 5.22 | 0.37 | 0.303 | 0.667 |
| 李金效 | 广厦 | 52 | 3.8 | 3.2 | 0.9 | 0.4 | 0.2 | 0.2 | 0.7 | 2.6 | 5.75 | 0.485 | 0 | 0.75 |
| 田野 | 天津 | 41 | 3.8 | 1.9 | 4.9 | 0.9 | 0 | 0 | 1.1 | 2.6 | 6.71 | 0.316 | 0.25 | 0.625 |
| 曼尼-哈里 | 山东 | 22 | 22.1 | 5.9 | 4 | 1.9 | 0.5 | 0.4 | 3 | 2 | 20.09 | 0.517 | 0.304 | 0.767 |
| 李林风 | 天津 | 7 | 1 | 0.7 | 1.4 | 0.6 | 0 | 0.1 | 1.9 | 1.6 | 0.57 | 0.286 | 0 | 0.25 |
| 克拉克 | 新疆 | 16 | 10.9 | 2 | 2.2 | 0.9 | 0 | 0.3 | 1.3 | 1.6 | 8.5 | 0.556 | 0.26 | 0.75 |
| 丛明晨 | 辽宁 | 48 | 5.8 | 1.4 | 0.6 | 0.5 | 0 | 0.2 | 0.4 | 1.1 | 5.46 | 0.5 | 0.429 | 0.8 |
| 邵英伦 | 青岛 | 55 | 4 | 3.1 | 1.1 | 0.6 | 0.1 | 0.3 | 0.8 | 3.5 | 5.67 | 0.409 | 0.385 | 0.692 |
| 吴永盛 | 新疆 | 25 | 3.1 | 1 | 1.2 | 0.5 | 0 | 0 | 0.7 | 1.5 | 3.48 | 0.467 | 0.5 | 0.5 |
| 艾孜麦提- | 新疆 | 21 | 3.9 | 2.2 | 1 | 0.4 | 0 | 0.2 | 0.8 | 2 | 4.95 | 0.5 | 0 | 0.714 |
| 于长春 | 福建 | 32 | 6.9 | 2.3 | 1.2 | 0.8 | 0 | 0.1 | 0.8 | 2.7 | 7.22 | 0.412 | 0.41 | 0.889 |
| 郭金林 | 吉林 | 34 | 3.6 | 1.8 | 0.6 | 0.5 | 0 | 0.1 | 0.6 | 1.4 | 4.32 | 0.5 | 0.417 | 0.75 |

图 6-1　2020—2021 年赛季 CBA 球员场均表现数据集

数据集中的所有指标数据均为场均数据，是球员技术能力的评价指标。本案例将以球员的场均得分为被解释变量，剩余指标变量为解释变量。

## 1. 单变量线性相关性分析

下面进行单变量相关性分析。计算得分与效率之间的皮尔逊相关系数，示例代码如下：

```python
import numpy as np
import pandas as pd
from math import sqrt

# 加载数据集
cba_data = pd.read_excel(r'D:\BaPy_data.xlsx', 'CBA球员数据')

# 指定解释变量和被解释变量
x = cba_data.loc[:,'效率']
y = cba_data.loc[:,'得分']

# python自带函数计算相关系数
print("效率与得分的相关系数: ",x.corr(y))

# 根据公式去算pearson相关系数
# cov是协方差，var是方差
p_corr=x.cov(y)/sqrt(x.var()*y.var())
print("根据公式去算pearson相关系数: ",p_corr)

# 使用scipy库计算pearson相关系数
import scipy.stats as st
print("scipy库计算:",st.pearsonr(x,y))
```

执行上述代码，得到各项能力指标与得分的相关系数结果如下：

```
效率与得分的相关系数: 0.9540052221166669
根据公式去算pearson相关系数: 0.9540052221166698
scipy库计算: (0.9540052221166689, 5.332886751401615e-170)
```

Python中有多种办法可以计算皮尔逊相关系数。corr(*)函数和SciPy库的pearsonr(*)函数都可直接计算出皮尔逊相关系数。corr(*)函数的method参数可以指定计算相关系数的方法。若需要计算斯皮尔曼相关系数，可以使method='Spearman'。pearsonr(*)函数的第二项输出为相关系数 $r$ 的 $p$ 值。此外，Python也提供协方差、方差和标准差等常用计算函数的封装，根据公式也可以进行相关系数的计算。

可以看出，效率与得分的相关系数达到0.954。球员效率值（PER）是一体化篮球评分，该指标将球员的多项贡献指标全部归结为一个效率指标。结果表明，效率值指标能很好地反映球员的得分能力。

## 2. 单变量线性回归模型

下面建立单变量线性回归模型。以效率为特征，得分为标签，进行线性回归建模。

示例代码如下：

```python
import numpy as np
import pandas as pd
from matplotlib import pyplot as plt
import statsmodels.api as sm

# 加载数据集
cba_data = pd.read_excel(r'D:\BaPy_data.xlsx', 'CBA 球员数据')

# 指定解释变量和被解释变量
X = cba_data.loc[:,'效率']
X_with_const = sm.add_constant(X)  # 将常系数列合并到解释变量矩阵中去
Y = cba_data.loc[:,'得分']

# 创建线性回归模型
model = sm.OLS(Y, X_with_const).fit()

# 输出模型汇总信息
print(model.summary())

# 指定输出可决系数
R2=model.summary2().tables[0][1][6]
print("R2:",R2,"\n")

# 指定输出 t 检验统计值和 t 检验概率 p-value
print("t 检验值:\n",model.tvalues,"\nt 检验概率:\n",model.pvalues)

# 输出模型系数
print("系数:\n",model.params)
```

执行上述代码，得到如下运行结果：

```
                          OLS Regression Results
==============================================================================
Dep. Variable:                     得分   R-squared:                       0.910
Model:                            OLS   Adj. R-squared:                  0.910
Method:                 Least Squares   F-statistic:                     3251.
Date:                Fri, 10 Dec 2021   Prob (F-statistic):          5.33e-170
Time:                        13:11:58   Log-Likelihood:                -678.19
No. Observations:                 323   AIC:                             1360.
Df Residuals:                     321   BIC:                             1368.
Df Model:                           1
Covariance Type:            nonrobust
==============================================================================
                 coef    std err          t      P>|t|      [0.025      0.975]
------------------------------------------------------------------------------
```

```
const      0.3416     0.181      1.885      0.060     -0.015      0.698
效率       0.8646     0.015     57.015      0.000      0.835      0.894
==============================================================================
Omnibus:                      14.065   Durbin-Watson:                2.079
Prob(Omnibus):                 0.001   Jarque-Bera (JB):            33.201
Skew:                         -0.041   Prob(JB):                  6.17e-08
Kurtosis:                      4.569   Cond. No.                      19.7
==============================================================================

R2: 0.910

t 检验值：
const      1.885206
效率      57.014608
dtype: float64

t 检验概率：
const     6.030500e-02
效率      5.332887e-170
dtype: float64

系数：
const     0.341614
效率      0.864581
dtype: float64
```

从上述运行结果可以看到，模型的 $P$=5.33e-170<0.001，认为该回归模型有意义。由 $t$ 检验结果可见，"效率"的回归系数的 $P$ 值小于 0.05，可认为"效率"对"得分"有较大影响。此外，可通过可决系数判断模型的好坏程度，可决系数是回归离差平方和与总离差平方和的比值，反映的是回归贡献百分比值。该值越接近1，表明模型越好。上述结果中，模型的可决系数为 $R^2$=0.910，表明该模型是较好的。

```python
#绘制线性回归最佳拟合直线图像
plt.figure(figsize=(8,6))
plt.scatter(X, Y, color='blue', label="real")
Y_pred = model.predict(X_with_const)
plt.plot(X, Y_pred, color='red', linewidth=3, label="predict")
plt.legend(loc=2)
plt.xlabel("X")
plt.ylabel("Y")
plt.show()
```

结果如图 6-2 所示。

Python 的 Statsmodels 库中，OLS(*)函数使用最小二乘法建立线性回归模型。输入为带常数项的解释变量 $X$ 和被解释变量 $Y$。

可以看到，模型汇总信息表中有关于模型的多种信息，包括系数、截距、统计检验结

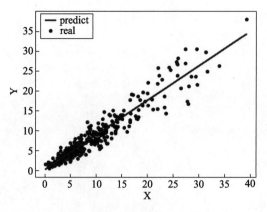

图 6-2　线性回归最佳拟合直线

果等，十分方便我们查阅各种信息。当然也可以通过指定输出某一项，如通过 tvalues 指定输出模型的 $t$ 统计值。predict(*)函数可以通过输入样本 $X$ 值预测 $Y$ 值，可以利用此函数绘制最佳拟合线图像。

# 6.2　多元线性相关与回归

## 6.2.1　多元线性相关模型

多元线性相关是指一个被解释变量与两个或两个以上的解释变量之间的线性相关关系。现实中常存在着这样的相关关系，如家庭的支出与国家经济发展水平存在相关性的同时，还可能与家庭收入水平、家庭所在城市和银行利率等多种因素相关。对于一个被解释变量与多个解释变量间的相关关系，通常用复相关系数来度量。

复相关系数又叫多重相关系数，是度量复相关程度的指标。复相关系数反映一个被解释变量与两个或两个以上解释变量之间的相关程度。例如，某商品的需求与当前季节、价格、居民收入水平、气候环境等指标之间存在复相关关系。复相关系数越大，表明变量或指标之间的线性相关程度越高。

复相关系数不能直接测算，只能采取一定的方法进行间接测算。假设一个被解释变量为 $Y$，计算 $Y$ 与多个解释变量 $X_1$，$X_2$，$X_3$，…，$X_k$ 之间的相关系数。可以考虑构造一个 $X_1$，$X_2$，$X_3$，…，$X_k$ 的线性组合 $\hat{Y}$，计算线性组合 $\hat{Y}$ 与 $Y$ 之间的简单相关系数作为变量 $Y$ 与 $X_1$，$X_2$，$X_3$，…，$X_k$ 之间的复相关系数，具体步骤如下。

第一步，根据 $Y$ 构造 $X_1$，$X_2$，$X_3$，…，$X_k$ 的线性回归模型 $\hat{Y}$，得

$$\hat{Y} = \beta_0 + \beta_1 X_1 + \beta_2 X_2 + \beta_3 X_3 + \cdots + \beta_k X_k$$

第二步，计算 $Y$ 与 $\hat{Y}$ 之间的简单相关系数，得到 $Y$ 与 $X_1$，$X_2$，$X_3$，…，$X_k$ 之间的复相关系数，计算公式为

$$R = \frac{\mathrm{cov}(Y, \hat{Y})}{\sigma_Y \sigma_{\hat{Y}}} = \frac{\sum_{i=1}^{n}(Y_i - \overline{Y})(\hat{Y}_i - \overline{Y})}{\sqrt{\sum_{i=1}^{n}(Y_i - \overline{Y})^2}\sqrt{\sum_{i=1}^{n}(\hat{Y}_i - \overline{Y})^2}}$$

复相关系数与简单相关系数的区别：简单相关系数的取值范围是 $[-1,1]$，而复相关系数的取值范围是 $[0,1]$。

### 6.2.2 多元线性回归模型

#### 1. 多元线性回归模型概述

一元线性回归里，被解释变量可以由一个起决定性作用的解释变量解释其变化，而在现实问题中，被解释变量的变化由几个重要因素决定。例如，被解释变量为家庭消费支出时，除了受家庭可支配收入的影响外，还受家庭所有的财富、家庭人口数、居住地物价水平、家庭成员消费习惯、银行存款利息等诸多种因素的影响。此时，解释被解释变量的变化就需要分析两个或两个以上的解释变量的影响，这个分析过程就是多元线性回归分析。

线性模型的一般形式为

$$Y_i = \beta_0 + \beta_1 X_{1i} + \beta_2 X_{2i} + \beta_3 X_{3i} + \cdots + \beta_k X_{ki} + \mu_i, \ i = 1, 2, \cdots, n$$

其中，$Y_i$ 为被解释变量；$X_{1i}$，$X_{2i}$，$X_{3i}$，$\cdots$，$X_{ki}$ 为解释变量；$\mu_i$ 为随机误差项；$\beta_0$ 为模型的截距项；$\beta_j (j = 1, 2, \cdots, k)$ 为模型回归系数。因为多元线性回归的观测值不再是一个标量，而是一个向量。为了表达方便，记作

$$Y = \begin{bmatrix} Y_1 \\ Y_2 \\ \vdots \\ Y_n \end{bmatrix}, X = \begin{bmatrix} 1 & X_{11} & \cdots & X_{k1} \\ 1 & X_{12} & \cdots & X_{k2} \\ 1 & \vdots & & \vdots \\ 1 & X_{1n} & \cdots & X_{kn} \end{bmatrix}, \ \mu = \begin{bmatrix} \mu_1 \\ \mu_2 \\ \vdots \\ \mu_n \end{bmatrix}, \beta = \begin{bmatrix} \beta_0 \\ \beta_1 \\ \vdots \\ \beta_k \end{bmatrix}$$

那么，总体回归方程可以表示为

$$Y = X\beta + \mu$$

其中，$X$ 是由解释变量 $X_{1i}$，$X_{2i}$，$X_{3i}$，$\cdots$，$X_{ki}$ 组成的矩阵，习惯上将截距项视为一个虚变量的系数，该虚变量的样本观测值始终取 1。矩阵 $X$ 一般被称为设计矩阵或数据矩阵。

那么，样本回归方程为

$$\hat{Y} = X\hat{\beta}$$

样本回归模型（样本回归方程的随机表达式）为

$$Y = X\hat{\beta} + e$$

其中，样本回归方程是对总体回归方程的估计。$\hat{Y}$ 表示 $Y$ 的样本估计值向量，$\hat{\beta}$ 表示回归系数 $\beta$ 估计值向量，$e$ 表示残差向量。

#### 2. 基本假设

多元线性回归模型与 6.1.2 小节中一元线性回归具有同样的基本假设，故不再重复。

### 3. 最小二乘法估计参数

总体回归方程为 $Y = X\beta + \mu$，可以使用最小二乘法求其参数 $\beta$ 的估计值 $\hat{\beta}$。最小二乘法通过最小化误差的平方和寻找最佳方程，即求参数估计值 $\hat{\beta}$，使残差平方和 $\sum e_i^2 = e^{\mathrm{T}} e$ 达到最小。

对残差平方和进行展开：

$$
\begin{aligned}
Q(\hat{\beta}) &= e^{\mathrm{T}} e \\
&= (Y - X\hat{\beta})^{\mathrm{T}}(Y - X\hat{\beta}) \\
&= Y^{\mathrm{T}} Y - \hat{\beta}^{\mathrm{T}} X^{\mathrm{T}} Y - Y^{\mathrm{T}} X\hat{\beta} + \hat{\beta}^{\mathrm{T}} X^{\mathrm{T}} X\hat{\beta} \\
&= Y^{\mathrm{T}} Y - 2\hat{\beta}^{\mathrm{T}} X^{\mathrm{T}} Y + \hat{\beta}^{\mathrm{T}} X^{\mathrm{T}} X\hat{\beta}
\end{aligned}
$$

对上式关于 $\hat{\beta}$ 求偏导，并令其为零，可以得到方程：

$$
\frac{\partial Q(\hat{\beta})}{\partial \hat{\beta}} = -2X^{\mathrm{T}} Y + 2X^{\mathrm{T}} X\hat{\beta} = 0
$$

整理后可得

$$
(X^{\mathrm{T}} X)\hat{\beta} = X^{\mathrm{T}} Y
$$

因 $X^{\mathrm{T}} X$ 为可逆矩阵，所以进一步化简为

$$
\hat{\beta} = (X^{\mathrm{T}} X)^{-1} X^{\mathrm{T}} Y
$$

这就是最小二乘法求得的参数估计值 $\hat{\beta}$。

随机误差项 $\mu$ 的方差为 $\sigma^2$，$\sigma^2$ 的估计量 $\hat{\sigma}^2$ 为

$$
\hat{\sigma}^2 = \frac{\sum e^2}{n-k-1} = \frac{e^{\mathrm{T}} e}{n-k-1}
$$

该估计量 $\hat{\sigma}^2$ 的无偏估计量，即

$$
E(\hat{\sigma}^2) = E\left(\frac{e^{\mathrm{T}} e}{n-k-1}\right) = \sigma^2
$$

### 4. 多元线性回归模型的检验

1）拟合优度检验

多元线性回归模型的检验与单变量线性回归模型类似。与一元线性回归类似，拟合优度检验是对回归估计值与真实值拟合程度的检验。类似地，多元线性回归模型也可以使用可决系数 $R^2$ 进行拟合优度检验，不过需要做一定的调整。$R^2$ 越接近 1，则模型拟合程度越高。

可决系数的公式为

$$
R^2 = \frac{\mathrm{ESS}}{\mathrm{TSS}} = 1 - \frac{\mathrm{RSS}}{\mathrm{TSS}}
$$

在多元线性回归模型情况下，总离差平方和的分解如下：

$$
\mathrm{TSS} = \mathrm{RSS} + \mathrm{ESS}
$$

其中，

$$\text{TSS} = \hat{Y}^{\mathrm{T}}\hat{Y} - n\overline{Y}^2$$

$$\text{ESS} = Y^{\mathrm{T}}Y - n\overline{Y}^2$$

$$\text{RSS} = e^{\mathrm{T}}e$$

对比上述公式可以发现，可决系数 $R^2$ 存在一个问题。如果 $Y$ 不变，则 $R^2$ 将随着解释变量个数的增大而增大。为了解决这一问题，我们重新定义修正可决系数为

$$\overline{R}^2 = 1 - \frac{\text{RSS}/(n-k-1)}{\text{TSS}/(n-1)}$$

调整思路是将 RSS 与 TSS 分别除以各自的自由度。经过计算转换后，可以发现调整后可决系数 $\overline{R}^2$ 与可决系数 $R^2$ 的关系为

$$\overline{R}^2 = 1 - \left(\frac{n-1}{n-k-1}\right)\frac{\text{RSS}}{\text{TSS}} = 1 - \left(\frac{n-1}{n-k-1}\right)(1-R^2)$$

容易证明 $\overline{R}^2 \leqslant R^2$。另外，$\overline{R}^2$ 可能为负值。

在 Python 的 Statsmodels 库中，summary(*)函数会对模型自动进行多种检验。其中，Adj.R-squared 项为调整后的可决系数 $\overline{R}^2$ 的值。

2）方程总体显著性检验

方程整体显著性通常用 $F$ 检验，其常用别名叫作联合假设检验。$F$ 检验旨在检验模型中解释变量与被解释变量之间的线性关系在总体上是否显著成立。

其检验方程 $Y_i = \beta_0 + \beta_1 X_{1i} + \beta_2 X_{2i} + \beta_3 X_{3i} + \cdots + \beta_k X_{ki} + \mu_i$，$i = 1, 2, \cdots, n$ 中的参数 $\beta_j (j = 1, 2, \cdots, k)$ 是否显著不为零。

$F$ 检验同样属于假设检验，检验步骤如下。

（1）对参数提出如下假设：

$$H_0 : \beta_1 = 0, \beta_2 = 0, \cdots, \beta_k = 0$$

$$H_2 : \beta_j(j = 1, 2, \cdots, k) \text{不全为0}$$

（2）根据样本数据，计算统计量 $F$，计算公式如下：

$$F = \frac{\text{ESS}/K}{\text{RSS}/(n-k-1)}$$

（3）给定显著性水平，查分布表得到临界值 $F_\alpha(k, n-k-1)$。

（4）进行比较，若 $F > F_\alpha(k, n-k-1)$，则拒绝 $H_0$，接受 $H_1$，模型在总体上存在显著的线性关系；若 $F \leqslant F_\alpha(k, n-k-1)$，则拒绝 $H_1$，接受 $H_0$，模型在总体上线性关系不显著。

利用 Statsmodels 库中的 summary(*)函数对模型自动进行多种检验。其中，F-statistic 项为 $F$ 统计值；Prob(F-statistic)项为 $F$ 检验的 P-value 值。当 Pro(F-statistic)<$\alpha$ 时，表示拒绝原假设，即认为模型是显著的；当 Pro(F-statistic)>$\alpha$ 时，表示接受原假设，即认为模型不是显著的。

3）变量的显著性检验

多元线性回归模型中，方程在总体上存在显著线性关系，并不能说明每个解释变量对被解释变量的影响是显著的。因此必须对每个解释变量进行显著性检验。多元线性回归中单个变量的显著性检验一般使用 $t$ 检验，通过对解释变量逐一进行 $t$ 检验实现。

此处 $t$ 检验与一元线性回归一样，只需对每个解释变量都进行一次检验即可，具体步骤如下：

（1）对参数提出如下假设：

$$H_0 : \beta_j = 0, \qquad H_2 : \beta_j \neq 0, \qquad (j = 1, 2, \cdots, k)$$

（2）由样本计算统计量 $t$，计算公式如下：

$$t = \frac{\hat{\beta}_j}{S_{\hat{\beta}_j}}$$

（3）给定显著性水平 $\alpha$，查 $t$ 分布表，得临界值 $t_{\alpha/2}(n-2)$。

（4）进行比较，若 $|t| > t_{\alpha/2}(n-2)$，则拒绝 $H_0$，接受 $H_1$；若 $|t| \leqslant t_{\alpha/2}(n-2)$，则拒绝 $H_1$，接受 $H_0$。

与一元线性回归一样，Statsmodels 库中的 summary(*)函数提供了 $t$ 检验。其中 $t$ 项为 $t$ 检验的统计值，$P > |t|$ 项为零假设为真的 $P$ 值。

## 6.2.3　案例：CBA 球员得分能力的影响因素分析续

我们在 6.1.3 节案例中使用单变量线性相关与回归分析了 CBA 球员得分能力的影响因素，经过本节对多元线性相关与回归的学习，本案例将利用多元线性相关与回归继续对 CBA 球员得分能力的影响因素进行分析。

从 6.1.3 节的案例中可以知道，CBA 球员得分能力与效率值高度相关。而效率值计算公式涉及多个指标，其中包括篮板、助攻、抢断、扣篮、盖帽、失误、犯规、效率、二分命中率、三分命中率、罚球命中率等。可以初步判断：CBA 球员的得分能力与上述多个指标存在多元线性相关。

### 1. 多元线性回归分析

在对场均得分与上述多个指标进行多元线性相关分析之前，应该进行多元线性回归建模。我们选取场次、篮板、助攻、抢断、扣篮、盖帽、失误、犯规、效率、二分命中率、三分命中率、罚球命中率作为特征，得分作为标签，进行多元线性回归建模。

多元线性回归中，使用 statsmodels.formula.api.OLS(*)函数创建多元线性回归模型，通过输入一个字符串和样本数据进行训练。字符串的格式为 "Y~X1+X2,…, Xn"。同样地，可以用 summary(*)输出模型的汇总信息，汇总信息中包含多项我们需要知道的参数和统计检验结果。也可以使用模型对象的属性来获取某一项统计检验信息，如使用 model.rsquared_adj 获取调整后的可决系数；使用 model.fvalue 获取 $F$ 检验的 $F$ 统计值。

示例代码如下：

```
import numpy as np
```

```
import pandas as pd
from matplotlib import pyplot as plt
import statsmodels.formula.api as smf

# 加载数据集
cba_data = pd.read_excel(r'D:\BaPy_data.xlsx', 'CBA球员数据')

# 创建线性回归模型
model = smf.ols('得分~场次+篮板+助攻+抢断+扣篮+盖帽+失误+犯规+效率+二分命中率
+三分命中率+罚球命中率',data=cba_data).fit()

# 输出模型汇总信息
print(model.summary())

# 指定输出调整后的可决系数
Adjust_R2=model.rsquared_adj
print("Adjust_R2:",Adjust_R2)
```

运行此代码，得到结果如下。

```
                        OLS Regression Results
==============================================================================
Dep. Variable:              得分   R-squared:                      0.977
Model:                      OLS    Adj. R-squared:                 0.976
Method:           Least Squares    F-statistic:                    1083.
Date:          Sun, 22 Aug 2021    Prob (F-statistic):          6.30e-245
Time:                 18:31:33    Log-Likelihood:                -460.16
No. Observations:           323    AIC:                            946.3
Df Residuals:               310    BIC:                            995.4
Df Model:                    12
Covariance Type:      nonrobust
==============================================================================
                 coef    std err      t      P>|t|     [0.025    0.975]
------------------------------------------------------------------------------
Intercept      2.9574     0.439     6.737    0.000      2.094     3.821
场次          -0.0052     0.004    -1.183    0.238     -0.014     0.003
篮板          -1.2333     0.068   -18.101    0.000     -1.367    -1.099
助攻          -1.2728     0.077   -16.581    0.000     -1.424    -1.122
抢断          -0.7970     0.180    -4.427    0.000     -1.151    -0.443
扣篮          -0.9563     0.299    -3.198    0.002     -1.545    -0.368
盖帽          -1.3815     0.240    -5.767    0.000     -1.853    -0.910
失误           2.0496     0.158    12.944    0.000      1.738     2.361
犯规          -0.0367     0.098    -0.375    0.708     -0.230     0.156
效率           1.4065     0.029    47.933    0.000      1.349     1.464
二分命中率     -4.1279     0.653    -6.319    0.000     -5.413    -2.842
三分命中率      0.8421     0.458     1.838    0.067     -0.059     1.743
罚球命中率     -0.6876     0.369    -1.861    0.064     -1.415     0.039
```

```
================================================================
Omnibus:              49.184   Durbin-Watson:              2.086
Prob(Omnibus):         0.000   Jarque-Bera (JB):         138.276
Skew:                  0.688   Prob(JB):                9.41e-31
Kurtosis:              5.895   Cond. No.                    531.
================================================================

Adjust_R2: 0.9757995448426033
```

由假设检验结果可见，模型的 $P=6.30\text{e-}245<0.001$，认为该回归模型有意义。由 $t$ 检验结果可见，"场次""犯规""三分命中率"和"罚球命中率"四个自变量的偏回归系数 $P$ 值大于 0.05，说明这四个变量对球员得分（因变量）的影响不大，而剩余八个自变量"篮板""助攻""抢断""扣篮""盖帽""失误""效率"和"二分命中率"对球员得分有较大影响。

```python
# 绘图对比真实值与预测值
plt.figure(figsize=(8,6))
y_predict=model.predict(cba_data[['场次','篮板','助攻',
                        '抢断','扣篮','盖帽','失误','犯规',
                        '效率','二分命中率','三分命中率','罚球命中率']])
y_test = cba_data.loc[:,'得分']
plt.plot(range(len(y_test)), y_test, c="black", linewidth=1, la-
bel="Real")
plt.plot(range(len(y_test)), y_predict, c="black", linestyle="--",
linewidth=1, label="Predict")
plt.legend(loc=2)
plt.show()
```

结果如图 6-3 所示。

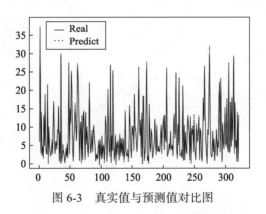

图 6-3　真实值与预测值对比图

从图 6-3 可以看出，从整体走势上看，虚线预测线和实线真实线一致，两条折线的重叠率较高，表明建立的多元线性回归模型拟合优度较好，得到的预测值能较为真实地反映实际情况。

从拟合优度来看，调整后的可决系数约为 0.976，且从真实值与预测值对比图可以看出，拟合效果不错。从显著性检验来看，在 $F$ 检验总体显著性上，模型总体是存在显著线性关系的。但从单个变量的 $t$ 检验结果中可以看到，在显著性水平为 0.05 的条件下，场次、犯规、三分命中率和罚球命中率四项指标与被解释变量的线性关系是不显著的。

**2. 多元线性相关性分析**

多元线性相关性分析需要计算复相关系数，主要分为两步：第一步是建立回归模型$\hat{Y}$，第二步是计算$Y$与$\hat{Y}$简单相关系数。现在回归模型已经建立完成，所以只需计算$Y$与$\hat{Y}$简单相关系数就可得到复相关系数，分析得分能力与上述多个特征的多元线性相关性。示例代码如下：

```
# 使用前面建立好的模型预测结果 y_predict
y_predict=model.predict(cba_data[['场次','篮板','助攻',
                                  '抢断','扣篮','盖帽','失误','犯规',
                                  '效率','二分命中率','三分命中率','罚球命中率']])
# 转换成 DataFrame 格式
df_y_test = pd.DataFrame(y_test)
df_y_predict = pd.DataFrame(y_predict)

# y_test 重新索引
df_y_test = df_y_test.reset_index(drop=True)

# 计算简单相关系数
corr = df_y_test['得分'].corr(df_y_predict[0])
print("复相关系数: ", corr)
```

运行此代码，得到结果如下：

```
复相关系数: 0.9882820574911944
```

因为创建测试集时数据会被打乱，所以 y_test 中的索引是乱的，需要进行重新索引，这样才能正确地计算相关系数。复相关系数约为 0.988，十分接近 1，说明多元线性相关性比较好。

# 6.3 综合案例：我国财政收入水平的区域差异分析

财政收入是衡量政府财力的一项重要指标，是政府实施资源配置、宏观调控的主要手段。合理有效地调节资源可以促进国家经济水平、人们生活水平的迅速发展。财政收入受很多因素影响，如经济水平、人口、工业发展水平、交通运输业发展水平、农业发展水平等。

本案例将通过分析我国2018年各地区财政收入与地区生产总值等多个衡量不同地区各行各业发展水平的指标之间的相关性，分析我国财政收入水平的地区差异及其影响因素。

## 6.3.1 数据来源及说明

本案例数据来源于国家统计局。在国家统计局发布的 2018 年全国年度数据中选择财政收入相关数据指标。数据集包括我国 31 个省区市的数据，包含九个指标：地方财政一般预算收入（亿元）、年末常住人口（万人）、地区生产总值（亿元）、货运量（万吨）、经营单位所在地进出口总额（千美元）、建筑业总产值（亿元）、国际旅游外汇收入（百万美元）、规模以上工业企业单位数（个）、农林牧渔业总产值（亿元）。

其中，我们以地区生产总值指标代表该地区的经济水平，货运量指标代表交通业水平，经营单位所在地进出口总额指标代表进出口水平，建筑业总产值代表建筑业水平，国际旅游外汇收入代表旅游业水平，规模以上工业企业单位数代表工业水平，农林牧渔业总产值代表农业水平。部分数据如图 6-4 所示。

| 地区 | 地方财政一般预算收入(亿元) | 年末常住人口(万人) | 地区生产总值(亿元) | 货运量(万吨) | 经营单位所在地进出口总额(千美元) | 建筑业总产值(亿元) | 国际旅游外汇收入(百万美元) | 规模以上工业企业单位数(个) | 农林牧渔业总产值(亿元) |
|---|---|---|---|---|---|---|---|---|---|
| 北京市 | 5785.92 | 2192 | 33106 | 20873 | 412487938 | 10939.76 | 5516.39 | 3197 | 296.77 |
| 天津市 | 2106.24 | 1383 | 13362.9 | 52221 | 122557291 | 3791.1 | 1109.85 | 4292 | 390.5 |
| 河北省 | 3513.86 | 7426 | 32494.6 | 249323 | 53900873 | 5740.25 | 646.67 | 14943 | 5707 |
| 山西省 | 2292.7 | 3502 | 15958.1 | 211497 | 20762372 | 4071.46 | 377.98 | 3875 | 1460.64 |
| 内蒙古自治区 | 1857.65 | 2422 | 16140.8 | 232525 | 15690267 | 1040.12 | 1272.1 | 2832 | 2985.32 |
| 辽宁省 | 2616.08 | 4291 | 23510.5 | 223346 | 114601136 | 3528.41 | 1739.58 | 6621 | 4061.93 |
| 吉林省 | 1240.89 | 2484 | 11253.8 | 52156 | 20679164 | 2183.63 | 685.85 | 5963 | 2184.34 |
| 黑龙江省 | 1282.6 | 3327 | 12846.5 | 55190 | 26437359 | 1194.28 | 537.06 | 3740 | 5624.29 |
| 上海市 | 7108.15 | 2475 | 36011.8 | 106983 | 515679700 | 7072.21 | 7261.39 | 8130 | 289.58 |
| 江苏省 | 8630.16 | 8446 | 93207.6 | 233157 | 663913736 | 30846.66 | 4648.36 | 45675 | 7192.46 |
| 浙江省 | 6598.21 | 6273 | 58002.8 | 269083 | 432360099 | 28756.2 | 2595.79 | 40586 | 3157.25 |
| 安徽省 | 3048.67 | 6076 | 34010.9 | 406761 | 62840317 | 7888.45 | 3187.57 | 19421 | 4672.71 |
| 福建省 | 3007.41 | 4104 | 38687.8 | 136947 | 187407290 | 11548.82 | 2828.21 | 17470 | 4229.52 |
| 江西省 | 2373.01 | 4513 | 22716.5 | 174285 | 48187584 | 6993.4 | 745.38 | 11630 | 3148.57 |
| 山东省 | 6485.4 | 10077 | 66648.9 | 354019 | 292397074 | 12898.29 | 3292.82 | 38333 | 9397.39 |
| 河南省 | 3766.02 | 9864 | 49935.9 | 259884 | 82813633 | 11360.52 | 723.23 | 22081 | 7757.94 |
| 湖北省 | 3307.08 | 5917 | 42022 | 204307 | 52781547 | 15133.87 | 2379.69 | 15598 | 6207.83 |
| 湖南省 | 2860.84 | 6635 | 36329.7 | 229957 | 46474201 | 9581.44 | 1520.41 | 16055 | 5361.62 |
| 广东省 | 12105.26 | 12348 | 99945.2 | 416389 | 1084464573 | 13714.37 | 20511.74 | 47456 | 6318.12 |
| 广西壮族自治区 | 1681.45 | 4947 | 19627.8 | 190652 | 62302266 | 4671.72 | 2777.73 | 6058 | 4909.24 |

图 6-4    2018 年我国各地区财政收入数据集

### 6.3.2　描述性统计分析

我国各省区市的财政收入存在差异，可以利用 Python 中的描述性统计分析函数 describe()，对各个指标数据进行描述性统计分析，具体代码如下：

```
import numpy as np
import pandas as pd

# 加载数据集
data = pd.read_excel('BaPy_data.xlsx', '财政收入分省数据')

# 描述性统计分析
data.describe()
```

运行此代码，结果如图 6-5 所示。

| | 地方财政一般预算收入(亿元) | 年末常住人口(万人) | 地区生产总值(亿元) | 货运量(万吨) | 经营单位所在地进出口总额(千美元) | 建筑业总产值(亿元) | 国际旅游外汇收入(百万美元) | 规模以上工业企业单位数(个) | 农林牧渔业总产值(亿元) |
|---|---|---|---|---|---|---|---|---|---|
| count | 31.000000 | 31.000000 | 31.000000 | 31.000000 | 3.100000e+01 | 31.000000 | 31.000000 | 31.000000 | 31.000000 |
| mean | 3158.173871 | 4526.129032 | 29487.661290 | 163292.290323 | 1.491102e+08 | 7583.402581 | 2516.319677 | 12207.741935 | 3663.855484 |
| std | 2667.394807 | 3013.211462 | 24136.181387 | 111348.724844 | 2.411620e+08 | 7414.687057 | 3772.472106 | 13497.591570 | 2497.942418 |
| min | 230.350000 | 354.000000 | 1548.400000 | 2433.000000 | 7.231780e+05 | 172.820000 | 28.300000 | 123.000000 | 195.470000 |
| 25% | 1606.435000 | 2479.500000 | 13104.700000 | 62788.000000 | 2.033946e+07 | 2146.840000 | 666.260000 | 3468.500000 | 1597.545000 |
| 50% | 2292.700000 | 3931.000000 | 22716.500000 | 173245.000000 | 5.330488e+07 | 5740.250000 | 1511.650000 | 6426.000000 | 3619.520000 |
| 75% | 3639.940000 | 6174.500000 | 37508.750000 | 231241.000000 | 1.185792e+08 | 11150.140000 | 2977.435000 | 15826.500000 | 5492.955000 |
| max | 12105.260000 | 12348.000000 | 99945.200000 | 416389.000000 | 1.084465e+09 | 30846.660000 | 20511.740000 | 47456.000000 | 9397.390000 |

图 6-5    各指标均值与标准差

可以利用数据可视化对各省区市的财政收入水平进行统计分析。下面使用 Seaborn 包对数据集中各省区市的地方财政一般预算收入（亿元）指标进行可视化，绘制其核密度直方图与箱形图，示例代码如下：

```
import seaborn as sns
import matplotlib.pyplot as plt
import pandas as pd
import numpy as np
plt.rcParams['font.sans-serif'] = ['SimHei']
plt.rcParams['axes.unicode_minus'] = False

# 加载数据集
data = pd.read_excel(r'D:\BaPy_data.xlsx', '财政收入分省数据')

# 设置图片大小
plt.figure(figsize=(12, 6))

# 绘制核密度直方图
plt.subplot(1, 2, 1)
sns.histplot(x=data['地方财政一般预算收入(亿元)'], kde=True)
plt.xlabel('地方财政一般预算收入(亿元)')

# 绘制箱形图
plt.subplot(1, 2, 2)
sns.boxplot(y=data['地方财政一般预算收入(亿元)'])

plt.show()
```

执行上述代码，结果如图 6-6 所示。

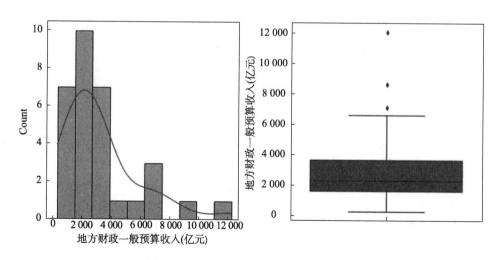

图 6-6    财政收入核密度直方图与箱形图

从核密度直方图可以看出，大部分省区市的财政收入集中在 1 500 亿~2 500 亿元，少数省区市财政超过 6 000 亿元。从箱形图可以看出，四分位距在 1 600 亿~3 600 亿元，中位数约为 2 200 亿元，整体分布偏态在较低的财政收入，与高财政省区市的财政收入差距比较大，说明我国财政收入差异明显。另外，从箱形图可以看到，有三个样本点落在图形上方，远高于中位数水平，说明这三个样本点的数值远远偏离其他样本，可认为是离群值，这也进一步说明了这组数据的分布是偏态的。

### 6.3.3　相关性分析

以地方财政一般预算收入为被解释变量，年末常住人口、地区生产总值、货运量、经营单位所在地进出口总额、建筑业总产值、国际旅游外汇收入、规模以上工业企业单位数和农林牧渔业总产值为解释变量，进行相关性分析。

首先分别以各个解释变量为 x 轴，被解释变量地方财政一般预算收入为 y 轴，绘制共八张散点图，初步观察期相关性，具体代码如下：

```python
import numpy as np
import pandas as pd
import matplotlib.pyplot as plt

# 加载数据集
data = pd.read_excel(r'D:\BaPy_data.xlsx', '财政收入分省数据')

# 绘图中，中文字符、负号和字体大小的设置
plt.rcParams['font.sans-serif']=['Kaiti']
plt.rcParams['axes.unicode_minus']= False

# 绘制散点图
plt.figure(figsize=(16,16))
for i in range(2, 10):
    plt.subplot(4, 2, i-1)
    x = data.iloc[:,i]
    y = data.iloc[:,1]
    plt.scatter(x, y)
    plt.xlabel(x.name, size=14)
    plt.ylabel(y.name, size=14)
```

执行上述代码，结果如图 6-7 所示。

从图 6-7 中可以初步判断，年末常住人口、地区生产总值、经营单位所在地进出口总额、国际旅游外汇收入和规模以上工业企业单位数与财政收入具有较强线性关系，建筑业总产值、货运量和农林牧渔业总产值与财政收入线性关系较弱。

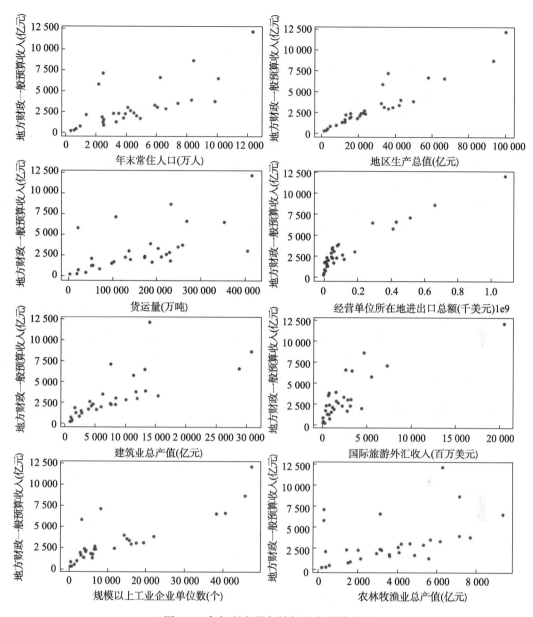

图 6-7　各解释变量与被解释变量散点图

下面利用Python计算各个解释变量指标与财政收入的皮尔逊相关系数,示例代码如下:

```
import pandas as pd

# 加载数据集
data = pd.read_excel(r'D:\BaPy_data.xlsx', '财政收入分省数据')

# 计算皮尔逊相关系数
corr = data.corr()
print(corr['地方财政一般预算收入(亿元)'])
```

执行上述代码，得到结果如下：

| | |
|---|---|
| 地方财政一般预算收入 (亿元) | 1.000000 |
| 年末常住人口 (万人) | 0.720840 |
| 地区生产总值 (亿元) | 0.932024 |
| 货运量 (万吨) | 0.612730 |
| 经营单位所在地进出口总额 (千美元) | 0.948690 |
| 建筑业总产值 (亿元) | 0.741018 |
| 国际旅游外汇收入 (百万美元) | 0.818215 |
| 规模以上工业企业单位数 (个) | 0.844652 |
| 农林牧渔业总产值 (亿元) | 0.433170 |

可以看到，地区生产总值、经营单位所在地进出口总额、国际旅游外汇收入与规模以上工业企业单位数等指标的皮尔逊相关系数在 0.8 以上；年末常住人口、建筑业总产值指标和货运量指标的皮尔逊相关系数在 0.5～0.8，农林牧渔业总产值指标的皮尔逊相关系数在 0.3～0.5。

下面进行线性回归建模分析。以地方财政一般预算收入为被解释变量，以年末常住人口、地区生产总值、货运量、经营单位所在地进出口总额、建筑业总产值、国际旅游外汇收入、规模以上工业企业单位数和农林牧渔业总产值等指标为解释变量，建立多元线性回归模型，示例代码如下：

```python
import numpy as np
import pandas as pd
from matplotlib import pyplot as plt
import statsmodels.formula.api as smf

# 加载数据集
data = pd.read_excel(r'D:\BaPy_data.xlsx', '财政收入分省数据')

# 设置列名
data.columns=['地区','Y','X1','X2','X3','X4','X5','X6','X7','X8']

# 创建线性回归模型
model = smf.ols(formula='Y~X1+X2+X3+X4+X5+X6+X7+X8',data=data).fit()

# 可决系数
R2=model.rsquared
print("R2:",R2)

# 调整后的可决系数
print("Adjust_R2:",model.rsquared_adj)

# t 检验
print("t 值",model.tvalues)
print("t 检验 p 值",model.pvalues)
```

```
# F检验
print("F值", model.fvalue)
print("F检验p值", model.f_pvalue)

# 绘图对比真实值与预测值
plt.figure(figsize=(8,6))
y_predict=model.predict(data[['X1','X2','X3','X4','X5','X6','X7','X8
']])
y = data.loc[:,'Y']
plt.plot(range(len(y)), y, c="black", linewidth=1, label="Real")

plt.plot(range(len(y)), y_predict, c="black", linestyle="--", line-
width=1, label="Predict")
plt.legend(loc=2)
plt.show()
```

执行上述代码，得到结果如下：

```
R2: 0.9802219665810771
Adjust_R2: 0.9730299544287415
t值 Intercept    1.657140
X1            1.883806
X2            1.333115
X3            2.398115
X4            4.973777
X5            0.756138
X6           -2.186787
X7           -3.234436
X8           -0.806242
dtype: float64
t检验p值 Intercept       0.111685
X1            0.072876
X2            0.196135
X3            0.025399
X4            0.000056
X5            0.457587
X6            0.039679
X7            0.003810
X8            0.428733
dtype: float64
F值 136.29314659357854
F检验p值 6.241382740583254e-17
```

结果如图 6-8 所示。

从拟合优度来看，调整后的可决系数约为 0.98，且从真实值与预测值对比图像可以看出，拟合效果不错。从显著性检验来看，在 F 检验总体显著性上，模型总体是存在显著线性关系的。但从单个变量的 t 检验结果中可以看到，将显著性水平设为 0.05 的条件下，X2（货运量）、X5（建筑业总产值）和 X8（农林牧渔业总产值）三个指标与被解释变量的线性关系是不显著的。

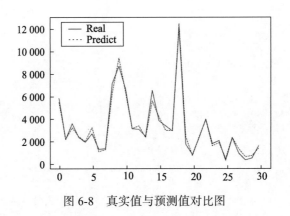

图 6-8　真实值与预测值对比图

# 6.4 习　　题

1. 请写出单变量线性回归方程与多元线性回归方程，并简要描述各个参数。

2. 线性回归可以分为正相关和负相关两种。经济发展水平提高，居民消费水平提高，属于_____相关。商品价格下降，销量增加，属于_____相关。

3. 皮尔逊相关系数常用于_____模型，分析_____（一个/多个）变量与_____（一个/多个）变量之间的关系。复相关系数常用于_____模型，分析_____（一个/多个）变量与_____（一个/多个）变量之间的关系。

4. 单变量线性回归模型由_____（一个/多个）解释变量与_____（一个/多个）被解释变量构成。多元线性回归模型由_____（一个/多个）解释变量与_____（一个/多个）被解释变量构成。

5. 已知一组具有线性相关性的观测值$(X_i, Y_i)$，以最小二乘法建立单变量回归模型，求得回归系数 $\beta$ 为 0.51，$\bar{X} = 61.75$，$\bar{Y} = 38.14$，则截距 $\alpha$ 为_____。

6. 皮尔逊相关系数的值域为_____，可决系数的值域为_____。

7. 可决系数的表达式为_____。其中，RSS 表示_____，TSS 表示_____，ESS 表示_____。

8. 复相关系数的计算步骤可以分为两步。第一步，_____。第二步，_____。

9. 使用 BaPy_data.xlsx 中企业员工数据集 BAdata，根据性别对男女进行分组，再分别分析不同性别员工身高和体重的相关性。

10. 使用习题 9 中同样的数据，对员工以身高为解释变量，体重为被解释变量，进行线性回归建模。计算其回归系数与截距，并进行拟合优度检验和 $t$ 检验。

# 第7章

# 数据压缩分析方法

在诸多领域的研究与应用中，通常需要对大量的数据进行收集并观测分析其背后的规律，这些数据常常需要从多个维度去进行研究。数据维度的增加，虽然为研究与应用提供了丰富的信息，但同时也增加了数据采集与数据挖掘所需的工作量，从而也消耗了更多的内存等计算资源。在高维向量空间中，随着维度的增加，数据会出现多重共线性、稀疏性等问题，极大地提升了数据挖掘算法的复杂度，这种现象也称为"维灾害"。

显然，许多变量的特征之间存在相关性，若简单地分别对每个指标进行分析，结果往往是孤立、冗余的；而如果盲目减少指标则容易造成信息的损失，从而产生错误的结果；同时，在分析数据的过程中，往往存在一些"噪声"数据，而在分析的过程中学会屏蔽这些"噪声"，往往对整个分析结果有利。因此需要一种合理的方法，能做到简化属性、去噪、去冗余，但同时又希望不损失太多数据本身的意义，这时就需要对特征进行降维压缩。简而言之，就是要用较少的综合指标分别代表存在各个变量中的各类信息，消减数据的维度，对数据进行压缩（降维）。

降维通常具有以下优点：①使数据集分析难度变低；②去除"噪声"，使分析结果更准确；③使分析结果更容易理解。因为种种优点，降维的方法被广泛用于数据预处理中。降维的算法有很多，如奇异值分解（SVD），因子分析（FA），独立成分分析（ICA）等，而在本章中，主要讲述一个十分常用且有效的算法：主成分分析（PCA）。

## 7.1　主成分分析的概念

主成分分析又叫作主分量分析，其在力求数据信息丢失最少的原则下，对高维的变量空间降维，即研究指标体系的少数几个线性组合，这几个线性组合所构成的综合指标将尽可能多地保留原来指标变异方面的信息，并且相互独立。这些综合指标就称为主成分。

### 7.1.1　基本思想

如图 7-1 所示，老鹰和甜甜圈在实际中是三维的物体，经过照片化或光影投射后变为二维，可理解为用两个主成分 $Z$ 来表示原三个变量指标 $X$。从三维变成二维，虽然丢失了部分数据，但主成分保留了物体最重要的特征（即保留了数据的差异），因此，通过主成分仍能较好地解释原先样本数据，且达到了降维的目的。但从甜甜圈的图片中可以看到，不同角度的投影结果差异较大，若选取左边灯下的投影，则很难从影子判断出该物品为甜甜圈，因此，甜甜圈不能被称为主成分，这也是下文所提到的变量 $Z$ 是一切线性组合中方差最大者所表示的意义。

图 7-1　二维的老鹰和投影的甜甜圈

主成分分析的基本思想是将原来数量较多且具有一定相关性的维度，重新组合为一组数量较少、相互独立的综合性指标，即主成分，用来代替原来的维度并且能较好地解释原来的样本资料。这些主成分是原来样本数据的线性组合。在保留了原始样本的绝大部分信息的前提下，主成分的数量可能远远小于原始维度的数量，这将大大降低原始问题的复杂度，对数据的理解也能更加深入，有利于后续数据挖掘问题的处理和分析。

$$\begin{cases} Z_1 = c_{11}X_1 + c_{12}X_2 + \cdots + c_{1p}X_p \\ Z_2 = c_{21}X_1 + c_{22}X_2 + \cdots + c_{2p}X_p \\ \cdots\cdots\cdots\cdots\cdots\cdots\cdots\cdots \\ Z_m = c_{m1}X_1 + c_{m2}X_2 + \cdots + c_{mp}X_p \end{cases} (m \leqslant p)$$

上述式子中，将原变量指标 $X_1, X_2, \cdots, X_p$ 转化为新的变量指标 $z_1, z_2, \cdots, z_m$，其中，$m \leqslant p$，从而达到降维的效果。一般对于系数 $C_{ij}$ 的确定应满足如下准则：

（1）$Z_i$ 与 $Z_j$ ($i \neq j$ 且 $i$，$j=1, 2, \cdots, m$) 相互无关；

（2）$Z_1$ 是 $X_1, X_2, \cdots, X_p$ 的一切线性组合中方差最大者（可理解为 $Z_1$ 所包含 $X$ 上的信息量最大），以此类推，$Z_m$ 是与 $z_1, z_2, \cdots, z_{m-1}$ 都不相关的 $X_1, X_2, \cdots, X_p$ 的所有线性组合中方差最大者；

（3）$C_{ij}$ 称为原变量在各个主成分上的载荷。

则新的变量指标 $z_1, z_2, \cdots, z_m$ 可以称为原变量指标 $X_1, X_2, \cdots, X_p$ 的第 1，第 2，…，第 $m$ 主成分。容易理解，每一主成分所包含的原样本数据的信息不尽相同，通过选取一些包含原样本信息尽可能多的主成分，也可以把这部分理解为原样本数据的重要特征，来较好地解释原来的样本资料。

### 7.1.2　主成分的推导

主成分分析的一般方法是运用特征值分解的原理。在对主成分进行一般推导前，需要对以下几个概念进行了解。

（1）样本均值：一组样本数据的平均水平，常用于向量的零均值化。

$$\overline{x} = \frac{1}{n}\sum_{i=1}^{N} x_i$$

（2）方差：标准差的平方，表示一组数据的离散程度。

$$S^2 = \frac{1}{n-1}\sum_{i=1}^{n}(x_i - \overline{x})^2$$

（3）协方差：表示的是两个随机变量 $x$，$y$ 之间的相互关系。

$$\mathrm{cov}(X,Y) = E[(X-E(X))(Y-E(Y))]$$
$$= \frac{1}{n-1}\sum_{i=1}^{n}(x_i - \overline{x})(y_i - \overline{y})$$

$E(x)$ 为变量 $x$ 的期望，常用变量 $x$ 的平均值代替。由式子可以看出，当 $x$ 与 $y$ 相等时，协方差等于方差。方差的计算公式针对一维特征，而协方差则必须要求至少满足二维特征。协方差的计算结果可以分为如下三种情况：

（1）大于 0，表示两个变量正相关；

（2）等于 0，表示两个变量不相关；

（3）小于 0，表示两个变量负相关。

协方差矩阵：协方差只能表示两个随机变量之间的相互关系，如果有多个随机变量，则需要使用协方差矩阵。例如，对于 3 维数据 $X$（$x$、$y$、$z$），其对应的协方差矩阵为

$$\mathrm{cov}(X,Y,Z) = \begin{bmatrix} \mathrm{cov}(x,x) & \mathrm{cov}(x,y) & \mathrm{cov}(x,z) \\ \mathrm{cov}(y,x) & \mathrm{cov}(y,y) & \mathrm{cov}(y,z) \\ \mathrm{cov}(z,x) & \mathrm{cov}(z,y) & \mathrm{cov}(z,z) \end{bmatrix}$$

拉格朗日乘数法：作为一种优化算法，拉格朗日乘数法主要用于求解条件极值问题，即将约束优化问题转变为无约束优化问题进行求解。其一般形式为求 $z = f(x,y)$ 在条件 $\varphi(x,y) = 0$ 下的条件极值，一般方法为：

（1）构造拉格朗日函数 $F(x,y,\lambda) = f(x,y) + \lambda\varphi(x,y)$；

（2）将 $F(x,y,\lambda)$ 分别对 $x$，$y$，$\lambda$ 求偏导数，构造方程组：

$$\begin{cases} f_x'(x,y) + \lambda\varphi_x'(x,y) = 0 \\ f_y'(x,y) + \lambda\varphi_y'(x,y) = 0 \\ \varphi(x,y) = 0 \end{cases}$$

解出以上 $x$，$y$，$\lambda$ 的值，即对应条件下可能的极值点。上述方法可以推广到对于 $n$ 元函数在 $m$ 个约束条件下的极值问题。

接下来以一个例子来对主成分分析进行简单的推导。

如表 7-1 所示，存在一组数据 Data1、Data2，分别以 Data1 为横坐标 $x$、Data2 为纵坐标 $y$，可以绘制出一个二维坐标系。

为了便于推导的进行，对样本数据进行零均值化处理，即把坐标原点移至样本数据的均值点，并对数据进行标准化处理。由原数据可求得数据的均值分别为 $D_{1mean}=$ 5.83，$D_{2mean}=3.63$。用以下式子对原样本数据进行标准化处理（表 7-1 右边两列），可以得出一个新的二维坐标系，如图 7-2 所示。

**表 7-1　样本数据**

| Data1(x) | Data2(y) | Data1'(x) | Data2'(y) |
|---|---|---|---|
| 10 | 6 | 4.17 | 2.37 |
| 11 | 4 | 5.17 | 0.37 |
| 8 | 5 | 2.17 | 1.37 |
| 3 | 3 | −2.83 | −0.63 |
| 2 | 2.8 | −3.83 | −0.83 |
| 1 | 1 | −4.83 | −2.63 |

$$x = D_1 - D_{1mean}$$
$$y = D_2 - D_{2mean}$$

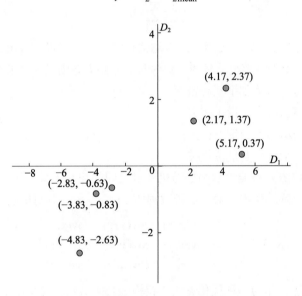

图 7-2　数据标准化处理后的坐标系

由图 7-2 可知，原始样本数据是二维的，现在尝试将其降作一维。很容易想到，我们要找到一条过原点的方向，使这些点在这个方向上的投影分散得最开，以此尽可能保留更多的信息，若两个点重合在一起，则会造成信息的损失。如此一来，降维的问题就被转换为一个简单的求最值问题。为了找到这个让点分散得最开的方向，我们首先计算出经过标准化后的数据的方差和协方差如下（标准化后中心是原点，即均值为 0）。

$$s^2(D_1) = 18.97$$
$$s^2(D_2) = 3.13$$
$$\mathrm{cov}(D_1, D_2) = 6.49$$

实际上，可以用一个协方差矩阵 $C$ 来表示上述结果，其中，$A$ 是经过标准化后的数据矩阵。

$$C = \begin{bmatrix} s^2(X) & \mathrm{cov}(XY) \\ \mathrm{cov}(XY) & s^2(Y) \end{bmatrix} = \begin{bmatrix} 18.97 & 6.49 \\ 6.49 & 3.13 \end{bmatrix} = \frac{1}{6-1} A^{\mathrm{T}} A$$

如图 7-3 所示，接下来把上述数据引导到平面某一个单位向量 $\vec{v}$ 上，其中 $\vec{v} = (x_0, y_0)$，且 $x_0^2 + y_0^2 = 1$。由于 $\vec{v}$ 是一个单位向量，所以某个点的坐标向量与该单位向量的内积等于该坐标向量的模乘以单位向量的模（即 1）再乘以夹角余弦，即该向量在单位向量上的投影，命名为 $SS$：

$$SS = \vec{a} \cdot \vec{v} = |a||v|\cos\theta = |a|\cos\theta$$

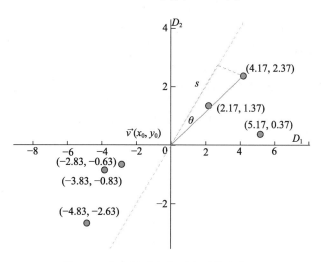

图 7-3    在坐标系上找到合适的方向 $\vec{v}$

现在，之前所提到的让点分散得最开的方向就可以定义为所有点在某一方向上投影至中心距离方差最大的方向，即求最大的 $S^2$，因为中心点为 0，则 $S^2$ 的公式可化为如下形式，$A$ 为经过标准化后的数据矩阵。

$$s^2 = \sum_{i=1}^{n} \frac{SS^2}{n-1} = \frac{\vec{v} \cdot A^{\mathrm{T}} \cdot (\vec{v} \cdot A^{\mathrm{T}})^{\mathrm{T}}}{n-1} = \vec{v} \cdot \frac{A^{\mathrm{T}} A}{n-1} \cdot \vec{v}^{\mathrm{T}}$$

而由上述协方差矩阵 $C$ 的公式，可以将上述 $s^2$ 的公式化为如下形式。

$$s^2 = \vec{v} C \vec{v}^{\mathrm{T}}$$

接下来，使用拉格朗日乘数法求 $S^2$ 的最值。其中目标函数 $J = s^2 = \vec{v} C \vec{v}^{\mathrm{T}}$，因为 $\vec{v}$ 是单位向量，则限制条件为 s.t. $\vec{v} \cdot \vec{v}^{\mathrm{T}} = 1$，由此，可以构建方程如下：

$$F(\vec{v}) = \vec{v} C \vec{v}^{\mathrm{T}} - \lambda(1 - \vec{v} \cdot \vec{v}^{\mathrm{T}})$$

利用上述方程对 $\vec{v}$ 求导可得

$$\frac{\partial F(\vec{v})}{\partial \vec{v}} = 0$$

即

$$2C\vec{v}^{\mathrm{T}} - 2\lambda\vec{v}^{\mathrm{T}} = 0$$

化简可得

$$C\vec{v}^{\mathrm{T}} = \lambda\vec{v}^{\mathrm{T}}$$

此时，由于 $\boldsymbol{C}$ 一定是对称矩阵，也就一定是方阵，因此一定可以对矩阵 $\boldsymbol{C}$ 做特征值分解。对本案例中的协方差矩阵做特征值分解，结果如下：

$$\begin{cases} \boldsymbol{C} \cdot \begin{bmatrix} -0.94 \\ -0.34 \end{bmatrix} = 21.28 \begin{bmatrix} -0.94 \\ -0.34 \end{bmatrix} \\[4mm] \boldsymbol{C} \cdot \begin{bmatrix} 0.34 \\ -0.94 \end{bmatrix} = 0.81 \begin{bmatrix} 0.34 \\ -0.94 \end{bmatrix} \end{cases}$$

其中向量 $\boldsymbol{v}_1 = \begin{bmatrix} -0.94 \\ -0.34 \end{bmatrix}^{\mathrm{T}}$ 也就是主成分 1（PC1）的方向，对应的特征值为 21.28，而向量 $\boldsymbol{v}_2 = \begin{bmatrix} 0.34 \\ -0.94 \end{bmatrix}^{\mathrm{T}}$ 是主成分 2（PC2）的方向，对应的特征值为 0.81。将相应变化绘制成坐标系，如图 7-4 所示。在实际中，常常将 PC1 与 PC2 旋转至与 $x$ 轴和 $y$ 轴重合，以便更好地观察。

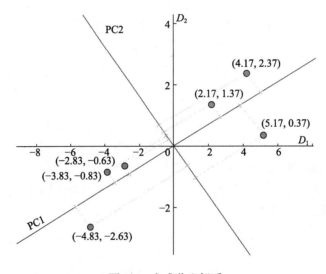

图 7-4　主成分坐标系

而由上述公式可得，在拉格朗日乘数法最值条件下，它的特征向量恰巧就是向量 $\vec{v}$ 的转置，即方差公式可化为如下形式：

$$s^2 = \vec{v}\boldsymbol{C}\vec{v}^{\mathrm{T}} = \vec{v}\lambda\vec{v}^{\mathrm{T}}$$

因为向量 $\vec{v}$ 为单位向量，故可得 $s^2 = \lambda$，即某一主成分方向上投影的方差就是相应的特征值 $\lambda$。若用某一方向上数据的分散程度来衡量某主成分的信息量，且方差 $S^2$ 具有描述该方向投影分散程度的含义，因此特征值也描述了对应的主成分所包含信息的多少，由此可计算出两个主成分所包含的样本数据信息量。

$$\text{PC1}: \frac{21.28}{21.28+0.81} \times 100\% = 96.33\%$$

$$\text{PC2}: \frac{0.81}{21.28+0.81} \times 100\% = 3.67\%$$

因此，我们只需要保留 PC1 即可保留住原样本数据中绝大部分信息，同时也将原来的二维数据转变为平面点在 PC1 上的投影这一一维数据。

对于其他更高维度的主成分分析，其推导过程也大致相同。

# 7.2　主成分的基本分析

实现 PCA 常用的有两种方法：一种是基于特征值分解协方差矩阵，另一种是基于 SVD 分解协方差矩阵。另外，还可以根据相关系数矩阵而不是协方差矩阵做主成分分析，在这里不做过多介绍。在本节中主要介绍第一种方法，其基本思路与上一小节的推导过程相似。

## 7.2.1　主成分分析的基本步骤

经过上一小节对 PCA 的推导，从中可以归纳出主成分分析的基本步骤。通常，设样本包含 $n$ 个 $p$ 维数据，PCA 降维的过程如下。

（1）将样本数据表示为列向量的形式，即 $X \leftarrow X^{\mathrm{T}} = (x_{(1)}, x_{(2)}, \cdots, x_{(n)})$，$X$ 是一个 $p \times n$ 维矩阵，并对 $X$ 的每一行(维)进行零均值化，即 $X \leftarrow (x_{(1)} - \bar{x}, x_{(2)} - \bar{x}, \cdots, x_{(n)} - \bar{x})$，其中 $\bar{x} = \dfrac{1}{n} \sum\limits_{i=1}^{n} x_{(i)}$。

（2）计算协方差矩阵：$C = \dfrac{1}{n-1} X^{\mathrm{T}} X$。

（3）解特征方程 $|\lambda_I - C| = 0$，计算协方差矩阵 $C$ 的特征值 $\lambda_1 \geqslant \lambda_2 \geqslant \cdots \geqslant \lambda_p \geqslant 0$ 及对应的特征向量 $u_1, u_2, \cdots, u_p$。

（4）选取最大的 $k$ 个特征值及所对应的特征向量，得到特征向量矩阵 $U = \begin{pmatrix} u_1^{\mathrm{T}} \\ u_2^{\mathrm{T}} \\ \vdots \\ u_k^{\mathrm{T}} \end{pmatrix}$。

（5）计算 $F = (UX)^{\mathrm{T}}$，将数据变换到 $k$ 维，得到新的数据集。

由于各个主成分的方差是递减的，因此 $k$ 可以根据如下公式，计算各个主成分累积的方差的比率大小来确定。

$$\sum_{i=1}^{k} \lambda_i \Big/ \sum_{i=1}^{p} \lambda$$

例如，若当前 $k$ 个主成分累计的方差已经占到总方差的指定比率，那么就可以选择前 $k$ 个 $u_i (i = 1, \cdots, k)$ 作为最终的主成分。

## 7.2.2　主成分的计算

下面通过一个案例，对主成分的计算进行学习。

**【例7-1】** 假设有以下二维样本数据：行代表了每个样例的数据，列代表了整个样本的特征，这里有 10 个样例，每个样例有两个特征，如图 7-5 所示。

|  | x | y |
|---|---|---|
|  | 2.1 | 1.8 |
|  | 2.8 | 2.4 |
|  | 2.5 | 2.6 |
|  | 0.8 | 1 |
| Data= | 1.7 | 2.1 |
|  | 0.7 | 0.5 |
|  | 2.8 | 2.2 |
|  | 1.2 | 1.1 |
|  | 2.9 | 3 |
|  | 1.6 | 1.5 |

图 7-5　原始样本数据（1）

**解：**（1）将样本数据零均值化。分别求 x 和 y 的平均值，然后对所有的样例，都减去对应的均值。这里 x 的均值是 1.91，y 的均值是 1.82，一个样例减去均值后即为（0.29,0.09），依次可以得到标准化处理后的数据矩阵，如图 7-6 所示。

|  | x | y |
|---|---|---|
|  | 0.19 | -0.02 |
|  | 0.89 | 0.58 |
|  | 0.59 | 0.78 |
|  | -1.11 | -0.82 |
| Data'= | -0.21 | 0.28 |
|  | -1.21 | -1.32 |
|  | 0.89 | 0.38 |
|  | -0.71 | -0.72 |
|  | 0.99 | 1.18 |
|  | -0.31 | -0.32 |

图 7-6　标准化处理后的数据矩阵

（2）计算协方差矩阵 **C**。由第一步所得到的数据矩阵，可以计算出 x 与 y 的方差分别为 0.699 和 0.622，x 与 y 的协方差为 0.615。协方差矩阵对角线上分别是 x 和 y 的方差，非对角线上是协方差，结果均保留三位小数，故可得

$$\text{cov} = \begin{bmatrix} s^2(X) & \text{cov}(XY) \\ \text{cov}(XY) & s^2(Y) \end{bmatrix} = \begin{bmatrix} 0.699 & 0.615 \\ 0.615 & 0.622 \end{bmatrix}$$

（3）计算协方差矩阵的特征值和特征向量，得到如下结果，结果保留三位小数。上面是两个特征值，下面是对应的特征向量。

$$\text{eigenvalues} = \begin{bmatrix} 1.277 \\ 0.044 \end{bmatrix}$$

$$\text{eigenvectors} = \begin{bmatrix} 0.729 & -0.685 \\ 0.685 & 0.729 \end{bmatrix}$$

（4）选取最大的 k 个特征值及其特征向量。这里特征值只有两个，我们选择其中最大的那个，这里是 1.277，对应的特征向量 **U** 是(0.729, 0.685)$^\text{T}$。

（5）计算 $F = (UX)^{\mathrm{T}}$，将数据变换到 $k$ 维，得到的结果如图 7-7 所示。

| PCA1 |
|------|
| 0.12481 |
| 1.04611 |
| 0.96441 |
| -1.37089 |
| 0.03871 |
| -1.78629 |
| 0.90911 |
| -1.01079 |
| 1.53001 |
| -0.44519 |

图 7-7　主成分分析后的结果

至此，将原始样例的二维特征变成了一维。

## 7.2.3　主成分图

接下来，为了更好地学习主成分分析，我们借助 sklearn 库及 Python 语言进行主成分图的展示及分析。为了实现方便，在以下案例我们直接使用 sklearn.decomposition 中的 PCA 类实现对样本数据的主成分分析。与上述所讲的基于特征值分解协方差矩阵的传统算法不同，在这个类中，还涉及了另一种降维的方法——SVD。一般计算出一个协方差矩阵要耗费巨大时间，而 SVD 可以跳过计算协方差矩阵这一步骤，直接找出一个新的特征向量组成的 $n$ 维空间，也就是说，SVD 可以不通过冗长的计算，直接求出新的特征空间和降维后的特征矩阵。而有关 SVD 的详细算法这里不做过多介绍，我们只需要了解在 sklearn 中将降维流程拆成了两部分：一部分是通过 SVD 去计算特征空间 $V$，另一部分是映射数据和求解新特征矩阵，由 PCA 完成，实现了用 SVD 的性质减少计算量，并保留了 PCA 的特性。

【例 7-2】　利用 sklearn.decomposition 中的 PCA 类对 sklearn.datasets 中的 IRIS 数据集进行主成分分析。IRIS 数据集又被称为鸢尾花卉数据集，是常用的分类实验数据集。该数据集中包含 150 个样本数据项，该样本数据分为三类（Setosa，Versicolour，Virginica），每类共有 50 个数据。每个数据项中共包含 4 个特征属性，分别为：花萼长度，花萼宽度，花瓣长度，花瓣宽度（sepal length，sepal width，petal length，petal width），可以通过该 4 个特征属性预测鸢尾花卉属于三个种类中的哪一类。由于该数据集中包含多个特征属性，因此常用作多重变量分析的研究。

（1）引入此过程中所需要的包。

```
import matplotlib.pyplot as plt
import numpy as np
import pandas as pd
from mpl_toolkits.mplot3d import Axes3D
from sklearn.datasets import load_iris
from sklearn.decomposition import PCA
```

（2）加载所需要的原始数据，并把数组打出来，结果如图 7-8 所示，为（150，4）的二维数组，即原样本数据包含四个维度。

| | 0 | 1 | 2 | 3 |
|---|---|---|---|---|
| 0 | 5.1 | 3.5 | 1.4 | 0.2 |
| 1 | 4.9 | 3.0 | 1.4 | 0.2 |
| 2 | 4.7 | 3.2 | 1.3 | 0.2 |
| 3 | 4.6 | 3.1 | 1.5 | 0.2 |
| 4 | 5.0 | 3.6 | 1.4 | 0.2 |
| ... | ... | ... | ... | ... |
| 145 | 6.7 | 3.0 | 5.2 | 2.3 |
| 146 | 6.3 | 2.5 | 5.0 | 1.9 |
| 147 | 6.5 | 3.0 | 5.2 | 2.0 |
| 148 | 6.2 | 3.4 | 5.4 | 2.3 |
| 149 | 5.9 | 3.0 | 5.1 | 1.8 |

150 rows × 4 columns

图 7-8　原始数据集及其维度

接下来对原样本数据进行降维。

```
iris = load_iris()
X = iris.data
print(X.shape)
print(pd.DataFrame(X))
```

结果如下：

```
#矩阵形状
(150,4)
```

（3）对样本数据进行标准化处理。

```
Z=(X-X.mean())/X.std()   #标准化数据
```

（4）计算协方差矩阵 cov $M$，结果如下所示。

```
covM = np.cov(Z,rowvar=0)
print(covM)   #计算协方差矩阵
```

结果如下：

```
[
    [0.17599681  -0.01089153  0.32707828  0.13251109]
    [-0.01089153  0.04876198  -0.08461283  -0.03122115]
    [0.32707828  -0.08461283  0.7998544  0.3325438]
    [0.13251109  -0.03122115  0.3325438  0.14912676]
]
```

（5）计算协方差矩阵的特征值和特征向量。

```
fValue,fVector = np.linalg.eig(covM)
```

```
print(fValue)   #计算特征值
print(fVector)  #计算特征向量
```

结果如下：

```
#特征值：
[1.08526193  0.06228625  0.02007402  0.00611775]
#特征向量：
[
    [0.36138659  -0.65658877  -0.58202985  0.31548719]
    [-0.08452251  -0.73016143  0.59791083  -0.3197231]
    [0.8566706  0.17337266  0.07623608  -0.47983899]
    [0.3582892  0.07548102  0.54583143  0.75365743]
]
```

（6）选取最大的两个特征值及其对应的特征向量，得到特征向量矩阵。

```
fValueSort = np.argsort(fValue)  #排序
fValueTopN = fValueSort[:-(2+1):-1]  #选取前2个
vetorM = fVector[:,fValueTopN]
print(vetorM)   #特征向量矩阵
```

结果如下：

```
[
    [0.36138659  -0.65658877]
    [-0.08452251  -0.73016143]
    [0.85667061  0.17337266]
    [0.3582892  0.07548102 ]
]
```

（7）画出累计可解释方差贡献率曲线，可根据结果选择最好的 $k$ 维参数。

```
pca_line = PCA().fit(Z)
plt.plot([1,2,3,4],np.cumsum(pca_line.explained_variance_ratio_))
plt.xticks([1,2,3,4]) #这是为了限制坐标轴显示为整数
plt.xlabel("number of components after dimension reduction")
plt.ylabel("cumulative explained variance")
plt.show()
```

绘图结果如图 7-9 所示。

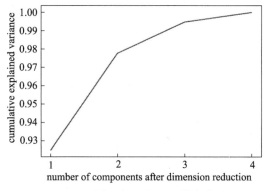

图 7-9　累计可解释方差贡献率曲线

分析图 7-9 可得，选择一个恰当的主成分的累计方差已经占到总方差的将近 93%，而选择两个恰当主成分比率可达到 98%，三个可达到 99%。此结果也常常用另一种图——碎石图表示。接下来分别选择 2 个主成分和 3 个主成分替换原样本数据特征。

（8）将原样本数据降至二维，即选取方差最大的两个主成分替换原样本数据特征。

```
#调用 PCA
pca = PCA(n_components=2) #实例化   n_components 参数即为指定维数
pca = pca.fit(Z)  #拟合模型
X_dr = pca.transform(Z)   #获取新矩阵 X_dr 为(150,2)矩阵
#将三种鸢尾花的数据分布显示在二维平面坐标系中，利用 for 循环
colors = ['red', 'black', 'orange']
plt.figure()
for i in [0, 1, 2]:
        plt.scatter(X_dr[y == i, 0]
                    ,X_dr[y == i, 1]
                    ,c=colors[i]
                    ,label=iris.target_names[i]  )
plt.legend()
plt.title('PCA of IRIS dataset')
plt.xlabel('PC1')
plt.ylabel('PC2')
plt.show()
```

结果如图 7-10 所示。

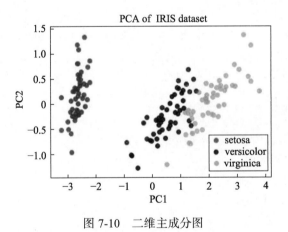

图 7-10　二维主成分图

从图 7-10 可知，已将数据集中的特征从四维降到了二维。其中，数据的特征值为：[1.085 261 93　0.062 286 25　0.020 074 02　0.006 117 75]。前两个主成分对应的方差占总方差的 97.77%，大部分方差都包含在前两个主成分中，因此，舍弃后面的主成分也并不会损失太多信息。另外，若有两条垂直于 x 轴的直线去划分样本数据，即仅通过 PC1 便可简单区分原先样本数据，而加上 PC2 使样本数据形成二维分布，则样本数据间的差异更明显。

（9）将原样本数据降至三维，即选取方差最大的三个主成分替换原样本数据特征。

```
#调用 PCA
X_dr = PCA(3).fit_transform(Z)   #获取新矩阵 X_dr 为(150,3)矩阵
#将三种鸢尾花的数据分布显示在三维平面坐标系中，利用 for 循环
ax = Axes3D(plt.figure())
for c,i,target_name in zip('rgb',[0,1,2],data.target_names):
    ax.scatter(X_dr[y==i ,0], X_dr[y==i, 1], X_dr[y==i,2], c=c,
                        label=target_name)
ax.set_xlabel('PC1')
ax.set_ylabel('PC2')
ax.set_zlabel('PC3')
ax.set_title("Iris")
plt.legend()
plt.show()
```

结果如图 7-11 所示。

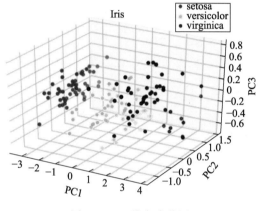

图 7-11　三维主成分图

由图 7-11 可知，将原先四维的样本数据降到三维。与二维主成分图相比，通过 PC1、PC2 和 PC3 三个主成分向量构成的立体空间，数据在立体空间上的分布使样本数据间的差异进一步放大，更容易分辨出三类样本数据。

# 7.3  综  合  案  例

主成分分析在实际数据挖掘与分析中有广泛的运用，以下通过两个综合性案例并结合 Python 工具对主成分分析进行学习。在综合案例中借助 sklearn 库，使用 sklearn 库封装好的类实现 PCA，比自己编程实现 PCA 更为方便有效。

## 7.3.1  案例：综艺节目分类分析

本综合案例所使用的数据如图 7-12 所示，为 2020 年上半年综艺节目数据，共计 35 条，存于工作表 shuju 中。本次综艺节目数据来源于云合数据、豆瓣和百度指数，选取 2020 年 1 月 1 日至 2020 年 5 月 30 日（下文统称 2020 年上半年）期间播出的 35 项综艺节目。从

播放方式、播放周期、播放平台、受众平均年龄、舆情热度、传播度、话题度、搜索热度、反馈活跃度、节目评分十个维度构建综艺节目评价指标。在多指标综合评价中，很多指标的信息重复，这会增加计算工作量，从而影响评价的准确性，而通过 PCA 降维将原来众多具有一定相关性的指标重新组合成一组互相无关、尽量少的综合指标来代替原来的指标，这些新的综合指标保留了原始变量的主要信息，同时彼此之间又不相关，比原始变量具有更优越的性质，从而更能反映问题的实质。现要求使用 Python 3.x 对此工作表数据进行主成分分析，并对所得结果进行适当的分析。

| | A | B | C | D | E | F | G | H | I | J | K |
|---|---|---|---|---|---|---|---|---|---|---|---|
| 1 | 片名 | 播放方式 | 播放周期 | 播放平台 | 受众平均年龄 | 舆情热度 | 传播度 | 话题度 | 搜索热度 | 反馈活跃度 | 节目评分 |
| 2 | 歌手当打之年 | 台播剧 | 季播综艺 | 爱奇艺芒果TV腾讯视频优酷 | 23.65 | 400.40 | 72.20 | 156.20 | 78.00 | 93.90 | 5.0 |
| 3 | 王牌对王牌第5季 | 台播剧 | 季播综艺 | 爱奇艺腾讯视频优酷 | 25.04 | 376.30 | 62.30 | 140.90 | 80.70 | 95.40 | 7.3 |
| 4 | 青春有你第2季 | 网络剧 | 季播综艺 | 爱奇艺 | 21.74 | 348.50 | 63.20 | 115.50 | 72.70 | 104.30 | 5.1 |
| 5 | 我家那闺女第2季 | 台播剧 | 季播综艺 | 芒果TV腾讯视频 | 23.24 | 294.50 | 51.40 | 104.80 | 58.40 | 79.90 | 5.9 |
| 6 | 快乐大本营2020 | 台播剧 | 周播综艺 | 芒果TV | 24.36 | 273.30 | 40.90 | 86.20 | 73.80 | 72.40 | 7.2 |
| 7 | 朋友请听好 | 网络剧 | 季播综艺 | 芒果TV | 22.91 | 260.50 | 50.60 | 69.40 | 69.70 | 70.80 | 8.6 |
| 8 | 我们的乐队 | 台播剧 | 季播综艺 | 芒果TV | 23.54 | 254.40 | 41.50 | 67.60 | 68.70 | 76.60 | 6.7 |
| 9 | 我们的歌 | 台播剧 | 季播综艺 | 爱奇艺腾讯视频 | 25.26 | 227.80 | 38.30 | 68.40 | 55.10 | 66.00 | 8.2 |
| 10 | 天天向上2020 | 台播剧 | 周播综艺 | 芒果TV | 24.12 | 218.40 | 53.00 | 46.70 | 65.10 | 53.60 | 7.9 |
| 11 | 欢乐喜剧人第6季 | 台播剧 | 季播综艺 | 爱奇艺腾讯视频优酷 | 26.38 | 200.70 | 57.00 | 63.20 | 57.60 | 67.30 | 5.4 |
| 12 | 向往的生活第4季 | 台播剧 | 季播综艺 | 芒果TV | 24.19 | 424.20 | 74.80 | 149.10 | 99.10 | 101.10 | 7.9 |
| 13 | 笑起来真好看 | 台播剧 | 季播综艺 | 爱奇艺芒果TV | 25.20 | 390.40 | 66.80 | 145.40 | 81.30 | 96.90 | 4.9 |
| 14 | 创造营2020 | 网络剧 | 季播综艺 | 腾讯视频 | 22.03 | 311.70 | 62.80 | 80.80 | 65.70 | 102.50 | 6.8 |
| 15 | 我是唱作人第2季 | 网络剧 | 季播综艺 | 爱奇艺 | 22.82 | 240.70 | 35.77 | 74.30 | 68.40 | 64.02 | 7.2 |
| 16 | 拜托了冰箱第6季 | 网络剧 | 季播综艺 | 腾讯视频 | 22.39 | 223.38 | 32.60 | 47.28 | 70.69 | 77.81 | 7.8 |
| 17 | 我要这样生活 | 网络剧 | 季播综艺 | 爱奇艺 | 21.97 | 276.80 | 40.00 | 69.00 | 84.10 | 83.70 | 6.8 |
| 18 | 天赐的声音 | 台播剧 | 季播综艺 | 爱奇艺腾讯视频优酷 | 25.68 | 307.90 | 50.30 | 101.40 | 60.30 | 96.00 | 4.3 |
| 19 | 极限挑战第6季 | 台播剧 | 季播综艺 | 爱奇艺腾讯视频优酷 | 23.94 | 368.90 | 76.20 | 95.10 | 95.80 | 101.90 | 4.1 |

图 7-12　2020 年上半年综艺节目数据

（1）导入相关依赖包。

```
import numpy as np
import pandas as pd
import matplotlib.pyplot as plt
from sklearn.decomposition import PCA
```

（2）读入相关数据。为了便于相关计算，只取原样本数据中的 F 列至 K 列做原来样本数据特征，并对所取原样本数据进行零均值化（标准差标准化法）处理。

```
data=pd.read_excel('BaPy_data.xlsx','shuju',index_col=0)
```

```
data2=data.iloc[:,4:11]    #取得 F 列至 K 列的数据
def bz(x):    #数据标准化处理函数
    sd_x=(x-x.mean())/x.std()
    return(sd_x)
bz=bz(data2)
```

（3）画出累计可解释方差贡献率曲线，可根据结果选择最好的 $k$ 维参数，结果如图 7-13 所示。

```
pca_line = PCA().fit(bz)
plt.plot([1,2,3,4,5,6],np.cumsum(pca_line.explained_variance_ratio_))
plt.xticks([1,2,3,4,5,6])  #这是为了限制坐标轴显示为整数
plt.xlabel("number of components after dimension reduction")
plt.ylabel("cumulative explained variance")
plt.show()
```

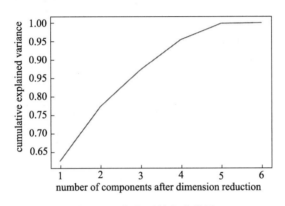

图 7-13　方差贡献率曲线图

以上数据可以转化为表 7-2，只取前四个主成分。

运用主成分分析计算得到方差贡献率和累计方差贡献率，可以看出：按照累计方差贡献率大于 80% 的原则，当提取三个成分时，累计方差贡献率就达到了 87.45%，可以将原数据中的大部分信息提取出来，因此接下来选取三个主成分。

表 7-2　相关矩阵的方差贡献率及累计方差贡献率

| 主成分 | 方差贡献率 | 累计方差贡献率 |
| --- | --- | --- |
| Comp1 | 0.631 8 | 0.631 8 |
| Comp2 | 0.144 2 | 0.776 0 |
| Comp3 | 0.098 5 | 0.874 5 |
| Comp4 | 0.079 5 | 0.954 0 |

（4）将原样本数据特征用三个主成分替换，并计算出主成分得分及排名，结果如下。

```
pca1=PCA(n_components=3).fit(bz)          #主成分分析
print(pca1.explained_variance_ )          #可解释性方差的大小
print(pca1.explained_variance_ratio_)     #可解释方差贡献率
print(pca1.explained_variance_ratio_.sum())  #可解释方差贡献率之和
Si=pca1.fit_transform(bz)                 #获取新矩阵，为(35,3)
#主成分得分、综合得分及排名
```

```
SR=pd.DataFrame(Si,columns=['Comp1','Comp2','Comp3'],index=data2.index)
SR['Comp']=Si.dot(w)
#得分矩阵见表 7-3
SR['Rank']=SR.Comp.rank(ascending=False)
```

表 7-3　各综艺节目主成分得分（仅显示排名前十及后十）

| 片名 | Comp1 | Comp2 | Comp3 | Comp | Rank |
| --- | --- | --- | --- | --- | --- |
| 奔跑吧第 4 季 | 5.133 113 | −0.750 510 | −0.164 549 | 3.093 346 | 1 |
| 极限挑战第 6 季 | 3.018 833 | 0.536 198 | 1.083 958 | 2.079 769 | 2 |
| 歌手当打之年 | 3.150 487 | 0.610 686 | −0.123 316 | 2.053 253 | 3 |
| 笑起来真好看 | 2.960 469 | 0.563 881 | −0.244 047 | 1.915 212 | 4 |
| 向往的生活第 4 季 | 3.544 056 | −2.023 003 | −0.150 251 | 1.911 698 | 5 |
| 青春有你第 2 季 | 2.006 633 | 0.999 406 | −0.564 206 | 1.348 905 | 6 |
| 亲爱的客栈第 3 季 | 1.476 640 | 2.124 450 | 0.590 269 | 1.296 010 | 7 |
| 王牌对王牌第 5 季 | 2.116 474 | −0.792 100 | −0.736 765 | 1.138 262 | 8 |
| 天赐的声音 | 0.676 393 | 2.051 069 | −0.827 684 | 0.642 382 | 9 |
| 吐槽大会第 4 季 | 0.575 641 | 0.077 896 | 0.981 417 | 0.470 018 | 10 |
| 欢乐喜剧人第 6 季 | −1.707 202 | 1.648 870 | 0.866 158 | −0.743 211 | 26 |
| 我们的乐队 | −1.302 991 | 0.292 613 | −0.235 174 | −0.797 790 | 27 |
| 朋友请听好 | −1.491 845 | −0.895 523 | 0.075 084 | −1.059 421 | 28 |
| 我是唱作人第 2 季 | −1.946 919 | −0.052 688 | −0.166 459 | −1.245 422 | 29 |
| 小小的追球 | −1.810 024 | −0.965 867 | −0.771 452 | −1.353 439 | 30 |
| 明星大侦探第 5 季 | −2.081 809 | −0.917 592 | 0.389 528 | −1.401 438 | 31 |
| 巧手神探 | −2.208 621 | 0.079 233 | −0.313 063 | −1.404 819 | 32 |
| 拜托了冰箱第 6 季 | −2.230 109 | −0.356 264 | −0.548 063 | −1.505 439 | 33 |
| 天天向上 2020 | −2.593 935 | −0.263 608 | 1.122 719 | −1.553 995 | 34 |
| 我们的歌 | −2.588 876 | 0.012 078 | −0.567 267 | −1.678 428 | 35 |

结果如下：

```
#可解释性方差的大小
[3.76335775  0.87876778  0.59639853]
#可解释方差贡献率
[0.62722629  0.1464613  0.09939976]
#可解释方差贡献率之和
0.8730873440622644
```

通过运用主成分分析法对 2020 年上半年综艺节目进行综合得分计算和排名，可以看出：各主成分得分及综合得分有正有负，负值可以认为该综艺节目的综合效果低于其他节目平均水平。其中，奔跑吧第 4 季、极限挑战第 6 季、歌手当打之年、笑起来真好看、向往的生活第 4 季、青春有你第 2 季、亲爱的客栈第 3 季、王牌对王牌第 5 季、天赐的声音、吐槽大会第 4 季这 10 个综艺节目在综合效果上位于前列；而明星大侦探第 5 季、巧手神探、拜托了冰箱第 6 季、天天向上 2020、我们的歌这 5 个节目排名靠后。

排名靠前的综艺节目中涉及的综艺体裁丰富，且大多是季播综艺，播放渠道多采用台网联动、多平台联播的方式，一方面具有长久的观众积累，另一方面其品牌 IP（知识产权）效应不容忽视。排名靠后的综艺节目中电视综艺居多，并且大多为上新综艺，一方面在综艺市场上已经具有类似的节目，如我们的乐队、我们的歌和过往优秀的同类音乐节目乐队的夏天等相比并不具有优势，另一方面不具备观众积累的优势，因此难免排名较为靠后。

### 7.3.2　案例：中国城镇居民生活消费分布规律分析

本次综合案例所使用的数据如图 7-14 所示，为 31 个省、区、市的城镇居民家庭平均每人全年的消费性支出（2018 年），来自《2019 中国统计年鉴》，具体数据存于工作表 MVdata2 中。经调察分析可得知，反映消费结构的各个变量存在较强的相关关系，可以并且有必要进行主成分分析，以消除变量之间的相关性。现要求使用 Python 3.x 对此工作表数据进行主成分分析，并对所得结果进行适当的分析。

| 地区 | 食品烟酒 | 衣着 | 居住 | 生活用品及服务 | 交通通信 | 教育文化娱乐 | 医疗保健 | 其他用品及服务 |
|---|---|---|---|---|---|---|---|---|
| 北京 | 8576.9 | 2346.1 | 15390.6 | 2496.2 | 5032.6 | 4401.6 | 3475.8 | 1205.9 |
| 天津 | 9420.8 | 2200.7 | 7037.6 | 1915.7 | 4636.7 | 3598.1 | 2825.1 | 1020.4 |
| 河北 | 5555.6 | 1799.0 | 5577.1 | 1508.0 | 2982.0 | 2305.0 | 1883.7 | 517.0 |
| 山西 | 4702.6 | 1821.5 | 4246.6 | 1219.5 | 2497.4 | 2638.2 | 2138.4 | 525.4 |
| 内蒙古 | 6583.5 | 2455.8 | 4594.4 | 1631.0 | 3736.4 | 2592.1 | 2105.7 | 738.2 |
| 辽宁 | 7081.1 | 2121.7 | 5146.1 | 1610.2 | 3551.2 | 3410.2 | 2626.9 | 900.4 |
| 吉林 | 5563.8 | 2023.2 | 4417.2 | 1301.7 | 3057.6 | 2830.8 | 2469.2 | 730.2 |
| 黑龙江 | 5630.1 | 1920.2 | 4089.2 | 1173.2 | 2605.4 | 2472.9 | 2466.5 | 678.0 |
| 上海 | 11103.9 | 2139.4 | 15376.6 | 2204.6 | 5107.8 | 5490.9 | 3221.8 | 1370.2 |
| 江苏 | 7686.7 | 1925.8 | 8103.9 | 1785.8 | 3819.8 | 3129.0 | 2273.3 | 737.8 |
| 浙江 | 9370.7 | 2231.5 | 9154.0 | 1967.1 | 5010.5 | 3684.2 | 2286.6 | 893.4 |
| 安徽 | 6672.1 | 1661.1 | 4909.9 | 1321.3 | 2630.3 | 2372.4 | 1419.3 | 536.3 |
| 福建 | 9000.7 | 1554.1 | 7716.3 | 1516.2 | 3630.7 | 2727.6 | 1374.8 | 624.7 |
| 江西 | 6232.6 | 1628.8 | 4561.7 | 1493.7 | 2537.6 | 2490.5 | 1218.9 | 596.2 |
| 山东 | 6528.8 | 2008.4 | 5302.3 | 1901.2 | 3604.7 | 2902.7 | 1966.9 | 584.0 |
| 河南 | 5399.5 | 1705.0 | 5021.0 | 1489.4 | 2510.6 | 2429.9 | 1925.2 | 508.5 |
| 湖北 | 6737.5 | 1741.2 | 5392.0 | 1572.9 | 3103.2 | 2694.6 | 2162.8 | 591.5 |
| 湖南 | 6848.9 | 1823.5 | 5060.9 | 1635.6 | 3220.3 | 3924.5 | 2034.4 | 516.0 |
| 广东 | 9780.2 | 1415.3 | 8147.8 | 1726.2 | 4107.3 | 3335.7 | 1591.3 | 820.5 |
| 广西 | 6180.4 | 967.7 | 4235.9 | 1254.1 | 2902.8 | 2466.9 | 1699.3 | 452.2 |
| 海南 | 8184.7 | 938.4 | 5055.5 | 1086.0 | 2592.9 | 2855.7 | 1669.8 | 588.2 |
| 重庆 | 7597.5 | 2010.1 | 4325.4 | 1712.7 | 3248.3 | 2588.8 | 2054.5 | 616.9 |
| 四川 | 7571.0 | 1712.6 | 4390.7 | 1562.0 | 3365.5 | 2383.8 | 1832.9 | 666.2 |
| 贵州 | 5604.8 | 1588.2 | 3717.6 | 1344.7 | 3971.0 | 2413.5 | 1657.8 | 490.3 |
| 云南 | 5845.8 | 1392.1 | 4803.9 | 1293.0 | 3227.9 | 2664.1 | 1875.0 | 524.6 |
| 西藏 | 8975.0 | 2168.5 | 4726.5 | 1389.6 | 3123.9 | 1175.8 | 871.1 | 599.0 |
| 陕西 | 5928.7 | 1728.2 | 4300.9 | 1740.5 | 2752.7 | 2729.7 | 2233.4 | 552.4 |
| 甘肃 | 6491.3 | 1906.3 | 5060.9 | 1446.8 | 2448.9 | 2440.3 | 2207.4 | 604.2 |
| 青海 | 6351.2 | 2004.0 | 4235.4 | 1385.6 | 3611.9 | 2393.6 | 2371.1 | 644.6 |
| 宁夏 | 5374.4 | 1952.9 | 4032.2 | 1416.7 | 3528.6 | 2888.7 | 2152.0 | 631.1 |
| 新疆 | 6899.7 | 2233.1 | 4287.2 | 1641.8 | 3425.2 | 2651.4 | 2272.6 | 780.3 |

图 7-14　原始样本数据（2）

（1）导入相关依赖包。

```
import numpy as np
import pandas as pd
import matplotlib.pyplot as plt
from sklearn.decomposition import PCA
```

（2）读取相关样本数据，并对样本数据进行标准化处理。

```
CSdata=pd.read_excel('./BaPy_Data.xlsx','MVdata2',index_col=0)
Z=(CSdata-CSdata.mean())/CSdata.std()
```

（3）画出累计可解释方差贡献率曲线，可根据结果选择最好的 $k$ 维参数。

```
pca_line = PCA().fit(Z)
plt.plot([1,2,3,4,5,6,7,8],np.cumsum(pca_line.explained_variance_rat
io_))
plt.xticks([1,2,3,4,5,6,7,8])              #这是为了限制坐标轴显示为整数
plt.xlabel("number of components after dimension reduction")
plt.ylabel("cumulative explained variance")
plt.show()
```

结果如图 7-15 所示。

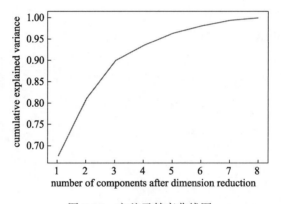

图 7-15　方差贡献率曲线图

根据累计方差贡献率大于 80%和方差大于 1 提取主成分的原则，接下来提取三个主成分。由图 7-15 可知，前三个主成分的累计贡献率达到 90%，能够概括绝大部分原始变量的信息。

（4）将原样本数据特征用三个主成分替换，部分结果如下所示。

```
pca=PCA(n_components=3).fit(Z)                      #主成分分析
print(pca.explained_variance_ )                    #可解释性方差的大小
print(pca.explained_variance_ratio_)               #可解释方差贡献率
print(pca.explained_variance_ratio_.sum())         #累计可解释方差贡献率
print(pd.DataFrame(pca.components_.T))              #主成分负荷
```

结果如下：

```
#可解释性方差的大小
[5.4135734   1.08226193   0.70523956]
#可解释方差贡献率
[0.67669668   0.13528274   0.08815495]
#累计可解释方差贡献率
0.9001343615845947
#主成分负荷
            0              1              2
0    0.307699       0.547324       0.356718
1    0.239400      -0.633874       0.571712
2    0.386641       0.237255      -0.136843
3    0.384825      -0.044976       0.153209
4    0.380366       0.103699       0.205945
5    0.371260       0.076996      -0.488718
6    0.319022      -0.472463      -0.471630
7    0.407602      -0.020583       0.002179
```

由主成分负荷的结果可得出三个主成分如下：

$$F_1 = 0.308X_1 + 0.239X_2 + 0.387X_3 + 0.385X_4 + 0.380X_5 + 0.371X_6 + 0.319X_7 + 0.408X_8$$

$$F_2 = 0.547X_1 - 0.634X_2 + 0.237X_3 - 0.045X_4 + 0.104X_5 + 0.077X_6 - 0.472X_7 - 0.021X_8$$

$$F_3 = 0.357X_1 + 0.572X_2 - 0.137X_3 + 0.153X_4 + 0.206X_5 - 0.489X_6 - 0.471X_7 + 0.002X_8$$

从以上式子可以看出：第一个主成分中 8 个指标的系数相当且都为正值，可以看作由 8 个指标的平均值来反映一个地区城镇居民家庭平均消费水平；第二个主成分在 $X_1$、$X_2$、$X_7$ 上有较大的载荷，反映的是食品烟酒、衣着、医疗保健方面的消费水平；第三个主成分在 $X_2$、$X_6$、$X_7$ 上有较大载荷值，反映的是衣着、教育文化娱乐、医疗保健方面的消费信息。

（5）由加权法估计出综合得分，以各主成分的方差贡献占三个主成分总方差贡献的比重作为权重进行加权汇总，最后计算出各省、区、市的综合得分及排名，如表 7-4 所示。

表 7-4　各省、区、市的综合得分及排名

| 地区 | Comp1 | Comp2 | Comp3 | Comp | Rank |
|---|---|---|---|---|---|
| 上海 | 7.213 | 1.000 | −0.941 | 4.934 | 1 |
| 北京 | 6.485 | −0.631 | −0.587 | 4.251 | 2 |
| 浙江 | 3.384 | 0.416 | 0.932 | 2.429 | 3 |
| 天津 | 3.361 | −0.222 | 0.453 | 2.284 | 4 |
| 广东 | 1.296 | 2.438 | 0.217 | 1.226 | 5 |
| 江苏 | 1.295 | 0.121 | 0.052 | 0.897 | 6 |
| 辽宁 | 1.217 | -0.997 | −0.278 | 0.664 | 7 |
| 福建 | −0.132 | 1.992 | 0.626 | 0.235 | 8 |
| 内蒙古 | 0.367 | −1.406 | 1.215 | 0.165 | 9 |
| 新疆 | 0.305 | −1.108 | 0.679 | 0.116 | 10 |
| 山东 | 0.192 | −0.452 | 0.465 | 0.109 | 11 |

续表

| 地区 | Comp1 | Comp2 | Comp3 | Comp | Rank |
|------|-------|-------|-------|------|------|
| 湖南 | −0.025 | 0.010 | −0.703 | −0.078 | 12 |
| 重庆 | −0.180 | −0.292 | 0.693 | −0.100 | 13 |
| 四川 | −0.645 | 0.446 | 0.484 | −0.334 | 14 |
| 湖北 | −0.573 | −0.105 | −0.263 | −0.425 | 15 |
| 青海 | −0.528 | −0.930 | 0.184 | −0.467 | 16 |
| 宁夏 | −0.701 | −0.972 | −0.247 | −0.628 | 17 |
| 吉林 | −0.592 | −1.341 | −0.533 | −0.629 | 18 |
| 陕西 | −0.869 | −0.584 | −0.514 | −0.713 | 19 |
| 西藏 | −1.640 | 0.869 | 2.993 | −0.728 | 20 |
| 甘肃 | −1.113 | −0.653 | −0.153 | −0.855 | 21 |
| 河北 | −1.386 | −0.405 | −0.022 | −0.994 | 22 |
| 贵州 | −1.613 | 0.209 | 0.049 | −1.059 | 23 |
| 海南 | −1.966 | 2.271 | −1.271 | −1.135 | 24 |
| 黑龙江 | −1.360 | −1.231 | −0.624 | −1.142 | 25 |
| 云南 | −1.672 | 0.473 | −0.842 | −1.142 | 26 |
| 江西 | −1.893 | 0.591 | 0.242 | −1.179 | 27 |
| 安徽 | −1.964 | 0.573 | 0.217 | −1.232 | 28 |
| 河南 | −1.746 | −0.421 | −0.438 | −1.277 | 29 |
| 山西 | −1.996 | −1.070 | −0.832 | −1.596 | 30 |
| 广西 | −2.523 | 1.410 | −1.254 | −1.627 | 31 |

```
#主成分得分
Si=pca.fit_transform(Z)    #获取新矩阵，为(31,3)
SR=pd.DataFrame(Si,columns=['Comp1','Comp2','Comp3'],index=CSdata.index)
SR['Comp']=Si.dot(Wi)  #成分综合得分
SR['Rank']=SR.Comp.rank(ascending=False) #排名
print(round(SR,3))  #如表 7-4 所示
```

就综合得分来看，上海、北京、浙江、天津和广东的得分位列前五，河南、山西、广西得分位列后三位。从现实经济发展水平来看，东部沿海地区整体生活消费水平较高，而西部、北部的一些地区城镇居民家庭生活消费水平较低，江西、安徽等中部地区得分很低。同时也注意到，内蒙古、新疆的城镇居民家庭生活消费水平比较高。

## 7.4　习　　题

1. 数据降维有哪些优点？有哪些常用的降维算法？
2. 简述主成分分析的基本思想。
3. 主成分分析的结果受_____的影响，所以在实际中可以先对各变量进行_____。最

后选取的主成分数量主要是看_____，一般达到 80%以上即可。

4. 分析主成分与原始变量之间的关系。

5. 实现 PCA 常用的两种方法为_____和_____。

6. 描述利用特征值分解协方差矩阵的主成分分析基本步骤。

7. 为了方便进行主成分分析，在 sklearn 库中提供了特定包_____来实现主成分分析。与传统的 PCA 方法不同的是，该类实现的方法中还涉及_____降维方法。简单理解，在 sklearn 库中将降维流程分为_____和_____两个部分。

8. 对以下样本数据进行主成分分析，将原始二维数据降维成一维数据。

| | *x* | *y* |
|---|---|---|
| | 1 | 2 |
| Data= | −2 | −3.5 |
| | 3 | 5 |
| | −4 | −7 |

9. 如图 7-16 所示，取 DaPy_data.xlsx 中的数据集 MVdata 作为原始样本数据（BaPy_data.xlsx）放在与代码同级目录。请使用 Python 对样本数据进行主成分分析，并确定主成分的数量。

| | A | B | C | D | E | F | G | H | I |
|---|---|---|---|---|---|---|---|---|---|
| 1 | 地区 | 生产总值 | 从业人员 | 固定资产 | 利用外资 | 进出口额 | 新品出口 | 市场占有 | 对外依存 |
| 2 | 北京 | 162.519 | 1069.70 | 55.789 | 196.906 | 3894.9 | 6470.51 | 2.635 | 1.55 |
| 3 | 天津 | 113.073 | 763.16 | 70.677 | 61.947 | 1033.9 | 7490.32 | 1.986 | 0.59 |
| 4 | 河北 | 245.158 | 3962.42 | 163.893 | 178.782 | 536.0 | 2288.19 | 1.276 | 0.14 |
| 5 | 山西 | 112.376 | 1738.90 | 70.731 | 104.945 | 147.6 | 1522.79 | 0.242 | 0.08 |
| 6 | 内蒙古 | 143.599 | 1249.30 | 103.652 | 54.426 | 119.4 | 342.36 | 0.209 | 0.05 |
| 7 | 辽宁 | 222.267 | 2364.90 | 177.263 | 155.296 | 959.6 | 4150.24 | 2.278 | 0.28 |
| 8 | 吉林 | 105.688 | 1337.80 | 74.417 | 58.843 | 220.5 | 746.94 | 0.223 | 0.13 |
| 9 | 黑龙江 | 125.820 | 1977.80 | 74.754 | 81.979 | 385.1 | 318.89 | 0.789 | 0.20 |
| 10 | 上海 | 191.957 | 1104.33 | 49.621 | 179.582 | 4373.1 | 10326.44 | 9.359 | 1.47 |
| 11 | 江苏 | 491.103 | 4758.23 | 266.926 | 261.118 | 5397.6 | 43928.94 | 13.953 | 0.71 |
| 12 | 浙江 | 323.189 | 3680.00 | 141.853 | 239.452 | 3094.0 | 25355.08 | 9.657 | 0.62 |
| 13 | 安徽 | 153.007 | 4120.90 | 124.557 | 92.613 | 313.4 | 2344.05 | 0.762 | 0.13 |
| 14 | 福建 | 175.602 | 2459.99 | 99.109 | 92.158 | 1435.6 | 7957.50 | 4.144 | 0.53 |
| 15 | 江西 | 117.028 | 2532.60 | 90.876 | 71.531 | 315.6 | 1301.04 | 0.977 | 0.17 |
| 16 | 山东 | 453.619 | 6485.60 | 267.497 | 223.057 | 2359.9 | 17688.02 | 5.614 | 0.34 |
| 17 | 河南 | 269.310 | 6198.00 | 177.690 | 147.022 | 326.4 | 2176.17 | 0.859 | 0.08 |
| 18 | 湖北 | 196.323 | 3672.00 | 125.573 | 113.434 | 335.2 | 1614.37 | 0.872 | 0.11 |
| 19 | 湖南 | 196.696 | 4005.03 | 118.809 | 106.234 | 190.0 | 1814.50 | 0.442 | 0.06 |
| 20 | 广东 | 532.103 | 5960.74 | 170.662 | 410.616 | 9134.8 | 56849.07 | 23.742 | 1.11 |
| 21 | 广西 | 117.209 | 2936.00 | 79.907 | 66.822 | 233.5 | 641.55 | 0.556 | 0.13 |
| 22 | 海南 | 25.227 | 459.22 | 16.572 | 18.885 | 127.6 | 185.49 | 0.113 | 0.33 |
| 23 | 重庆 | 100.114 | 1590.16 | 74.734 | 70.117 | 292.2 | 3928.45 | 0.886 | 0.19 |
| 24 | 四川 | 210.267 | 4785.50 | 142.222 | 162.007 | 477.8 | 1233.51 | 1.297 | 0.15 |
| 25 | 贵州 | 57.018 | 1792.80 | 42.359 | 39.441 | 48.8 | 308.65 | 0.134 | 0.06 |
| 26 | 云南 | 88.931 | 2857.24 | 61.910 | 66.849 | 160.5 | 257.76 | 0.423 | 0.12 |
| 27 | 陕西 | 125.123 | 2059.02 | 94.311 | 92.209 | 146.2 | 408.45 | 0.313 | 0.08 |
| 28 | 甘肃 | 50.204 | 1500.30 | 39.658 | 42.500 | 87.4 | 300.89 | 0.096 | 0.11 |
| 29 | 青海 | 16.704 | 309.18 | 14.356 | 10.488 | 9.2 | 0.30 | 0.030 | 0.04 |
| 30 | 宁夏 | 21.022 | 339.60 | 16.447 | 13.563 | 22.9 | 197.00 | 0.071 | 0.07 |
| 31 | 新疆 | 66.101 | 953.34 | 46.321 | 44.409 | 228.2 | 83.39 | 0.751 | 0.22 |

图 7-16　原始样本数据（3）

10. 图 7-17 所示为某农业生态经济系统各区域单元的有关数据，共计 21 条，存于工作表 MVdata3 中。样本数据从人口密度、人均耕地面积、森林覆盖率、农民人均纯收入、人均粮食产量、经济作物占农作物播面比例、耕地占土地面积比率、果园与林地面积之比、灌溉田占耕地面积之比九个维度构建农业生态经济系统的评价指标。为了便于对数据进行分析，请使用 Python 3.x 对此工作表数据进行主成分分析，并对所得结果进行适当的分析。

| 样本序号 | 人口密度(人/km2) | 人均耕地面积(ha) | 森林覆盖率(%) | 农民人均纯收入(元/人) | 人均粮食产量(kg/人) | 经济作物占农作物播面比例(%) | 耕地占土地面积比率(%) | 果园与林地面积之比(%) | 灌溉田占耕地面积之比(%) |
|---|---|---|---|---|---|---|---|---|---|
| 1 | 363.91 | 0.352 | 16.101 | 192.11 | 295.34 | 26.724 | 18.492 | 2.231 | 26.262 |
| 2 | 141.5 | 1.684 | 24.301 | 1752.35 | 452.26 | 32.314 | 14.464 | 1.455 | 27.066 |
| 3 | 100.7 | 1.067 | 65.601 | 1181.54 | 270.12 | 18.266 | 0.162 | 7.474 | 12.489 |
| 4 | 143.74 | 1.336 | 33.205 | 1436.12 | 354.26 | 17.486 | 11.805 | 1.892 | 17.534 |
| 5 | 131.41 | 1.623 | 16.607 | 1405.09 | 586.59 | 40.683 | 14.401 | 0.303 | 22.932 |
| 6 | 68.337 | 2.032 | 76.204 | 1540.29 | 216.39 | 8.128 | 4.065 | 0.011 | 4.861 |
| 7 | 95.416 | 0.801 | 71.106 | 926.35 | 291.52 | 8.135 | 4.063 | 0.012 | 4.862 |
| 8 | 62.901 | 1.652 | 73.307 | 1501.24 | 225.25 | 18.352 | 2.645 | 0.034 | 3.201 |
| 9 | 86.624 | 0.841 | 68.904 | 897.36 | 196.37 | 16.861 | 5.176 | 0.055 | 6.167 |
| 10 | 91.394 | 0.812 | 66.502 | 911.24 | 226.51 | 18.279 | 5.643 | 0.076 | 4.477 |
| 11 | 76.912 | 0.858 | 50.302 | 103.52 | 217.09 | 19.793 | 4.881 | 0.001 | 6.165 |
| 12 | 51.274 | 1.041 | 64.609 | 968.33 | 181.38 | 4.005 | 4.066 | 0.015 | 5.402 |
| 13 | 68.831 | 0.836 | 62.804 | 957.14 | 194.04 | 9.11 | 4.484 | 0.002 | 5.79 |
| 14 | 77.301 | 0.623 | 60.102 | 824.37 | 188.09 | 19.409 | 5.721 | 5.055 | 8.413 |
| 15 | 76.948 | 1.022 | 68.001 | 1255.42 | 211.55 | 11.102 | 3.133 | 0.01 | 3.425 |
| 16 | 99.265 | 0.654 | 60.702 | 1251.03 | 220.91 | 4.383 | 4.615 | 0.011 | 5.593 |
| 17 | 118.505 | 0.661 | 63.304 | 1246.47 | 242.16 | 10.706 | 6.053 | 0.154 | 8.701 |
| 18 | 141.473 | 0.737 | 54.206 | 814.21 | 193.46 | 11.419 | 6.442 | 0.012 | 12.945 |
| 19 | 137.761 | 0.598 | 55.901 | 1124.05 | 228.44 | 9.521 | 7.881 | 0.069 | 12.654 |
| 20 | 117.612 | 1.245 | 54.503 | 805.67 | 175.23 | 18.106 | 5.789 | 0.048 | 8.461 |
| 21 | 122.781 | 0.731 | 49.102 | 1313.11 | 236.29 | 26.724 | 7.162 | 0.092 | 10.078 |

图 7-17 某农业生态经济系统各区域单元的有关数据

# 第8章

# 聚类分析方法

聚类用来将样本数据对象集划分成多个组或簇，使得簇内的对象具有很高的相似性，但与其他簇中的对象不相似。相异性与相似性是根据描述的对象属性进行评估，并且通常涉及相似度或距离的度量。聚类算法也是数据挖掘中常用的基本算法之一，本章将会介绍几种常用的聚类算法。聚类作为一种数据挖掘的工具已经被许多应用领域广泛使用，如生物信息、安全、商务智能和 Web 搜索等。

## 8.1 聚类分析的概念

### 8.1.1 基本思想

我们通常能够把所见到的相似的事物归为一类进行认识，并能识别出不同事物之间的差异性，这是一种与生俱来的归纳与总结的能力。而且在没有人特意教授不同小种群的称谓与特性之前，人类就自然具备这种主观的认知能力，以特征形态的相同或近似将它们划分到一个概念下，以特征形态的不同划分在不同概念下，如同样是车子，可以从外观上分为小轿车、卡车、火车等种类，这本身就是聚类的思维方式。

聚类分析的基本思想是根据"物以类聚"的原理，把数据分成不同的组或者类，使组与组之间的数据相似度尽可能小，而组内数据则具有较高的相似度。将这样一群物理的或抽象的样本对象，根据它们之间的相似程度，划分为若干组，其中相似的对象构成一组（也可称为簇），这一过程就称为聚类。在这个过程中，样本之间的相似度或距离起着重要作用。还需注意的是，聚类分析与我们熟知的概念"分类"有所不同，聚类分析用于对事物的类别尚不清楚，甚至连总共有几类事先都不能确定的情况下进行"分类"的问题。

聚类分析在数据挖掘、模式文本识别等领域有着广泛的应用，在实际运用中，根据聚类的对象不同一般分为两种：

（1）R 型聚类分析，对指标（或变量）进行聚类，便于作为分类因素的深入观测；

（2）Q 型聚类分析，对样本进行聚类，即样本对象的分类。更常用的是 Q 型聚类分析。

### 8.1.2 聚类统计量

本小节介绍聚类分析中的一些基本的统计量，包括：距离或相似度，类或簇，类与类之间的距离。

#### 1. 距离或相似度

聚类的对象是观测数据或样本集合。聚类的目标是使聚类内部样本对象之间的距离尽可能小，或者说使它们之间具有较高的相似度，所以距离或相似性度量对于聚类算法是非常重要的。一般而言，定义一个距离函数 $d(x, y)$ 表示两个样本 $x$ 与 $y$ 之间的距离，需要满足以下几个准则。

（1）非负性：$d(x, y) \geqslant 0$，且若 $d(x, y) = 0$，则 $x = y$。

（2）对称性：$d(x, y) = d(y, x)$。

（3）三角不等式：$d(x, y) \leqslant d(x, k) + d(k, y)$。

因为相似度直接影响聚类的结果，所以其选择是聚类的根本问题。哪种相似度更合适，取决于具体应用问题的特性。下面介绍几种常见的相似度或距离。

1）闵可夫斯基距离

若把样本视作空间中的"点"，样本集合看作空间中点的集合，则可以以该空间的距离表示样本之间的相似度。常用的距离有闵可夫斯基距离、曼哈顿距离等，尤其常用的是欧氏距离。闵可夫斯基距离越大，其样本相似度越小，距离越小，相似度越大。

定义：设存在给定样本集合 $X$，$X$ 为 $m$ 维向量空间中的点集合，其中，$X_i$，$X_i \in X$，$X_i = [X_{1i}, X_{2i}, \cdots, X_{mi}]^T$，$X_j = [X_{1j}, X_{2j}, \cdots, X_{mj}]^T$，则 $X_i$ 与 $X_j$ 之间的闵可夫斯基距离可以定义为

$$d_{ij} = \left( \sum_{k=1}^{m} |x_{ki} - x_{kj}|^p \right)^{\frac{1}{p}} (p \geqslant 1)$$

当 $p = 1$ 时，称为曼哈顿距离，即

$$d_{ij} = \sum_{k=1}^{m} |x_{ki} - x_{kj}|$$

当 $p = 2$ 时，称为欧氏距离，即

$$d_{ij} = \left( \sum_{k=1}^{m} |x_{ki} - x_{kj}|^2 \right)^{\frac{1}{2}}$$

当 $p = \infty$ 时，称为切比雪夫距离，即取得各个坐标数差值的绝对值最大值

$$d_{ij} = \max |x_{ki} - x_{kj}|$$

2）马氏距离

马氏距离（Mahalanobis distance）也是一种常用的相似度，其可定义为

$$d_{ij} = [(x_i - x_j)^T S^{-1} (x_i - x_j)]^{\frac{1}{2}}$$

其中，$S$ 为样本的协方差矩阵。马氏距离不受量纲的影响，易得，当 $S$ 为单位矩阵，即样本数据的各个分量相互独立且方差均为 1 时，马氏距离就是欧氏距离，因此马氏距离是欧氏距离的推广。

3）相关系数

相关系数是衡量两个样本之间相似度的又一数量指标。相关系数的绝对值越接近 1，表示样本越相似；绝对值越接近 0，表示样本越不相似。

定义：样本 $X_i$ 与 $X_j$ 之间的相关系数可以定义为

$$r_{ij} = \frac{\sum\limits_{k=1}^{m}(x_{ki} - \overline{x}_i)(x_{kj} - \overline{x}_j)}{\left[\sum\limits_{k=1}^{m}(x_{ki} - \overline{x}_i)^2 \sum\limits_{k=1}^{m}(x_{kj} - \overline{x}_j)^2\right]^{\frac{1}{2}}}$$

其中，$\overline{x}$ 表示平均值。

4）余弦相似度

余弦相似度用空间向量中两个向量的夹角的余弦值来衡量两个个体之间差异的大小。相比距离度量，余弦相似度更注重两个向量方向上的差异，而非距离或长度。夹角余弦越接近 1，表示样本越相似；越接近 0，表示样本越不相似。

定义：样本 $X_i$ 与 $X_j$ 之间的余弦相似度可以定义为

$$s_{ij} = \frac{\sum\limits_{k=1}^{m}x_{ki}x_{kj}}{\left[\sum\limits_{k=1}^{m}x_{ki}^2 \sum\limits_{k=1}^{m}x_{kj}^2\right]^{\frac{1}{2}}}$$

由以上介绍可认识到，当用距离度量样本相似度时，距离越小则样本越相似；当用相关系数度量相似度时，相关系数越大则样本越相似。不同的相似度度量得到的结果可能并不一致，在实际使用中，对前文提到的 Q 型聚类分析，常用距离来度量；对于 R 型聚类分析，常用相关系数进行度量。

**2. 类或簇**

通过聚类得到的类或簇，本质上就是样本的子集。如果一个聚类方法假定一个样本数据只能属于一个类，或者类的交集为空集，则该种聚类方法称为硬聚类；相反，如果一个样本能够属于多个类，或者类的交集不为空集，那么这种聚类方法称为软聚类。以下给出常见的一些特征定义。

1）类或簇的定义

设 $T$ 为给定的正数，若对于集合 $G$，其中任意两个样本 $X_i$，$X_j$ 之间的距离 $d_{ij}$，均存在

$$d_{ij} \leqslant T$$

则称 $G$ 为一个类或者簇。

2）类的均值 $\overline{x}_G$，又称为类的中心

$$\overline{x}_G = \frac{1}{n_G}\sum_{i=1}^{n_G}x_i$$

其中，$n_G$ 是类 $G$ 的样本个数。

3）类的直径 $D_G$

类的直径 $D_G$ 是类中任意两个样本之间的最大距离，即

$$D_G = \max_{x_i, x_j \in G} d_{ij}$$

4）类的样本散布矩阵 $A_G$ 与样本协方差矩阵 $S_G$

样本散布矩阵 $A_G$ 为

$$A_G = \sum_{i=1}^{n_G} (x_i - \overline{x}_G)(x_i - \overline{x}_G)^{\mathrm{T}}$$

样本协方差矩阵 $S_G$ 为

$$S_G = \frac{1}{m-1} \sum_{i=1}^{n_G} (x_i - \overline{x}_G)(x_i - \overline{x}_G)^{\mathrm{T}}$$

其中，$m$ 为样本属性的个数。

### 3. 类与类之间的距离

每一个类（簇）都是若干样本的集合，下面考虑类与类之间的距离。类与类之间的距离也存在多种定义。

设类 $G_p$ 包含 $n_p$ 个样本，类 $G_q$ 包含 $n_q$ 个样本，分别用 $\overline{x}_p$、$\overline{x}_q$ 表示 $G_p$ 和 $G_q$ 的均值，即类的中心。

1）最短距离

定义类 $G_p$ 样本和类 $G_q$ 样本之间的最短距离为两个类之间的距离，即

$$D_{pq} = \min\{d_{ij} \mid x_i \in G_p, x_j \in G_q\}$$

2）最长距离

定义类 $G_p$ 样本和类 $G_q$ 样本之间的最长距离为两个类之间的距离，即

$$D_{pq} = \max\{d_{ij} \mid x_i \in G_p, x_j \in G_q\}$$

3）中心距离

定义类 $G_p$ 和类 $G_q$ 的中心 $\overline{x}_p$、$\overline{x}_q$ 之间的距离为两个类之间的距离，即

$$D_{pq} = d_{\overline{x}_p \overline{x}_q}$$

4）平均距离

定义类 $G_p$ 和类 $G_q$ 中任意两个样本之间的距离平均值为两个类之间的距离，即

$$D_{pq} = \frac{1}{n_p n_q} \sum_{x_i \in G_p} \sum_{x_j \in G_q} d_{ij}$$

5）离差平方和法（Ward 法）

基于方差分析的思想，如果类分得正确，同类样本之间的离差平方和应当较小，类与类之间的离差平方和应当较大。

## 8.2　常见的聚类分析方法

聚类分析的算法有很多种，在实际运用中，可以根据数据类型、目的以及具体应用要求来选择合适的聚类算法。以下介绍几种常用的聚类算法。需要注意的是，在实际使用中，

样本数据的跨度往往比较大，为了方便进行聚类分析，常常先对输入的样本数据进行规范化的处理。

## 8.2.1 系统聚类法

系统聚类法（Hierachical Cluster Method）是目前比较常用的一种聚类算法。其具体的过程是：对于给定的样本集合，它首先将每个样本单独看作一类；然后按照一定的聚类准则（如类间距离最小），每次将满足规则的两个类合并为一个新类，并重新计算新类与其他类之间的距离；如此反复进行，每次减少一个类，直到满足特定的停止条件后终止（如把所有样本数据聚为一类）。

系统聚类又称为聚合聚类、自下而上聚类和分层聚类。由上可得知，系统聚类需预先确定以下三个要素：

（1）距离或相似度；

（2）合并规则（聚类准则）；

（3）终止条件。

由不同的要素组成的系统聚类方法可能会得到不同的聚类结果。如距离或相似度可以选择闵可夫斯基距离、相关系数、余弦相似度等，其中最常用的是欧氏距离。聚类准则一般是类间距离最小，而类间距离可以是最短距离、最长距离、中心距离等。故根据此可以将实现系统聚类的方法分为最短距离法、最长距离法、中间距离法、重心法、类平均法等。终止条件可以是类的个数达到了指定阈值（例如 1），或有的应用要求在类的直径达到指定阈值后终止。

以下通过一个案例说明系统聚类法。

【例 8-1】如下所示为一个含有 5 个样本的集合，且样本之间的距离表示为如下矩阵 $\boldsymbol{D}$：

$$\boldsymbol{D} = [d_{ij}]_{5\times5} = \begin{bmatrix} 0 & 7 & 1 & 9 & 3 \\ 7 & 0 & 5 & 4 & 6 \\ 1 & 5 & 0 & 8 & 2 \\ 9 & 4 & 8 & 0 & 5 \\ 3 & 6 & 2 & 5 & 0 \end{bmatrix}$$

其中，采用欧氏距离为样本之间的距离；类间距离小为聚类准则，最短距离为类间距离；类数目为 1，即所有样本聚为一类为停止条件。$d_{ij}$ 表示样本 $i$ 与样本 $j$ 之间的欧氏距离。

其具体步骤如下。

（1）将 5 个样本初始化为 5 个基本类，$G_i = \{x_i\}$，$i \in [1,5]$。此时样本之间的距离也就是各类之间的距离，矩阵 $\boldsymbol{D}$ 就是初始距离矩阵。

（2）由矩阵 $\boldsymbol{D}$ 可看出，$d_{13} = d_{31} = 1$ 为距离最小，根据最短距离准则，可将 $G_1$ 与 $G_3$ 合并为一个新类，$G_6 = \{x_1, x_3\}$。

（3）重新计算并更新距离矩阵 $\boldsymbol{D}$，计算可得 $G_6$ 与 $G_2$，$G_4$，$G_5$ 之间的最短距离为

$$d_{62} = d_{26} = 5，\quad d_{64} = d_{46} = 5，\quad d_{65} = d_{56} = 2$$

同时，其他类之间的距离有

$$d_{52} = d_{25} = 6，d_{54} = d_{45} = 5，d_{24} = d_{42} = 4$$

显然，2 为其中最小值，所以将 $G_1$ 和 $G_6$ 合并为一个新类，$G_7 = \{x_1，x_3，x_5\}$。

（4）计算 $G_7$ 与其他类的最短距离并更新距离矩阵 $\boldsymbol{D}$

$$d_{72} = d_{27} = 5，d_{74} = d_{47} = 5$$

同时又有：$d_{24} = d_{42} = 4$。

显然，将 $G_2$ 与 $G_4$ 合并为一个新类，$G_8 = \{x_2，x_4\}$。

（5）将 $G_7$ 与 $G_8$ 合并为一个新类，$G_9 = \{x_1，x_3，x_5，x_2，x_4\}$。此时，全部样本已经聚成一类，聚类终止。

上述聚类过程可用图 8-1 来表示。

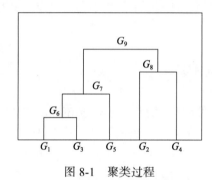

图 8-1　聚类过程

### 8.2.2　快速聚类法

快速聚类法，又称为动态聚类法。其基本思想是，当初始样本比较大时，使用系统聚类法的工作量十分大，而快速聚类是通过选取初始样本数据中的 $k$ 个点作为初始凝聚点或是给出 $k$ 个初始分类，随后让余下样本点按照某种准则朝凝聚点凝聚，并不断进行迭代修改，直到趋于稳定或是达到目标聚类数为止。

初始凝聚点的个数 $k$ 可以事先指定，也可以在聚类过程中再确定。选出初始凝聚点的一种简单方法是通过随机抽选样本的方法实现的。快速聚类法有多种实现方法，在这里对其最典型的一种——$K$ 均值法（$K$-Means）进行讨论。

$K$ 均值法的基本思想是，首先随机选取 $k$ 个点作为初始的聚类中心，然后计算各个样本对象到聚类中心的距离，并把对象归并到离它最近的聚类中心所在的那个类中。重新计算聚类中心，如果相邻两次的聚类中心都没有发生变化，此时说明聚类准则函数已经收敛，或者当某次聚类后所得到的误差平方和（SSE）最小，则此后聚类算法结束，聚类完成。需要注意的是，计算样本对象与聚类中心之间的距离采用的是欧氏距离。由上，可总结 $K$ 均值算法如下：

输入：$n$ 个样本的集合 $X$；

输出：样本集合的聚类 $G^{(*)}$。

（1）对样本集合 $X$ 进行初始化，选择随机 $k$ 个样本点作为样本的聚类中心，同时也为初始簇内的质心 $m_l$。

（2）根据欧氏距离把剩余每个样本点分配到离它最近的簇质心的一个划分，构成聚类结果 $G^{(t)}$。

（3）计算每个簇中样本的均值向量，作为新的簇内质心 $m_l$。

（4）重复步骤（2）、（3），直到 $k$ 个簇的质心点不再发生变化或误差平方和最小，输出 $G^{(*)} = G^{(t)}$。

其中误差平方和准则公式如下所示：

$$S_E = \sum_{l=1}^{k} \sum_{C(i)=l} \| x_i - m_l \|^2$$

$m_l$ 是 $C_l$ 的质心，其中，$m_l = \dfrac{1}{n_l} \sum_{C(i)=l} x_i, l = 1, \cdots, k$。

【例 8-2】 如下给定包含 5 个样本向量的集合 $X$，用 $K$ 均值算法将样本聚到 2 个类中。

$$X = \begin{bmatrix} 1 & 1 & 2 & 5 & 6 \\ 3 & 1 & 1 & 1 & 3 \end{bmatrix}$$

其具体步骤如下。

（1）由题可知，$k=2$，假设选择 $X_1 = (1,3)^T$，$X_2 = (1,1)^T$ 为初始聚类中心。

（2）以 $m_1 = X_1$，$m_2 = X_2$ 为类 $G^{(0)}{}_1$，$G^{(0)}{}_2$ 的质心，计算剩余样本点到两个质心的欧氏距离：

$X_3 = (2, 1)^T$，$d(X_3, m_1) > d(X_3, m_2)$，将 $X_3$ 分到类 $G^{(0)}{}_2$ 中。

$X_4 = (5, 1)^T$，$d(X_4, m_1) > d(X_4, m_2)$，将 $X_4$ 分到类 $G^{(0)}{}_2$ 中。

$X_5 = (6, 3)^T$，$d(X_5, m_1) < d(X_5, m_2)$，将 $X_5$ 分到类 $G^{(0)}{}_1$ 中。

（3）此时得到新的类别 $G^{(1)}{}_1 = \{X_1, X_5\}$，$G^{(1)}{}_2 = \{X_2, X_3, X_4\}$，计算类内新的质心 $m_1 = (3.5, 3)^T$，$m_2 = (8/3, 1)^T$。

（4）重复上述步骤（2）、（3），可得结果，将 $X_1$ 分到类 $G^{(1)}{}_1$ 中，将 $X_2$ 分到类 $G^{(1)}{}_2$ 中，将 $X_3$ 分到类 $G^{(1)}{}_2$ 中，将 $X_4$ 分到类 $G^{(1)}{}_2$ 中，将 $X_5$ 分到类 $G^{(1)}{}_1$ 中。得到新的类别 $G^{(1)}{}_1 = \{X_1, X_5\}$，$G^{(2)}{}_2 = \{X_2, X_3, X_4\}$，可知两个类内的质心没有改变，聚类停止，返回聚类结果。

### 8.2.3 有序聚类法

前面所介绍的一些聚类方法，大多适合无序样本的聚类。在科学研究中存在另一类型的样本数据：各样本在时间或空间存在自然顺序，如生长发育资料的年龄顺序、发病率的年份顺序和地理位置顺序等，我们称这种存在自然顺序的样本为有序样本。对有序样本进行聚类时要考虑到样本的顺序特性这个前提条件，聚类时不应该破坏样本中原有的顺序连接，即聚类时要求必须时次序相邻的样本才能在一类，因此形成的聚类方法称为有序聚类法，又称为最优分割法。

假设样本 $X$ 中存在 $X_1$，$X_2$，$\cdots$，$X_n$ 表示 $n$ 个数据，若对此样本进行有序聚类，则每一类必须满足这样的形式：$G_i = \{X_t, X_{t+1}, \cdots, X_{t+k}\}$，$1 \leq t \leq n$，$t + k \leq n$ 且 $k > 0$，即同一类的样本必须相邻。显然，对该样本进行有序聚类可以看作在不同位置上寻找不同的分点，将该组样本分割为几个分段，则每一分段可以看作一个类。通常寻找最好的分点位置的一个依据是使得该段内样本之间的差异最小，而不同段内的样本之间的差异较大。

以下为有序聚类法的计算步骤。

假设存在一组有序样本 $X_1$，$X_2$，$\cdots$，$X_n$，其中 $X_t$ 为 $p$ 维向量。

（1）定义类的直径，包含 $m$ 个样本的类的直径。

设一类 $G = \{X_i，X_{i+1}，\cdots，X_j，j > i\}$，则该类的均值向量为

$$\bar{X}_G = \frac{1}{j-i+1}\sum_{l=i}^{j}X_{(l)}$$

用 $D(i, j)$ 表示类 $G$ 的直径，可表示为

$$D(i, j) = \sum_{l=i}^{j}(X_{(l)} - \bar{X}_G)'(X_{(l)} - \bar{X}_G)$$

当 $p = 1$ 时，直径也可表示为

$$D(i, j) = \sum_{l=i}^{j}|X_{(l)} - \bar{X}_G'|$$

其中 $\bar{X}_G'$ 表示这一类数据中的中位数。

（2）定义误差函数（损失函数）。常见的误差函数定义如下：

$$L[b(n,k)] = \sum_{t=1}^{k}D(i_t, i_{t+1} - 1)$$

当 $n$，$k$ 固定时，$L[b(n,k)]$ 越小表示各类的离差平方和越小，分类越合理，因此要寻找一种分法 $b(n,k)$，使得损失函数 $L$ 达到最小。一种简单的方法是直接把分类函数定义为各类直径的和。

（3）根据 $L[b(n,k)]$ 的递推公式，不断寻找最优分类点，使得损失函数达到最小。这里通常涉及复杂的数理推理与计算，一种简单的方法是根据分类数，尝试计算所有分类方法的损失函数（损失函数定义为各类直径和），从而得出损失函数最小的情况，确定最优的聚类方案。

【例 8-3】 如表 8-1 所示，根据指标 $X$ 的观察值将有序样本 $X_1$，$X_2$，$X_3$，$X_4$，$X_5$ 分为 3 类。

表 8-1　指标 $X$ 的观察值

| 样本 $X$ | 1 | 2 | 3 | 4 | 5 |
|---|---|---|---|---|---|
| 坐标 $x$ | 2 | 3 | 7 | 8 | 12 |

其具体步骤如下。

（1）由表 8-1 可知，样本为 1 维向量，即 $p=1$，故直径可定义为

$$D(i, j) = \sum_{l=i}^{j}|X_{(l)} - \bar{X}_G'|$$

（2）可以把损失函数定义为各类直径的和，即

$$D = D_{G1} + D_{G2} + D_{G3}$$

（3）计算所有分类方法的损失函数，从中得出损失函数取最小的情况。

例如，对于 2 | 3 | 7 8 12，此时 $G_1 = \{X_1\}$，$G_2 = \{X_2\}$，$G_3 = \{X_3, X_4, X_5\}$，$D_{G1} = 0$，$D_{G2} = 0$，$D_{G3} = D(3,5)$，此时中位数为 $(7+8+12)/3 = 9$，故有 $D_{G3} = D(3,5) = (7-9)^2 + (8-9)^2 + (12-9)^2 = 14$，所以 $D = 0 + 0 + 14 = 14$。

同理可求得

| | |
|---|---|
| 2 \| 3 7 \| 8 12 | $D = 16$ |
| 2 \| 3 7 8 \| 12 | $D = 14$ |
| 2 3 \| 7 \| 8 12 | $D = 8.5$ |
| 2 3 \| 7 8 \| 12 | $D = 1$ |
| 2 3 7 \| 8 \| 12 | $D = 14$ |

（4）由上述结果可知，当 $G_1 = \{X_1, X_2\}$，$G_2 = \{X_3, X_4\}$，$G_3 = \{X_5\}$ 时，损失函数值最小，故为最终分类结果。

## 8.2.4　模糊聚类法

前文提到过，聚类方法可以根据样本数据是否只归属于一个类而分为硬聚类和软聚类。传统的聚类分析方法，如前面所介绍的这几种，都把每个样本严格地划分到某一类中，属于硬聚类范畴。实际上，并不是所有样本都有严格的属性，而在某些生态或类属中存在中介性，随着模糊集理论的提出，模糊聚类的方法也被广泛运用。通过模糊聚类分析，得到了样本属于各个类别中的不确定性程度，即建立了样本对于类别的不确定性的描述，更准确地反映了现实世界。故模糊聚类法也被归化于软聚类的范畴。下面介绍与模糊聚类相关的一些基本概念。

### 1. 特征函数

对于一个样本集合 $G$，对于空间中其他任意元素 $x$，要么 $x$ 在样本 $G$ 里面，要么 $x$ 不在样本 $G$ 里面，这一特征可以用一个函数来表示：

$$I_G(x) = \begin{cases} 1, & x \in G \\ 0, & x \notin G \end{cases}$$

其中，$I_G(x)$ 称为集合 $G$ 的特征函数。

### 2. 隶属函数与模糊集

特征函数只能简单地描述是或否的问题，如果需要进一步描述程度的大小，仅用特征函数是不够的。因此模糊集理论将特征函数的概念推广到区间 $[0,1]$ 内取值的函数，以此达到可以度量程度的大小，而这个函数称为集合 $G$ 的隶属函数，记作 $G(x)$，即对于任意元素 $x$，都有 $[0,1]$ 范围内的一个数 $G(x)$ 与之对应。

若在集合 $G$ 上定义了一个隶属函数，则称 $G$ 为模糊集。

### 3. 模糊矩阵及其褶积

若存在一个矩阵 $A$，其各个元素 $a_{ij}$，满足 $0 \leq a_{ij} \leq 1$，则称 $A$ 为模糊矩阵。

设 $A = (a_{ij})_{n \times p}$ 和 $B = (b_{ij})_{p \times m}$ 为两个模糊矩阵，令

$$c_{ij} = \bigvee_{k=1}^{p} (a_{ik} \wedge b_{kj}), i = 1, \cdots, n; j = 1, \cdots, m$$

其中，$a \wedge b = \min\{a,b\}$，$a \vee b = \max\{a,b\}$。

则称 $\boldsymbol{C} = (c_{ij})_{n \times m}$ 为模糊矩阵 $\boldsymbol{A}$ 与 $\boldsymbol{B}$ 的褶积，记为 $\boldsymbol{C} = \boldsymbol{AB}$。

**4. 模糊等价矩阵及其 $\lambda$-截阵**

设 $\boldsymbol{A}$ 为一个模糊矩阵，若 $\boldsymbol{A}$ 满足 $\boldsymbol{A} \circ \boldsymbol{A} = \boldsymbol{A}$，其中，$\boldsymbol{A} \circ \boldsymbol{B}$ 就是矩阵 $\boldsymbol{A}$ 和 $\boldsymbol{B}$ 元素对应相乘，则称 $\boldsymbol{A}$ 为模糊等价矩阵，模糊等价矩阵可以体现模糊分类关系的传递性。

设 $\boldsymbol{A} = (a_{ij})_{n \times n}$ 为一个模糊等价矩阵，存在 $0 \leqslant \lambda \leqslant 1$ 为一个给定的数，令

$$a_{ij}^{(\lambda)} = \begin{cases} 1, & a_{ij} \geqslant \lambda, \\ 0, & a_{ij} < \lambda, \end{cases} i, j = 1, 2, \cdots, n$$

则称矩阵 $\boldsymbol{A} = \left(a_{ij}^{(\lambda)}\right)_{n \times n}$ 为 $\boldsymbol{A}$ 的 $\lambda$-截阵。

**5. 模糊相似矩阵**

设 $\boldsymbol{A} = (a_{ij})_{n \times n}$ 为一个 $n$ 阶模糊方阵，$\boldsymbol{I}$ 为 $n$ 阶单位方阵，若 $\boldsymbol{A}$ 同时满足以下两个条件，则称 $\boldsymbol{A}$ 为模糊相似矩阵。

（1）自反性：$\boldsymbol{I} \leqslant \boldsymbol{A}(\Leftrightarrow a_{ii} = 1)$。

（2）对称性：$\boldsymbol{A}^{\mathrm{T}} = \boldsymbol{A}(\Leftrightarrow a_{ij} = a_{ji})$。

若 $\boldsymbol{A}$ 为模糊相似矩阵，则存在一个最小的自然数 $k(k \leqslant n)$，有 $\boldsymbol{A}^k$ 为模糊等价矩阵，且对于一切 $1 > k$，均有 $\boldsymbol{A}^1 = \boldsymbol{A}^k$。其中，$\boldsymbol{A}^k$ 称为 $\boldsymbol{A}$ 的传递闭包矩阵，记作 $t(\boldsymbol{A})$。

模糊聚类方法有许多不同的算法，但一般都遵循以下三个步骤：①对数据进行预处理；②基于相似系数法、距离法等，建立相似关系；③基于前两个步骤得到的模糊关系矩阵，进行聚类分析。下面从这三个步骤中具体分析模糊聚类。

1）数据预处理

在这一过程中，通常会将数据压缩至区间[0,1]，建立对应的模糊矩阵，常用的方法有以下几种。

（1）平移–标准差变换：

$$x'_{ik} = \frac{x_{ik} - \overline{x_k}}{s_k} (i = 1, \cdots, n; k = 1, \cdots, m)$$

其中，$\overline{x_k} = \dfrac{1}{n} \sum_{i=1}^{n} x_{ik}, s_k = \sqrt{\dfrac{1}{n} \sum_{i=1}^{n} (x_{ik} - x_k)^2}$。

（2）平移–极差变换：

$$x'' = \frac{x'_{ik} - \min_{1 \leqslant i \leqslant n}\{x'_{ik}\}}{\max_{1 \leqslant i \leqslant n}\{x'_{ik}\} - \min_{1 \leqslant i \leqslant n}\{x'_{ik}\}} (k = 1, \cdots, m)$$

（3）最大值规格化：

$$M_i = \max\{x_{1j}, x_{2j}, \cdots, x_{ni}\}, j = 1, 2, \cdots, m$$

$$x'_{ij} = x_{ij}/M_j, i = 1, 2, \cdots, n, j = 1, 2, \cdots, m$$

2）建立相似关系

相似关系的建立方法主要有相似系数法、距离法和主观评测法等，其中，前两种与之前介绍的相类似，而主观评测法则是指首先由专家进行打分，列出所有关系的值，再对专家的意见进行加权求和的方法。主观评测法是最为简单的一类方法，但由于需要过多的人工干预，因而效率不高。此外，还可以通过最大最小法构建模糊相似矩阵来表示相似关系。总而言之，相似关系的建立方法有很多，可根据实际应用情况选择不同的建立方法。

3）聚类分析

经过以上两个步骤后，一般来说会构造出一个对象与对象之间的模糊关系矩阵 $\boldsymbol{R}$。从 $\boldsymbol{R}$ 出发构造一个新的模糊等价矩阵，然后以此矩阵为基础，进行动态聚类。模糊聚类的具体算法有许多，这里主要介绍最常见的一种：传递闭包法。

模糊相似矩阵 $\boldsymbol{R}$ 的传递闭包 $t(\boldsymbol{R})$ 就是一个模糊等价矩阵。以 $t(\boldsymbol{R})$ 为基础而进行分类的聚类方法称为传递闭包法。其具体的步骤如下：

（1）求出模糊相似矩阵 $\boldsymbol{R}$ 的传递闭包 $t(\boldsymbol{R})$；

（2）按 $\lambda$ 由大到小进行聚类，这里的 $\lambda$ 是传递闭包中的元素，按由大到小排列；

（3）根据聚类的过程画出动态聚类图。

【例 8-4】 如下所示，现有样本数据矩阵 $\boldsymbol{X} = \{x_1, x_2, x_3, x_4, x_5\}$，其中包含 5 条样本数据项，每条数据项关联 4 个特征要素，即每条数据项通过这 4 个特征要素表征，组成一个 $5 \times 4$ 的原始样本矩阵。现要求试用模糊传递闭包法对 $\boldsymbol{X}$ 进行模糊分类。

$$\boldsymbol{X} = \begin{bmatrix} 80 & 10 & 6 & 2 \\ 50 & 1 & 6 & 4 \\ 90 & 6 & 4 & 6 \\ 40 & 5 & 7 & 3 \\ 10 & 1 & 2 & 4 \end{bmatrix}$$

其具体步骤如下。

（1）数据预处理。采取最大值规格化，即

$$M_i = \max\{x_{1j}, x_{2j}, \cdots, x_{ni}\}, j = 1, 2, \cdots, m$$

$$x'_{ij} = x_{ij}/M_j, i = 1, 2, \cdots, n, j = 1, 2, \cdots, m$$

可得如下数据：

$$\boldsymbol{X}_0 = \begin{bmatrix} 0.89 & 1.00 & 0.86 & 0.33 \\ 0.56 & 0.10 & 0.86 & 0.67 \\ 1.00 & 0.60 & 0.57 & 1.00 \\ 0.44 & 0.50 & 1.00 & 0.50 \\ 0.11 & 0.10 & 0.29 & 0.67 \end{bmatrix}$$

（2）相似关系建立。这里采用最大最小法来构造模糊相似矩阵 $\boldsymbol{R} = (r_{ij})_{5 \times 5}$，根据如下公式进行计算：

$$r_{ij} = \frac{\sum\limits_{k=1}^{4}(x_{ik} \wedge x_{jk})}{\sum\limits_{k=1}^{4}(x_{ik} \vee x_{jk})}$$

其中，符号 $\wedge$ 和 $\vee$ 分别表示两个元素取小和取大。可得结果如下：

$$R = \begin{bmatrix} 1.00 & 0.54 & 0.62 & 0.63 & 0.24 \\ 0.54 & 1.00 & 0.55 & 0.70 & 0.53 \\ 0.62 & 0.55 & 1.00 & 0.56 & 0.37 \\ 0.63 & 0.70 & 0.56 & 1.00 & 0.38 \\ 0.24 & 0.53 & 0.37 & 0.38 & 1.00 \end{bmatrix}$$

（3）利用平方自合成方法求传递闭包 $t(R)$，依次计算 $R^2$，$R^4$，$R^8$，由于 $R^8 = R^4$，所以 $t(R) = R^4$。

$$R^4 = \begin{bmatrix} 1.00 & 0.63 & 0.62 & 0.63 & 0.53 \\ 0.63 & 1.00 & 0.62 & 0.70 & 0.53 \\ 0.62 & 0.62 & 1.00 & 0.62 & 0.53 \\ 0.63 & 0.70 & 0.62 & 1.00 & 0.53 \\ 0.53 & 0.53 & 0.53 & 0.53 & 1.00 \end{bmatrix}$$

（4）选取适当的置信水平值 $\lambda \in [0, 1]$，按 $\lambda$ 截矩阵 $t(R)_\lambda$ 进行动态聚类。把 $t(R)$ 中的元素按从大到小的顺序编排如下：$1 > 0.70 > 0.63 > 062 > 053$。依次取 $\lambda = 1, 0.70, 0.63, 0.62, 0.53$，得到

$$t(R)_1 = \begin{bmatrix} 1 & 0 & 0 & 0 & 0 \\ 0 & 1 & 0 & 0 & 0 \\ 0 & 0 & 1 & 0 & 0 \\ 0 & 0 & 0 & 1 & 0 \\ 0 & 0 & 0 & 0 & 1 \end{bmatrix}$$ 此时，$X$ 被分为 5 类：$\{X_1\}, \{X_2\}, \{X_3\}, \{X_4\}, \{X_5\}$

$$t(R)_{0.70} = \begin{bmatrix} 1 & 0 & 0 & 0 & 0 \\ 0 & 1 & 0 & 1 & 0 \\ 0 & 0 & 1 & 0 & 0 \\ 0 & 1 & 0 & 1 & 0 \\ 0 & 0 & 0 & 0 & 1 \end{bmatrix}$$ 此时，$X$ 被分为 4 类：$\{X_1\}, \{X_2, X_4\}, \{X_3\}, \{X_5\}$

$$t(R)_{0.63} = \begin{bmatrix} 1 & 1 & 0 & 1 & 0 \\ 1 & 1 & 0 & 1 & 0 \\ 0 & 0 & 1 & 0 & 0 \\ 1 & 1 & 0 & 1 & 0 \\ 0 & 0 & 0 & 0 & 1 \end{bmatrix}$$ 此时，$X$ 被分为 3 类：$\{X_1, X_2, X_4\}, \{X_3\}, \{X_5\}$

$$t(\boldsymbol{R})_{0.62} = \begin{bmatrix} 1 & 1 & 1 & 1 & 0 \\ 1 & 1 & 1 & 1 & 0 \\ 1 & 1 & 1 & 1 & 0 \\ 1 & 1 & 1 & 1 & 0 \\ 0 & 0 & 0 & 0 & 1 \end{bmatrix}$$ 此时，$\boldsymbol{X}$ 被分为 2 类：$\{X_1, X_2, X_3, X_4\}, \{X_5\}$

$$t(\boldsymbol{R})_{0.53} = \begin{bmatrix} 1 & 1 & 1 & 1 & 1 \\ 1 & 1 & 1 & 1 & 1 \\ 1 & 1 & 1 & 1 & 1 \\ 1 & 1 & 1 & 1 & 1 \\ 1 & 1 & 1 & 1 & 1 \end{bmatrix}$$ 此时，$\boldsymbol{X}$ 被分为 1 类：$\{X_1, X_2, X_3, X_4, X_5\}$

（5）画出动态聚类图，如图 8-2 所示。

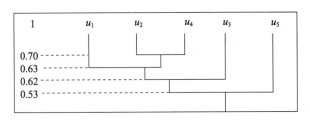

图 8-2　动态聚类图

# 8.3　综　合　案　例

聚类分析在实际数据挖掘与分析中有广泛的运用，以下通过三个综合性案例并结合 Python 工具对聚类分析进行学习。

Python 工具对聚类的实现具有很好的包容性，我们不仅可以根据上面所学的算法思想及公式借助 Python 自己实现相关聚类算法，也可以调用相关的包，轻松实现有关算法，其中比较常用的有 sklearn 包和 scipy.cluster 包。在以下案例中，我们主要使用 scipy.cluster 包中的 hierarchy 子包对数据进行系统聚类分析，如在 scipy.cluster 的另一个子包 vq 中，提供了相关方法让我们能快速实现 $k$ 均值聚类的分析。

关于 scipy.cluster.hierarchy 这个包，官方对其的介绍为：提供了层次和聚集聚类的功能。它的功能包括：从距离矩阵中生成分层聚类，计算聚类的统计数据，切割联系以生成平面聚类，用树状图可视化聚类。为了方便在接下来的案例中使用，对其中常用的一些函数及属性进行学习。

（1）linkage(y, method='complete')进行分层聚类。

其中，y：距离矩阵，由 pdist 得到。

method：指计算类间距离的方法，常用的方法有以下四种：

①complete：最远邻，把类与类间最远的距离作为类间距。

②average：平均距离，把类与类间所有距离的平均作为类间距。

③Ward：使用 Ward 方差最小化的方法计算类间距。

④return：编码分层聚类的链接矩阵。

（2）dendrogram(Z, labels=None)将分层聚类绘制成树状图。

其中，Z：编码分层聚类的链接矩阵，即 linkage()函数的返回值。

labels：标签名称，默认情况下，标签是无。

return：为呈现树状图而计算的数据结构的字典。

（3）cut_tree(Z, n_clusters=none)给定一个链接矩阵，返回切割树。

其中，Z：链接矩阵，即 linkage()函数的返回值。

n_clusters：在切点处的树的集群数量，默认为 none 即表示所有数量。

return：表示每个聚类步骤中的群组成员的数组。

以上便是针对 scipy.cluster.hierarchy 这个包实现系统聚类常用的一些方法的学习，使用这些方法可以方便地对数据进行系统聚类分析。

### 8.3.1　案例：经济指数的政务微博发展水平分析

政务微博作为政务信息公开、政民互动的重要平台，能够横向反映出各地区的发展现状和现存的不足之处，增强政府信息公开广度和深度，拓宽民意表达的合法渠道。而不同城市地区，因为当地的经济发展水平或地理位置的不同，其政务微博发展水平也不尽相同，借用聚类分析工具可以对此情况进行分析。

如图 8-3 所示，为全国 31 个省、区（不含港澳台地区）、市、新疆建设兵团和黑龙江

| | A | B | C | D | E | F |
|---|---|---|---|---|---|---|
| 1 | | 政务机构微博数 | 传播力 | 服务力 | 互动力 | 竞争力指数 |
| 2 | 四川 | 9118 | 99.03 | 90.69 | 99.23 | 96.18 |
| 3 | 江苏 | 9159 | 88.23 | 85.15 | 86.99 | 86.72 |
| 4 | 安徽 | 5803 | 85.53 | 83.04 | 77.67 | 81.91 |
| 5 | 广东 | 9587 | 82.73 | 77.04 | 82.03 | 80.49 |
| 6 | 山东 | 8028 | 82.13 | 81.36 | 77.17 | 80.12 |
| 7 | 浙江 | 8039 | 78.32 | 82.36 | 71.35 | 77.3 |
| 8 | 河南 | 10185 | 72.19 | 77.98 | 69.43 | 73.25 |
| 9 | 陕西 | 5995 | 72.9 | 77.65 | 67.17 | 72.56 |
| 10 | 湖南 | 3489 | 67.68 | 64.95 | 72.44 | 68.39 |
| 11 | 江西 | 4504 | 66.77 | 64.84 | 70.47 | 67.39 |
| 12 | 北京 | 5608 | 64.21 | 64.57 | 70.96 | 66.7 |
| 13 | 湖北 | 5594 | 63.58 | 66.13 | 68.54 | 66.21 |
| 14 | 云南 | 4086 | 63.16 | 70.1 | 59.96 | 64.47 |
| 15 | 甘肃 | 3683 | 67.01 | 69.13 | 57.23 | 64.33 |
| 16 | 广西 | 3429 | 60.26 | 67.6 | 62.95 | 63.77 |
| 17 | 河北 | 4639 | 60.93 | 67.41 | 56.21 | 61.54 |
| 18 | 上海 | 3651 | 57.48 | 56.62 | 67.47 | 60.68 |
| 19 | 重庆 | 2862 | 57.05 | 64.39 | 58.92 | 60.27 |
| 20 | 辽宁 | 3658 | 55.05 | 65.15 | 54.72 | 58.47 |
| 21 | 福建 | 3941 | 55.97 | 64.03 | 54.97 | 58.44 |
| 22 | 内蒙古 | 3896 | 58.37 | 65.71 | 48.03 | 57.32 |
| 23 | 天津 | 1483 | 54.67 | 57.6 | 53.32 | 55.22 |
| 24 | 山西 | 3094 | 55.82 | 64.79 | 39.53 | 53.26 |
| 25 | 贵州 | 3515 | 49.88 | 59.45 | 46.73 | 52.13 |
| 26 | 黑龙江 | 2413 | 49.96 | 57.35 | 42.91 | 50.08 |
| 27 | 吉林 | 2461 | 43.25 | 55.72 | 46.13 | 48.62 |
| 28 | 新疆 | 3327 | 20.18 | 45.24 | 32.7 | 33.33 |
| 29 | 宁夏 | 1625 | 33.75 | 51.25 | 9.65 | 31.44 |
| 30 | 海南 | 753 | 20.43 | 36.88 | 35.27 | 31.38 |
| 31 | 青海 | 609 | 16.94 | 34.37 | 6.84 | 19.51 |
| 32 | 西藏 | 361 | 7.49 | 28.75 | 14.32 | 17.32 |

图 8-3　原始样本数据

垦区的政务微博数量数据，存储于工作表 Idata。本案例数据年限范围为 2019 年度，数据中包含政务机构微博数、传播力、服务力、互动力、竞争力指数共 5 个变量。下面利用 Python 3.x 对此工作表数据进行聚类分析。由聚类的概念可得知，各省份政务微博情况聚为一类则表示这些省份的政务微博发展水平相接近。

（1）导入相关依赖包。

```
import pandas as pd
import matplotlib.pyplot as plt
import scipy.cluster.hierarchy as sch        #加载系统聚类包
```

（2）对 plt 参数进行设置，并读入原样本数据，并对样本数据进行标准化处理。

```
plt.rcParams['font.sans-serif']=['Kaiti']     #用来显示中文标签
plt.rcParams['axes.unicode_minus']=False      #用来显示负号

Cdata=pd.read_excel(".\BaPy_data.xlsx ","Idata",index_col=0)    #读入数据
Cdata.columns=['X1','X2','X3','X4','X5']
Data1=Cdata.iloc[:,:5]
Z=Data1-Data1.mean()/Data1.std()      #利用标准差标准化方法，对数据进行标准化
```

（3）使用系统聚类法对上述数据进行聚类，距离之间的度量采用欧氏距离。为了对实现聚类的方法步骤进行学习，首先取前 10 个地区进行系统聚类,计算类间距的方法采用"最长距离法"，即 method="complete"。绘制聚类结果及聚类划分树。代码如下：

```
Cdata1 = Cdata.head(10)
Z1 = Z.head(10)
D1=sch.distance.pdist(Z1)       #计算样本间的距离,两两之间的距离默认为欧氏距离
H1=sch.linkage(D1,method="complete")     #系统聚类过程 complete 方法
sch.dendrogram(H1,labels=Cdata1.index)   #系统聚类图
plt.text(25,750,"method:complete")
plt.show()#显示结果如图 8-4
Tree1=pd.DataFrame(sch.cut_tree(H1),index=Cdata1.index)
                            #聚类划分树，包括整个聚类过程
print(Tree1)
```

结果如下：

```
#聚类划分树
```

| | 0 | 1 | 2 | 3 | 4 | 5 | 6 | 7 | 8 | 9 |
|---|---|---|---|---|---|---|---|---|---|---|
| 四川 | 0 | 0 | 0 | 0 | 0 | 0 | 0 | 0 | 0 | 0 |
| 江苏 | 1 | 1 | 0 | 0 | 0 | 0 | 0 | 0 | 0 | 0 |
| 安徽 | 2 | 2 | 1 | 1 | 1 | 1 | 1 | 1 | 1 | 0 |
| 广东 | 3 | 3 | 2 | 2 | 0 | 0 | 0 | 0 | 0 | 0 |
| 山东 | 4 | 4 | 3 | 3 | 2 | 2 | 2 | 0 | 0 | 0 |
| 浙江 | 5 | 4 | 3 | 3 | 2 | 2 | 2 | 0 | 0 | 0 |
| 河南 | 6 | 5 | 4 | 4 | 3 | 3 | 0 | 0 | 0 | 0 |

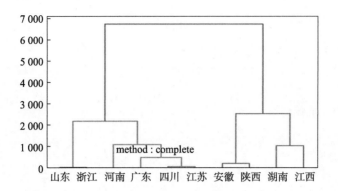

图 8-4　前 10 个地区政务微博 complete 方法聚类分析系统图

| 陕西 | 7 | 6 | 5 | 1 | 1 | 1 | 1 | 1 | 1 | 0 |
| 湖南 | 8 | 7 | 6 | 5 | 4 | 4 | 3 | 2 | 1 | 0 |
| 江西 | 9 | 8 | 7 | 6 | 5 | 4 | 3 | 2 | 1 | 0 |

　　由以上聚类划分树可以看出整个聚类的过程，从左到右列号依次为 0～9，在聚类前（列号为 0 时），10 个地区各为一类，共 10 类，如四川为第 0 类，江苏为第 1 类，安徽为第 2 类等。在进行一次聚类后（列号为 1 时），共 9 类，山东和浙江归并为一类，为第 4 类，其他 8 个地区各为一类。在进行第二次聚类后（列号为 2 时），共 8 类，四川和江苏新归并为一类，为第 0 类，其他不变。以此类推，在进行第九次聚类后（列号为 9 时），10 个地区为一个大类。因此，假如我们需要将 10 个地区划分为两大类，则可查看列号为 8 的聚类结果，若需要将 10 个地区划分为四大类，则可查看列号为 6 的聚类结果。

　　图 8-4 对整个聚类过程进行了图像化表示。若将 10 个地区聚为两类，则一类是山东、浙江、河南、广东、四川和江苏，另一类是安徽、陕西、湖南和江西。图中的聚类结果按连线出现的高低顺序，与聚类划分树的结果一一对应。

　　（4）采用"平均距离法"，即 method="average"，对前 10 个地区进行聚类，代码如下：

```
H2=sch.linkage(D1,method="average")   #系统聚类过程 average 方法
sch.dendrogram(H2,labels=Cdata1.index)   #系统聚类图
plt.text(25,750,"method:average")
plt.show()#显示结果如图 8-5
Tree2=pd.DataFrame(sch.cut_tree(H2),index=Cdata1.index)   #聚类划分树，
包括整个聚类过程
print(Tree2)
```

结果如下：

| #聚类划分树 | | | | | | | | | | |
| --- | --- | --- | --- | --- | --- | --- | --- | --- | --- | --- |
|  | 0 | 1 | 2 | 3 | 4 | 5 | 6 | 7 | 8 | 9 |
| 四川 | 0 | 0 | 0 | 0 | 0 | 0 | 0 | 0 | 0 | 0 |
| 江苏 | 1 | 1 | 0 | 0 | 0 | 0 | 0 | 0 | 0 | 0 |

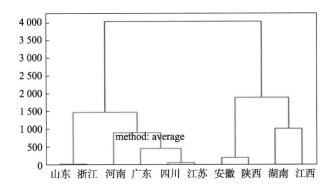

图 8-5　前 10 个地区政务微博 average 方法聚类分析系统图

| 安徽 | 2 | 2 | 1 | 1 | 1 | 1 | 1 | 1 | 1 | 0 |
| 广东 | 3 | 3 | 2 | 2 | 0 | 0 | 0 | 0 | 0 | 0 |
| 山东 | 4 | 4 | 3 | 3 | 2 | 2 | 2 | 0 | 0 | 0 |
| 浙江 | 5 | 4 | 3 | 3 | 2 | 2 | 2 | 0 | 0 | 0 |
| 河南 | 6 | 5 | 4 | 4 | 3 | **0** | 0 | 0 | 0 | 0 |
| 陕西 | 7 | 6 | 5 | 1 | 1 | 1 | 1 | 1 | 1 | 0 |
| 湖南 | 8 | 7 | 6 | 5 | 4 | **3** | 3 | 2 | 1 | 0 |
| 江西 | 9 | 8 | 7 | 6 | 5 | 4 | 3 | 2 | 1 | 0 |

图 8-5 对整个聚类过程进行了图像化表示。同样，图中对应的聚类结果按连线出现的高低顺序，与聚类划分树的结果一一对应。可以注意到，基于 average 的方法与基于 complete 的方法的聚类结果大体一致，除了在将 10 个地区聚类划分为 5 类时有些许不同。

（5）采用"Ward 方差最小法"，即 method="ward"，对前 10 个地区进行聚类，代码如下：

```
H3=sch.linkage(D1,method="ward")          #系统聚类过程 Ward 方法
sch.dendrogram(H3,labels=Cdata1.index)    #系统聚类图
plt.text(25,750,"method:ward")
plt.show()#显示结果如图 8-6
Tree3=pd.DataFrame(sch.cut_tree(H3),index=Cdata1.index)
                                          #聚类划分树，包括整个聚类过程
print(Tree3)
```

结果如下：

```
#聚类划分过程
```

| | 0 | 1 | 2 | 3 | 4 | 5 | 6 | 7 | 8 | 9 |
|---|---|---|---|---|---|---|---|---|---|---|
| 四川 | 0 | 0 | 0 | 0 | 0 | 0 | 0 | 0 | 0 | 0 |
| 江苏 | 1 | 1 | 0 | 0 | 0 | 0 | 0 | 0 | 0 | 0 |
| 安徽 | 2 | 2 | 1 | 1 | 1 | 1 | 1 | 1 | 1 | 0 |
| 广东 | 3 | 3 | 2 | 2 | 0 | 0 | 0 | 0 | 0 | 0 |
| 山东 | 4 | 4 | 3 | 3 | 2 | 2 | 2 | 0 | 0 | 0 |

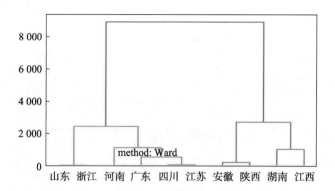

图 8-6　前 10 个地区政务微博 Ward 方法聚类分析系统图

| 浙江 | 5 | 4 | 3 | 3 | 2 | 2 | 2 | 0 | 0 | 0 |
| 河南 | 6 | 5 | 4 | 4 | **3** | 0 | 0 | 0 | 0 | 0 |
| 陕西 | 7 | 6 | 5 | 1 | 1 | 1 | 1 | 1 | 1 | 0 |
| 湖南 | 8 | 7 | 6 | 5 | 4 | **4** | 3 | 2 | 1 | 0 |
| 江西 | 9 | 8 | 7 | 6 | 5 | 4 | 3 | 2 | 1 | 0 |

从结果可以看出，若将 10 个地区聚类为 5 类，则四川、江苏和广东为一类，安徽和陕西为一类，山东和浙江为一类，河南为一类，湖南和江西为一类。其结果与基于 complete 方法一致，与基于 average 方法不一致，其他聚类结果三种方法均一致。

由以上三种聚类方法可以看出，当数据量较小时，无论计算类间距离采用哪种方法，都看不出太大的区别。但我们在实际使用中，常常会使用 Ward 法（离差平方和），因为该方法适合处理小样本数据，对异常值敏感，比较符合实际需要。

（6）聚类准则选择 Ward 法，对所有地区进行聚类，并分析其结果。采用"Ward 法"进行聚类的代码如下：

```
D=sch.distance.pdist(Z)          #计算样本间的距离,两两之间的距离默认为欧氏距离
H=sch.linkage(D,method="ward")          #系统聚类过程 Ward方法
sch.dendrogram(H,labels=Cdata.index)   #系统聚类图
plt.text(25,750,"method:ward")
plt.show()#显示结果
#聚类划分树, 划分为 4 个类
Tree=pd.DataFrame(sch.cut_tree(H,  n_clusters=4),index=Cdata.index)#
聚类划分树划分 4 个类
print(Tree)
```

结果如下：

| #聚类划分树 | | | | | |
| --- | --- | --- | --- | --- | --- |
|  | 0 | | 0 | | 0 |
| 四川 | 0 | 河北 | 2 | 西藏 | 3 |
| 江苏 | 0 | 上海 | 2 | | |

| | | | |
|---|---|---|---|
| 安徽 | 1 | 重庆 | 2 |
| 广东 | 0 | 辽宁 | 2 |
| 山东 | 0 | 福建 | 2 |
| 浙江 | 0 | 内蒙古 | 2 |
| 河南 | 0 | 天津 | 3 |
| 陕西 | 1 | 山西 | 2 |
| 湖南 | 2 | 贵州 | 2 |
| 江西 | 2 | 黑龙江 | 2 |
| 北京 | 1 | 吉林 | 2 |
| 湖北 | 1 | 新疆 | 2 |
| 云南 | 2 | 宁夏 | 3 |
| 甘肃 | 2 | 海南 | 3 |
| 广西 | 2 | 青海 | 3 |

对应的图像结果如图 8-7 所示。

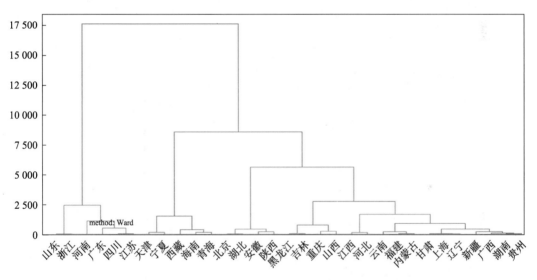

图 8-7　31 个省区市政务微博 Ward 方法聚类分析系统图

从图 8-7 可以看出整个聚类的过程。若将聚类结果划分为四大类，根据聚类划分树的结果，可得如表 8-2 所示的分类。

表 8-2　各省市政务微博发展水平分类

| 政务微博发展水平分类 | 城市 |
|---|---|
| 高发展水平地区 | 山东、浙江、河南、广东、四川、江苏 |
| 中等偏上发展水平地区 | 北京、湖北、安徽、陕西 |
| 中等偏下发展水平地区 | 黑龙江、吉林、重庆、山西、江西、河北、云南、福建、内蒙古、甘肃、上海、辽宁、新疆、广西、湖南、贵州 |
| 低发展水平地区 | 天津、宁夏、西藏、海南、青海 |

由表 8-2 可见，沿海发达地区的政务微博建设水平普遍较高，河南和四川虽处内地，表现却能够与沿海地区同等出色。而少数民族自治区的政务微博建设水平仍旧有待提高，其中，新疆政务微博的发展比其他自治区表现稍好。水平较高的地区应该适当帮扶水平较低的地区，让互联网政务得到更好的普及，推进便民服务的建设和提高微博问政的水平。

通过以上案例，对整个系统聚类方法的过程进行了学习，在接下来的两个案例中，聚类准则统一选择 Ward 法，不再进行相关方法的类比。

### 8.3.2 案例：综艺节目分类的分析

本综合案例采用的样本数据与 7.3.1 节案例一致。如图 7-12 所示，为 2020 年上半年综艺节目数据，共计 35 条。现利用 Python 3.x 对此工作表数据进行聚类分析，并对所得结果进行适当的分析。考虑到数据化的问题，在聚类分析中仅用到 F 列至 K 列的计量数据。

这里，使用系统聚类法对上述数据进行聚类，采用欧氏距离，聚类准则选择 Ward 法，实现聚类的 Python 代码如下：

```
import pandas as pd
import matplotlib.pyplot as plt
import scipy.cluster.hierarchy as sch          #加载系统聚类包

plt.rcParams['font.sans-serif']=['Kaiti']      #用来显示中文标签
plt.rcParams['axes.unicode_minus']=False       #用来显示负号
data=pd.read_excel('BaPy_data.xlsx','shuju',index_col=0)   #读取数据
data2=data.iloc[:,4:11]                        #取数据的 F 列至 K 列数据
bz= data2- data2.mean()/data2.std()
                        #利用标准差标准化方法，对数据进行标准化
D=sch.distance.pdist(bz)       #计算样本间的距离,两两之间的距离默认为欧氏距离
H=sch.linkage(D,method='ward')          #离差平方和法
sch.dendrogram(H,labels=data2.index)    #系统聚类图
plt.text(0,5,'ward')
plt.show()                              #显示结果如图 8-8
```

从图 8-8 可以看出整个聚类的过程，可将聚类结果划分为两类或者三类，结果如表 8-3 所示。

由图 8-8 和表 8-3 可得知，聚在第一类的有 7 项节目，占总样本节目的 20%，分别为奔跑吧第 4 季、极限挑战第 6 季、歌手当打之年、笑起来真好看、向往的生活第 4 季、王牌对王牌第 5 季、奇葩说第 6 季，排名分别为 1、2、3、4、5、8、12。聚在第三类的有 10 项节目，占总样本节目的 28.57%，分别为青春有你第 2 季、亲爱的客栈第 3 季、天赐的声音、吐槽大会第 4 季、非诚勿扰 2020、创造营 2020、潮流合伙人、中央广播电视总台 2019 主持人大赛、声临其境第 3 季、令人心动的 offer，排名分别为 6、7、9、10、13、14、16、17、18。其余节目聚类在第二类中。以上结果表明，聚类结果与主成分分析中的节目排名

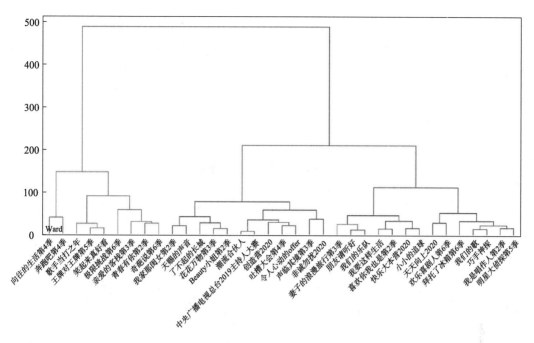

图 8-8　综艺节目聚类图

表 8-3　按类整理聚类图结果

| 分类 | 类 1 | 类 2 |
| --- | --- | --- |
| 分两类 | 向往的生活第 4 季、奔跑吧第 4 季、王牌对王牌第 5 季、奇葩说第 6 季、极限挑战第 6 季、歌手当打之年、笑起来真好看 | 欢乐喜剧人第 6 季、妻子的浪漫旅行第 3 季、我家那闺女第 2 季、Beauty 小姐第 2 季、了不起的长城、花花万物第 3 季、我们的歌、小小的追球、天天向上 2020、朋友请听好、明星大侦探第 5 季、我要这样生活、喜欢你我也是第 2 季、快乐大本营 2020、我们的乐队、拜托了冰箱第 6 季、我是唱作人第 2 季、巧手神探、亲爱的客栈第 3 季、创造营 2020、青春有你第 2 季、天赐的声音、声临其境第 3 季、非诚勿扰 2020、吐槽大会第 4 季、潮流合伙人、令人心动的 offer、中央广播电视总台 2019 主持人大赛 |

| 分类 | 类 1 | 类 2 | 类 3 |
| --- | --- | --- | --- |
| 分三类 | 向往的生活第 4 季、奔跑吧第 4 季、王牌对王牌第 5 季、奇葩说第 6 季、极限挑战第 6 季、歌手当打之年、笑起来真好看 | 欢乐喜剧人第 6 季、妻子的浪漫旅行第 3 季、我家那闺女第 2 季、Beauty 小姐第 2 季、了不起的长城、花花万物第 3 季、我们的歌、小小的追球、天天向上 2020、朋友请听好、明星大侦探第 5 季、我要这样生活、喜欢你我也是第 2 季、快乐大本营 2020、我们的乐队、拜托了冰箱第 6 季、我是唱作人第 2 季、巧手神探 | 亲爱的客栈第 3 季、创造营 2020、青春有你第 2 季、天赐的声音、声临其境第 3 季、非诚勿扰 2020、吐槽大会第 4 季、潮流合伙人、令人心动的 offer、中央广播电视总台 2019 主持人大赛 |

基本一致。

首先，聚在前两类的节目中 82%是季播综艺，其中更是有超过一半的节目已经播出了四季，因此具备良好的观众基础和 IP 红利。除此以外，还有当季各卫视主推节目，如湖南卫视的笑起来真好看、中央广播电视总台的主持人大赛，作为当季主打节目，不论是话题度还是传播度或是热度自然不低。其次，这些综艺节目几乎囊括了综艺市场上的体裁，并且在同类体裁内，不论是节目设置、宣发制作，还是在嘉宾选择等环节上，都称得上是良心内容制作。最后，这些排名靠前的综艺节目要么是视频平台的独播项目，本身就拥有强大的流量推送，如爱奇艺主打的奇葩说系列，要么是多平台联动，如歌手系列在爱奇艺、芒果 TV、腾讯视频、优酷四大平台都有推出，借助多平台的基础扩大热度和传播度。

### 8.3.3 案例：中国城镇居民生活消费分布规律分析

本综合案例采用的样本数据与 7.3.2 节案例一致。如图 7-14 所示，为中国 31 个省、区、市的城镇居民家庭平均每人全年消费性支出（2018 年），存储于工作表 MVdata2 中。为了对各个地区城镇居民家庭的消费结构做系统考察，展示它们消费的差异，现利用 Python 3.x 对此工作表数据进行聚类分析，并对所得结果进行适当的分析。

此案例分析中，使用系统聚类法对上述数据进行聚类，采用欧氏距离，聚类准则选择 Ward 法（离差平方和），实现聚类的 Python 代码如下：

```python
import pandas as pd
import matplotlib.pyplot as plt
import scipy.cluster.hierarchy as sch       #加载系统聚类包
                                            #设置显示
plt.rcParams['font.sans-serif']=['SimHei']
plt.rcParams['axes.unicode_minus']=False
plt.figure(figsize=(5,4))
CSdata=pd.read_excel('./BaPy_Data.xlsx','MVdata2',index_col=0)
                                            #读取数据
Z=(CSdata-CSdata.mean())/CSdata.std()       #标准化
D=sch.distance.pdist(Z)                      #样本间的距离欧氏聚类
H=sch.linkage(D,method='ward')              #系统聚类过程
sch.dendrogram(H,labels=CSdata.index)       #系统聚类图
plt.show()#显示结果
Tree1=pd.DataFrame(sch.cut_tree(H),index=CSdata.index).iloc[:,-5:]
                                            #系统聚类树
```

对应的图像结果如图 8-9 所示。

从图 8-9 可以看出整个聚类的过程。若将聚类结果划分为两类、三类或者四类，结果如表 8-4 所示。

由图 8-9 和表 8-4 结果可得知，如果按照消费水平高低进行分类，则分为两类：北京、上海、天津、浙江为高消费水平地区；其余为低消费水平地区。

如果按照消费水平高、中、低的标准进行分类，则可以分为三类：北京、天津、上海、浙江为高消费水平地区；河北、山西、内蒙古、辽宁、吉林、黑龙江、江苏、山东、河南、湖北、湖南、重庆、四川、陕西、甘肃、青海、宁夏、新疆为中等消费水平地区；安徽、福建、江西、广东、广西、海南、贵州、云南、西藏为低消费水平地区。

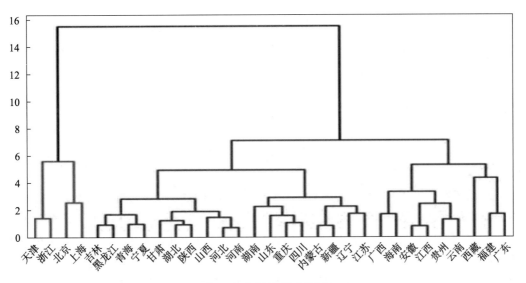

图 8-9　聚类分析系统图

表 8-4　按类整理聚类图结果

| 分类 | 类 1 | 类 2 | | |
|---|---|---|---|---|
| 分两类 | 北京、天津、上海、浙江 | 河北、山西、内蒙古、辽宁、吉林、黑龙江、江苏、山东、河南、湖北、湖南、重庆、四川、陕西、甘肃、青海、宁夏、新疆、安徽、福建、江西、广东、广西、海南、贵州、云南、西藏 | | |
| | 类 1 | 类 2 | 类 3 | |
| 分三类 | 北京、天津、上海、浙江 | 河北、山西、内蒙古、辽宁、吉林、黑龙江、江苏、山东、河南、湖北、湖南、重庆、四川、陕西、甘肃、青海、宁夏、新疆 | 安徽、福建、江西、广东、广西、海南、贵州、云南、西藏 | |
| | 类 1 | 类 2 | 类 3 | 类 4 |
| 分四类 | 北京、上海 | 天津、浙江 | 河北、山西、内蒙古、辽宁、吉林、黑龙江、江苏、山东、河南、湖北、湖南、重庆、四川、陕西、甘肃、青海、宁夏、新疆 | 安徽、福建、江西、广东、广西、海南、贵州、云南、西藏 |

　　如果按高消费水平、中等偏高消费水平、中等偏低消费水平和低消费水平进行分类，则分为四类：北京、上海为高消费水平地区；天津、浙江为中等偏高消费水平地区；河北、山西、内蒙古、辽宁、吉林、黑龙江、江苏、山东、河南、湖北、湖南、重庆、四川、陕西、甘肃、青海、宁夏、新疆为中等偏低消费水平地区；安徽、福建、江西、广东、广西、海南、贵州、云南、西藏为低消费水平地区。

　　从分类的结果可分析，高水平消费地区的省份大部分集中在东部沿海地区和我国相对发达地区，大部分省、区、市的消费级别处于中低水平一类，说明我国地区消费差异很大，提高消费水平和调整消费结构的需求也很大。其中，北京、上海、天津、浙江城镇居民的人均消费水平明显高于其他省、区、市：北京和上海是我国政治经济和金融中心，综合消费稳居一二位比较符合实际情况；天津紧邻北京，依靠北京带动发展；浙江位于我国东南沿海经济发达地带，第三产业发达且人均收入较高，因此，居民消费水平靠前。与此同时，需要注意的是，广东、福建作为东南沿海经济较为发达的省份，在系统聚类划分之时却归属于低消费水平地区，并不是说两省 2018 年的城镇居民生活水准下降，而是受其地域和气候的影响，两省四季温暖使得在衣着方面的支出明显低于全国平均线；另外，两省的医疗保障支出也较少，而在食品、居住和交通通信方面消费开支较大，属于居住消费领先型、交通通信支出领先型的地区。

## 8.4　习　　题

1. 简述聚类的基本思想，聚类与日常所说的分类有何区别？

2. 根据聚类对象的不同，聚类分析一般分为_____和_____；一般按样本进行聚类的是_____，按变量进行聚类的是_____；常用的统计量为相似系数的是_____，常用的统计量为距离的是_____。

3. 一般而言，定义一个距离函数 $d(x,y)$，需要满足以下准则：_____，_____，_____。

4. 常用的相似系数有_____和_____两种。

5. 什么是软聚类，什么是硬聚类？本章介绍的聚类方法中属于软聚类范畴的是？

6. 系统聚类法又称为_____，实现一个系统聚类一般需预先确定_____、_____、_____；按聚类准则划分，一般可分为_____、_____、_____。

7. 实现快速聚类的常用算法是什么？简述其基本思想。

8. 有序聚类法又称为_____，其基本步骤主要有三个：①_____；②_____；③_____。

9. 如图 7-16 所示，取 DaPy_data.xlsx 中的数据集 MVdata 中的前 11 个数据的 2、3 两列作为样本数据（BaPy_data.xlsx 放在与代码同级目录）。请使用 Python 对样本数据实现系统聚类分析，要求使用三种不同的系统聚类方法。（提示：可使用 Python 中的 scipy. cluster.hierarchy 库）

10. 使用习题 9 的样本数据，使用 $K$ 均值算法实现快速聚类，要求把样本数据聚成三类。（提示：可使用 Python 中的 scipy.cluster.vq 库）

# 时间序列分析方法

时间序列分析法，就是将同一变数的一组观察值，按时间顺序加以排列，构成统计的时间序列，然后运用一定的数字方法使其向外延伸，预计未来的发展变化趋势，确定预测值。时间序列分析法的主要特点是，以时间的推移研究来预测需求趋势，不受其他外在因素的影响。不过，在遇到外界发生较大变化时，根据过去已发生的数据进行预测，往往会有较大的偏差。

## 9.1 时间序列的概念

### 9.1.1 基本含义

从经济统计的角度，时间序列是指将同一统计指标的数值按时间先后顺序排列而成的数字序列。从这个定义可以看出时间序列由两个要素构成：一个是统计指标数值，另一个是时间。在实际中，我们遇到的许多数据，如 GDP、失业人数统计、天气变化、股票价格指数等都呈时间序列的形式。从概率统计的角度，时间序列是一组随机变量 $X(t)$（或一个随机过程）在一系列时刻 $t_1$，$t_2$，$t_3$，$\cdots$，$t_N$ 上的一次样本实现，记为：$x_{t1}$，$x_{t2}$，$\cdots$，$x_{tN}$。时间序列可以从以下三个角度进行分类。

（1）按研究对象的多少，可以划分为：一元时间序列、多元时间序列。

（2）按时间的连续性，可以划分为：离散型时间序列、连续型时间序列。

（3）按序列的统计特性，可以划分为：平稳序列、非平稳序列。

所谓的时间序列分析，就是基于这组时间序列数据，应用数理统计方法加以处理，以预测未来事物的发展。时间序列分析是定量预测方法之一，它的基本原理：一是承认事物发展的延续性。应用过去数据，就能推测事物的发展趋势。二是考虑事物发展的随机性。时间序列分析方法主要有描述性时序分析和统计时序分析两种。

描述性时序分析，就是通过直观的数据比较或绘图观测，寻找序列中蕴含的发展规律。其最基本的特点是操作简单、直观有效，通常是人们进行统计时序分析的第一步。图 9-1 是德国业余天文学家施瓦尔基于 50 多年间的太阳黑子活动数据，绘制的时间序列走势图，得出的结论是：太阳黑子的活动具有 11 年左右的周期性。

为了更准确地估计随机序列发展变化的规律，发展出了统计时序分析。统计时序分析重点在于寻找序列值之间的相关关系，而且这种相关关系具有一定的统计规律，并拟合出适当的数学模型来描述这种规律，进而利用这个拟合模型预测序列未来的走势。

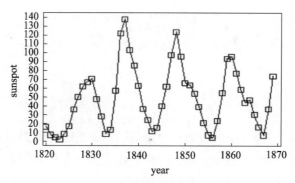

图 9-1　太阳黑子时间序列走势图

### 9.1.2　应用领域

目前，时间序列分析已广泛应用于自然科学和社会科学各个领域，如国民经济宏观控制、区域综合发展规划、企业经营管理、市场潜量预测、气象预报、水文预报、地震前兆预报、农作物病虫灾害预报、环境污染控制、生态平衡、天文学和海洋学等。其主要用途包括系统描述、系统分析、预测未来以及决策和控制四个方面。

（1）系统描述：根据对系统进行观测得到的时间序列数据，用曲线拟合方法对系统进行客观的描述。

（2）系统分析：当观测值取自两个以上变量时，可用一个时间序列中的变化去说明另一个时间序列中的变化，从而深入了解给定时间序列产生的机理。

（3）预测未来：一般用 ARMA 模型拟合时间序列，预测该时间序列未来值。

（4）决策和控制：根据时间序列模型可调整输入变量，使系统发展过程保持在目标值上，即预测到过程要偏离目标时便可进行必要的控制。

## 9.2　时间序列基本模型

目前常见的时间序列分析模型主要有三大类：第一类是经典时间序列模型，如自回归模型、ARIMA 模型、广义自回归条件异方差模型（GARCH），它们基于时间序列内的时间变化，并且适用于单变量时间序列，这些模型一般只适用于时间序列；第二类是监督模型，如线性回归、随机森林、XGBoost 等经典的机器学习模型，这些模型在解决变量预测问题上有很好的效果；第三类是深度学习模型，如长短时记忆模型（LSTM）、Facebook 开源时间序列库 Prophet，亚马逊 DeepAR，此类模型能够自动从原始数据和不完整数据中学习与提取特征，同时考虑时间序列长期与短期的数据依赖。本节主要介绍经典时间序列模型，包括 AR 模型、MA 模型、ARMA 模型和 ARIMA 模型。

### 9.2.1　AR 模型

自回归模型是统计学中处理时间序列数据的常用方法，用同一变量的前期数值，即 $x_1$，$x_2$，$\cdots$，$x_{t-1}$ 来预测本期 $x_t$ 的表现，并且假设它们之间存在线性关系。根据前面章节介绍的线性回归模型，可建立 $x_1, x_2, \cdots, x_{t-1}$ 与 $x_t$ 之间的回归模型，由于因变量及自变量均为 $x$ 本身，所以称为自回归。

定义：符合以下结构的模型称为 $p$ 阶自回归模型，简记为 AR($p$)：

$$\begin{cases} x_t = \phi_0 + \phi_1 x_{t-1} + \phi_2 x_{t-2} + \cdots + \phi_p x_{t-p} + \varepsilon_t \\ \phi_p \neq 0 \\ E(\varepsilon_t) = 0, \quad \mathrm{Var}(\varepsilon_t) = \sigma_\varepsilon^2, E(\varepsilon_t \varepsilon_s) = 0, s \neq t \\ Ex_s \varepsilon_t = 0, \forall s < t \end{cases}$$

其中，$\phi(p) \neq 0$ 可以保证模型的最高阶数为 $p$；$E(\varepsilon_t) = 0, \mathrm{Var}(\varepsilon_t) = \sigma_\varepsilon^2, E(\varepsilon_t \varepsilon_s) = 0, s \neq t$ 表明随机干扰序列 $\{\varepsilon_t\}$ 是同方差且序列间没有任何相关关系的纯随机序列，也称为"白噪声"序列；$Ex_s \varepsilon_t = 0, \forall s < t$ 表明当期的干扰序列只会干扰当期的值，而不会干扰过去的序列值，与过去序列值的相关关系为零。这三个是 AR($p$) 模型的限制条件，在应用 AR($p$) 模型时需先验证序列是否满足这三个条件。特别地，当 $\phi_0 = 0$ 时，称为中心化 AR($p$) 模型；当 $p=1$ 时，称为一阶自回归 AR(1) 模型，记为：$x_t = \phi_1 x_{t-1} + \varepsilon_t$。

按照前面介绍的划分方法，时间序列可分为平稳时间序列及非平稳时间序列两类。而 AR 模型是典型的平稳序列拟合模型，因此在建立 AR 模型前，需对时间序列的平稳性进行判断。常见的平稳性判别方法包括单位根判别法、平稳域判别法等，9.3 节会详细介绍。

平稳 AR 模型的统计性质有常数均值、方差、协方差、自相关系数、自相关系数拖尾、偏自相关系数 $p$ 阶截尾等。下面将介绍 AR 模型的这些统计性质及主要特点。

**1. 常数均值**

如果 AR($p$) 模型满足平稳性条件，则有：$Ex_t = E(\phi_0 + \phi_1 x_{t-1} + \cdots + \phi_p x_{t-p} + \varepsilon_t)$，根据平稳序列均值为常数，且 $\{\varepsilon_t\}$ 为白噪声序列，则有：$Ex_t = \mu, E(\varepsilon_t) = 0, \forall t \in T$。

这里，$\mu$ 为常数，计算公式如下：

$$\mu = \frac{\phi_0}{1 - \phi_1 - \cdots - \phi_p}$$

**2. 方差**

求解平稳 AR 模型方差的思路：首先把序列转化为传递形式，再求解方差；不能直接求解，把序列变成白噪声的线性组合，因为白噪声的很多统计性质是已知的。利用传递形式的目的是把 AR 模型对应的时间序列表示成关于白噪声的线性相关组合形式；传递形式里面包括 Green 函数，Green 函数的原理包括原始模式以及期待形式，用待定系数法进行求解，其中白噪声互不相关，并且需要满足同方差假定。

平稳 AR 模型的传递形式为

$$x_t = \sum_{j=0}^{\infty} G_j \varepsilon_{t-j}$$

两边求方差得到

$$\mathrm{Var}(x_t) = \sum_{j=0}^{\infty} G_j^2 \sigma_\varepsilon^2, \quad G_j \text{ 为 Green 函数}$$

### 3. 协方差

在平稳 AR($p$)模型两边同乘 $x_{t-k}, \forall k \geqslant 1$，再求期望，则有

$$E(x_t x_{t-k}) = \phi_1 E(x_{t-1} x_{t-k}) + \cdots + \phi_p E(x_{t-p} x_{t-k}) + E(\varepsilon_t x_{t-k})$$

根据 $E(\varepsilon_t x_{t-k}) = 0, \forall k \geqslant 1$，得协方差函数的递推公式为

$$\gamma_k = \phi_1 \gamma_{k-1} + \phi_2 \gamma_{k-2} + \cdots + \phi_p \gamma_{k-p}$$

### 4. 自相关系数

自相关系数的定义为 $\rho_k = \dfrac{\gamma_k}{\gamma_0}$。

平稳 AR($p$)模型的自相关系数递推公式为 $\rho_k = \phi_1 \rho_{k-1} + \phi_2 \rho_{k-2} + \cdots + \phi_p \rho_{k-p}$。

### 5. 自相关系数拖尾

拖尾性 $\rho(k) = \sum_{i=1}^{p} c_i \lambda_i^k$ 呈复指数衰减，即 $\rho(k) = \sum_{i=1}^{p} c_i \lambda_i^k \to 0$。这里，$c_1, c_2, \cdots, c_p$ 不能恒等于零。

### 6. 偏自相关系数 $p$ 阶截尾

AR($p$)模型偏自相关系数 $p$ 阶截尾，即 $\phi_{kk} = 0, k > p$。

## 9.2.2　MA 模型

移动平均模型也是将 $x_t$ 表示为线性加权的形式，与自回归模型的不同之处在于，移动平均模型是以过去的残差项（白噪声）来做线性组合，而 AR 模型是以过去的观察值来做线性组合。MA 模型的基本出发点是通过组合残差项来观察残差的波动。

定义：符合以下结构的模型称为 $q$ 阶移动平均模型，简记为 MA($q$)：

$$\begin{cases} x_t = \mu + \varepsilon_t + \theta_1 \varepsilon_{t-1} + \theta_2 \varepsilon_{t-2} + \cdots + \theta_q \varepsilon_{t-q} \\ \theta_q \neq 0 \\ E(\varepsilon_t) = 0, \mathrm{Var}(\varepsilon_t) = \sigma_\varepsilon^2, E(\varepsilon_t \varepsilon_s) = 0, s \neq t \end{cases}$$

其中，$\phi_q \neq 0$ 可以保证模型的最高阶数是 $q$；$E(\varepsilon_t) = 0, \mathrm{Var}(\varepsilon_t) = \sigma_\varepsilon^2, E(\varepsilon_t \varepsilon_s) = 0, s \neq t$ 可以证明随机干扰序列 $\{\varepsilon_t\}$ 是一个零均值的白噪声序列。这两个是 MA($q$)模型的限制条件，在应用 MA($q$)模型时需先验证序列是否满足这两个条件。特别地，当 $\mu = 0$ 时，称为中心化 MA($q$)模型。引进延迟算子，则中心化 MA($q$)模型又可以简记为：$x_t = \Theta(B)\varepsilon_t$。这里，$\Theta(B) = 1 - \theta_1 B - \theta_2 B^2 - \cdots - \theta_q B^q$，称为 $q$ 阶移动平均系数多项式。

当 $q=1$ 时，模型为 1 阶移动平均模型 MA(1)，用公式可表示为

$$x_t = \varepsilon_t + \theta_1 \varepsilon_{t-1}$$

MA 模型的统计性质有常数均值、常数方差、自协方差函数 $p$ 阶截尾、自相关系数 $p$ 阶截尾、偏自相关系数拖尾等。下面将介绍 MA 模型的这些统计性质及主要特点。

**1. 常数均值**

$$E(x_t) = E(\mu + \varepsilon_t + \theta_1 \varepsilon_{t-1} + \theta_2 \varepsilon_{t-2} + \cdots + \theta_q \varepsilon_{t-q}) = \mu$$

**2. 常数方差**

$$\mathrm{Var}(x_t) = \mathrm{Var}(\mu + \varepsilon_t + \theta_1 \varepsilon_{t-1} + \theta_2 \varepsilon_{t-2} + \cdots + \theta_q \varepsilon_{t-q}) = (1 + \theta_1^2 + \cdots + \theta_q^2)\sigma_\varepsilon^2$$

**3. 自协方差函数 $p$ 阶截尾**

$$\gamma_k = \begin{cases} \left(1 + \theta_1^2 + \cdots + \theta_q^2\right)\sigma_\varepsilon^2, & k = 0 \\ \left(-\theta_k + \sum_{i=1}^{q-k} \theta_i \theta_{k+i}\right)\sigma_\varepsilon^2, & 1 \leqslant k \leqslant q \\ 0, & k > q \end{cases}$$

**4. 自相关系数 $p$ 阶截尾**

$$\rho_k = \begin{cases} 1, & k = 0 \\ \dfrac{-\theta_k + \sum_{i=1}^{q-k} \theta_i \theta_{k+i}}{1 + \theta_1^2 + \cdots + \theta_q^2}, & 1 \leqslant k \leqslant q \\ 0, & k > q \end{cases}$$

**5. 偏自相关系数拖尾**

$\phi_{kk} = (-\theta_1 \varepsilon_{t-1} - \cdots - \theta_q \varepsilon_{t-q})(-\theta_1 \varepsilon_{t-k-1} - \cdots - \theta_q \varepsilon_{t-k-q+1})$。这里，$\theta_1, \theta_2, \cdots, \theta_q$ 不恒为零，即 $\phi_{kk}$ 不会在有限阶之后恒为零。

### 9.2.3 ARMA 模型

如果平稳随机序列既具有自回归过程的特性，又具有移动平均过程的特性，则需将 AR($p$)模型和 MA($q$)模型结合起来使用。因为该模型包括自回归和移动平均两种特性，所以它的阶是二维的，即($p,q$)，其中，$p$ 为自回归阶数，$q$ 为移动平均阶数。这种模型称为自回归移动平均模型，简记为 ARMA($p,q$)，其具有如下模型结构：

$$\begin{cases} x_t = \phi_0 + \phi_1 x_{t-1} + \cdots + \phi_p x_{t-p} + \varepsilon_t - \theta_1 \varepsilon_{t-1} - \cdots - \theta_q \varepsilon_{t-q} \\ \phi_p \neq 0, \quad \theta_q \neq 0 \\ E(\varepsilon_t) = 0, \quad \mathrm{Var}(\varepsilon_t) = \sigma_\varepsilon^2, E(\varepsilon_t \varepsilon_s) = 0, s \neq t \\ Ex_s \varepsilon_t = 0, \forall s < t \end{cases}$$

在以上定义中，若 $\phi_0 = 0$，则模型称为中心化 ARMA($p,q$)模型，显然还可以得到：若 $q=0$，ARMA($p,q$)模型就退化为 AR($p$)模型；若 $p=0$，则 ARMA($p,q$)模型就退化为 MA($q$)模型。

### 9.2.4　ARIMA 模型

1976 年，乔治·E. P. 博克斯（George E. P. Box）和格威利姆·M. 詹金斯（Gwilym M. Jenkins）在其发表的专著《时间序列分析：预测与控制》中，提出了 ARIMA 模型，也称为差分自回归移动平均模型。该模型的主要思想是：先利用 $d$ 阶差分将非平稳时间序列平稳化，然后对平稳化的时间序列，利用自回归过程 AR($p$)、移动平均过程 MA($q$) 以及样本自相关系数和偏自相关系数等进行辨识，并提出了完整的建模、估计、检验和控制方法，是目前国内外最常见的时间序列预测方法。

如果某个时间序列 $\{X_t\}$ 的 $d$ 次差分 $W_t=(1-B)^d X_t$ 是一个平稳的 ARMA 过程，则称 $\{X_t\}$ 为自回归移动平均求和模型。如果 $W_t$ 服从 ARMA($p,q$) 模型，则称 $\{X_t\}$ 是 ARIMA($p,d,q$) 过程。ARIMA 包含了自回归、差分以及移动平均三个组成部分，$p$、$d$、$q$ 分别表示自回归阶数、差分次数和移动平均的阶数。在实际应用中，通常取 $d=1$ 或 2。这时可用平稳过程 $W_t$ 来代替不平稳的 $X_t$ 在 ARMA 模型中的位置，即

$$W_t = c + \phi_1 W_{t-1} + \cdots + \phi_p W_{t-p} + \varepsilon_t + \theta_1 \varepsilon_{t-1} + \cdots + \theta_q \varepsilon_{t-q}$$

用滞后算子表示，则

$$\Phi(B)W_t = c + \Theta(B)\varepsilon_t$$

式中：

$$\Phi(B) = 1 - \phi_1 B - \phi_2 B^2 - \cdots - \phi_p B^p$$

$$\Theta(B) = 1 + \theta_1 B + \theta_2 B^2 + \cdots + \theta_q B^q$$

经过 $d$ 阶差分变换后的 ARMA($p,q$) 模型称为 ARIMA($p,d,q$) 模型，等价于下式：

$$\Phi(B)(1-B)^d X_t = c + \Theta(B)\varepsilon_t$$

因此，ARIMA 模型的结构为

$$\begin{cases} \Phi(B)\nabla^d x_t = \Theta(B)\varepsilon_t \\ E(\varepsilon_t) = 0, \quad \mathrm{Var}(\varepsilon_t) = \sigma_\varepsilon^2, E(\varepsilon_t \varepsilon_s) = 0, s \neq t \\ Ex_s \varepsilon_t = 0, \forall s < t \end{cases}$$

当 ARIMA 模型的 3 个参数 $p$、$d$、$q$ 取值不同时，可得到如下 ARIMA 模型族。

（1）若 $d=0$，有：ARIMA($p,d,q$)=ARMA($p,q$)。

（2）若 $p=0$，有：ARIMA($p,d,q$)=IMA($d,q$)。

（3）若 $q=0$，有：ARIMA($p,d,q$)=ARI($p,d$)。

（4）若 $d=1$，$p=q=0$，有：ARIMA($p,d,q$)=Random Walk Model（随机游走模型）。

# 9.3　ARIMA 模型的构建

### 9.3.1　基本步骤

模型 ARIMA($p,d,q$) 的参数估计步骤与 ARMA($p,q$) 模型的参数估计是基本类似的，不同

之处在于模型 ARIMA($p,d,q$)需要首先对时间序列进行 $d$ 阶差分，但 ARMA($p,q$)模型则并不需要。所以，在建模之前对原始序列进行平稳性检验是必要的，以此来确定 ARIMA($p,d,q$) 中 $d$ 的取值。ARIMA($p,d,q$)模型的建模过程如图 9-2 所示。

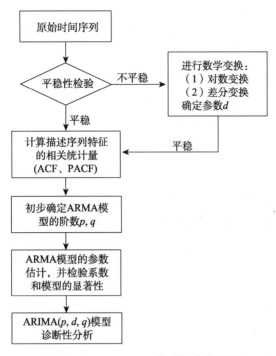

图 9-2 ARIMA($p,d,q$)模型的建模过程

## 9.3.2 序列的平稳性检验

所谓非平稳时间序列，是指时间序列的统计规律随着时间的变化而不断变化。经多次差分后得到的平稳时间序列，称为差分平稳时间序列。差分的次数称为差分平稳序列的阶，记为 $I(d)$，也称原始序列 $X_t$ 有 $d$ 个单位根，$d$ 为差分阶数。

一般，一阶差分记为 $\Delta X$ ，即

$$\Delta X = X_t - X_{t-1}，\Delta 为差分运算符$$

同理，$d$ 阶差分记为 $\Delta^d X$ ，即

$$\Delta^d X = \Delta^{d-1} X_t - \Delta^{d-1} X_{t-1}$$

图 9-3 为模拟的 ARMA(1,1)和 ARIMA(1,1,1)时间序列，样本量 $n$=200。可以看出，ARIMA(1,1,1)是不平稳的。

获得一组样本数据后，首先应对其平稳性进行判断，常见的平稳性检验方法有：①散点图检验；②利用自相关函数；③单位根检验；④ADF 检验（Augmented Dickey-Fuller Test，增广迪基—富勒检验）。

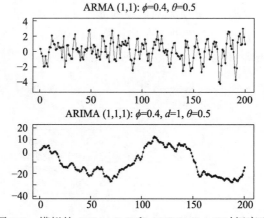

图 9-3　模拟的 ARMA(1,1)和 ARIMA(1,1,1)时间序列

**1. 散点图检验**

这种方法的判断标准是，观察时间序列的各观测值 $X_t$ 是否围绕着均值 $\bar{X}$ 上下波动，且具有相等的方差。但这种方法十分粗糙，精度也不高。

**2. 利用自相关函数**

若样本的自相关函数随 $k$ 值的增加表现出迅速衰减的状态，则认为该序列是平稳的；否则把该序列看作非平稳。

**3. 单位根检验**

1976 年，富勒（Fuller）用最小二乘法进行回归分析，计算出系数 $\rho$ 及其方差 $\sigma^2$ 的估计量，并构造 $t$ 统计量来进行单位根存在性的检验。DF 检验（Dickey-Fuller Test，迪基—富勒检验）是最基本的单位根检验方法，其要求随机误差项服从正态独立同分布。其他很多种单位根检验方法都是 DF 方法的拓展，比如误差项存在自相关情形下的 ADF 检验，以及适合异方差情形下的 PP 检验。DF 检验、ADF 检验和 PP 检验构成了三大经典的单位根检验方法。在理论分析中，DF 检验是最常使用的检验方法，而在实际运用过程中 ADF 检验和 PP 检验使用得最多。

**4. ADF 检验**

DF 检验方法适用于一阶自回归过程 AR(1)，而且要求误差项不存在相关性。但一般情况下不满足上述条件。对于高阶自回归过程或者随机扰动项不是白噪声的时间序列，DF 方法不再适用。因此，迪基（Dickey）和富勒在 1979 年对 DF 检验进行了拓展，提出了 ADF 检验。

ADF 检验方法的主要思想：利用高阶自回归的回归方程来控制误差项的相关性，即利用 $\Delta x_t$ 的 $k$ 个滞后项使得 AR($p$)过程的误差为白噪声。然而，利用 ADF 检验方法进行平稳性检验，其基本假定之一是扰动项的方差为常数，这一假定也就导致了对于方差不为常数情形的检验效果不佳。1988 年 Phillips 和 Perron 对 ADF 检验统计量进行了修正，提出了 PP 检验方法。

### 9.3.3　模型的识别与定阶

对于 ARIMA($p$,$d$,$q$)模型，参数 $d$ 的确定由差分次数来决定。ARMA($p$,$q$)模型的识别方法较多，一般会利用 ACF（Autocorrelation Function，自相关函数）和 PACF（Partial Autocorrelation Function，偏自相关函数）来判断类型。

样本自相关函数描述的是时间序列观测值与其过去的观测值之间的线性相关性，用公式表示如下：

$$\hat{\rho}_k = \frac{\dfrac{1}{n}\sum_{t=1}^{n-k}(X_t-\bar{X})(X_{t-k}-\bar{X})}{\dfrac{1}{n}\sum_{t=1}^{n}(X_t-X)^2} = \frac{\text{cov}(X_t,X_{t-k})}{\hat{\sigma}^2} = \frac{\hat{\gamma}_k}{\hat{\gamma}_0}$$

这里，$k$ 为滞后阶数。

样本偏自相关函数描述的是在给定中间观测值的条件下，时间序列观测值与其过去的观测值之间的线性相关性，用公式表示如下：

$$\varphi_{sj} = \frac{\rho_s - \sum_{j=1}^{s-1}\varphi_{s-1}\rho_{s-j}}{1 - \sum_{j=1}^{s-1}\varphi_{s-1}\rho_j}, \quad s=3,4,5,\cdots$$

各种模型的自相关系数和偏自相关系数特点如表 9-1 所示。

表 9-1　各种模型的自相关系数和偏自相关系数特点

| 模型 | 自相关系数 | 偏自相关系数 |
| --- | --- | --- |
| AR($p$) | 拖尾 | $p$ 阶截尾 |
| MA($q$) | $q$ 阶截尾 | 拖尾 |
| ARMA($p$,$q$) | 拖尾 | 拖尾 |

拖尾和截尾：

拖尾指序列以指数率单调递减或振荡衰减，而截尾指序列从某个时点变得非常小，如图 9-4 所示。

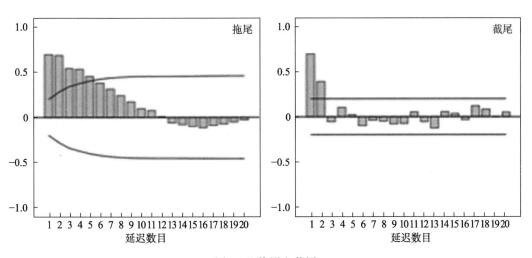

图 9-4　拖尾和截尾

出现以下情况，通常视为（偏）自相关系数 $d$ 阶截尾。

（1）在最初的 $d$ 阶明显大于 2 倍标准差范围。

（2）之后几乎 95%的（偏）自相关系数都落在 2 倍标准差范围以内。

（3）由非零自相关系数衰减为在零附近小值波动的过程非常突然。

一阶截尾和二阶截尾如图 9-5 所示。

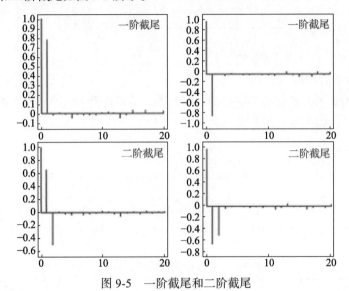

图 9-5    一阶截尾和二阶截尾

出现以下情况，通常视为（偏）自相关系数拖尾。

（1）有超过 5%的样本（偏）自相关系数都落入 2 倍标准差范围之外。

（2）由显著非 0 的（偏）自相关系数衰减为小值波动的过程比较缓慢或非常连续。

（偏）自相关系数衰减如图 9-6 所示。

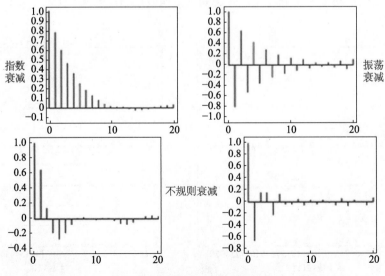

图 9-6    （偏）自相关系数衰减

根据不同的截尾和拖尾的情况，我们可以选择 AR 模型，也可以选择 MA 模型，当然也可以选择 ARIMA 模型。这里，中国银行股票数据为例，选取 2014 年 1 月至 2015 年 5 月的数据绘制图表，分析其拖尾和截尾情况。

首先，利用 Pandas 包读入股票数据。

```
import pandas as pd

ChinaBank = pd.read_csv('ChinaBank.csv', index_col='Date',
                        parse_dates=['Date'])
sub = ChinaBank['2014-01':'2014-06']['Close']
train = sub.loc['2014-01':'2014-03']
test = sub.loc['2014-04':'2014-06']
```

其次，对序列进行差分使得数据更平稳，常用的方法就是一阶差分法和二阶差分法。时间序列差分值的求解可以直接通过 Pandas 中的 diff 函数得到：

```
ChinaBank['Close_diff_1'] = ChinaBank['Close'].diff(1)
ChinaBank['Close_diff_2'] = ChinaBank['Close_diff_1'].diff(1)
fig = plt.figure(figsize=(20,6))
ax1 = fig.add_subplot(131)
ax1.plot(ChinaBank['Close'])
ax2 = fig.add_subplot(132)
ax2.plot(ChinaBank['Close_diff_1'])
ax3 = fig.add_subplot(133)
ax3.plot(ChinaBank['Close_diff_2'])
plt.show()
```

结果如图 9-7 所示。

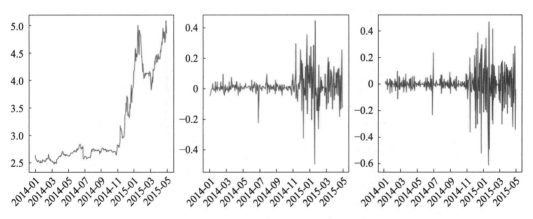

图 9-7　中国银行股票数据的差分序列走势图

从走势图可以看到，时间序列在一阶差分的时候就已经基本上接近平稳。

```
import matplotlib.pyplot as plt
import statsmodels.api as sm

fig = plt.figure(figsize=(12,8))
ax1 = fig.add_subplot(211)
```

```
fig = sm.graphics.tsa.plot_acf(train, lags=20,ax=ax1)
ax1.xaxis.set_ticks_position('bottom')
fig.tight_layout()

ax2 = fig.add_subplot(212)
fig = sm.graphics.tsa.plot_pacf(train, lags=20, ax=ax2)
ax2.xaxis.set_ticks_position('bottom')
fig.tight_layout()
plt.show()
```

结果如图 9-8 所示。

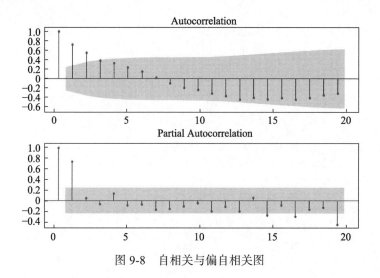

图 9-8　自相关与偏自相关图

从图 9-8 中可以看到，自相关图是拖尾的，而偏自相关图在 $q=2$ 时截尾，因此可初步判断其阶数为 $p=0$，$q=2$。

然而，初始值的选择往往是不准确的，需要再根据模型的检验结果对参数不断进行调整，最终得到最优模型。估计模型的参数有两种常见的方法：最小二乘法和极大似然法，这两种方法都是"精估计"。ARIMA 建模的系数进行逐步向后选择的过程，其原理类似于线性回归模型的逐步回归过程，接着，基于极大似然估计和 AIC/BIC/AICC 进行最优模型的选择。常用的信息准则函数法有下面两种。

**1. AIC 准则**

AIC 准则全称为最小化信息量准则（Akaike Information Criterion），计算公式如下：

$$AIC = 2（模型参数的个数）- 2\ln（模型的极大似然函数）$$

**2. BIC 准则**

AIC 准则存在一定的不足之处，即当样本容量很大时，在 AIC 准则中拟合误差提供的信息就要受到样本容量的放大，而参数个数的惩罚因子却和样本容量没关系（一直是 2），因此当样本容量很大时，使用 AIC 准则选择的模型不收敛于真实模型，它通常比真实模型所含的未知参数个数要多。BIC（Bayesian Information Criterion，贝叶斯信息准则）弥补了

AIC 的不足，其计算公式如下：

BIC = ln(*n*) (模型中参数的个数) – 2ln(模型的极大似然函数值)，*n* 是样本容量。

同样基于 train 数据进行 ARIMA 建模，通过类似于网格搜索的方式来寻找模型最佳的 *p*,*q* 组合，此处使用 BIC 进行试验，AIC 同理，代码如下：

```
#遍历，寻找适宜的参数
import itertools
import numpy as np
import seaborn as sns

p_min = d_min =q_min =d_max = 0
p_max = q_max = 5

# Initialize a DataFrame to store the results,, 以BIC准则
results_bic = pd.DataFrame(index=['AR{}'.format(i) for i in range
        (p_min, p_max+1)], columns=['MA{}'.format(i) for i in
        range(q_min, q_max+1)])

for p,d,q in itertools.product(range(p_min,p_max+1),
                               range(d_min,d_max+1),
                               range(q_min,q_max+1)):
    if(p==0 and d==0 and q==0):
        results_bic.loc['AR{}'.format(p), 'MA{}'.format(q)] = np.nan
        continue
    try:
        model = sm.tsa.ARIMA(train, order=(p, d, q), )
        results = model.fit()
        re-
sults_bic.loc['AR{}'.format(p), 'MA{}'.format(q)] = results.bic
    except:
        continue
results_bic = results_bic[results_bic.columns].astype(float)

fig, ax = plt.subplots(figsize=(10, 8))
ax = sns.heatmap(results_bic, mask=results_bic.isnull(),ax=ax, an-
not=True, fmt='.2f')
ax.set_title('BIC')
plt.show()
```

绘制的热力图如图 9-9 所示。

由此 BIC 热力图可得，黑色的位置最好，*p* 和 *q* 可取值(1,0)或者(2,3)。一般情况下越小越好，因此 *p* 和 *q* 取值(1,0)。这里采用了循环的方式，其实可以用更简单的方法得到 *p* 和 *q* 的最优值：

```
train_results = sm.tsa.arma_order_select_ic(train, ic=['aic', 'bic'],
trend='nc', max_ar=8, max_ma=8)
print('AIC', train_results.aic_min_order)
print('BIC', train_results.bic_min_order)
```

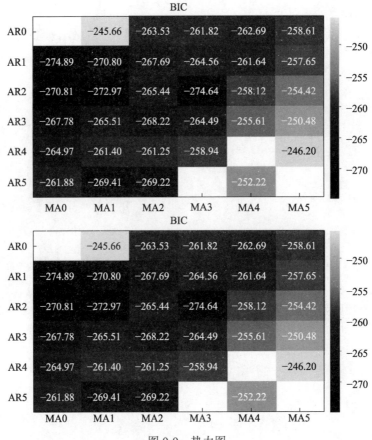

图 9-9　热力图

结果为：AIC (1, 0)

　　　　　BIC (1, 0)

表明应该选择的最优模型为：AR(1)模型。一般来说，相比 AIC 准则，利用 BIC 准则得到的 ARMA 模型阶数较低。

### 9.3.4　模型的检验

估计出模型的参数后，需对模型进行检验，对于模型的检验可采用 $t$ 检验，也可通过模型的决定系数 $R^2$ 来判断。而同时需要判断残差序列是否相互独立的白噪声序列。

（1）样本决定系数和修正 $R^2$。

将模型的总方差 SST 分解成两部分：

$$\sum_{t=1}^{n}(y_t - \overline{y})^2 = \sum_{t=1}^{n}(\hat{y}_t - \overline{y})^2 + \sum_{t=1}^{n}(y_t - \hat{y}_t)^2$$

即

$$\text{SST}=\text{SSR}+\text{SSE}$$

$$\overline{R}^2 = \frac{\text{SSR}/n-k}{\text{SST}/n-1} = 1 - \frac{n-1}{n-k}(1-R^2)$$

修正 $R^2$ 的区间是[0,1]。修正 $R^2$ 的值越接近 1，说明模型的拟合越好；当 $R^2=1$ 时，表示模型是完全拟合的。

（2）判断残差序列是否为白噪声，绘制残差的自相关和偏自相关图，观察自相关系数和偏自相关系数是否在 0.05 的置信区间内。如果落在置信区间内，则可将残差序列视为白噪声；否则为噪声。也可通过 Box-Pierce Q 检验和 Durbin-Wstson 检验对残差序列的自相关性进行分析。

下面绘制该模型的残差自相关函数图：

```
model = sm.tsa.ARIMA(train, order=(1, 0, 0))
results = model.fit()
resid = results.resid                #赋值
fig = plt.figure(figsize=(12,8))
fig = sm.graphics.tsa.plot_acf(resid.values.squeeze(), lags=40)
plt.show()
```

结果如图 9-10 所示。

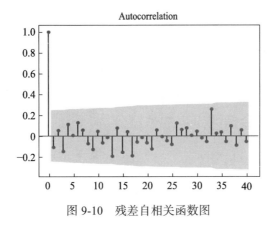

图 9-10　残差自相关函数图

从图 9-10 中可以看到，残差序列的自相关图一阶截尾，表明残差序列不存在自相关现象，检验通过。

## 9.3.5　数据预测

预测主要有两个函数：一个是 predict 函数，另一个是 forecast 函数。predict 中进行预测的时间段必须在我们训练 ARIMA 模型的数据中，forecast 则是对训练数据集末尾下一个时间段的值进行预估。

```
model = sm.tsa.ARIMA(sub, order=(1, 0, 0))
results = model.fit()
predict_sunspots       =       results.predict(start=str('2014-04'),end=
str('2014-05'),dynamic=False)
print(predict_sunspots)
fig, ax = plt.subplots(figsize=(12, 8))
ax = sub.plot(ax=ax)
```

```
predict_sunspots.plot(ax=ax)
plt.show()
```

结果如图 9-11 所示。

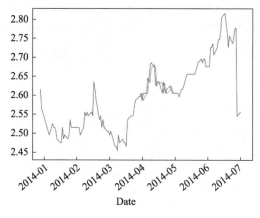

图 9-11　预测图

从图 9-11 中可以看出，2014 年 4 月至 2014 年 7 月期间的预测走势线段与真实的走势线段差距不大，拟合效果最好。表明基于建立的 ARIMA 模型对象 model，调用 predict() 函数得到的预测结果较好。

### 9.3.6　案例：上证综合指数走势的预测分析

本案例选取 2018 年 5 月到 2021 年 5 月的上证综合指数进行分析，建立 ARIMA 模型对上证综合指数的走势进行预测。

（1）导入所需要的 Python 包，包括绘图包 matplotlib.pyplot 及 Pandas 包。

```
import matplotlib.pyplot as plt
import pandas as pd
```

（2）设置 plt 属性，将字体设置为"楷体"（Kaiti）以及图形中可显示负号。

```
#plt 属性设置
plt.rcParams['font.sans-serif']=['Kaiti']
plt.rcParams['axes.unicode_minus']= False
```

（3）ARIMA 建模第一步，利用 Pandas 包的 read_excel 函数读取股票指数数据。

```
#1.读取上证综合指数数据
TSdata=pd.read_excel("BaPy_data.xlsx","TSdata",index_col=0)
print(TSdata.head(10))
CT=TSdata['2018-05':'2021-05'].Close   #选取 2018 年 5 月-2021 年 5 月的部分数据
CT.plot()
plt.show()
```

结果如图 9-12 所示。

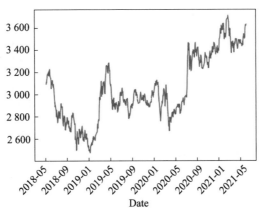

图 9-12　上证综合指数走势图

（4）ARIMA 建模第二步，利用 ADF 方法对序列进行平稳性检验。从一阶差分序列走势图可以看到，一阶差分序列围绕 $y=0$ 上下波动，呈现出平稳状态，因此取 $d=1$。

```
#2.对原始序列进行 ADF 平稳性检验
from statsmodels.tsa.stattools import adfuller
adf_result0=adfuller(CT)
print(adf_result0)

#一阶差分
CT1=CT.diff().dropna()
CT1.columns=['一阶差分']

plt.subplot(211)
CT.plot()
plt.subplot(212)
CT1.plot()
plt.show()

#对一阶差分序列进行 ADF 单位根检验
adf_result1=adfuller(CT1)
print(adf_result1)

d=1    #1 阶差分序列已经平稳，取 d=1
```

结果如图 9-13 所示。

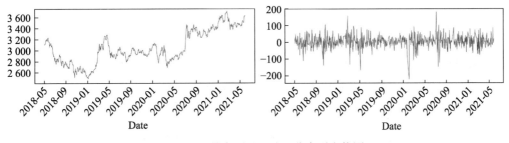

图 9-13　原始序列及一阶差分序列走势图

第 9 章　时间序列分析方法

　　从图 9-13 中可以看到，上证综合指数原始序列走势图在研究期间的变动较大，而一阶差分序列是围绕着 $y=0$ 上下波动的，仅有少数几个点偏离较远，从整体走势上看是平稳的。

　　（5）ARIMA 建模第三步，进行相关性检验。对前一步得到的平稳上证综指一阶差分序列 CT1 左 ACF 图和 PACF 图，相应代码及运行结果如下：

```
#3.相关性检验
from statsmodels.graphics.tsaplots import acf,plot_acf, plot_pacf
result1=acf(CT1,qstat=True)
plot_acf(CT1,lags=15)
plt.show()
plot_pacf(CT1,lags=15)
plt.show()
print(CT1)
```

结果如图 9-14 所示。

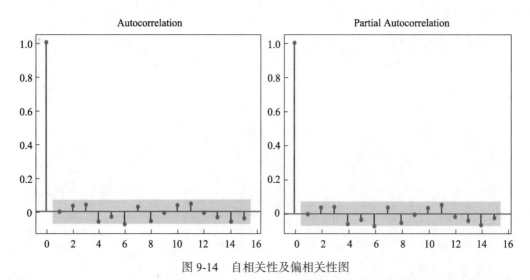

图 9-14　自相关性及偏相关性图

　　从左侧自相关 ACF 图可以看到，上证综合指数一阶差分序列 CT1 从滞后 1 阶开始明显地为 0，同时，偏自相关 PACF 图也是很明显是"1 后截尾"的。于是，可以初步判断 CT1 序列应为 ARIMA(1,0,1)模型，即原始序列 CT 应为 ARIMA(1,1,1)模型。

　　（6）ARIMA 建模第四步，基于 ARIMA 模型及 AIC/BIC 最小准则进行模型阶数的识别，得到的最优模型是 ARIMA(2,1,1)。

```
#4.模型阶数的识别
from statsmodels.tsa.arima_model import ARIMA
#根据bic遍历p,q值，取bic最小时对应的p,q
m0=ARIMA(CT1,(1,1,1)).fit()          #建立arima模型
print("bic:",m0.bic)

temp=[]
for p in range(3):
```

```
    for q in range(3):
        m1=ARIMA(CT1,(p,1,q)).fit()
        temp.append([m1.aic,m1.bic,p,q])
temp=pd.DataFrame(temp,columns=['aic','bic','p','q'])
print(temp)
```

（7）ARIMA 建模第五步，进行模型参数估计及检验。

```
#5.参数估计及检验
#最佳 arima 模型 ARIMA(2,1,1)
m_best=ARIMA(CT1,(2,1,1)).fit()
print(m_best.summary())

help(m_best)
#作图
plt.plot(CT1,'-',m_best.fittedvalues)
plt.show()
```

最优 ARIMA 模型运行结果如图 9-15 所示。

```
                          ARIMA Model Results
==============================================================================
Dep. Variable:                 D.Close   No. Observations:                  748
Model:                  ARIMA(2, 1, 1)   Log Likelihood               -3758.161
Method:                        css-mle   S.D. of innovations             36.634
Date:                Tue, 10 May 2022   AIC                           7526.323
Time:                        12:46:24   BIC                           7549.410
Sample:                             1   HQIC                          7535.220


==============================================================================
                  coef    std err          z      P>|z|      [0.025      0.975]
------------------------------------------------------------------------------
const           0.0068      0.006      1.052      0.293      -0.006       0.019
ar.L1.D.Close  -0.0002      0.037     -0.007      0.995      -0.072       0.071
ar.L2.D.Close   0.0363      0.037      0.994      0.320      -0.035       0.108
ma.L1.D.Close  -1.0000      0.004   -277.340      0.000      -1.007      -0.993
                                    Roots
==============================================================================
                  Real          Imaginary           Modulus         Frequency
------------------------------------------------------------------------------
AR.1           -5.2455           +0.0000j            5.2455            0.5000
AR.2            5.2521           +0.0000j            5.2521            0.0000
MA.1            1.0000           +0.0000j            1.0000            0.0000
------------------------------------------------------------------------------
```

图 9-15　最优 ARIMA 模型运行结果

图 9-15 中的模型结果一共有三个子图，前两个子图主要包括模型的基本信息及参数估计值，如样本量为 748，对数似然估计值为–3 758.161，三种模型判断准则的值分别为：AIC=

7 526.323，BIC=7 549.410，HQIC=7 535.220。另外，还包括系数估计值 coef、标准误差 std err、$Z$ 统计检验量的值、$P$ 值及系数估计值的 95%置信区间。

这里，也同时绘制原始序列及 ARIMA(2,1,1)模型得到的拟合序列走势图，如图 9-16 所示。可以看到两个序列的拟合程度较高，说明建立的最优模型较好，可基于此模型进行预测分析。

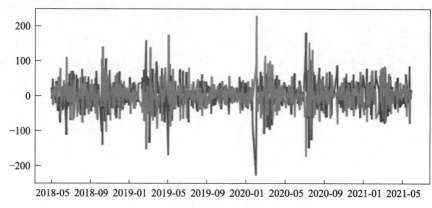

图 9-16　原始序列及拟合序列走势图

（8）ARIMA 建模第六步，基于最优模型对数据序列进行预测。

```
#6.预测
predict0=m_best.forecast(3)
print("预测结果为: ",predict0[0])
```

这里利用 forecast()函数向前预测了三期，参数设为 3，得到序列 CT1 的三期预测值分别为[2.821 036 54,3.656 493 44,3.231 883 82]。

### 9.3.7　案例：流感数据的预测分析

本案例使用的数据为 2009 年第 38 周到 2020 年第 15 周的每周流感人数。以此数据为研究对象，建立 ARIMA 模型，在对模型进行参数识别及检验后，对流感数据进行预测分析。这里预测五期，即预测未来 5 周的流感人数。

（1）导入进行数据分析需要用到的 Python 包，包括 Pandas 包及 NumPy 包、基础绘图包 matplotlib.pyplot 以及 ARIMA 建模相关的包。

```
import pandas as pd
import matplotlib.pyplot as plt
import numpy as np
import statsmodels.api as sm  # acf,pacf 图
from statsmodels.tsa.stattools import adfuller  # adf 检验
from pandas.plotting import autocorrelation_plot
from statsmodels.tsa.arima_model import ARIMA
```

（2）利用 Pandas 包的 read_excel()函数读入流感数据，保存在变量 data 中。

```
excelFile = 'BaPy_data.xlsx'
data = pd.read_excel(excelFile, index_col=0)
```

（3）画出流感数据 data 的时间序列走势图。

```
# 时序图
plt.figure(figsize=(10, 6))
plt.rcParams['font.sans-serif'] = ['SimHei']   # 用来正常显示中文标签
plt.rcParams['axes.unicode_minus'] = False   # 用来正常显示负号
data["流感人数"].plot()
plt.xlabel('日期（年份-第×周）', fontsize=12, verticalalignment='top')
plt.ylabel('流感人数', fontsize=14, horizontalalignment='center')
plt.show()
print(data.head())
```

结果如图 9-17 所示。从该走势图中可以看到，流感数据具有一定的周期性特征，在每年的秋冬季节发病率较高，而在夏季发病率较少。

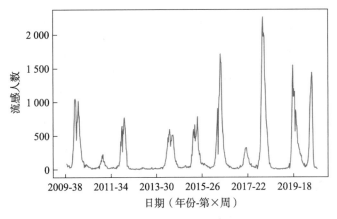

图 9-17　流感人数时序图

（4）利用 ADF 检验法，分别对流感原始数据及一阶差分数据进行平稳性检验。

```
#原始序列
temp = np.array(data["流感人数"])
t = adfuller(temp)                       # ADF 检验
output = pd.DataFrame(
    index=['Test Statistic Value', "p-value", "Lags Used", "Number of
Observations Used", "Critical Value(1%)", "Critical Value(5%)",
"Critical Value(10%)"], columns=['value'])
output['value']['Test Statistic Value'] = t[0]
output['value']['p-value'] = t[1]
output['value']['Lags Used'] = t[2]
output['value']['Number of Observations Used'] = t[3]
output['value']['Critical Value(1%)'] = t[4]['1%']
output['value']['Critical Value(5%)'] = t[4]['5%']
output['value']['Critical Value(10%)'] = t[4]['10%']
```

```
print("原始序列 ADF 检验结果：")
print(output)

#一阶差分序列
temp1 = data["流感人数"].diff().dropna()
temp1.colucmns=['一阶差分']
t1 = adfuller(temp1)
output = pd.DataFrame(
    index=['Test Statistic Value', "p-value", "Lags Used", "Number of
Observations Used", "Critical Value(1%)",
    "Critical Value(5%)", "Critical Value(10%)"], col-umns=['value'])
output['value']['Test Statistic Value'] = t1[0]
output['value']['p-value'] = t1[1]
output['value']['Lags Used'] = t1[2]
output['value']['Number of Observations Used'] = t1[3]
output['value']['Critical Value(1%)'] = t1[4]['1%']
output['value']['Critical Value(5%)'] = t1[4]['5%']
output['value']['Critical Value(10%)'] = t1[4]['10%']
print("一阶差分序列 ADF 检验结果：")
print(output)
```

　　Python 单位根检验函数 adfuller()的原假设为序列不平稳，备择假设为序列平稳。ADF
检验结果如表 9-2 所示，可见原始序列和一阶差分序列的检验 $p$ 值分别为 7.167e-08 和
2.320e-13，均小于 0.01，因此拒绝序列不平稳的原假设，认为原始序列和一阶差分序列都
是平稳的。

表 9-2　ADF 检验结果

| 序列 | Dickey-Fuller | p.value | 检验结果 |
| --- | --- | --- | --- |
| 原始序列 | −6.161193 | 7.167e-08 | 平稳 |
| 一阶差分序列 | −8.394426 | 2.320e-13 | 平稳 |

　　（5）除了对序列进行平稳性判断，还需对流感数据 data 的相关性进行初步判断，利用
plot_acf()函数及 plot_pacf()函数先绘制原始序列的 ACF 图和 PACF 图。

```
# ACF 图和 PACF 图
fig = plt.figure(figsize=(12, 8))
ax1 = fig.add_subplot(211)
fig = sm.graphics.tsa.plot_acf(data, lags=20, ax=ax1)
ax2 = fig.add_subplot(212)
fig = sm.graphics.tsa.plot_pacf(data, lags=20, ax=ax2)
plt.show()
```

　　结果如图 9-18 所示。从图 9-18 中可以看到，data 数据的自相关 ACF 图呈现明显的拖
尾现象，而偏自相关 PACF 图在滞后三阶的情况下，也明显存在着相关性。因此，需要对
原始数据 data 进行一阶差分，绘制一阶差分序列的 ACF 图和 PACF 图，如图 9-19 所示。
从差分数据的 ACF 图和 PACF 图可以看出，ACF 及 PACF 从滞后 1 阶开始明显地为 0。

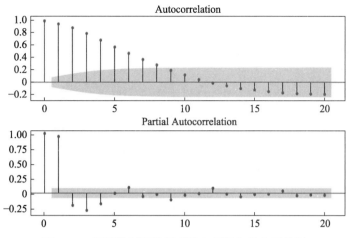

图 9-18　流感数据原始序列的自相关和偏自相关图

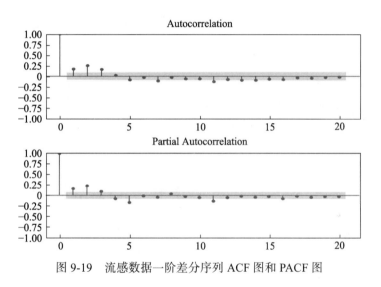

图 9-19　流感数据一阶差分序列 ACF 图和 PACF 图

（6）利用 ARIMA 模型及 AIC/BIC 最小准则进行模型阶数的识别。

```
# 模型定阶：AIC,BIC,或者根据 acf,pacf 图
# 为了控制计算量，我们限制 AR 最大阶不超过 6，MA 最大阶不超过 4。
(p, q) = sm.tsa.arma_order_select_ic(data, max_ar=6, max_ma=4,
ic='aic')['aic_min_order']
 print('p='+str(p)+' q='+str(q))
```

运行此段代码，得到的结果为：$p=4, q=3$。因此，得到的最优模型为 ARIMA(4,1,3)。

（7）基于最优模型 ARIMA(4,1,3)对流行病数据进行预测。

```
model = ARIMA(data, (4, 1, 3)).fit()
predictions_ARIMA = pd.Series(model.fittedvalues, copy=True)
print(predictions_ARIMA.head())
print(len(list(data["流感人数"])))
predictions = [i + j for i, j in zip(list(predictions_ARIMA), list(data["
```

```
流感人数"][:550])))
predictions_person = {"日期": data.index[1:], "流感人数": predictions}
predictions_people = pd.DataFrame(predictions_person)
predictions_people = predictions_people.set_index(['日期'], drop=True)
print(predictions_people.head())
print(model.forecast(5))    #为未来 5 周进行预测，返回预测结果、标准误差和置信
区间
```

预测结果如图 9-20 所示，2009 年第 39 周到 43 周的人数分别为 83、60、33、52、61。

```
            流感人数
日期
2009-39  83.597788
2009-40  60.009923
2009-41  33.971796
2009-42  52.554559
2009-43  61.008467
(array([20.87348198, 51.12392412, 68.81113811, 69.66428477, 62.88752187]), array([107.41631972, 159.93863156, 216.45370609, 274.27903789,
    325.05156189]), array([[-189.65863601,  231.40559997],
    [-262.35003347,  364.59788171],
    [-355.43033015,  493.05260637],
    [-467.91275122,  607.24132075],
    [-574.20183255,  699.97687628]]))
```

图 9-20　预测结果及置信区间

# 9.4　综合案例：社会消费品零售总额分析

社会消费品零售总额是表现国内消费需求最直接的数据，亦反映着国内经济的增长情况。对社会消费品零售总额进行分析与预测，一方面有利于了解消费需求的变动情况、研究国内零售业的发展态势；另一方面能对国家经济的发展情况加以探析，合理的预测结果则能为未来的经济发展决策提供一定的依据。

**1. 2010—2019 年我国各地区社会消费品零售状况分析**

在探析地区间差异层面上，2010—2019 年数据已足具代表性，因而选取 2010—2019 年我国（不含港澳台）各地区社会消费品零售总额数据（表 9-3 为横向分析对象），数据来源于国家统计局。

表 9-3　2010—2019 年我国（不含港澳台）各地区社会消费品零售总额　　　　亿元

| 地区 | 2019 年 | 2018 年 | 2017 年 | 2016 年 | 2015 年 | 2014 年 | 2013 年 | 2012 年 | 2011 年 | 2010 年 |
|---|---|---|---|---|---|---|---|---|---|---|
| 北京 | 12 270.1 | 11 747.7 | 11 575.4 | 11 005.1 | 10 338 | 9 638 | 8 872.1 | 8 123.5 | 7 222.2 | 6 340.3 |
| 天津 | 5 516.1 | 5 533 | 5 729.7 | 5 635.8 | 5 257.3 | 4 738.7 | 4 470.4 | 3 921.4 | 3 395.1 | 2 860.2 |
| 河北 | 17 934.2 | 16 537.1 | 15 907.6 | 14 364.7 | 12 990.7 | 11 820.5 | 10 516.7 | 9 254 | 8 035.5 | 6 821.8 |

| 地区 | 2019 年 | 2018 年 | 2017 年 | 2016 年 | 2015 年 | 2014 年 | 2013 年 | 2012 年 | 2011 年 | 2010 年 |
|---|---|---|---|---|---|---|---|---|---|---|
| 山西 | 7 909.2 | 7 338.5 | 6 918.1 | 6 480.5 | 6 033.7 | 5 717.9 | 5 139.3 | 4 506.8 | 3 903.4 | 3 318.2 |
| 内蒙古 | 7 610.6 | 7 311.1 | 7 160.2 | 6 700.8 | 6 107.7 | 5 657.6 | 5 114.2 | 4 572.5 | 3 991.7 | 3 384 |
| 辽宁 | 15 008.6 | 14 142.8 | 13 807.2 | 13 414.1 | 12 787.2 | 11 857 | 10 581.4 | 9 304.2 | 8 095.3 | 6 887.6 |
| 吉林 | 7 777.2 | 7 520.4 | 7 855.8 | 7 310.4 | 6 651.9 | 6 080.9 | 5 426.4 | 4 772.9 | 4 119.8 | 3 504.9 |
| 黑龙江 | 9 898.4 | 9 317.4 | 9 099.2 | 8 402.5 | 7 640.5 | 7 015.3 | 6 251.2 | 5 491 | 4 750.1 | 4 039.2 |
| 上海 | 13 497.2 | 12 668.7 | 11 830.3 | 10 946.6 | 10 131.5 | 9 303.5 | 8 557 | 7 840.4 | 7 185.8 | 6 186.6 |
| 江苏 | 35 291.2 | 33 230.4 | 31 737.4 | 28 707.1 | 25 876.8 | 23 458.1 | 20 878.2 | 18 411.1 | 16 058.3 | 13 606.3 |
| 浙江 | 27 176.4 | 25 007.9 | 24 308.5 | 21 970.8 | 19 784.7 | 17 835.3 | 15 970.8 | 14 199.6 | 12 532.8 | 10 387 |
| 安徽 | 13 377.7 | 12 100.1 | 11 192.6 | 10 000.2 | 8 908 | 7 957 | 7 044.7 | 6 142.8 | 5 288.2 | 4 300.5 |
| 福建 | 15 749.7 | 14 317.4 | 13 013 | 11 674.5 | 10 505.9 | 9 346.7 | 8 275.3 | 7 256.5 | 6 276.2 | 5 310 |
| 江西 | 8 421.6 | 7 566.4 | 7 448.1 | 6 634.6 | 5 925.5 | 5 292.6 | 4 696.1 | 4 123.3 | 3 560.5 | 2 971 |
| 山东 | 35 770.6 | 33 605 | 33 649 | 30 645.8 | 27 761.4 | 25 111.5 | 22 294.8 | 19 651.9 | 17 155.5 | 14 620.3 |
| 河南 | 22 733 | 20 594.7 | 19 666.8 | 17 618.4 | 15 740.4 | 14 005 | 12 426.6 | 10 915.6 | 9 453.6 | 8 004.2 |
| 湖北 | 20 224.2 | 18 333.6 | 17 394.1 | 15 649.2 | 14 003.2 | 12 449.3 | 11 035.9 | 9 682.4 | 8 363.3 | 7 014.4 |
| 湖南 | 17 239.5 | 15 638.3 | 14 854.9 | 13 436.5 | 12 024 | 10 723.5 | 9 509.5 | 8 318.7 | 7 209 | 5 952.6 |
| 广东 | 42 664.5 | 39 501.1 | 38 200.1 | 34 739.1 | 31 517.6 | 28 471.1 | 25 453.9 | 22 677.1 | 20 297.5 | 17 458.4 |
| 广西 | 8 873 | 8 291.6 | 7 813 | 7 027.3 | 6 348.1 | 5 772.8 | 5 133.1 | 4 516.6 | 3 908.2 | 3 312 |
| 海南 | 1 808.3 | 1 717.1 | 1 618.8 | 1 453.7 | 1 325.1 | 1 224.5 | 1 090.9 | 950.2 | 822.5 | 663.8 |
| 重庆 | 8 667.3 | 7 977 | 8 067.7 | 7 271.4 | 6 424 | 5 710.7 | 5 055.8 | 4 403 | 3 782.3 | 3 051.1 |
| 四川 | 20 144.3 | 18 254.5 | 17 480.5 | 15 601.9 | 13 877.7 | 12 393 | 11 001 | 9 622 | 8 290.8 | 6 884.8 |
| 贵州 | 4 174.2 | 3 971.2 | 4 154 | 3 709 | 3 283 | 2 936.9 | 2 601.2 | 2 266.3 | 1 899.9 | 1 531.6 |
| 云南 | 7 539.2 | 6 826 | 6 423.1 | 5 722.9 | 5 103.2 | 4 632.9 | 4 112.6 | 3 597.9 | 3 105.9 | 2 555.8 |
| 西藏 | 649.3 | 597.6 | 523.3 | 459.4 | 408.5 | 364.5 | 322.2 | 277.9 | 237.5 | 192.4 |
| 陕西 | 9 598.7 | 8 938.3 | 8 236.4 | 7 367.6 | 6 578.1 | 5 918.7 | 5 245 | 4 581.6 | 3 900.6 | 3 257.5 |
| 甘肃 | 3 692.4 | 3 428.3 | 3 426.6 | 3 184.4 | 2 907.2 | 2 668.3 | 2 368.8 | 2 064.4 | 1 772.9 | 1 435.5 |
| 青海 | 880.8 | 835.6 | 839 | 767.3 | 691 | 620.8 | 549.6 | 480.3 | 413.4 | 351 |
| 宁夏 | 984.5 | 935.8 | 930.4 | 850.1 | 789.6 | 737.2 | 668.5 | 590.5 | 515.5 | 418.5 |
| 新疆 | 3 361.6 | 3 187 | 3 044.6 | 2 825.9 | 2 606 | 2 436.5 | 2 179.5 | 1 916.1 | 1 662.4 | 1 386.1 |

**2. 1960 年我国社会消费品零售总额发展态势以及预测**

在对 2010—2019 年我国（不含港澳台）各地区间社会消费品零售总额进行横向对比分析后，为探析社会消费品零售总额的纵向发展，选取 1960—2019 年我国（不含港澳台）社会消费品零售总额年度数据（表 9-4）为研究对象，建立 ARIMA 模型。

**表 9-4　1960—2019 年我国（不含港澳台）社会消费品零售总额**　　　　亿元

| 时间 | 零售总额 | 时间 | 零售总额 | 时间 | 零售总额 | 时间 | 零售总额 |
|---|---|---|---|---|---|---|---|
| 1960 年 | 696.9 | 1975 年 | 1 271.1 | 1990 年 | 8 300.1 | 2005 年 | 68 352.6 |
| 1961 年 | 607.7 | 1976 年 | 1 339.4 | 1991 年 | 9 415.6 | 2006 年 | 79 145.2 |
| 1962 年 | 604.0 | 1977 年 | 1 432.8 | 1992 年 | 10 993.7 | 2007 年 | 93 571.6 |
| 1963 年 | 604.5 | 1978 年 | 1 558.6 | 1993 年 | 14 270.4 | 2008 年 | 114 830.1 |
| 1964 年 | 638.2 | 1979 年 | 1 800.0 | 1994 年 | 18 622.9 | 2009 年 | 133 048.2 |
| 1965 年 | 670.3 | 1980 年 | 2 140.0 | 1995 年 | 23 613.8 | 2010 年 | 158 008.0 |
| 1966 年 | 732.8 | 1981 年 | 2 350.0 | 1996 年 | 28 360.2 | 2011 年 | 187 205.8 |
| 1967 年 | 770.5 | 1982 年 | 2 570.0 | 1997 年 | 31 252.9 | 2012 年 | 214 432.7 |
| 1968 年 | 737.3 | 1983 年 | 2 849.4 | 1998 年 | 33 378.1 | 2013 年 | 242 842.8 |
| 1969 年 | 801.5 | 1984 年 | 3 376.4 | 1999 年 | 35 647.9 | 2014 年 | 271 896.1 |
| 1970 年 | 858.0 | 1985 年 | 4 305.0 | 2000 年 | 39 105.7 | 2015 年 | 300 930.8 |
| 1971 年 | 929.2 | 1986 年 | 4 950.0 | 2001 年 | 43 055.4 | 2016 年 | 332 316.3 |
| 1972 年 | 1 023.3 | 1987 年 | 5 820.0 | 2002 年 | 48 135.9 | 2017 年 | 366 261.6 |
| 1973 年 | 1 106.7 | 1988 年 | 7 440.0 | 2003 年 | 52 516.3 | 2018 年 | 380 986.9 |
| 1974 年 | 1 163.6 | 1989 年 | 8 101.4 | 2004 年 | 59 501.0 | 2019 年 | 411 649.0 |

（1）导入进行数据分析需要的 Python 包。

```
import numpy as np
import pandas as pd
import matplotlib.pyplot as plt
```

（2）设置绘图参数，并读取数据。

```
plt.rcParams['font.sans-serif'] = ['SimHei']
plt.rcParams['axes.unicode_minus'] = False

pd.set_option('display.max_columns', None)
pd.set_option('display.max_rows', None)

Data = pd.read_excel("BaPy_data.xlsx", "分省年度社会消费品零售总额", index_col=0)
Data_describe = Data.describe()
print(round(Data_describe, 2))
```

（3）基于 2019 年的社会消费品零售总额数据，绘制其频数分布图及饼图，如图 9-21 所示。

```
A = Data['2019 年']
plt.title("2019年社会消费品零售总额频数分布图")
A.plot.hist()
B.plt.show()
```

```
A.plot(kind='pie', subplots=True)
plt.title("2019年社会消费品零售总额饼图")
plt.show()
```

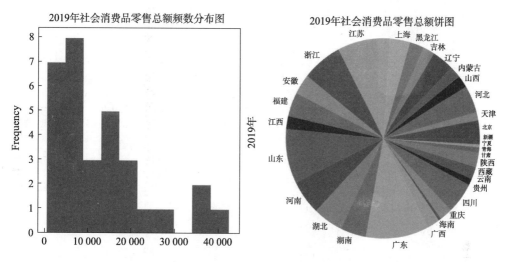

图 9-21　2019 年社会消费品零售总额频数分布图和饼图

从图 9-21 的频数直方图可以看到，2019 年 31 个地区的社会消费品零售总额数据是有偏的，数据不服从正态分布。同时，社会消费品零售总额低于 10 000 亿元的地区共有 15 个，占比接近 50%。从饼图也可以清楚地看到，社会消费品零售总额数据较大的地区有广东、山东、江苏等，而数据较小的地区有贵州、新疆、海南等，各地区间的社会消费品零售总额差异十分明显，消费需求分布显著不均。

（4）同样，基于 2019 年社会消费品零售总额数据，利用 Seaborn 包绘制其箱式图和概率分布图，如图 9-22 所示。

```
import seaborn as sns

sns.boxplot(x=Data['2019年'])
plt.title("2019年社会消费品零售总额箱式图")
plt.show()

sns.distplot(Data["2019年"])
plt.title("2019年社会消费品零售总额概率分布图")
plt.show()
```

从箱式图可以看到，中位数主要集中于 10 000 左右，四分位数大致介于 7 500 和 18 000 之间。右侧有三个离群值点，表明这三个点对应的地区，其社会消费品零售总额数据很大，远远偏离其他大部分地区，这三个地区分别为广东、山东、江苏。图 9-22 中的概率分布图同样说明这组数据是不符合正态分布的。

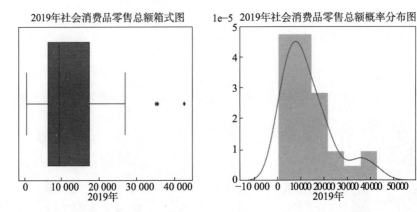

图 9-22　2019 年社会消费品零售总额箱式图和概率分布图

（5）利用聚类分析对我国 31 个地区的 2019 年社会消费品零售总额数据进行分析。

```
# 系统聚类分析法进行聚类分析
import scipy.cluster.hierarchy as sch

D = sch.distance.pdist(BZ)
print(D)
H = sch.linkage(D, method='complete')
print(H)
sch.dendrogram(H, labels=BZ.index)
plt.title("2019 年社会消费品零售总额系统聚类图")
plt.show()

Tree = pd.DataFrame(sch.cut_tree(H), index=BZ.index)   # 系统聚类树
print("系统聚类树", Tree)
```

2019 年社会消费品零售总额系统聚类图如图 9-23 所示。

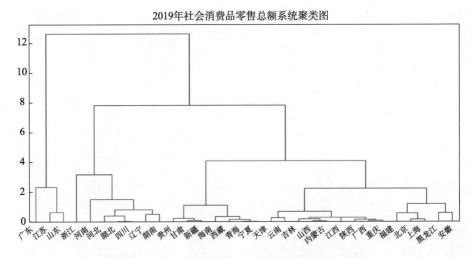

图 9-23　2019 年社会消费品零售总额系统聚类图

聚类分析法的优点在于其能够避免分类的主观性与随意性，使分类客观准确。以 2019 年的数据为样本，进行系统聚类处理后，得到图 9-23 所示的社会消费品零售总额系统聚类图。可以看到，如果按社会消费品零售总额为划分依据，将地区分为两类，则一类为广东、山东和江苏，另一类为其他地区。如若划分为三类，则一类为广东、山东和江苏，一类为浙江、河南、河北、湖北、四川、辽宁、湖南，其他地区归为另一类。

（6）利用折线图分析社会销售品零售总额年度数据走势。由于省份比较多，这里选取北京、吉林、安徽、广东和甘肃 5 个省份绘制折线图，绘制的图形如图 9-24 所示。

```
Data2 = pd.read_excel("BaPy_data.xlsx", "五省社会销售品零售总额", in-
dex_col=0)

Data2.plot(x='时间')
ax = plt.gca()
ax.invert_xaxis()
plt.title("社会消费品零售总额年度数据折线图")
plt.show()
```

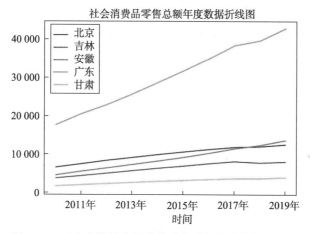

图 9-24　五个省份社会消费品零售总额年度数据折线图

从图 9-24 中可以看出，5 个省份的社会消费品零售总额从 2011 年到 2019 年都呈上升趋势，其中，广东最为突出，广东的社会消费品零售总额的数据比其他 4 个省份更大，且增长速度也更快。北京、吉林、安徽和甘肃的社会消费品零售总额的增长速度则较为平缓。

作出 1960—2019 年全国社会消费品零售总额时序图，如图 9-25 所示。

```
Data3 = pd.read_excel("BaPy_data.xlsx", "社会销售品零售总额年度数据",
index_col=0)
print(Data3)
Data3_describe = Data3.describe()
print(Data3_describe)

Data3.plot(grid=True)
plt.show()
```

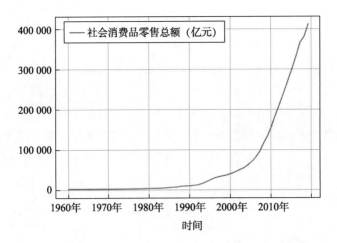

图 9-25　1960—2019 年全国社会消费品零售总额时序图

从图 9-25 中可以看到，1990 年后社会消费品零售总额呈指数增长趋势，同时也可以看出该序列显然是不平稳的时间序列，因此需要对数据进行平稳化处理。

（7）基于全国社会消费品零售总额数据，进行移动平均分析及指数平滑分析。绘制的移动平均走势图如图 9-26 所示，M3 和 M5 分别为 3 阶移动平均值和 5 阶移动平均值。

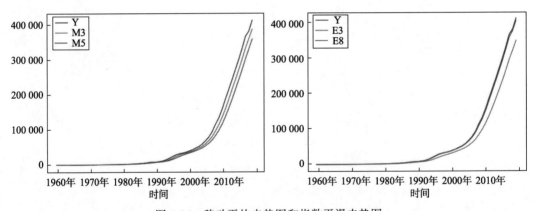

图 9-26　移动平均走势图和指数平滑走势图

```python
# 移动平均
Data3.columns = ["Y"]  #重命名列名
Data4 = Data3.Y
ave = Data4.mean()
Data4_next = ave
print(Data4_next)

DM = pd.DataFrame(Data4)
DM['M3'] = Data4.rolling(3).mean()
DM['M5'] = Data4.rolling(5).mean()
print(DM)
```

```
DM.plot()
plt.show()
```

基于全国社会消费品零售总额数据，进行指数平滑分析。参数 alpha 为平滑系数。E3
和 E8 分别为平滑系数，分别为 0.3 和 0.8 时的一次指数加权移动平均值。

```
DE = pd.DataFrame(Data4)
DE['E3'] = Data4.ewm(alpha=0.3).mean()
DE['E8'] = Data4.ewm(alpha=0.8).mean()
print(DE)
DE.plot()
plt.show()
```

（8）建立 ARIMA 模型。

```
# ARIMA 模型
import statsmodels.api as sm
from statsmodels.tsa.stattools import adfuller

Data5 = np.log(Data4)   #取对数
Data5.plot(grid=True)
plt.show()

adf_result = adfuller(Data5)
print(adf_result)
```

结果如图 9-27 所示。

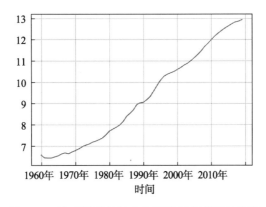

图 9-27　取对数后的社会消费品零售总额时序图

　　首先，对数据的平稳性进行检验。如图 9-25 所示，1990 年后社会消费品零售总额呈指
数型增长，因此我们对序列进行平稳化，通过取对数的方式消除指数趋势。图 9-27 为 1960 年
到 2019 年取对数后的社会消费品零售总额原始数据 Data5 时序图。从图中可以看到，Data5
明显为非平稳的，利用 ADF 平稳性检验函数 adfuller()，得到的结果为 0.532，大于三个 level
的统计值。所以原始数据是不平稳的，可通过差分将其平稳化。
　　下面对此序列进行一阶差分和二阶差分处理，代码如下。

```
# 一阶差分
D1 = Data5.diff().dropna()
D1.columns = ['一阶差分']

adf_result2 = adfuller(D1)
print(adf_result2)

# 二阶差分
D2 = D1.diff().dropna()
adf_result3 = adfuller(D2)
print(adf_result3)

D1.plot(grid=True)
plt.show()

D2.plot(grid=True).axhline(y=0)
plt.show()
```

同时，绘制一阶差分序列和二阶差分序列的走势图，如图 9-28 所示。

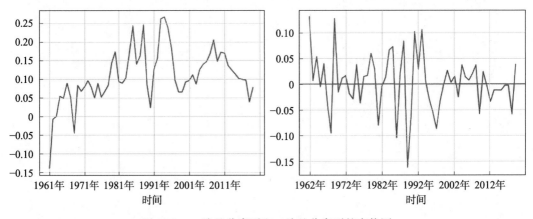

图 9-28　一阶差分序列和二阶差分序列的走势图

从图 9-28 可以直观看出，一阶差分序列仍不平稳，二阶差分序列可能平稳，需对序列进行平稳性检验。同样利用 Statsmodels 包中的 adfuller()函数进行 ADF 检验，代码如下。

```
from statsmodels.tsa.stattools import adfuller
def ADF(ts):
    dftest = adfuller(ts)
    dfoutput = pd.Series(dftest[0:4], index=['Test Statistic',
'p-value',
                                '#Lags Used', 'Number of Ob-
servations Used'])
    for key, value in dftest[4].items():
        dfoutput['Critical Value(%s)' % key] = value
    return round(dfoutput, 4)
```

```
print(ADF(D1))
print(ADF(D2))
```

差分序列的 ADF 检验结果见表 9-5。

**表 9-5  差分序列的 ADF 检验结果**

| 序列 | Dickey-Fuller | p.value | 检验结果 |
|---|---|---|---|
| 一阶差分序列 | −3.8502 | 0.0075 | 平稳 |
| 二阶差分序列 | −5.2669 | 0.0000 | 平稳 |

从表 9-5 中可以看到，一阶差分序列和二阶差分序列的检验 $p$ 值均小于 0.01，因此拒绝序列不平稳的原假设，认为一阶差分序列和二阶差分序列都是平稳的。

```
from statsmodels.graphics.tsaplots import acf, plot_acf, pacf, plot_pacf

plot_acf(Data6)
plot_pacf(Data6)
plt.show()

acf_result = acf(D2)
plot_acf(D2)
plot_pacf(D2)
plt.show()
```

原始序列的自相关图和偏自相关图如图 9-29 所示。

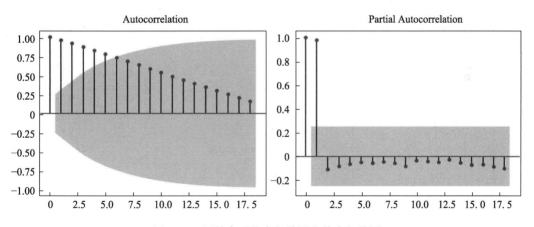

图 9-29  原始序列的自相关图和偏自相关图

从原始序列的自相关图及偏自相关图可以看出，自相关图拖尾，而偏相关从滞后二阶开始截尾，如图 9-30 所示。

从二阶差分序列的自相关图及偏自相关图可以看出，ACF 及 PACF 从滞后 1 阶开始明显地为 0。由此初步判断，拟合的 ARIMA 模型为 ARIMA(1,2,1)，如图 9-31 所示。

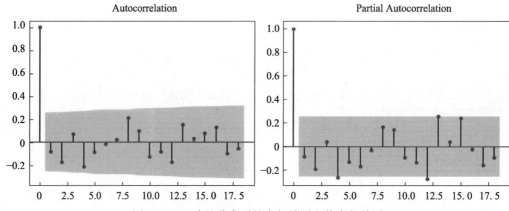

图 9-30　二阶差分序列的自相关图和偏自相关图

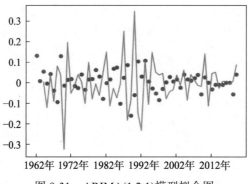

图 9-31　ARIMA(1,2,1)模型拟合图

```
from statsmodels.tsa.arima_model import ARIMA

m0 = ARIMA(D2, (1, 2, 1)).fit()
print(m0.summary())

plt.plot(D2, 'o', m0.fittedvalues)
plt.show()
```

接下来，确定拟合情况最好的 ARIMA 模型的阶数。

```
import warnings
warnings.filterwarnings("ignore")

temp = []
for p in range(3):
    for q in range(3):
        m1 = m0 = ARIMA(D2, (p, 1, q)).fit()
        temp.append([m1.aic, m1.bic, p, q])

temp = pd.DataFrame(temp, columns=['aic', 'bic', 'p', 'q'])
print(temp)

model = ARIMA(Data6, (1, 2, 2)).fit()    #最佳模型
```

```
print(model.summary())

resid = model.resid   #残差
from statsmodels.graphics.api import qqplot

qqplot(resid, line='q', fit=True)   #绘制残差序列QQ图
plt.show()
```

结果如图 9-32 所示。

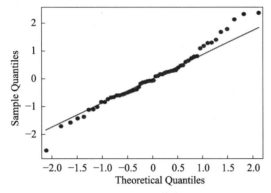

图 9-32　模型 ARIMA(1,2,2)的残差分布图

从图 9-32 中可以看到，残差值围绕着红色直线波动，偏离不大，从直观上看，残差值相互独立且近似服从正态分布。这里，绘制出模型 ARIMA(1,2,2)的残差自相关函数图和偏自相关图，可以看到两者均滞后一阶截尾，不存在自相关性，可判断该模型的拟合效果良好。

```
import statsmodels.api as sm
print(sm.stats.durbin_watson(model.resid))

plot_acf(resid)
plot_pacf(resid)
plt.show()
```

结果如图 9-33 所示。

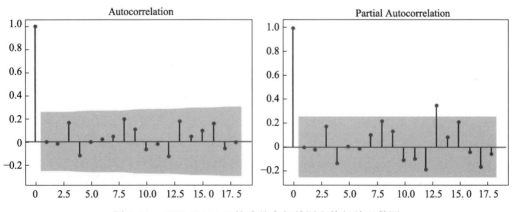

图 9-33　ARIMA(1,2,2)的残差自相关图和偏相关函数图

最后进行预测，利用 forecast 函数向前预测三期，将参数设为 3，可得到未来三年的社会消费品零售总额预测值。

```
predict_values = model.forecast(3)
print(predict_values[0])

x = np.exp(predict_values[0])
print(np.round(x, 2))
```

结果显示，2020—2022 年的预测值分别为：460 513.98、526 680.33 和 611 174.42，可见未来三年我国社会消费品零售总额呈稳定增长趋势。

## 9.5 习　　题

1. 时间序列又称为＿＿＿＿＿＿。

2. 时间序列主要从＿＿＿＿＿、＿＿＿＿＿、＿＿＿＿＿、＿＿＿＿＿四个方面入手进行研究分析。

3. 时间序列的基本模型有＿＿＿＿＿、＿＿＿＿＿、＿＿＿＿＿、＿＿＿＿＿。

4. 举一个生活中可应用时间序列分析的例子。

5. 简述 ARIMA 模型构建的基本步骤。

6. 序列的平稳性检验主要有哪些方法？

7. 模型检验主要有哪些方面？

8. 数据预测使用的函数有哪些？

9. 使用 ARIMA 模型对未来三年全国硕士研究生报名人数进行预测。

10. 选择一只股票并对其数据建立 ARIMA 模型进行时间序列分析。

# 第10章

# 大数据分析方法

对于大数据分析的方法有许多，本章重点讲述的是如何进行数据采集，并对所采集的数据进行处理。网络爬虫就是用 Python 进行数据采集的一种常用方法，它的主要思维就如同我们日常浏览网页的思维过程一般，在浏览网页时寻找需要的东西，并将这些东西爬取下来作为数据。采集数据后再对数据进行分析处理，如可视化处理等。经过这样的操作就可以将原本在网页上冗杂而繁多的信息处理成可视化的结果，这样不仅可以更加直观地观测数据，同时也可以通过分析后的数据来看到更多的背景信息。

## 10.1  大数据的概念及应用

### 10.1.1  基本含义

如今我们身处"大数据时代"，那么何为"大数据"呢？这个"大"到底是有多大呢？麦肯锡全球研究院（McKinsey Global Institute）综合了"现有技术无法处理"和"数据特征"定义，它认为"大数据是指大小超过经典数据库软件工具收集、存储、管理和分析能力的数据集"，这一定义是站在经典数据库的处理能力的基础上看待大数据的。

（1）从特性上来看，美国国家标准技术研究院（NIST）认为大数据是具有规模巨大（volume）、种类繁多（variety）、增长速度快（volocity）和变化频繁（variability）的特征，且需要一个可扩展体系结构来有效存储、处理和分析的广泛的数据集。IBM 给出了一个"4V特性"的定义：强调了大数据的数量（volume）、多样性（variety）、速度（volocity）和真实性（veracity）等方面，后来又将数据价值（value）吸收进来，成为大数据的"5V 特性"。

大数据技术的战略意义不在于掌握庞大的数据信息，而在于对这些含有意义的数据进行专业化处理。换而言之，如果把大数据比作一种产业，那么这种产业实现盈利的关键，在于提高对数据的"加工能力"，通过"加工"实现数据的"增值"。

（2）从技术上看，大数据与云计算的关系就像一枚硬币的正反面一样密不可分。大数据必然无法用单台的计算机进行处理，必须采用分布式架构。它的特色在于对海量数据进行分布式数据挖掘。但它必须依托云计算的分布式处理、分布式数据库和云存储、虚拟化技术。

随着云时代的来临，大数据也吸引了越来越多的关注。分析师团队认为，大数据通常用来形容一个公司创造的大量非结构化数据和半结构化数据，这些数据在下载到关系型数据库用于分析时会花费过多时间和金钱。大数据分析常和云计算联系到一起，因为实时的大型数据集分析需要像 MapReduce 一样的框架来向数十、数百甚至数千的电脑分配工作。

大数据需要特殊的技术，以高效地处理大量的数据。适用于大数据的技术，包括大规模并行处理（MPP）数据库、数据挖掘、分布式文件系统、分布式数据库、云计算平台、互联网和可扩展的存储系统。

### 10.1.2 应用领域

进入大数据时代后，大数据的身影随处可见，广泛应用在各个领域。下面列举几个比较常见的应用领域。

电商领域：大数据在电商领域的应用早已屡见不鲜，淘宝、京东等电商平台利用大数据技术，对用户信息进行分析，从而为用户推送感兴趣的产品，刺激消费。

政府领域："智慧城市"已经在多地尝试运营，通过大数据，政府部门得以感知社会的发展变化需求，从而更加科学化、精准化、合理化地为市民提供相应的公共服务以及资源配置。

医疗领域：医疗行业通过临床数据对比、实时统计分析、远程病人数据分析、就诊行为分析等，辅助医生进行临床决策，规范诊疗路径，提高医生的工作效率。

传媒领域：传媒相关企业通过收集各种各样的信息，进行分类筛选、清洗、深度加工，实现对读者和受众的新闻需求的准确定位与把握，并追踪用户的浏览习惯，不断进行信息优化。

安防领域：安防行业可实现视频图像模糊查询、快速检索、精准定位，并能够进一步挖掘海量视频监控数据背后的价值信息，反馈内涵知识，辅助决策判断。

金融领域：在用户画像的基础上，银行可以根据用户的年龄、资产规模、理财偏好等，对用户群进行精准定位，分析出潜在的金融服务需求。

电信领域：电信行业拥有庞大的数据，大数据技术可以应用于网络管理、客户关系管理、企业运营管理等，并且使数据对外商业化，实现单独盈利。

教育领域：通过大数据进行学习分析，能够为每位学生创设一个量身定做的个性化课程，为学生的多年学习提供一个富有挑战性而非逐渐厌倦的学习计划。

交通领域：大数据技术可以预测未来交通情况，为改善交通状况提供优化方案，有助于交通部门提高对道路交通的把控能力，防止和缓解交通拥堵，提供更加人性化的服务。

## 10.2 文本挖掘基础

### 10.2.1 Python 文本预处理

对文本进行挖掘需要对文本数据进行预处理，下面是预处理的几种典型方法。

**1. 将文本中出现的字母转化为小写**

输入以下命令，将文本中出现的字母转化为小写。

```
input_str = """
Big data refers to data that is so large, fast or complex that it's
difficult or impossible to process using traditional methods.
The act of accessing and storing large amounts of information for
analytics has been around for a long time.
```

```
But the concept of big data gained momentum in the early 2000s when industry
analyst Doug Laney articulated the now-mainstream definition of big data
as the three V's.
Big data is a broad term for both structured and unstructured data sets
so large and complex that traditional data processing applications and
systems cannot adequately handle them.
Big data often powers predictive analytics.
Analysis of data sets is used to find new correlations to identify business
trends, prevent diseases, combat crime, and more.
"""
input_str = input_str.lower()
print(input_str)
```

结果如图 10-1 所示。

```
big data refers to data that is so large, fast or complex that it's
  difficult or impossible to process using traditional methods.
the act of accessing and storing large amounts of information for
  analytics has been around for a long time.
but the concept of big data gained momentum in the early 2000s when
  industry analyst doug laney articulated the now-mainstream definition of
   big data as the three v's.
big data is a broad term for both structured and unstructured data sets
  so large and complex that traditional data processing applications and
  systems cannot adequately handle them.
big data often powers predictive analytics.
analysis of data sets is used to find new correlations to identify
  business trends, prevent diseases, combat crime, and more.
```

图 10-1　将字母转化为小写

## 2. 删除或者提取文本中出现的数字

如果文本中的数字与文本分析无关的话，那就删除这些数字。

```
import re

input_str = 'Bi33g da2ta is a broad term for both s55tructured and
unstructured data sets so44 large and complex that traditional dat6a
processing applications and systems cannot adequately handle them 9999.
'
result = re.sub(r'\d+', '', input_str)
print(result)
```

结果如图 10-2 所示。

```
Big data is a broad term for both structured and unstructured data
  sets so large and complex that traditional data processing
  applications and systems cannot adequately handle them .
```

图 10-2　删除文本中的数字

而在有些情况下，我们更需要获取文中的数字信息，比如下面的例子，我们将文本中的数字提取出来。

```
import re

input_str = '2021 年前三季度，我国 GDP 总量为 82.3 万亿元，同比增长 9.8%，两年平均增长 5.2%。分季度来看，一季度 GDP 同比增长 18.3%，二季度同比增长 7.9%；三季度，国内外风险挑战明显增多，世界经济恢复势头放缓，大宗商品价格高位运行，国内部分地区受疫情、汛情冲击，经济转型调整压力有所增大，GDP 同比增长 4.9%。'
result = re.findall("-?\d+\.?\d*e?-?\d*?", input_str)
print(result)
```

结果如图 10-3 所示。

```
['2021', '82.3', '9.8', '5.2', '18.3', '7.9', '4.9']
```

图 10-3　提取文本中的数字

### 3. 过滤文本中标点符号

在文本分析中，往往无须标点符号参与，可将其删除：

```
import re

input_str = """大数据##是指使用%传统方……法难以或不可能处理的庞大》》》、快速或复杂的数据。访问和存储大>>量信息以进行分析的行为||已经存在了很长时间。但大数据的概念在%% 2000 年代初获得了动力，当时行业分析师 ^^^Doug Laney 将现在&&主流的大数据定义表述为**三个 V。"""
s = re.sub(r'[^\w\s]', '', input_str)
print(s)
```

结果如图 10-4 所示。

```
大数据是指使用传统方法难以或不可能处理的庞大快速或复杂的数据访问和存储大量信
息以进行分析的行为已经存在了很长时间但大数据的概念在 2000 年代初获得了动力
当时行业分析师 Doug Laney 将现在主流的大数据定义表述为三个 V
```

图 10-4　过滤文本中的符号

可以看到文本中乱七八糟的符号都被滤除了，用正则表达式过滤文本中的标点符号，如果空白符也需要过滤，可以使用 r'[^\w]'。在正则表达式中，\w 匹配字母或数字或下画线或汉字（具体与字符集有关），^\w 表示相反匹配。

删除文本两端无用的空格：

```
input_str = "  \t   商务大数据   \t    "
input_str = input_str.strip()
print(input_str)
```

结果如图 10-5 所示。

图 10-5　删除文本两端无用的空格

### 4. 中文分词，滤除停用词和单个词

首先，读取用于测试的文本数据，该数据是 10.2.3 节案例中爬取的评论，这一类数据通常有很多无意义的字词和符号，通过正则表达式滤除掉无用的符号，只提取中文。使用 jieba 库进行文本分词，加载停用词数据到集合，然后一行列表解析式滤除停用词和单个词，这样效率很高。停用词数据可以下载一些公开的词列表，再根据实际文本处理需要，添加字词语料进去，使滤除效果更好。

```python
# 从 Github 下载停用词数据  https://github.com/zhousishuo/stopwords
import csv
import jieba
import re

# 读取用于测试的文本数据用户评论
# with open('评论 2.csv') as f:
#     data = f.read()
with open('评论 2.csv','rt',encoding='utf-8') as csvfile:
    reader = csv.reader(csvfile)
    columu = [row[2] for row in reader]
data = ""
for comment in  columu:
    data+= comment
# 文本预处理去除一些无用的字符只提取出中文出来
new_data = re.findall('[\u4e00-\u9fa5]+', data, re.S)
new_data = "/".join(new_data)

# 文本分词精确模式
seg_list_exact = jieba.cut(new_data, cut_all=False)

# 加载停用词数据
with open('stop_words.txt', encoding='utf-8') as f:
    # 获取每一行的停用词添加进集合
    con = f.read().split('\n')
    stop_words = set()
    for i in con:
        stop_words.add(i)

# 列表解析式去除停用词和单个词
result_list = [word for word in seg_list_exact if word not in stop_words
and len(word) > 1]
print(result_list)
```

结果如图 10-6 所示。

```
['孩子', '姓氏', '孩子', '气抖', '孩子', '才能', '儿童', '主义者', '协会
', '谴责', '随母', '离谱', '别人', '家事', '一个个', '网友', '音娘', '
滑稽', '姓名', '抽号', '抽号机', '赤裸裸', '歧视', '不想', '六子', '到
底', '几碗', '想六子', '眼里', '孩子', '姓关', '孩子', '一位', '母亲',
'母驴', '居然', '口口声声', '妇女', '权利', '呵呵', '转自', '微博', '
随母', '姥爷', '手动', '狗头', '真的', '独立', '女性', '典范', '思想',
'独立', '经济', '独立', '社会', '地位', '极端', '女权', '人士', '真的
', '可怕', '形容', '生育', '女性', '形容', '阅兵式', '女兵', '方阵', '
胎器', '展览', '不配', '假权', '忽悠', '唯一', '目的', '煽动', '性别',
'对立', '挑起', '矛盾', '国外', '基金会', '组织', '仅此而已', '女拳',
'恶心', '女权', '别人', '孩子', '爷爷奶奶', '外公', '外婆', '不关',
吃瓜', '群众', '咸吃', '萝卜', '操心', '公然', '网络', '嘲笑', '侮辱',
'三岁', '残疾', '男童', '下体', '脱离', '人性', '范畴', '理论', '出拳
', '毫无', '章法', '不了', '随母', '姥爷', '姥姥', '才能', '气抖', '举
办', '选秀', '拳师', '微博上', '选出', '一百', '一个', '精英', '拳师',
'中东', '沙特', '王爷', '打拳', '能活', '选出', '七个', '组团', '完美
', '打拳', '先来', '公司', '母司', '滑稽', '女拳', '质问', '日本', '日
本', '女人', '嫁过去', '夫姓', '女人', '为啥', '不去', '实在', '挑动',
'国内', '性别', '对立', '吹嘘', '国外', '男性', '短期', '女友', '为名
```

图 10-6　中文分词的部分结果

SnowNLP 是一个基于 Python 编写的类库，可以方便地处理中文文本内容，该库的开发思路受到了 TextBlob 的启发，现在大部分的自然语言处理库是针对英文的，SnowNLP 扩展了处理中文的类库。SnowNLP 库和 TextBlob 库最大的不同是没有用 NLTK，所有的算法都是自己实现的，并且自带一些训练好的字典。注意本程序处理的都是 unicode 编码，所以使用时请自行利用 decode 转成 unicode 编码。使用 SnowNLP 处理中文文本数据非常方便，以词性标注和关键词提取为例：

```
from snownlp import SnowNLP

word = u'"大数据"是需要新处理模式才能具有更强的决策力、洞察发现力和流程优化能力
来适应海量、高增长率和多样化的信息资产。'
s = SnowNLP(word)
print(s.words)           # 分词
print(list(s.tags))      # 词性标注
```

结果如图 10-7 所示。

```
['"', '大', '数据', '"', '是', '需要', '新', '处理', '模式', '才', '能', '
具有', '更', '强', '的', '决策', '力', '、', '洞', '察', '发现', '力', '和
', '流程', '优化', '能力', '来', '适应', '海量', '、', '高', '增长率', '和
', '多样化', '的', '信息', '资产', '。']
[('"', 'w'), ('大', 'a'), ('数据', 'n'), ('"', 'w'), ('是', 'v'), ('需要',
'v'), ('新', 'a'), ('处理', 'vn'), ('模式', 'n'), ('才', 'd'), ('能',
'v'), ('具有', 'v'), ('更', 'd'), ('强', 'a'), ('的', 'u'), ('决策',
'vn'), ('力', 'n'), ('、', 'w'), ('洞', 'n'), ('察', 'j'), ('发现', 'v'),
('力', 'n'), ('和', 'c'), ('流程', 'n'), ('优化', 'vn'), ('能力', 'n'),
('来', 'f'), ('适应', 'v'), ('海量', 'Ag'), ('、', 'w'), ('高', 'a'), ('
增长率', 'n'), ('和', 'c'), ('多样化', 'v'), ('的', 'u'), ('信息', 'n'),
('资产', 'n'), ('。', 'w')]
```

图 10-7　词性标注

```
from snownlp import SnowNLP

text = u'''
大数据包括结构化、半结构化和非结构化数据，非结构化数据越来越成为数据的主要部分。
据 IDC 的调查报告显示：企业中 80%的数据都是非结构化数据，这些数据每年都按指数增长
60%。
大数据就是互联网发展到现今阶段的一种表象或特征而已，没有必要神话它或对它保持敬畏
之心，
在以云计算为代表的技术创新大幕的衬托下，这些原本看起来很难收集和使用的数据开始容易
被利用起来了，通过各行各业的不断创新，大数据会逐步为人类创造更多的价值。
'''
s = SnowNLP(text)
print(s.keywords(limit=6))                    # 关键词提取
```

结果如图 10-8 所示。

```
['数据', '创新', '都', '大', '技术', '结构']
```

图 10-8　关键词提取

## 10.2.2　绘制词云图

词云图是文本分析中比较常见的一种可视化手段，将出现频率相对高的词字体相对变大，让重点词、关键词一目了然。绘制词云图主要用到两个 Python 库：wordcloud 和 jieba。jieba 主要用于中文分词，wordcloud 主要用于统计词频和绘图。

### 1. 简单的分词

下面利用 jieba 对字符串"不忘初心，牢记使命"进行分词，一共有三种模式：精准模式、全模式及搜索引擎模式。其中，精准模式通过调用 jieba.cut()函数，将字符串对象作为参数传入即可。而全模式需要将参数 cut_all 设置为 True。搜索引擎模式则需调用另一个函数 jieba.cut_for_search()。具体代码及运行结果如下。

```
import jieba
s = "不忘初心，牢记使命"
print("精准模式：" + '|'.join(jieba.cut(s)))
print("全模式：" + '|'.join(jieba.cut(s, cut_all=True)))
print("搜索引擎模式：" + '|'.join(jieba.cut_for_search(s)))
```

结果如图 10-9 所示。

```
精准模式：不忘|初心|，|牢记|使命
Prefix dict has been built successfully.
全模式：不|忘|初心|，|牢记|使命
搜索引擎模式：不忘|初心|，|牢记|使命
```

图 10-9　jieba 分词

　　这里还可以设置自定义词典，比如，"不忘初心"不能进行分割，则可以将"不忘初心"放入自定义词典中。自定义词典的格式：一个词占一行。比如，设置的 dict.txt 是："不忘初心"，代码中通过 jeba.load_userdict()函数调入进来。

```
import jieba
s = "不忘初心，牢记使命"
jieba.load_userdict('dict.txt')
print("精准模式: " + '|'.join(jieba.cut(s)))
print("全模式: " + '|'.join(jieba.cut(s, cut_all=True)))
print("搜索引擎模式: " + '|'.join(jieba.cut_for_search(s)))
```

结果如图 10-10 所示。

```
精准模式: 不忘初心|, |牢记|使命
Prefix dict has been built successfully.
全模式: 不忘初心|初心|, |牢记|使命
搜索引擎模式: 初心|不忘初心|, |牢记|使命
```

图 10-10　自定义词典分词

## 2. 绘制心形词云图

首先，找一张图片作为词语图的输出形状，如图 10-11 所示。

图 10-11　词语图形状

　　准备一段文字，可以是字符串，也可以是写在文件内的，写在文件内的需要读取出来，然后用 jieba 进行分词，如果是分好的词，可以直接使用，具体代码如下：

```
import jieba
import numpy as np
import PIL.Image as Image
from wordcloud import WordCloud

text = '''
大数据(big data)，或称巨量资料，指的是所涉及的资料量规模巨大到无法透过目前主流
软件工具，在合理时间内达到撷取、管理、处理、并整理成为帮助企业经营决策更积极目的
的资讯。
在维克托·迈尔-舍恩伯格及肯尼斯·库克耶编写的《大数据时代》中大数据指不用随机分析法
（抽样调查）这样捷径，而采用所有数据进行分析处理。大数据的 5V 特点（IBM 提出）: Volume
```

（大量）、Velocity（高速）、Variety（多样）、Value（低价值密度）、Veracity（真实性）。
'''

```python
word_list = jieba.cut(text)
space_word_list = ' '.join(word_list)
print(space_word_list)# 调用包 PIL 中的 open 方法，读取图片文件，通过 NumPy 中的 array 方法生成数组
mask_pic = np.array(Image.open("心形状.png"))#词云图形状图
word = WordCloud(
    font_path='C:/Windows/Fonts/simfang.ttf',  # 设置字体，本机的字体
    mask=mask_pic,                              # 设置背景图片
    background_color='white',                   # 设置背景颜色
    max_font_size=150,                          # 设置字体最大值
    max_words=2000,                             # 设置最大显示字数
    stopwords={'的'}      # 设置停用词，停用词则不在词云图中表示
                 ).generate(space_word_list)
image = word.to_image()
word.to_file('10.2.2词云图.png')  # 保存图片
image.show()
```

结果如图 10-12 所示。

图 10-12　词云图效果图

### 10.2.3　案例：基于 B 站视频弹幕的文本挖掘分析

本案例对 bilibili 动画网站视频"【懂点儿啥】papi 酱孩子随父姓被骂'女权'为何越来越极端？"的弹幕进行文本挖掘分析。

（1）加载所需要的 Python 包。

```python
import requests
import json  # 用来编解码 JSOND 对象的。json 对象是字符串类型的。
# 利用 json.dumps 将 python 对象编码成 JSON 字符串,json.loads 将已编码的 JSON 字符串解码为 Python 对象
```

```
import csv
import sys
```

  requests 是基于 Python 开发的 HTTP 库，与 urllib 标准库相比，它不仅使用方便，而且能节约大量的工作。实际上，requests 是在 urllib 的基础上进行了高度的封装，它不仅继承了 urllib 的所有特性，还支持一些其他的特性，如使用 Cookie 保持会话、自动确定响应内容的编码等，可以简易地完成浏览器的任何操作。案例中使用 requests 库的 get()方法发送了一个 get 请求，结果返回一个响应对象。

  （2）读取数据。

```
non_bmp_map = dict.fromkeys(range(0x10000, sys.maxunicode + 1), 0xfffd)
# 视频网址：https://www.bilibili.com/video/BV1254y1X7JH?from=search&
seid=16629002066030392189
csvf = open('视频评论.csv', 'a+', encoding='utf-8', newline='')
writer = csv.writer(csvf)
writer.writerow(('User', 'Gender', 'Message'))
headers = {
    'user-agent': 'Mozilla/5.0 (Macintosh; Intel Mac OS X 10_15_4)
AppleWebKit/537.36 (KHTML, like Gecko) Chrome/85.0.4164.2 Safa-
ri/537.36',
    'referer': 'https://www.bilibili.com/video/BV1254y1X7JH?from=search&
seid=16629002066030392189'}
for i in range(0, 5):
    url = 'https://api.bilibili.com/x/v2/reply?callback=jQuery17202813
793771271791_1592401686171&jsonp=jsonp&pn=' + str(
        i) + '&type=1&oid=840683316&sort=2&_=1592401827806'
    resp = requests.get(url, headers=headers)
    data = json.loads(resp.text[41:-1])['data']  # 解码成 python 对象，赋
值给 data
    replies = data['replies']
    for reply in replies:
        message = reply['content']['message']
        name = reply['member']['uname']
        gender = reply['member']['sex']
        message = str(message).translate(non_bmp_map)
        name = str(name).translate(non_bmp_map)
        gender = str(gender).translate(non_bmp_map)

        print(message, name)
        try:
            writer.writerow((name, gender, message))
        except:
            pass
csvf.close()
```

  （3）绘制词云图，先导入需要用到的包。

```
import jieba
import numpy as np
```

```
import PIL.Image as Image
from wordcloud import WordCloud
```

（4）进行分词并绘制词云图。

```
with open('视频评论.csv','rt',encoding='utf-8') as csvfile:
    reader = csv.reader(csvfile)
    columu = [row[2] for row in reader]
text = ""
for comment in  columu:
    text += comment
word_list = jieba.cut(text)
space_word_list = ' '.join(word_list)
print(space_word_list)# 调用包 PIL 中的 open 方法，读取图片文件，通过 NumPy 中
的 array 方法生成数组
mask_pic = np.array(Image.open("心形状.png"))
word = WordCloud(
    font_path='C:/Windows/Fonts/simfang.ttf',  # 设置字体，本机的字体
    mask=mask_pic,                              # 设置背景图片
    background_color='white',                   # 设置背景颜色
    max_font_size=150,                          # 设置字体最大值
    max_words=2000,                             # 设置最大显示字数
    stopwords={'的'}                # 设置停用词，停用词则不在词云图中表示
                ).generate(space_word_list)
image = word.to_image()
word.to_file('10.2.3词语图.png')  # 保存图片
image.show()
```

结果如图 10-13 所示。

图 10-13　案例词云图效果图

图 10-13 所示为爬取的视频弹幕所绘制的词云图，其中"papi""酱""随母姓""随夫姓""随父姓"等词出现的频率较高。

# 10.3　网络爬虫及应用

## 10.3.1　爬虫的基本概念

所谓爬虫（Spider），也就是数据采集，即通过编程全自动地从互联网上采集数据。比如，搜索引擎就是一种爬虫。爬虫需要做的就是模拟正常的网络请求，比如，在网站上单击一个网址，就是一次网络请求。网络爬虫（又称网页蜘蛛、网络机器人，更常被称为网页追逐者），是一种按照既定规则自动抓取万维网信息的程序或脚本，还有一些不常用的名字，如蚂蚁、自动索引、模拟程序、蠕虫等。

## 10.3.2　常见网络爬虫框架

由于爬虫的工作大同小异，因此爬虫框架的出现大大减少了我们的工作量，Python 的爬虫框架就是一些爬虫项目的半成品。比如，可以将一些常见爬虫功能的实现代码写好，然后留下一些接口，在做不同的爬虫项目时，只需要根据实际情况，手写少量需要变动的代码部分，并按照需要调用这些接口，即可以实现一个爬虫项目。下面我们列举一些比较常见的爬虫框架。

Scrapy：很强大的爬虫框架，可以满足简单的页面爬取需求（比如，可以明确获知 url pattern 的情况）。用这个框架可以轻松爬下如亚马逊商品信息之类的数据。但是对于稍微复杂一点的页面，如 weibo 的页面信息，这个框架就满足不了需求了。

Crawley：高速爬取对应网站的内容，支持关系数据库和非关系数据库，数据可以导出为 JSON、XML（可扩展标记语言）等。

Portia：可视化爬取网页内容。

newspaper：提取新闻、文章以及内容分析。

python-goose：java 写的文章提取工具。

Beautiful Soup：名气大，整合了一些常用爬虫需求。其缺点是不能加载 JS（Java Script）。

mechanize：优点是可以加载 JS，缺点是文档严重缺失。

selenium：是一个调用浏览器的驱动库，通过这个库可以直接调用浏览器完成某些操作，比如，输入验证码。

cola：一个分布式爬虫框架。项目整体设计可扩展性不强，模块间耦合度较高。

下面简单介绍 Scrapy 框架的安装应用。首先安装 Anaconda，Anaconda 下载地址：https://www.anaconda.com/download/。

下载成功后，通过在命令提示符中输入 conda install scrapy 命令快速地安装 Scrapy。在命令提示符中输入 scrapy 命令，若显示结果如图 10-14 所示，则表示 Scrapy 安装成功。

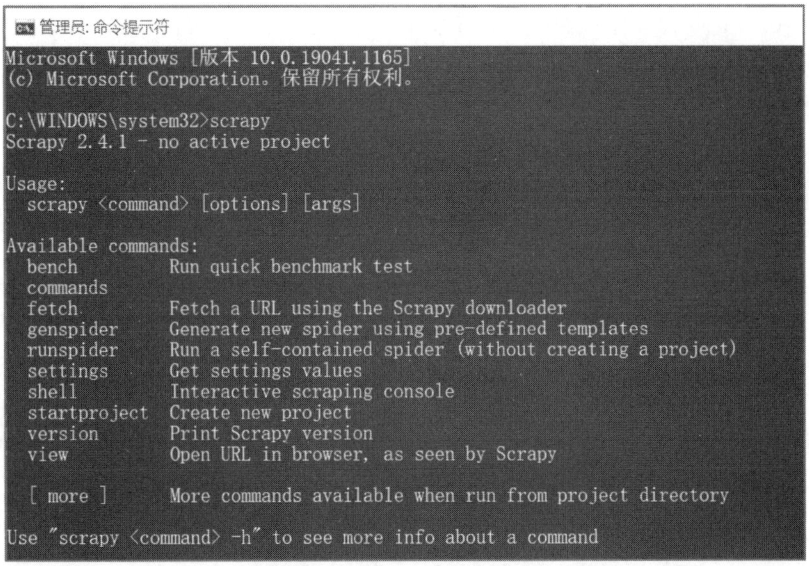

图 10-14　scrapy 命令行

在命令提示符中输入 scrapy 后会出现下列基本命令：

| bench | 性能测试 |
| --- | --- |
| fetch | 下载源码 |
| genspider | 生成爬虫文件 |
| runspider | 运行爬虫程序 |
| settings | 爬虫配置 |
| shell | 终端操作 |
| startproject | 创建项目 |
| version | 查看版本 |

接下来我们开始介绍 Scrapy 的简单应用。在 pycharm 中先创建一个 Scrapy 框架文件，用来存放后面的项目，在命令提示符中输入 cd，文件路径跳转到 Scrapy 框架文件下。然后输入【scrapy startproject 项目名】，这里输入项目名为"baidu"，如图 10-15 所示。

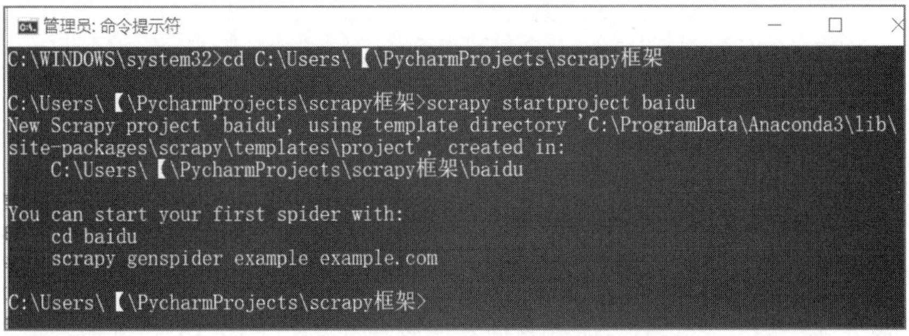

图 10-15　创建项目

打开 pycharm 查看文件，如图 10-16 显示，表明已创建成功。

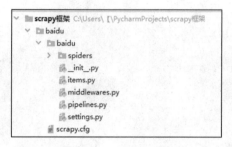

图 10-16　项目创建成功

```
items.py: 项目的目标文件
middlewares.py: 项目的中间文件
pipelines.py: 项目的管道文件
settings.py: 项目的设置文件
scrapy.cfg: 项目的配置文件
```

切换到命令提示符，根据提示进行运行命令【cd baidu】（图 10-17）。此时光标在第一个 baidu 文件夹路径下，然后输入 cd baidu，跳转到第二个 baidu 文件夹下，再输入【cd spiders】，跳转到 spiders 文件夹下，输入【scrapy genspider baiduSpider baidu.com】，如果不跳转到 spiders 文件中执行命令也可以，命令会将 baiduSpider.py 自动创建到 spiders 文件夹下，如图 10-18 所示。

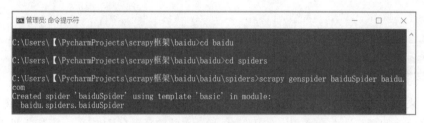

图 10-17　执行创建框架命令

图 10-18　框架创建成功

命令格式为：【scrapy genspider 文件名要爬取的目标域名】，这里拟爬取的域名以 baidu.com 为例。注意：文件名要与项目名不同。

至此，Scrapy 框架就创建成功了，此时在命令提示符中输入 scrapy 命令可以看到多出了几条命令，如图 10-19 所示。

```
管理员：命令提示符                                              —    □    ×

C:\Users\【\PycharmProjects\scrapy框架\baidu\baidu>scrapy
Scrapy 2.4.1 - project: baidu

Usage:
  scrapy <command> [options] [args]

Available commands:
  bench         Run quick benchmark test
  check         Check spider contracts
  commands
  crawl         Run a spider
  edit          Edit spider
  fetch         Fetch a URL using the Scrapy downloader
  genspider     Generate new spider using pre-defined templates
  list          List available spiders
  parse         Parse URL (using its spider) and print the results
  runspider     Run a self-contained spider (without creating a project)
  settings      Get settings values
  shell         Interactive scraping console
  startproject  Create new project
  version       Print Scrapy version
  view          Open URL in browser, as seen by Scrapy

Use "scrapy <command> -h" to see more info about a command
```

图 10-19　scrapy 命令

打开 baiduSpider.py，输入下面的代码，并将网址补全，包括 www，如：'http://www.baidu.com/'。

```python
import scrapy
class BaiduspiderSpider(scrapy.Spider):
    name = 'baiduSpider'
    allowed_domains = ['baidu.com']
    start_urls = ['http://www.baidu.com/']

    def parse(self, response):
        pass
```

注意：写完之后我们可以改一下 settings.py 中的一些代码，settings.py 文件当中的代码是自动生成的，基本都是一样的。将 ROBOTSTXT_OBEY 设置为 False，这个变量用于表示是否遵循爬虫协议，默认为 True 时，有些网站可能爬取不成功，此时可尝试设为 False。

```python
# Obey robots.txt rules
ROBOTSTXT_OBEY = False
```

在命令提示符中输入代码 scrapy crawl baiduSpider，执行成功会出现指定网站的网页源码，结果如图 10-20 所示。

这样，一个简单的 Scrapy 框架的安装以及应用就完成了。在这个基础上可以进行更多的操作以及其他网页的爬取等。

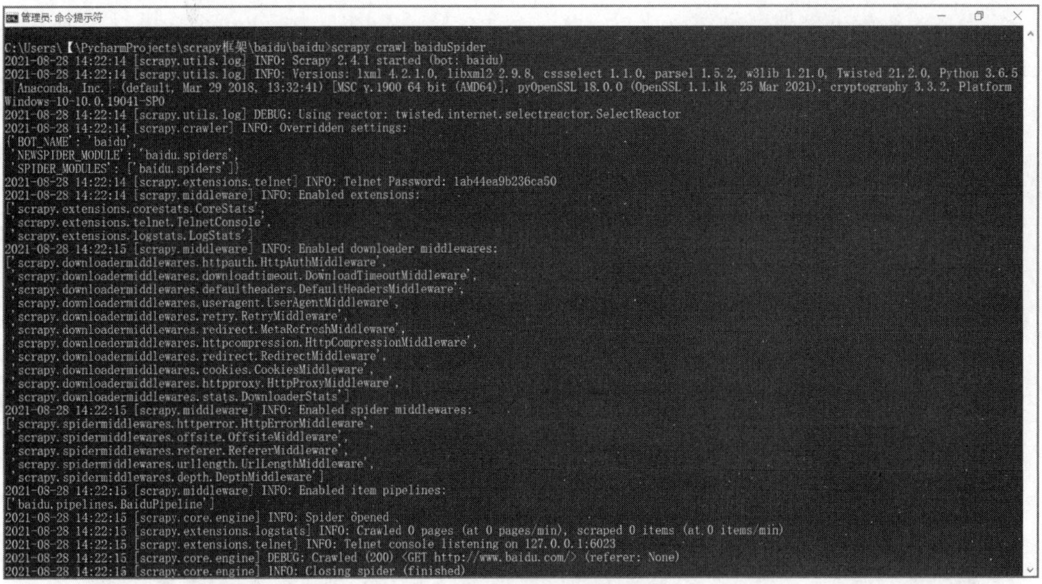

图 10-20　框架爬虫结果

## 10.3.3　网络爬虫的应用领域

在理想的状态下，所有 ICP（Internet Content Provider）都应该为自己的网站提供 API 来共享它们允许其他程序获取的数据，在这种情况下，爬虫就不是必需品。国内比较有名的电商平台（如淘宝、京东等）、社交平台（如腾讯微博等）等网站都提供了自己的 Open API，但是这类 Open API 通常会对可以抓取的数据以及抓取数据的频率进行限制。对于大多数的公司而言，及时地获取行业相关数据是企业生存的重要环节之一，然而大部分企业在行业数据方面的匮乏是其与生俱来的短板，合理地利用爬虫来获取数据并从中提取有商业价值的信息是至关重要的。当然爬虫还有很多重要的应用领域，如搜索引擎、新闻聚合、社交应用、舆情监控、行业数据等。下面我们列举几个爬虫的应用场景。

### 1. 搜索引擎抓取网页信息

搜索引擎的首要工作流程就是利用网络爬虫去爬取各个网站的页面。以百度蜘蛛为例，一旦有网站的页面更新了，百度蜘蛛就会出动，然后把爬取的页面信息搬回百度，再进行多次的筛选和整理。最终在用户搜索相关信息的时候，通过排名呈现给用户。可以说，没有网络爬虫，我们使用搜索引擎查询资料的时候，就不会那么便捷、全面和高效。

### 2. 爬取需要数据进行统计

冷数据启动是丰富数据的主要工具。新业务开始时，由于刚起步，所以没有多少数据，此时就需要爬取其他平台的数据来填充业务数据。比如，如果我们想做一个类似大众点评的平台，一开始没有商户等信息，就需要去爬取大众点评、美团等商家的信息来填充数据，如天眼查、企查查、西瓜数据等。

### 3. 出行类软件通过爬虫抢票

出行行业是网络爬虫技术应用最多的领域之一。每逢春运或是节假日，部分公司基于经济利益会开发一些抢票的软件，以便协助旅客以非正规手段获得机票或火车票，而这种出行类软件正是运用网络爬虫技术来达到抢票的目的的。像抢票软件这样的网络爬虫，会不停地爬取交通出行的售票网站，一旦有票，就会拍下来，放到自己的网站售卖。如果一定时间内没有人购买，又会自动退票，然后通过网站爬虫把票拍下来，到时间又继续退票，如此反复循环。

### 4. 聚合平台整合信息进行比较

如今，出现了很多比价平台、聚合电商、返利平台等，这类平台的本质都是提供横向数据比较、聚合服务。比如，电商中经常需要有一种比价系统，从各大电商平台，如拼多多、淘宝、京东等抓取同一个商品的价格信息，以给用户提供最实惠的商品价格，这就需要利用网络爬虫从各大电商平台爬取信息。

### 5. 爬取个人信用信息

在黑产、灰产、风控等应用场景中，如我们要向某些资金方申请授信，在资金方这边首先要部署一道风控，来看你的个人信息是否满足授信条件，这些个人信息通常是某些公司利用爬虫技术在各个渠道爬取而来的。当然，这类场景还是要慎用，不然可能会触犯法律。

## 10.3.4 案例：基于 Python 爬虫的豆瓣华语电影数据可视化分析

这节的案例主要是利用 Python 爬虫技术，爬取近 5 年豆瓣网华语电影的数据，并对这些数据进行数据处理及可视化分析。

（1）导入所需要的包。

```
import time
import xlwt
from lxml import etree
import requests
import json
import random
import requests
from bs4 import BeautifulSoup
```

这里，time 库是 Python 中处理时间的标准库，提供获取系统时间并格式化输出的功能，提供系统级精确计时功能，用于程序性能分析；xlwt 库用于写入 Excel 文件，只支持 xls 格式；lxml 是一个 Python 库，使用它可以轻松处理 XML 和 HTML 文件，还可以用于 Web 爬取。其中，ElementTree 类可以理解为一个完整的 XML 文档树；random 库是使用随机数的 Python 标准库；BeautifulSoup 库是解析、遍历、维护标签树代码的功能库，名字为beautifulsoup4，简称 bs4。

（2）定义函数 get_data(url)来获取网站数据。

```
# 获取网站数据
def get_data(url):
```

```
    headers = {
        'user-agent': 'Mozilla/5.0'
    }
    html = requests.get(url, headers)
    html.encoding = 'utf-8'
    return html.text
```

（3）定义函数 parse_dara(html)来解析网站数据。

```
# 解析网站数据
def parse_dara(html):
    soup = BeautifulSoup(html, 'html.parser')
    '''
        protocol = soup.find_all(attrs={'data-title': '类型'})
        ip = soup.find_all(attrs={'data-title': 'IP'})
        port = soup.find_all(attrs={'data-title': 'PORT'})
    '''
    # 协议地址端口
    protocol = soup.select('#list > table > tbody > tr > td:nth-child(4)')
    ip = soup.select('#list > table > tbody > tr > td:nth-child(1)')
    port = soup.select('#list > table > tbody > tr > td:nth-child(2)')
    data = []                   # 存放代理链接
    for i in range(0, len(ip)):
                            # 要求 len(ip), len(port) len(protocol)的值一样
        temp = protocol[i].get_text()+'://'+ip[i].get_text()+':'+port[i].
get_text()       # 拼接成 url
        data.append(temp) # 拼接后的数据，加入到列表
    return data
```

（4）定义函数 save_data(data)来保存数据。

```
def save_data(data):
    for item in data:
        with open(proxy, 'a+') as f:
            f.write(item)
            f.write('\n')
```

这里，open()是 Python 内置函数，可以用来打开文件并对其进行操作；write()函数的作用是向文件写入内容。

（5）定义函数 processing_data(content_list)来处理数据。

```
def processing_data(content_list):
    # 创建一个 workbook 设置编码
    workbook = xlwt.Workbook(encoding='utf-8')
    # 创建一个 worksheet
    worksheet = workbook.add_sheet('My Worksheet')
    # 写入 excel
    for i, content in enumerate(content_list):
        for x, info in enumerate(content):
            worksheet.write(i, x, label=info)  # 将数据存入 Excel
```

```
# 保存
workbook.save('电影信息.xls')
```

这里，save()函数的作用是保存 Excel 文件，此处就是将数据写成 Excel 表格并保存。

（6）定义主函数 main()。url 为 url 地址，header 为 http 请求头部。

```
def main():
    s =0
    i = 0
    try:
        for x in range(0, 9999):
            url = 'https://movie.douban.com/j/search_subjects?type=
movie&tag=%E5%8D%8E%E8%AF%AD&sort=time&page_limit=20&page_start='+
str(x*20)
            headers = {
                "User-Agent": "Mozilla/5.0 (Windows NT 10.0; WOW64)
AppleWebKit/537.36 (KHTML, like Gecko) Chrome/65.0.3325.181 Safari/
537.36",
                'Cookie': 'bid=8u7taHNdsWM; __utmc=30149280; __utmc=
223695111; __utmz=223695111.1607998669.1.1.utmcsr=(direct)|utmccn=
(direct)|utmcmd= (none);
                __yadk_uid=9x4B44CN2IsA8mMQ5aAyjQ4SaozNfPF2;
                __gads=ID= faf2684739e4c7f2-22e5424930c50003:T=1607998670:
RT=1607998670:S=ALNI_MYbSVvFUx-vDkas8JkBXbnxevAHWA; ll="118282"; ct=y;
                _vwo_ uuid_v2= DE86177D6BC486F18E203C7287F2B1E77|1fd9d3
b9c304cda3f3602953aa741fcc; dbcl2="228452659:QZuIW0RNFQA"; ck=Z6d9;
push_noty_num=0; push_ doumail_num=0;
                __utma=30149280.78821852.1607998669.1608094761.160810 4129.3;
__utmz=30149280.1608104129.3.2.utmcsr=accounts.douban.com|utmccn=(re
ferral)|utmcmd=referral|utmcct=/; __utmt=1; __utmv=30149280.22845;
                __ utmb=30149280.2.10.1608104129; __utma=223695111.
1226569761.1607998669.1608094761.1608104244.3;
                __utmb=223695111.0.10.1608104244;
                _pk_id.      100001.4cf6=1b0982adf0b4c756.1607998669.3.
1608104244.1608095066.; _pk_ ses.100001.4cf6=*'
            }
```

（7）执行程序。

```
if __name__ == '__main__':
    proxy = 'proxy.txt'
    url = 'https://www.kuaidaili.com/free/inha/1'
    html = get_data(url)
    data = parse_dara(html)
    save_data(data)
    print('获取免费代理结束')
    all_list = []
    main()
    processing_data(all_list)
```

爬取到的电影数据保存在了 Excel 文件“电影信息.xls”中，结果如图 10-21 所示（此处只展示部分数据）。

| | A | B | C | D | E | F | G | H | I | J | K | L |
|---|---|---|---|---|---|---|---|---|---|---|---|---|
| 1 | 硬汉枪神 | 胡国瀚 | 胡国瀚 | 薛甸君/李 | 7.4 | 10702 | 剧情/动作/ | 2021-08-06(中国大陆网络) | 116分钟 | | | 生活落魄的游戏大神肖汉，被前妻逼迫放弃儿子抚养权。于是，他不 |
| 2 | 河豚 | 邢健钧 | 郑十凝 | 钟欣潼/张 | 5.1 | 5088 | 剧情 | 2021-07-08(中国大陆) | 86分钟 | | | 南方某市法院开庭审理了一起毒杀案，被告人蒋漫枝（钟欣潼 饰） |
| 3 | 革命者 | 徐展雄 | 管虎 | 张颂文/李 | 7.5 | 无 | 剧情/历史 | 2021-07-01(中国大陆) | 121分钟 | | | 1927年4月26日，距离李大钊被执行绞刑还有38小时。此时，我党 |
| 4 | 完美受害 | 杨滤杰 | 付梦然 | 李乃文/冯 | 5.5 | 3876 | 剧情/悬疑/ | 2021-06-25(中国大陆) | 101分钟 | | | 看似毫无联系的两起自杀案件，却将所有的疑点指向了一位著名画 |
| 5 | 了不起的 | 周青元 | 徐逸洲 | 王砚辉/张 | 6.7 | 30303 | 剧情/喜剧/ | 2021-06-18(中国大陆) | 104分钟 | | | 一个患有罕见疾病却怀有“马拉松梦”的少年肖尔东（张宥浩 饰）， |
| 6 | 守岛人 | 陈力 | 陈力 | 刘烨/宫哲/ | 7.4 | 无 | 剧情 | 2021-06-18(中国大陆) | 125分钟 | | | 电影《守岛人》讲述了王继才（刘烨 饰）与其妻子王仕花（宫哲 饰 |
| 7 | 热带往事 | 温仕培 | 赵秉昊 | 彭于晏/张 | 6.2 | 67577 | 剧情/悬疑/ | 2021-06-12(中国大陆)/2021 | 95分钟 | | | 南方炎热的夏日夜晚，年轻的王学明（彭于晏 饰）遭遇了一起意外。 |
| 8 | 超越 | 韩博文 | 甲子复 | 郑恺/李昀 | 5.0 | 29201 | 剧情/喜剧/ | 2021-06-12(中国大陆) | 98分钟 | | | 百米冠军吴添翼（李昀锐 饰）为解开无法战胜老飞人郝超越（郑恺 |
| 9 | 鬼吹灯之 | 陈聚力 | 天下霸唱 | 周澄奥/杨 | 5.9 | 17536 | 悬疑/奇幻 | 2021-06-05(中国大陆网络) | 103分钟 | | | 神秘雪山脚下，因触怒黄大仙，女孩突然中邪变异。为救伙伴胡八一 |
| 10 | 奇花记 | 王涛涛 | 茅子俊 | | 4.5 | 5716 | 奇幻/古装 | 2021-05-28(中国大陆网络) | 82分钟 | | | 改编自《聊斋志异·葛巾》。入赘相府数年的常在田,衣冠光鲜地带着 |
| 11 | 非常保镖 | 邢冬冬 | 邵庄 | | 6.7 | 7672 | 喜剧/悬疑 | 2021-05-23(中国大陆) | 103分钟 | | | 故事讲述了因为一场车祸失去双腿的童松（邵庄 饰）与技术顾问安 |
| 12 | 柳青 | 田波 | 田波 | 成泰燊/丹 | 6.8 | 1426 | 剧情/传记/ | 2021-05-21(中国大陆) | 115分钟 | | | 影片真实再现了五六十年代，新中国百废待兴，全国开展了轰轰烈烈 |
| 13 | 我要我们 | 沙漠 | 王志勇 | 屈楚萧/张 | 6.1 | 77165 | 剧情/爱情 | 2021-05-20(中国大陆) | 105分钟 | | | 你有没有爱过一个人，曾经拼了命，只为和TA在一起。十年前，差 |
| 14 | 秘密访客 | 陈正道 | 殳俏 | 郭富城/段 | 5.4 | 151092 | 悬疑/惊悚 | 2021-05-01(中国大陆) | 111分钟 | | | 校车司机于困樵（段奕宏 饰）因失职酿成了一起重大的校车车祸， |
| 15 | 扫黑·决战 | 吕聿来 | 樊菁 | 姜武/张颂 | 6.1 | 137292 | 剧情/动作/ | 2021-05-01(中国大陆) | 112分钟 | | | 该片是国内首部以“扫黑除恶”行动为题材、展现全国扫黑办督办案件 |
| 16 | 追虎擒龙 | 王晶 | 王晶 | 古天乐/梁 | 5.1 | 54016 | 剧情/动作/ | 2021-05-01(中国大陆) | 105分钟 | | | 影片讲述1973年，香港警黑勾结， 在英国人指使下贪污巨利，荼毒 |
| 17 | 寻汉计 | 唐大年 | 赵赵 | 任素汐/李 | 6.1 | 23920 | 喜剧 | 2021-05-01(中国大陆) | 106分钟 | | | 2016年伊始，大龄女青年王招（任素汐 饰）离婚后发现自己怀了前 |
| 18 | 悬崖之上 | 张艺谋 | 全勇先 | 张译/于和 | 7.6 | 无 | 剧情/动作/ | 2021-04-30(中国大陆) | 120分钟 | | | 上世纪三十年代，四位曾在苏联接受特训的共产党特工组成任务小队 |
| 19 | 弓蕉园的 | 周美玲 | 周美玲 | 陈妤/刘倩 | 7.0 | 1589 | 剧情/同性 | 2021-04-18(中国台湾) | 无 | | | 劇中敘述1979年的暑假，女主角孟娟（陳妤飾演）邀請大學同學書 |
| 20 | 我的姐姐 | 殷若昕 | 游晓颖 | 张子枫/肖 | 7.0 | 304845 | 剧情/家庭 | 2021-04-02(中国大陆) | 127分钟 | | | 影片围绕失去父母的姐姐在面对追求个人独立生活还是抚养弟弟的 |
| 21 | 第十一回 | 陈建斌 | 陈建斌 | 陈建斌/周 | 7.3 | 186797 | 剧情/喜剧 | 2021-04-02(中国大陆)/2019 | 117分钟 | | | 30年前一桩杀人案，被市话剧团拿来改编成舞台剧，马福礼（陈建 |
| 22 | 明天会好 | 袁媛 | 林励 | 姜逸磊/张 | 4.9 | 17296 | 喜剧/爱情 | 2021-04-02(中国大陆) | 101分钟 | | | 这是一部非常真实的爱情喜剧电影，每个人都能从中找到自己的影子 |
| 23 | 西游记之 | 王云飞 | 吴晓宇 | 边江/张磊/ | 5.4 | 9555 | 动作/动画/ | 2021-04-02(中国大陆)/2021 | 95分钟 | | | 混沌初开之时，世上的第一只妖降世，名元帝（张磊 配音），被奉 |
| 24 | 浴血无名 | 瞿翔 | 张虎 | 李东学/任 | 6.1 | 4525 | 历史/战争 | 2021-04-02(中国大陆) | 96分钟 | | | 影片讲述了抗美援朝战争时期，我国志愿军三排排长孟大关（任天野 |
| 25 | 兴安岭猎 | 刘轩狄 | 崔走召 | 尚铁龙/林 | 6.0 | 24769 | 悬疑/恐怖/ | 2021-04-01(中国大陆) | 83分钟 | | | 东北民间流传着关于“皇围猎人”的神秘传说，他们世代生存于深山， |
| 26 | 不日成婚 | 陈茂贤 | 陈茂贤 | 陈家乐/卫 | 5.5 | 3556 | 喜剧/爱情 | 2021-04-11(中国大陆)/2021 | 104分钟 | | | |
| 27 | 智齿 智齒 | 郑保瑞 | 欧健儿 | 林家栋/刘 | 7.3 | 11530 | 悬疑/犯罪 | 2021(中国香港网络)/2021-0 | 118分钟 | | | 《智齿》改编自雷米小说。讲述从学堂毕业的任凯，因一宗连环凶杀 |
| 28 | 复身犯 複 | 萧力修 | 林秉聿 | 杨祐宁/张 | 5.5 | 395 | 科幻/悬疑/ | 2021-02-26(中国台湾) | 106分钟 | | | 《代号193》中将某人意识透过实验阶段的科技上传给另一人的“意识 |
| 29 | 反击 | 赵文卓 | 甄熠飞 | 赵文卓/姜 | 4.8 | 4434 | 动作/悬疑 | 2021-02-15(中国大陆) | 87分钟 | | | 该片讲述了作为安保专家的陆子明受邀为一场油气厂项目竞标活动提 |

图 10-21 爬取数据展示

基于爬取的豆瓣近 5 年华语电影数据，可对数据进行可视化分析。

（1）进行导包和参数设置。

```
import numpy as np
import pandas as pd
import matplotlib.pyplot as plt
import seaborn as sns
plt.rcParams['font.sans-serif']=['KaiTi']
plt.rcParams['axes.unicode_minus']=False
```

（2）绘制各年份的电影平均评分人数图及电影数量图。

```
#各年份的电影平均评分人数
Mdata=pd.read_excel("2016-2020movies.xls","averen")

x=Mdata['年份']
y=Mdata['平均评分人数']
plt.plot(x,y,'g*-',color='m')
plt.xlabel('年份')
plt.ylabel('平均评分人数')
plt.axhline(y=108607,color='blue')
plt.xticks(np.arange(2016, 2021, 1))
plt.text(2016,111000,'所有年份电影平均评分人数=108607')
for x, y in zip(x, y):
    plt.text(x, y+100, str(y), ha='center')
plt.title('各年份电影平均评分人数', fontsize=12)
plt.show()

#各年份的电影数量
```

```
Mdata=pd.read_excel("2016-2020movies.xls","My Worksheet")
T1=Mdata['年份'].value_counts()
T1.plot(kind='bar')
plt.xlabel('年份')
plt.ylabel('数量')
plt.title('各年份的电影数量', fontsize=12)
for x,y in enumerate(T1):
    plt.text(x, y+1, '%s' %round(y,1), ha='center')
plt.show()
```

图 10-22 所示为各年份电影平均评分人数和电影数量，从图 10-22（a）可以看到，2017 年电影平均评分人数最低，而 2018 年的电影平均评分人数最高，2016—2020 年的电影评分平均人数为 108 607；从图 10-22（b）可以看到，各年份的电影数量中，2019 年的电影数量最多，为 137 部，而 2016 年的电影数量最少，仅有 29 部。

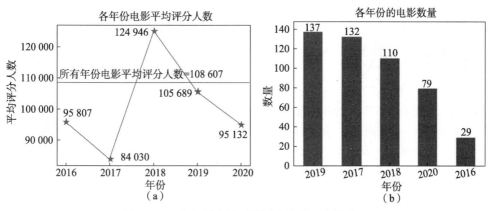

图 10-22　各年份电影平均评分人数和电影数量

（3）绘制全部年份电影评分分段后的饼状图。

```
#全部年份电影评分分段后评分的饼状图
PFfen=np.floor(Mdata['评分'].values/1)
Mdata['分段后评分']=PFfen
print(Mdata[['评分','分段后评分']].head())
P1=Mdata['分段后评分'].value_counts()
P1.plot(kind='pie',fontsize=20,figsize=(20,6.5),autopct="%3.1f%%",
explode=(0,0,0,0,0,0,2,2))
plt.title('全部年份电影分段后评分饼状图', fontsize=12)
plt.legend(loc='upper left',bbox_to_anchor=(-0.7,1),labels=('6.0 表示 6
分-7 分','5.0 表示 5 分-6 分','7.0 表示 7 分-8 分','4.0 表示 4 分-5 分','8.0 表示 8
分-9 分','3.0 表示 3 分-4 分','9.0 表示 9 分-10 分','2.0 表示 2 分-3 分'))
plt.show()
```

图 10-23 所示为各年份电影评分分段后的饼状图，可见评分 6~7 分、5~6 分、7~8 分占比最大，分别为 29.6%、25.9%、17.7%；评分 9~10 分、2~3 分占比最小，分别为 0.4% 和 0.2%。

图 10-23    各年份电影评分分段后的饼状图

（4）绘制各年份电影评分的小提琴图。

```
#各年份电影评分的小提琴图
sns.violinplot(x='年份',y='评分',data=Mdata)
plt.xlabel('年份')
plt.ylabel('电影评分')
plt.title('各年份电影评分小提琴图', fontsize=12)
plt.show()
```

图 10-24 所示为各年份电影评分的小提琴图，可见电影评分中位数最高的年份为 2018 年，最低为 2016 年；2017 年的电影评分数据分布最为离散，2019 年和 2020 年的电影评分数据分布则比较集中；2018 年的电影评分最大最小值范围最大，2020 年的电影评分最大最小值范围则较小。由核密度可见，2017 年的电影评分较为平均，2016 年的电影评分高峰为 5 分，2018 年的电影评分高峰为 7 分，2019 年的电影评分高峰为 6 分，2020 年的电影评分高峰略微高于 2019 年。

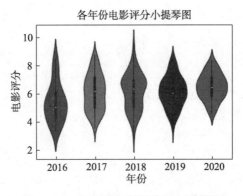

图 10-24    各年份电影评分的小提琴图

（5）绘制评分前 50 名的电影类型分布条图。

```
#评分前 50 名的电影类型分布条图
Mdata=pd.read_excel("前 50movies 排序(拆分类型).xls","My Worksheet")
print(Mdata.head())
```

```
print(Mdata.tail())
T1=Mdata['类型'].value_counts()
T1.plot(kind='bar')
plt.xlabel('类型')
plt.ylabel('数量')
plt.title('评分前 50 电影的类型分布条图', fontsize=12)
for x,y in enumerate(T1):
    plt.text(x, y+0.5, '%s' %round(y,1), ha='center')
plt.show()
```

图 10-25 所示为评分前 50 名的电影的类型分布条图，可见剧情类型的电影占大多数，高达 41 部，而惊悚片、科幻片和灾难片数量最少，均为 1 部。

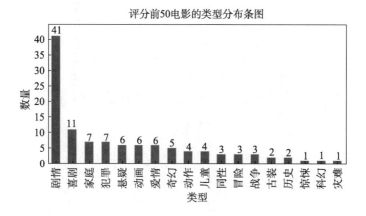

图 10-25　评分前 50 名的电影的类型分布条图

（6）绘制 2016—2020 年 487 部电影类型分布热力图。

```
data=pd.read_excel("2016-2020movies 拆分类型.xls","My Worksheet")
#2016-2020 年 487 部电影类型分布热力图
data.dropna(inplace=True)
genres_set = set()
for 类型 in data['类型'].str.split('|'):
    for item in 类型:
        genres_set.add(item)
genres_list = list(genres_set)
for genre in genres_list:
    data[genre] = data['类型'].str.contains(genre).apply(lambda x: 1 if
x else 0)
genre_year = data.loc[:, genres_list]
genre_year.index = data['年份']
genresdf = genre_year.groupby('年份').sum()
print(genresdf)
datas = genresdf.iloc[-18:-1:1, :]
fig, ax = plt.subplots(figsize=(15, 9))
print(datas)
```

```
sns.heatmap(data=datas.T, linewidths=0.25,
            linecolor='white', ax=ax, annot=True,
            fmt='d', cmap='Accent', robust=True)
ax.set_xlabel('年份', fontdict={'size': 18, 'weight': 'bold'})
ax.set_ylabel('电影类型', fontdict={'size': 18, 'weight': 'bold'})
ax.set_title(r'2016-2020 年 487 部电影类型分布热力图', fontsize=25, x=0.5,
y=1.02)
ax.spines['top'].set_visible(False)
ax.spines['right'].set_visible(False)
ax.spines['left'].set_visible(False)
ax.spines['bottom'].set_visible(False)
plt.savefig('heat_map.png')
plt.show()
```

结果如图 10-26 所示。

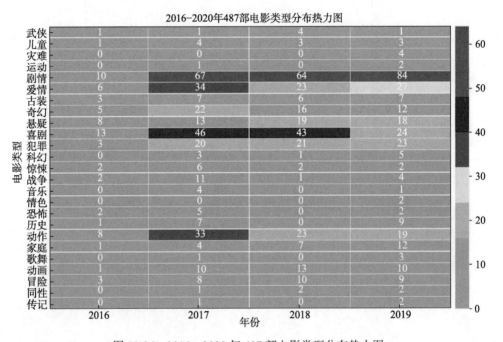

图 10-26　2016—2020 年 487 部电影类型分布热力图

热力图是通过颜色变化程度，直观反映出热点分布、区域聚集等数据信息。从图 10-26 中可以看到，2017 年、2018 年、2019 年剧情片的数量最多，分别为 67、64 和 84；其所在方块用深灰色来表示；而数值介于 40 和 48 的电影数量用红色来表示，可以看到，2017 年和 2018 年的喜剧片数量正好介于这个数值范围，分别为 46 部和 43 部。

（7）绘制数量最多的电影类型 TOP10 条形图。

```
#数量最多的电影类型 TOP10 条形图
genresdf = genre_year.groupby('年份').sum()
genres_count = genresdf.sum(axis=0).sort_values(ascending=False)    #
升序
```

```
# print(genres_count.index)
# print(genres_count.values)
colors = ['#FF0000', '#FF1493', '#00BFFF', '#9932CC', '#0000CD',
'#FFD700', '#FF4500', '#00FA9A', '#191970', '#006400']
plt.figure(figsize=(12, 8), dpi=100)
plt.style.use('ggplot')
plt.barh(genres_count.index[9::-1], genres_count.values[9::-1], height=
0.6, color=colors[::-1])
plt.xlabel('电影数量', fontsize=12)
plt.ylabel('电影类型', fontsize=12, color='red')
plt.title('数量最多的电影类型 TOP10 条形图', fontsize=18, x=0.5, y=1.05)
plt.savefig('test_001.png')
plt.show()
```

如图 10-27 所示，数量最多的电影类型前三类分别是：剧情、喜剧、爱情；数量最少的三类分别是：动画、冒险和古装。而且从图中可以看到，剧情类的电影数量远远超过其他类型的电影，约为排名第二的喜剧片数量的两倍。

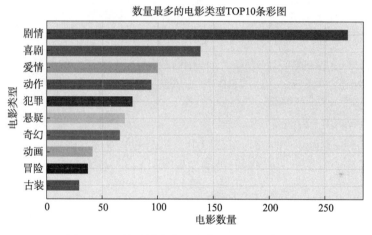

图 10-27　数量最多的电影类型 TOP10 条形图

（8）绘制电影评分与评分人数散点-直方图。

```
x=data.评分
y=data.评分人数
z=data.类型
g=data.年份
h=data.时长
#电影评分与评分人数散点-直方图
sns.jointplot(x,y,data=data)
plt.title('电影评分与评分人数散点-直方图', fontsize=12,x=-2.85,y=1.20)
plt.show()
```

从图 10-28 所示的电影评分与评分人数的散点-直方图可以看出，评分人数与评分之间

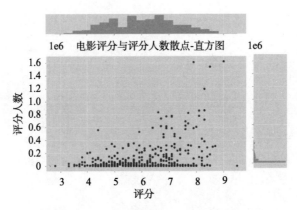

图 10-28　电影评分与评分人数散点-直方图

并不呈线性相关，但仍可以从图中观察出一些规律。从 $y$ 轴评分人数来看，大部分点聚集在评分人数的底端，结合 $x$ 轴评分发现，越靠近评分越低的一端，底部人数越密集，即评分较低的电影，评分人数也相对较少；$x$ 轴越靠近评分较高的一端，评分人数散点越分散，且有评分人数有明显的上升趋势。

（9）绘制电影时长与评分散点-直方图。

```
#电影时长与评分散点-直方图
sns.jointplot(h,x,data=data)
plt.title('电影时长与评分散点-直方图', fontsize=12,x=-2.85,y=1.20)
plt.show()
```

在图 10-29 所示的电影时长与评分图中，仍旧没能发现二者明显的相关关系。但从 $x$ 轴所代表的电影时长来看，电影的时长主要集中在 100 分钟左右（大于 50 分钟，小于 150分钟）。

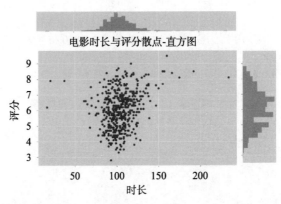

图 10-29　电影时长与评分散点-直方图

（10）绘制电影类型的词云图。

```
#电影类型的词云图
```

```
f=open('电影类型.txt','r',encoding='utf-8')
txt=f.read()
f.close()
words=jieba.lcut(txt)
newtxt=' '.join(words)
img=Image.open(r'心形状.png')
img_array=np.array(img)
wordcloud = WordCloud(background_color="white",width=1080,height=960,
    font_path="C:\Windows\Fonts\simhei.ttf",max_words=150,
    max_font_size=200,
    mask=img_array,
    collocations=False).generate(newtxt)
plt.imshow(wordcloud)
plt.axis('off')
plt.show()
wordcloud.to_file('电影类型词云图.jpg')
```

从图 10-30 中可以看出，词云图能够更清晰地发现排名较前的关键词。字体越大，表明这些关键词对应的数值就越大。因此，这些电影类型中，剧情类影片占比是最大的，是华语电影市场的主流。同时，喜剧片也具有较大的市场需求。

图 10-30　电影类型词云图

（11）绘制电影简介的词云图。

```
#电影简介的词云图
f=open('电影简介改编码_分词后_词频.txt','r',encoding='ANSI')
txt=f.read()
f.close()
words=jieba.lcut(txt)
newtxt=' '.join(words)
img=Image.open(r'树.jpg')
img_array=np.array(img)
excludes = ['的','然后','了','为了','人','一个','中','和','将','也','要','
两个','饰','饰演','自己','却','而','一次','让','之中','后来','后','以后','
讲述','地','得','上','展开','由','当','与','这','是','同时','因为','最终
','一切','此时','从前','不断','之间','于','里','小','成为','用','有','在
','被','来','又','突然','大','着','之','通过','不','过','会','一起','可以
```

```
','到','还','开始','过程','从']
wordcloud = WordCloud(background_color="white",width=1080,height=960,
    font_path="C:\Windows\Fonts\simhei.ttf",max_words=150,
    max_font_size=180,
    stopwords = excludes,
    mask=img_array,
    collocations=False).generate(newtxt)
plt.imshow(wordcloud)
plt.axis('off')
plt.show()
wordcloud.to_file('电影简介词云图.jpg')
```

图 10-31 为所有电影简介的词云图，"意外"出现的频率最高，其次是"故事"和"中国"，电影以跌宕起伏的故事吸引观众注意，叙事经常由"意外"开启，这既是电影的套路，也是故事顺利推进的要素。

图 10-31　电影简介词云图

# 10.4　习　　题

## 一、填空题

1. 大数据的 4V 特征为：_____、_____、_____、_____。
2. 爬虫是指_____。
3. 常见的爬虫框架有_____、_____、_____、_____。（列举 4 个即可）

## 二、判断题

1. 要对数据进行分析，数据的预处理是必要的。（　　　）

2. 可以对网上的数据随意使用爬虫来获取自己想要的数据。(    )

## 三、简答题

1. 大数据的内涵是什么?

2. 什么是大数据的 4V 或 5V 特征? 这一特征给大数据计算过程带来什么样的挑战?

3. 文本预处理主要有哪些方面?

4. 绘制词云图的好处有哪些?

5. 对 10.2.3 案例绘制词云图。

6. 爬虫的用处有哪些?

7. 常见的爬虫框架有哪些?

8. 简述可以应用于生活中的爬虫案例。

9. 爬取淘宝商品信息。

10. 爬取豆瓣音乐 TOP100 的数据。

## 四、编程题

对某市二手房相关数据进行爬虫。

# 第11章

# 综合案例实战

在本章中，我们将总结前面章节所讲的数据挖掘和可视化的内容，随后还会介绍几个综合案例，包括国内旅游情况数据的可视化分析、广州市二手房的房价的可视化分析以及热销私家车销量数据的可视化分析。

## 11.1 概　　述

### 11.1.1　数据挖掘与可视化总结

#### 1. 数据挖掘

数据挖掘指的是在繁杂的数据中通过一定的方法来找寻其中有意义的信息，一般的数据源是数据库和 Web 等，同时，我们也用数据集来称呼挖掘而来的数据。其一般流程如下。

1）收集所需要的数据并进行管理

通过不同的分类方法可以得到不同的数据类型，在进行收集的时候，需要注意的是，要采集具有代表性的数据，最后选择合理的方式管理收集来的数据。

2）数据预处理

数据预处理包括数据清理和数据集成等方法，一般用来提高数据的准确性和一致性。

3）数据分析

对预处理后的数据进行分析，经过研究找到它们存在的规律，然后挖掘出其中有价值的信息。

#### 2. 可视化

当我们通过数据分析得到有用的数据之后，需要考虑的另一个问题是：如何将这个结果展现出来呢？一般来说，比较好的方式是可视化数据。为什么要将数据进行可视化呢？主要是因为图表的形式比较直观，同时也能够让别人对数据有一个更为全面的认知。

用 Python 进行数据可视化的时候一般使用 NumPy、Pandas、Matplotlib 以及 Seaborn 这几个库，由于在前面的章节已经进行了介绍，此处不再赘述。

### 11.1.2　商业智能与数据挖掘

商业智能是一个统称，英文为 business intelligence，简称 BI，是指利用各种技术将商业信息系统上的数据转化为有价值的信息。与数据分析不同的是，商业智能是一套完整的解决方案，对商业信息进行收集、管理和分析，也就是将数据输入，把信息输出的过程，这可以让公司的决策者作出更好的决策。

那么，商业智能和数据挖掘之间有什么关系呢？我们知道的是，数据挖掘可以发现隐藏在数据中的有价值内容以及各种规律和关系，可以用来预测今后发生的事。换句话说，商业智能和数据挖掘输入的都是数据，只是商业智能输出的是信息，而数据挖掘输出的是知识。

商业智能的高级应用就是使用数据挖掘来对海量的业务数据进行分析，以此来挖掘隐藏在数据背后各种未知的规律。

目前国内外市面上的 BI 产品多种多样，并且各有其独特的功能，不过现在国内的 BI 产品差距并不是很大，由于其本土优化好，总体上比起国外的产品来说性价比会高一些。下面我们就来给各位介绍一款国内的 BI 产品 SMARTBI，在接下来的案例中也会使用其实现。

### 11.1.3  SMARTBI 简介及其使用

#### 1. SMARTBI 简介

SMARTBI 全称为"思迈特商业智能与大数据分析软件"，顾名思义，这是一个大数据分析和商业智能的企业级平台，迄今为止已有 10 多年的历史。与其他的国内产品一样，SMARTBI 也具有 BI 工具、数据挖掘、自助分析、仪表盘以及报表等常用的功能，能够很好地适应国内数据分析用户的需求，对国内用户更加友好。

与此同时，得益于其领先业界的技术体系，SMARTBI 实现了自助 BI + 智能 BI 一体化的功能。SMARTBI 通过抽象业务对象、业务对象组件化以及统一的服务调用，极大地降低了开发成本以及维护成本，对于各企业的业务变化需求有着更好的弹性。

#### 2. 应用

首先登录 SMARTBI 体验中心：https://member.smartbi.com.cn/index/user/login.html?type=demo，如图 11-1 所示。

图 11-1  SMARTBI 体验中心

在这里我们注册了一个账号以供使用，用户名：student，密码：123456，可以直接登录使用，抑或自行注册。不需要安装部署等烦琐的操作，登录完成后我们就可以体验SMARTBI 了（图 11-2）。里面有入门文档和视频供用户学习，可以快速入门 SMARTBI，体验交互式仪表盘、电子表格以及透视分析等功能。

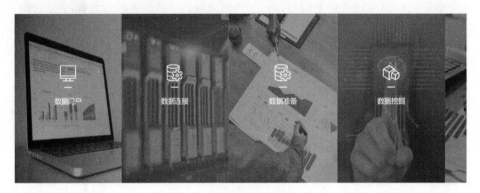

图 11-2　SMARTBI 体验中心首页

下面我们来讲讲 SMARTBI 各个模块的主界面。

（1）数据门户，如图 11-3 所示。

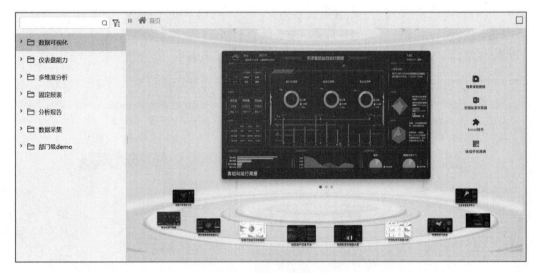

图 11-3　数据门户

数据门户是我们浏览报表的入口，在报表功能演示部分我们可以查看各种报表的demo，同时也可以对报表进行多种操作，比如刷新、打印以及添加到收藏夹等。我们可以通过 SMARTBI 的资源发布功能来发布我们自己的报表资源，而"我的空间"就相当于我们平时常说的个人文件夹，用来存储用户的个人资源。

（2）数据连接模块，如图 11-4 所示。

图 11-4　数据连接模块

在这个模块里，我们可以从本地的数据库或其他数据库中获取数据的端口、地址以及驱动等数据源定义信息。里面的数据源是指创建产品应用服务器和业务库的连接，以便我们拿到数据来进行分析。这个界面展示的是 SMARTBI 所支持的数据源，其支持的数据源比较多，在使用的时候根据自己的需要选择适合的数据源来进行连接。在这个模块中打开数据源的菜单，可以看到其支持对数据源进行排序以及数据权限的设置等操作。

（3）数据准备模块，如图 11-5 所示。

图 11-5　数据准备模块

可以看到，这个模块包括了数据导航、自助 ETL、业务主题、指标模型和数据模型的功能，囊括了从原始数据到形成最终数据集的所有步骤以及操作。其中，数据导航是用来了解、查询以及申请自己所需要的数据资源；自助 ETL 模块是让用户可以进行自助的 ETL 操作；业务主题主要是用来进行数据集可视化等有关的操作，可以将其看成一个数据仓库；数据模型即在 SMARTBI 这里还支持跨库数据整合。

（4）数据挖掘模块，如图 11-6 所示。

图 11-6　数据挖掘模块

数据挖掘这个模块包含了实验管理、服务管理、模型管理、模型自学习、模型批量预测、自定义模块管理这六部分内容，单击新建实验即可开始进行数据挖掘建模、机器学习可视化等操作。不过，由于数据挖掘建模的难度有时候较高，所以在 SMARTBI 的数据挖掘模块里面内置了十几个案例教程，比如城市功能识别、航空公司用户价值分析以及深圳企业聚类等案例，通过学习这些案例，用户可以更好地学习和上手数据挖掘建模。

（5）分析展现模块，如图 11-7 所示。

图 11-7　分析展现模块

在这个模块里主要是将数据进行可视化展现，除了有广受欢迎的（Web）电子表格功能外，还有交互式仪表盘、透视分析和即席查询的功能。其中，交互式仪表盘指的是通过视觉的形式来呈现数据，比如地图和报表等形式；透视分析采纳了和 Excel 数据透视表相似的设计，能够实现数据的查询和探索操作；即席查询由于其即查即得的特点，常用来查询明细数据。

限于篇幅，在这里没有详细展开 SMARTBI 的具体使用方法，可查阅官方文档来熟悉相关操作：https://wiki.smartbi.com.cn/。在接下来的几个案例里面，除了用 Python 实现以外，还会使用 SMARTBI 实现一遍，以便更好地学习和掌握 BI 工具的用法。

至此，通过对以上章节内容的学习，我们了解了许多有关大数据与数据挖掘的知识，并且掌握了一定能力，以一种直观的方式来将数据中蕴含的信息展现，即数据分析可视化。接下来将通过三个综合案例来讲解数据挖掘与可视化的一般流程。

# 11.2　基于国内旅游情况数据的可视化分析

## 11.2.1　案例介绍

### 1. 案例背景

受疫情影响，2020 年国内旅游数据情况总体呈下滑趋势。2022 年，国内的旅游情况相较之前有所好转，如 2022 年国庆期间，全国各地都迎来了补偿式的出游热潮，许多出名的景区连续多天游客数量都达到峰值，国内旅游情况持续复苏。旅游情况数据是个监测器，我们可以将其用来判断一个地区或者一个国家的旅游业发展质量和发展规模情况。在接下来的例子里面，我们将会对国内旅游数据进行基本的描述和可视化分析。

### 2. 源数据获取

在本章节中一共有两个数据集，一个是来源于全国最大的旅游网站之一——携程旅行（http://www.ctrip.com）。携程旅行是一个可供用户分享和交流旅游体验的平台，我们利用 Python 爬虫将携程网站上的某一页面的部分热门景点数据抓取下来存放到文件中，里面包含了景区名字、评论数、景区地址、评分、联系号码、网址、开放时间、简介、交通方式等大量和旅游景点有关的数据。不过需要注意的是我们只爬取了部分热门景点数据，这并不能用来代表整体的景点热度。数据爬取下来后我们将其存放在 BaPy_data.xlsx 文件的 tour 表中，部分数据如图 11-8 所示。除此之外，还有一个数据集，从知网年鉴数据中收集而来，

| | A | B | C | D | E | F | G | H | I | J | K | L | M | N |
|---|---|---|---|---|---|---|---|---|---|---|---|---|---|---|
| 1 | sight_name | navigatior | city | score | comment | grade | address | phone | website | opening_hc | bright_spc | descriptic | Special_tit | traffic |
| 2 | 故宫 | 中国 > 北京 | 北京 | 4.8 | 59491 | AAAAA | 北京市东城 | 010-85007938 | http://www | 旺季（4月1 | ?世界五大 | ?绝大多数 | 1. | 购票指 |
| 3 | 长隆野生动物世界 | 中国 > 广东 | 广州 | 4.8 | 34302 | | 广州市番禺 | 400-883-0083 | http://www | 9:30-18:0( | ?《爸爸去哪 | ?目前国内 | 1. | 如需自 | 乘坐地铁3号线 |
| 4 | 世界之窗 | 中国 > 广东 | 深圳 | 4.5 | 19412 | AAAAA | 深圳市南山 | 0755-2660800 | http://www | 周一至周五 | ?大型主题 | ?世界之窗 | 1. | 观光车 | 乘坐1号线（罗 |
| 5 | 颐和园 | 中国 > 北京 | 北京 | 4.7 | 18104 | AAAA | 北京市海淀 | 010-62881144 | http://www | 4月1日至1 | ?被誉为"! | ?颐和园，! | 1. | 导游服 | 乘坐4号线（大 |
| 6 | 黄山风景区 | 中国 > 安徽 | 黄山 | 4.7 | 15917 | AAAAA | 黄山市黄山 | 400-8899808, | http://www | 周一至周五 | ?千古名山, | "黄山自古 | 1. | 若没有 | 黄山市客运 |
| 7 | 长隆欢乐世界 | 中国 > 广东 | 广州 | 4.8 | 11742 | | 广州市番禺 | 400-883-0083 | http://gz. | 周一至周六 | ?知名的大 | ?长隆欢乐世 | 1. | 去长隆 | 乘坐地铁3号 |
| 8 | 深圳欢乐谷 | 中国 > 广东 | 深圳 | 4.5 | 8918 | | 深圳市南山 | 0755-2694918 | http://sz. | 平季 周一至 | ?深圳欢乐 | ?深圳欢乐 | 1. | 乘坐地铁1号 |
| 9 | 长隆国际马戏大剧场 | 中国 > 广东 | 广州 | 4.8 | 8497 | | 广州市番禺 | 400-883-0083 | http://www | 【常规演出 | ?长隆度假 | ?这是广州 | 非常出名的表 | 乘坐地铁3号 |
| 10 | 长隆旅游度假区 | 中国 > 广东 | 广州 | 4.8 | 8455 | AAAAA | 广州市番禺 | 4008830083 | http://www | 长隆野生动 | ?整个度假 | ?长隆旅游 | | 地铁3号线到 |
| 11 | 三亚千古情景区 | 中国 > 海南 | 三亚 | 4.7 | 7894 | | 三亚市吉阳 | 0898-8865833 | http://www | 12:00-22:3 | ?领略三亚 | 《三亚千古情 | 演出场 | |
| 12 | 三国城 | 中国 > 江苏 | 无锡 | 4.5 | 5836 | | 无锡市滨湖 | 0510-8555829 | http://www | 7:30-17:30 | ?与《三国》 | 三国城毗邻太湖, | 1. | 乘坐公交82 |
| 13 | 小梅沙海洋世界 | 中国 > 广东 | 深圳 | 4.4 | 5329 | | 深圳市盐田 | 0755-2503555 | http://www | 旺季（5月1 | ?国内规模 | 最落在小梅沙滨, | 是 | 103、103B、 |
| 14 | 深圳野生动物园 | 中国 > 广东 | 深圳 | 4.4 | 4982 | | 深圳市南山 | 0755-26622288 | http://www | 9:30-18:00 | ?可以看到 | ?深圳野生动物园是 | 中国 | 乘坐36路、 |
| 15 | 绍兴柯岩风景区 | 中国 > 浙江 | 绍兴 | 4.4 | 4849 | AAAA | 绍兴市柯桥 | 0575-8436155 | http://www | （冬令时）8 | ?三国采石 | 柯岩风景 | 1. | 风景区 | 乘坐公交车至 |
| 16 | 无锡动物园（太湖） | 中国 > 江苏 | 无锡 | 4.7 | 2980 | AAAA | 无锡市滨湖 | 0510-8552828 | http://www | 4月1-11月8 | ?看大熊猫 | ?无锡动物园太湖 | 欢乐园 | 乘坐公交83 |
| 17 | 长隆飞鸟乐园 | 中国 > 广东 | 广州 | 4.7 | 1670 | | 广州市番禺 | 400-883-0083 | http://www | 9:30-18:00 | ?乘扶梯进 | ?长隆飞鸟 | 乐园是一 | 飞马路、乘坐 |
| 18 | 五彩池 | 中国 > 四川 | 九寨沟 | 4.7 | 1551 | | 阿坝藏族羌 | 0837-7739753 | | 8:00-17:00 | ?九寨最小 | 五彩池位于则查洼沟 | 海南 | 乘坐景区内 |
| 19 | 东湖 | 中国 > 浙江 | 绍兴 | 4.5 | 1488 | AAAA | 绍兴市越城 | 0575-88606879 | | 8:30-17:0( | ?有"山水之 | 东湖位于绍, | 绍兴古 | 乘坐公交车到 |
| 20 | 顺景温泉 | 中国 > 北京 | 北京 | 4.5 | 1337 | | 北京市海淀 | 北四环东路2号 | | | | 顺景温泉 | 温泉门票价 | 乘坐地铁10 |
| 21 | 北京大学 | 中国 > 北京 | 北京 | 4.6 | 1259 | | 北京市海淀 | 010-62752114 | http://www | 仅东南门对 | ?中国的最 | 北京大学创 | 北大在东南 | 地铁4号线( |
| 22 | 东部华侨城大侠谷 | 中国 > 广东 | 深圳 | 4.6 | 1230 | AAAAA | 深圳市盐田 | 0755-88889888, | 0755-250 | 周一至周五 | ?集合了各 | 大侠谷 | 深圳东部华 | 乘坐公交至 |
| 23 | 地王观光 | 中国 > 广东 | 深圳 | 4.3 | 1032 | AAA | 深圳市罗湖 | 0755-82246223 | http://www | 8:30-22:3( | ?深圳著名 | 地王观光, | 的参观的游客 | 乘坐地铁1号 |
| 24 | 青青世界 | 中国 > 广东 | 深圳 | 4.5 | 997 | AAA | 深圳市南山 | 0755-2664698 | http://www | 8:30-17:30 | ?城市边缘 | 青青世界 | 1. | 景区门 | 多部公交可 |
| 25 | 天云山风景区 | 中国 > 北京 | 北京 | 4.5 | 951 | | 北京市平谷 | 010-60989028 | http://www | 景区暂时处 | 于关闭，开 | 北京平谷天 | 云山旅游风景区位于北京 |

图 11-8　携程网部分旅游数据

由于 2020 年的数据暂时还未能下载，所以这个数据只包括了 1994 年至 2019 年的旅行人数、城镇、农村居民的旅行和消费情况，国内生产总值的统计。我们将这个数据存放在 BaPy_data.xlsx 文件 njdata1、njdata2、njdata3、njdata4 这几个表中，部分数据如图 11-9 所示。

| | A | B | C | D | E | F | G | H | I | J |
|---|---|---|---|---|---|---|---|---|---|---|
| 1 | 年份 | 国内游客 | 城镇居民 | 农村居民 | 旅游总花费（亿元） | 城镇居民旅游总花费 | 农村居民旅游总花费 | 人均花费（元） | 镇居民人均花费 | 农村居民人均花费 |
| 2 | 1994 | 524 | 205 | 319 | 1023.5 | 848.2 | 175.3 | 195.3 | 414.7 | 54.9 |
| 3 | 1995 | 629 | 246 | 383 | 1375.7 | 1140.1 | 235.6 | 218.7 | 464.0 | 61.5 |
| 4 | 1996 | 639 | 256 | 383 | 1638.4 | 1368.4 | 270.0 | 256.2 | 534.1 | 70.5 |
| 5 | 1997 | 644 | 259 | 385 | 2112.7 | 1551.8 | 560.9 | 328.1 | 599.8 | 145.7 |
| 6 | 1998 | 694 | 250 | 445 | 2391.2 | 1515.1 | 876.1 | 345.0 | 607.0 | 197.0 |
| 7 | 1999 | 719 | 284 | 435 | 2831.9 | 1748.2 | 1083.7 | 394.0 | 614.8 | 249.5 |
| 8 | 2000 | 744 | 329 | 415 | 3175.5 | 2235.3 | 940.3 | 426.6 | 678.6 | 226.6 |
| 9 | 2001 | 784 | 375 | 409 | 3522.4 | 2651.7 | 870.7 | 449.5 | 708.3 | 212.7 |
| 10 | 2002 | 878 | 385 | 493 | 3878.4 | 2848.1 | 1030.3 | 441.8 | 739.7 | 209.1 |
| 11 | 2003 | 870 | 351 | 519 | 3442.3 | 2404.1 | 1038.2 | 395.7 | 684.9 | 200.0 |
| 12 | 2004 | 1102 | 459 | 643 | 4710.7 | 3359.0 | 1351.7 | 427.5 | 731.8 | 210.2 |
| 13 | 2005 | 1212 | 496 | 716 | 5285.9 | 3656.1 | 1629.7 | 436.1 | 737.1 | 227.6 |
| 14 | 2006 | 1394 | 576 | 818 | 6229.7 | 4414.7 | 1815.0 | 446.9 | 766.4 | 221.9 |
| 15 | 2007 | 1610 | 612 | 998 | 7770.6 | 5550.4 | 2220.2 | 482.6 | 906.5 | 222.5 |

图 11-9　年鉴部分数据

## 11.2.2　基于 Python 实现

首先实现旅游人数趋势绘图，代码如下：

```python
import matplotlib.pyplot as plt
import os
import numpy as np
import pandas as pd
import statsmodels.api as sm
print(os.getcwd())

os.chdir("D:\\myPY")
print(os.getcwd())

#绘图中，中文字符和负号的设置
plt.rcParams['font.sans-serif']=['Kaiti']
plt.rcParams['axes.unicode_minus']= False

#读取数据
BSdata=pd.read_excel("BaPy_data.xlsx"," njdata1")
print(BSdata)
BSdata.info()

BSdata.index=pd.to_datetime(BSdata.index)

#绘图
plt.plot(BSdata.年份,BSdata.国内游客,c='red',linestyle='--', marker='o')
```

```
plt.legend(['国内游客(百万人次'],loc="upper left")
plt.show()
```

结果如图 11-10 所示。

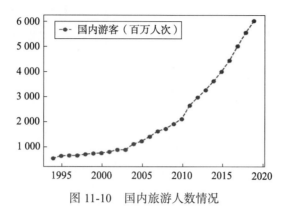

图 11-10　国内旅游人数情况

从图 11-10 中可以看出，自 1994 年以来，我国国内旅游人数在不断稳步上升，而且增长速度越来越快，呈指数形式上涨。虽然 2020 年受疫情影响，国内旅游人数大幅度下降，但是随着国内疫情防控的稳步推进，疫情逐渐得到控制，国内的旅游业就会呈现回暖的情况。根据专家预测，当疫情结束后，国内很有可能会出现报复性旅游的情况。

随后需要绘制农村居民和城镇居民的旅游情况趋势，代码如下：

```
plt.plot(BSdata.年份,BSdata.城镇居民)
plt.plot(BSdata.年份,BSdata.农村居民)
plt.legend(['城镇居民(百万人次)','农村居民(百万人次)'],loc="upper left")
#plt.legend(['农村居民(百万人次)'],loc="upper left")
plt.show()
```

结果如图 11-11 所示。

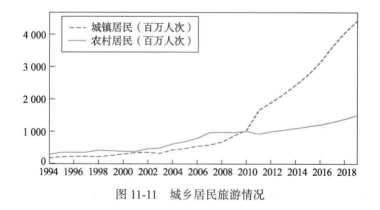

图 11-11　城乡居民旅游情况

从图 11-11 中可以看出，在 2010 年之前，农村居民的旅游人数稍微领先于城镇居民，但在这之后，城镇居民旅游的人数增长速度明显比农村居民的快很多，没过几年就遥遥领先于农村居民的旅游人数。

为什么会出现这个情况呢？为了更加清楚地认识到这个问题，我们可以从人均可支配收入入手。众所周知，人均可支配收入是影响人们消费情况最重要的因素之一。下面我们就通过一段 Python 代码来可视化城镇和农村居民的人均可支配收入及花费情况，代码如下：

```
plt.subplot(2,1,1)
plt.bar(BSdata.年份,BSdata.城镇居民可支配收入)
plt.bar(BSdata.年份,BSdata.城镇居民人均花费)
plt.legend(['城镇居民可支配收入','城镇居民人均花费'],loc='upper left')

plt.subplot(2,1,2)
plt.bar(BSdata.年份,BSdata.农村居民可支配收入)
plt.bar(BSdata.年份,BSdata.农村居民人均花费)
plt.legend(['农村居民可支配收入','农村居民人均花费'],loc='upper left')
plt.show()
```

结果如图 11-12 所示。

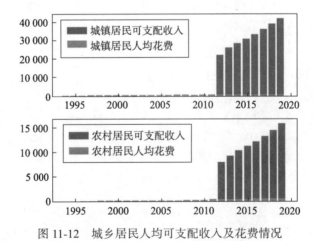

图 11-12　城乡居民人均可支配收入及花费情况

随后，查看城乡居民的旅游人均花费情况，代码如下：

```
plt.subplot(2,1,1)
plt.bar(BSdata.年份,BSdata.城镇居民人均花费)
plt.legend(['城镇居民旅游人均花费'],loc='upper left')
plt.title('城镇居民人均旅游花费和可支配收入')

plt.subplot(2,1,2)
plt.bar(BSdata.年份,BSdata.城镇居民可支配收入)
plt.legend(['城镇居民可支配收入'],loc='upper left')
plt.show()
```

```
plt.subplot(2,1,1)
plt.bar(BSdata.年份,BSdata.农村居民人均花费)
plt.legend(['农村居民人均旅游花费'],loc='upper left')

plt.title('农村居民人均旅游花费和可支配收入')
plt.subplot(2,1,2)
plt.bar(BSdata.年份,BSdata.农村居民可支配收入)
plt.legend(['农村居民可支配收入'],loc='upper left')
plt.show()
```

结果如图 11-13 和图 11-14 所示。

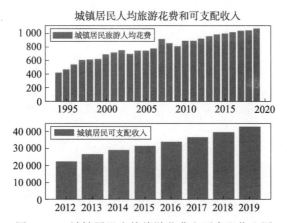

图 11-13　城镇居民人均旅游花费和可支配收入图

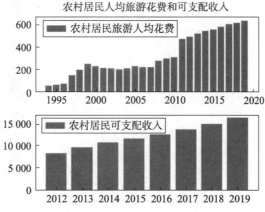

图 11-14　农村居民人均旅游花费和可支配收入图

从图 11-13 和图 11-14 中我们可以看到，城乡居民的可支配收入自 2012 年起都是稳步增长的。尽管农村居民的可支配收入平均每年的增速都比城镇居民的快，但是其总的可支配收入和城镇居民的还是有很大的差距，同时，这也体现在了农村居民和城镇居民的人均旅游花费上。

下面是景点数据情况绘图，代码如下：

```python
import pandas as pd
import math
import matplotlib.pyplot as plt
import numpy as np
import statsmodels.formula.api as smf

#绘图中，中文字符和负号的设置
plt.rcParams['font.sans-serif']=['Kaiti']
plt.rcParams['axes.unicode_minus']= False

DT=pd.read_excel("景点数据.xlsx","景点数据")
T1=DT.city.value_counts()
print(T1)
DT=pd.read_excel("BaPy_data.xlsx","tour")
T2=DT.score.value_counts()
print(T2)
plt.hist(DT.city)
plt.legend(['热门景点城市'],loc='upper left')
plt.show()
```

结果如下:

| | |
|---|---|
| 北京 | 65 |
| 深圳 | 61 |
| 无锡 | 16 |
| 广州 | 14 |
| 绍兴 | 13 |
| 三亚 | 7 |
| 黄山 | 5 |
| 九寨沟 | 2 |
| 重庆 | 2 |
| 喀什 | 1 |

结果如图 11-15 所示。

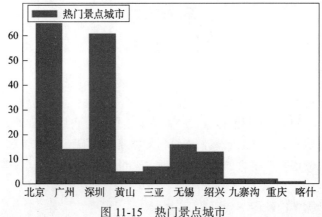

图 11-15　热门景点城市

从图 11-15 中可以看到,本次爬取的景点数据多数聚集在北京(65 个)和深圳(61 个)两个城市。除此之外,我们在该网站收集到的其他数据显示,游客最热衷于古城地标等旅游景点。西安钟楼成为全国收费景点中销售门票数量最高的景点,其次是北京故宫和上海迪士尼度假区。销量前 15 的景区中,所在城市上榜频次最高的是上海。

### 11.2.3　基于 SMARTBI 实现

下面我们用 SMARTBI 来可视化分析国内的旅游情况,由于重点在可视化分析上,所以本次案例将不会使用 SMARTBI 中的数据连接和数据准备模块,有关数据连接和数据准备模块的使用将会在接下来的例子里讲解。

首先登录 SMARTBI 的体验中心,打开数据挖掘模块界面,单击"新建实验"按钮,如图 11-16 所示。

图 11-16　新建实验

随后我们单击左边工具栏的数据源文件夹,由于我们使用的是 Excel 来保存旅游数据,所以我们选中数据源文件夹下的"Excel 文件",将其拖放到中间的画布区域,如图 11-17 所示。

图 11-17　数据源选择

单击已拖放到画布区域的"Excel 文件",即可上传本次案例的 Excel 数据,如图 11-18 所示。

图 11-18　上传 Excel 文件

上传成功后，要先单击下方工具栏中的执行按钮执行一遍，文件上传成功后就可以读取这个 Excel 文件里面的数据了。先拖动"读取 Excel Sheet"到中间的画布区域，连接上"Excel 文件"，随后在右边的参数部分选择要读取的表及数据，本次我们选择"nijian1"表，最后单击"运行"，如图 11-19 所示。

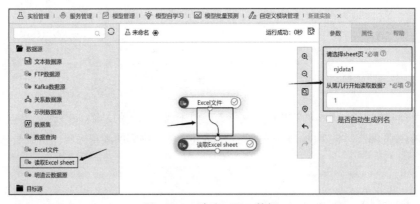

图 11-19　读取 Excel 数据

读取完数据后可以查看输出结果，右击"读取 Excel Sheet"，选择"查看输出"即可看到我们读取的数据，如图 11-20 所示。

| 年份 | 国内游客 | 城镇居民 | 农村居民 | 旅游总花费 | 城镇居民旅游总花费 | 农村居民旅游总花费 | 人均花费 | 城镇居 |
|------|----------|----------|----------|------------|---------------------|---------------------|----------|--------|
| 1994 | 524 | 205 | 319 | 1023.5 | 848.2 | 175.3 | 195.3 | 4 |
| 1995 | 629 | 246 | 383 | 1375.7 | 1140.1 | 235.6 | 218.7 | 4 |
| 1996 | 639 | 256 | 383 | 1638.4 | 1368.4 | 270.0 | 256.2 | 5 |
| 1997 | 644 | 259 | 385 | 2112.7 | 1551.8 | 560.9 | 328.1 | 5 |
| 1998 | 694 | 250 | 445 | 2391.2 | 1515.1 | 876.1 | 345.0 | 6 |
| 1999 | 719 | 284 | 435 | 2831.9 | 1748.2 | 1083.7 | 394.0 | 6 |
| 2000 | 744 | 329 | 415 | 3175.5 | 2235.3 | 940.3 | 426.6 | 6 |

图 11-20　输出结果

数据读取完成后就可以进行可视化分析的工作了，在统计分析文件夹中选中"高维数据可视化"，将其拖放至画布区域。随后连接上"读取 Excel Sheet"，选择要分析的列和采样比例后运行，如图 11-21 所示。

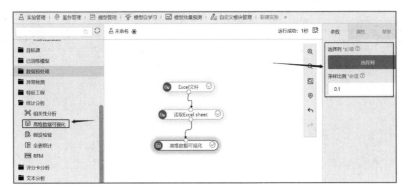

图 11-21　高维数据可视化

运行完之后就可以查看其分析结果了，我们右击"高维数据可视化"，选择查看分析结果。在这个分析结果里面有两种可视化类型：一个是矩阵图，还有一个是平行坐标图。首先画出矩阵图，将想要查看的数据自行拖放到相对应的 $x$ 轴和 $y$ 轴即可。在这里可查看国内游客情况，如图 11-22 所示。

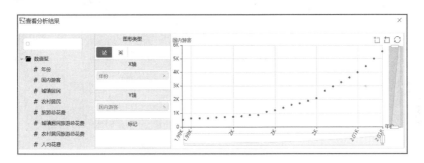

图 11-22　矩阵图分析结果

可以看到，结果是一个散点图，与我们用 Python 绘制出来的图形没有太大的差别。然后绘制出平行坐标图，如图 11-23 所示。

图 11-23　平行坐标图分析结果

使用 SMARTBI 处理景点数据。与年鉴数据一样，我们这次也是使用 Excel 数据源。数据上传读取完之后进行空值处理操作，如图 11-24 所示。

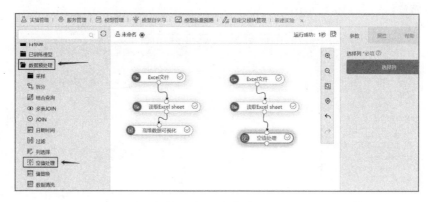

图 11-24　空值处理

空值处理完之后就进行全表统计和相关性分析，如图 11-25 所示。

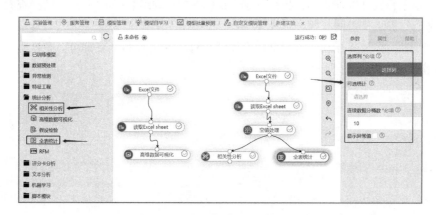

图 11-25　全表统计和相关性分析

结果如图 11-26 所示。

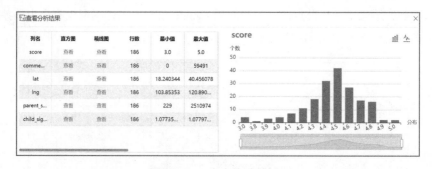

图 11-26　全表统计结果

在全表统计里面，我们可以看到所选择的特征列的行数、最小值、最大值、平均值、下四分位、上四分位、众数等指标，同时也能通过直方图和箱线图来直观地了解到这些指标。最后是相关性分析，结果如图 11-27 所示。

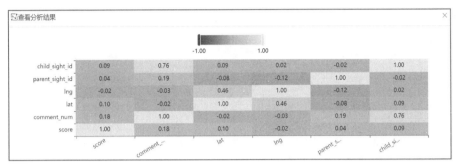

图 11-27　相关性分析结果

从中可以看出，本次相关性分析共选择了 6 个特征。从上面特征之间的相关性结果可以看出，景点的评论数和景点的评分这两个特征值是正相关的，但相关性不是很高。

本次案例主要使用 Python 和 SMARTBI 来可视化分析我国国内的旅游情况，所以比较简单，也并没有使用过多复杂的语句或者功能。不过，在接下来的案例中将会更加深入地讲解如何使用 Python 或者 SMARTBI 来进行各种数据分析操作。

# 11.3　基于广州市二手房房价的可视化分析

## 11.3.1　案例介绍

### 1. 案例背景

随着我国经济的快速发展、国民生活水平的日益提升，全国多数重点城市的房价也在节节攀升。广州市的房地产市场是我国最为繁荣与最具代表性的市场之一，随着人们购置的房产增加，二手房的交易数量也在日益增加。在本案例中，以广州市二手房的房价等信息为切入点，来展开本例的大数据可视化分析。

### 2. 源数据获取

本次案例中的数据全部来源于链家广州市二手房（https://gz.lianjia.com/ershoufang/）。利用第 10 章所介绍的 Python 爬虫技术，我们可以获取到链家网上关于广州市二手房共计 3 000 条源数据，存于文件 lianjia_gz.csv 中（注：所爬取的数据不一定是完整的，且所爬取到的数据不一定全部用于后续的分析中）。

本次爬虫部分代码如下：

```
1:  import requests,parsel,csv,re
2:  from tqdm import tqdm
3:
4:  with open('./lianjia_gz.csv', mode='a', encoding='utf-8', newline
              ='') as f: #文件抬头
5:    csv_write = csv.writer(f)
```

```
 6:     csv_write.writerow(
 7:     ['小区', '关注量', '标签', '总价(万元)', '单价(元/平方米)', '所在区域
', '年份', '房屋户型', '所在楼层',
 8:     '建筑面积(㎡)', '户型结构', '套内面积(㎡)', '建筑类型', '房屋朝向', '建
筑结构', '装修情况', '梯
 9:     户比例', '配备电梯'])
10:
11: for page in tqdm(range(1,101)):#100页
12:     # 1.找到数据所对应的链接 url
13:     url = f'https://gz.lianjia.com/ershoufang/pg{page}/'
14:     headers = {#自己浏览器的头信息进行 UA 伪装}
15:     # 2.发送指定链接地址请求 requests
16:     response = requests.get(url, headers=headers)
17:     html = response.text
18:     # 3.解析出我们需要的数据 parsel
19:     selector = parsel.Selector(html)
20:     lis = selector.css('.clear.LOGCLICKDATA')
21:     for li in tqdm(lis):
22:         res = [] #暂存结果
23:         totalPrice = li.css('.priceInfo .totalPrice span:: text').
                    get() #房子总价
24:         ……
25:         res+=[garden, star, tags, totalPrice, unitPrice]
26:         href = li.css('.LOGCLICKDATA a::attr(href)').get() #详情页
27:         response = requests.get(href, headers=headers)#爬取详情页信息
28:         selector = parsel.Selector(response.text)
29:         lis = selector.css('.newwrap.baseinform')
30:         for li in lis:
31:             ……
32:         # 4.数据保存
33:         with open('./lianjia_gz.csv', mode='a', encoding=' utf-8',
                    ewline='') as f:
34:             csv_write = csv.writer(f)
35:             csv_write.writerow(res)
```

通过代码爬取的数据格式如表 11-1 所示（仅提供部分数据）。需要注意的是，数据虽然在爬取的过程中经过一定的预处理，如把未知的数据项全置为空，且尽可能地只取数

**表 11-1　爬取二手房部分数据格式**

| 所在区域 | 建筑面积(m²) | 总价(万元) | 单价(元/平方米) | 所在楼层 | 年份 | 装修情况 | 房屋朝向 | 配备电梯 | … |
|---|---|---|---|---|---|---|---|---|---|
| 增城 | 159.28 | 259 | 16 261 | 低楼层/18 | 2010 | 毛坯 | 东北 | 有 | … |
| 增城 | 92.73 | 205 | 22 108 | 高楼层/9 | 2003 | 简装 | 北 | 无 | … |
| 海珠 | 131.91 | 540 | 40 938 | 低楼层/21 | 2004 | 精装 | 西南 | 有 | … |
| 白云 | 152.3 | 205 | 13 461 | 低楼层/25 | 2007 | 精装 | 南北 | 有 | … |
| 花都 | 141.03 | 298 | 21 131 | 中楼层/29 | 2009 | 精装 | 西南 | 有 | … |
| … | … | … | … | … | … | … | … | … | … |

值项存入文件中，方便后续操作，但这仍然不是进行数据可视化分析的最优数据。因此，在后续使用中仍需要经过数据预处理阶段。

## 11.3.2 基于 Python 实现

接下来借助 Python 工具对以上源数据做可视化分析，所用到的 Python 工具环境与之前案例相同。

### 1. 数据获取和预处理

可视化分析的第一步，要进行相关工具包的引入（NumPy、Pandas、Matplotlib、Seaborn 等工具）和数据的读入，并对数据进行相关预处理，如去除一些异常值、对空值做处理、对整体初始数据有个大概了解等。其基本代码如下：

```
1:  #引入相关工具包这里省略
2:  data = pd.read_excel(' BaPy_data.xlsx ','lianjia_gz ',index_col=0)
                    #读取源数据
3:  data.to_csv('lianjia_gz.csv ',encoding='utf-8')
4:  df = pd.read_csv('./lianjia_gz.csv',header=0,encoding='gbk')
5:  df.head()  #查看前五条数据结果如图 11-28 所示
6:  #处理重复值，并对重复值进行删除
7:  if (df.duplicated().any()):
8:      print('存在重复行')
9:      df1 = df.drop_duplicates(subset=None,keep='last')
10: print('去重前:{}'.format(df.shape))  # (3000, 18)
11: print('去重后:{}'.format(df1.shape))  # (2936, 18)
12: #处理数据格式，为了之后使用方便，将[所在楼层]以"/"为分隔划分成两列
13: df1 = pd.concat([df1,df1['所在楼层'].str.split('/',expand =
                    True)],axis = 1)
14: del df1['所在楼层']
15: df1.rename(columns = {0:'所在楼层',1:'总楼层'},inplace = True)
16: df1['总楼层'] = df1['总楼层'].astype(int)  #转换数据类型
17: df1.tail() #查看后五条数据，结果如图 11-29 所示
18: #处理缺少值
19: df1.isnull().sum()  #查看数据缺失情况，其中[年份]、[套内面积]、[配备电梯]
存在缺失值
20      #默认六层以上有电梯六层以下无电梯
21: df1.loc[(df1['配备电梯'].isnull())&(df1['总楼层']>6),'配备电梯']='有'
22: df1.loc[(df1['配备电梯'].isnull())&(df1['总楼层']<=6),'配备电梯']='无'
23:     #默认将没有年份记录的年份设置为年份的平均值
24: df1.loc[(df1['年份'].isnull()),'年份'] = df1['年份'].mean()
25:     #默认将建筑面积-10 的面积替代空值面积
26: df1.loc[(df1['套内面积(㎡)'].isnull()),'套内面积(㎡)'] = df1['建筑面积
            (㎡)']-10
```

```
27: #查看数值型数据的一般描述统计量信息
28: df1.describe()    #结果如图 11-30 所示
```

| | 小区 | 关注量 | 标签 | 总价(万元) | 单价(元/平方米) | 所在区域 | 年份 | 房屋户型 | 所在楼层 | 建筑面积(m²) | 户型结构 | 套内面积(m²) | 建筑类型 | 房屋朝向 | 建筑结构 | 装修情况 | 梯户比例 | 配备电梯 |
|---|---|---|---|---|---|---|---|---|---|---|---|---|---|---|---|---|---|---|
| 0 | 现代城市花园 | 2 | 近地铁｜VR房源｜房本满五年｜随时看房 | 259.0 | 16261 | 增城 | 2010.0 | 3室1厅1厨2卫 | 低楼层/18 | 159.28 | 平层 | 132.03 | 塔楼 | 东北 | 钢混结构 | 毛坯 | 两梯四户 | 有 |
| 1 | 前进路(海珠) | 6 | 近地铁｜VR房源｜房本满三年｜随时看房 | 205.0 | 22108 | 增城 | 2003.0 | 3室2厅1厨1卫 | 高楼层/9 | 92.73 | 平层 | NaN | 塔楼 | 北 | 钢混结构 | 简装 | 一梯八户 | 无 |
| 2 | 山水庭苑 | 34 | VR看装修｜房本满五年｜随时看房 | 540.0 | 40938 | 海珠 | 2004.0 | 4室2厅1厨2卫 | 低楼层/21 | 131.91 | 平层 | 106.93 | 板楼 | 西南 | 钢混结构 | 精装 | 两梯四户 | 有 |
| 3 | 保利城花园 | 13 | 近地铁｜VR看装修｜房本满五年｜随时看房 | 205.0 | 13461 | 白云 | 2007.0 | 3室2厅1厨2卫 | 低楼层/25 | 152.30 | 平层 | NaN | 塔楼 | 南北 | 钢混结构 | 精装 | 两梯三户 | 有 |
| 4 | 先烈中路81号大院 | 4 | VR房源｜房本满五年｜随时看房 | 560.0 | 57143 | 花都 | 2009.0 | 3室1厅1厨2卫 | 中楼层/9 | 98.00 | 平层 | NaN | 塔楼 | 南北 | 钢混结构 | 简装 | 一梯两户 | 无 |

图 11-28　查看前五条数据

| | 小区 | 关注量 | 标签 | 总价(万元) | 单价(元/平方米) | 所在区域 | 年份 | 房屋户型 | 建筑面积(m²) | 户型结构 | 套内面积(m²) | 建筑类型 | 房屋朝向 | 建筑结构 | 装修情况 | 梯户比例 | 配备电梯 | 所在楼层 | 总楼层 |
|---|---|---|---|---|---|---|---|---|---|---|---|---|---|---|---|---|---|---|---|
| 2995 | 万科云城米酷 | 17 | 近地铁｜房本满两年｜随时看房 | 51.0 | 27172 | 增城 | 2013.0 | 1室1厅1厨1卫 | 18.77 | 复式 | NaN | 塔楼 | 北 | 钢混结构 | 精装 | 两梯四十三户 | 有 | 低楼层 | 15 |
| 2996 | 敏捷上品公馆 | 35 | 房本满两年｜随时看房 | 76.8 | 13299 | 天河 | 2017.0 | 2室1厅1厨1卫 | 57.75 | 复式 | 43.93 | 板塔结合 | 东北 | 钢混结构 | 精装 | 六梯二十八户 | 有 | 低楼层 | 21 |
| 2997 | 合生广场 | 0 | 房本满五年｜随时看房 | 113.0 | 22443 | 番禺 | 2014.0 | 1室0厅1厨1卫 | 50.35 | 平层 | NaN | 塔楼 | 南 | 钢混结构 | 精装 | 三梯十八户 | 有 | 高楼层 | 26 |
| 2998 | 广州融创文旅城商务公寓 | 11 | 房本满两年｜随时看房 | 45.0 | 8443 | 海珠 | 2012.0 | 1室1厅1厨1卫 | 53.30 | 平层 | 37.03 | 塔楼 | 北 | 钢混结构 | 精装 | 七梯二十九户 | 有 | 低楼层 | 40 |
| 2999 | 合景天峻广场 | 157 | 近地铁｜房本满两年｜随时看房 | 55.0 | 13196 | 花都 | 2011.0 | 2室1厅1厨1卫 | 41.68 | 复式 | 32.36 | 塔楼 | 南 | 钢混结构 | 精装 | 三梯二十九户 | 有 | 中楼层 | 21 |

图 11-29　查看后五条数据

| | 关注量 | 总价(万元) | 单价(元/平方米) | 年份 | 建筑面积(m²) | 套内面积(m²) | 总楼层 |
|---|---|---|---|---|---|---|---|
| count | 2936.000000 | 2936.000000 | 2936.000000 | 2936.000000 | 2936.000000 | 2936.000000 | 2936.000000 |
| mean | 29.477180 | 283.917541 | 32966.378065 | 2004.485180 | 87.275143 | 74.416775 | 15.650204 |
| std | 41.770805 | 226.000690 | 17675.846633 | 7.162886 | 36.766507 | 34.155426 | 9.399586 |
| min | 0.000000 | 28.000000 | 4416.000000 | 1971.000000 | 12.810000 | 2.810000 | 1.000000 |
| 25% | 6.000000 | 160.000000 | 20189.250000 | 1999.000000 | 66.040000 | 56.040000 | 9.000000 |
| 50% | 14.000000 | 225.000000 | 29693.000000 | 2004.000000 | 83.700000 | 70.930000 | 12.000000 |
| 75% | 36.000000 | 338.000000 | 41402.250000 | 2010.000000 | 101.460000 | 87.180000 | 22.000000 |
| max | 543.000000 | 4000.000000 | 161695.000000 | 2019.000000 | 535.230000 | 525.230000 | 56.000000 |

图 11-30　数值型数据的一般统计量信息

如上所示，为数据读入与预处理的一般步骤。从图 11-30 中可以对整体数据有个大体的认识，如每套房子的总价在 28 万～4 000 万元，75%的房子均小于 338 万元，因此可以推断 4 000 万元的房子有些异常，同样的方法可以推断建筑面积 535.23 平方米和总楼层 56 的数据存在异常，可以继续对源数据进行异常值处理，使得接下来的可视化分析结果更准确。

在本次案例中，因为整体数据量偏少，故不再对数据进行异常值处理操作。同样的，对于变量较多的源数据，也可根据需要进行变量选出的预处理操作，在本次案例中也省略该操作。

### 2. 广州市二手房源分布

接下来从广州市二手房数据中的建筑面积、总价、单价三个特征变量中分析广州二手房源的分布情况。其基本代码如下：

```
1: sns.set_style({'font.sans-serif':['simhei','Arial']})
2: f, [ax1,ax2,ax3] = plt.subplots(3,1, figsize=(15, 5))
3: sns.distplot(df1['建筑面积(㎡)'], bins=30, ax=ax1, color='r')
4: sns.kdeplot(df1['建筑面积(㎡)'], shade=True, ax=ax1)
5: sns.distplot(df1['总价(万元)'], bins=30, ax=ax2, color='r')
6: sns.kdeplot(df1['总价(万元)'], shade=True, ax=ax2)
7: sns.distplot(df1['单价(元/平方米)'], bins=30, ax=ax3, color='r')
8: sns.kdeplot(df1['单价(元/平方米)'], shade=True, ax=ax3)
9: plt.show()   #结果如图 11-31 所示
```

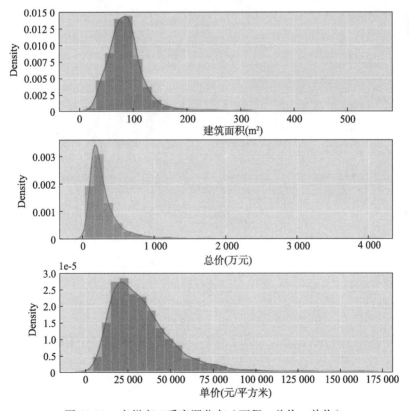

图 11-31　广州市二手房源分布（面积、总价、单价）

如图 11-31 所示，广州市内二手房的建筑面积、总价、单价均服从正态分布。其中，建筑面积大多集中在 0～200 平方米的区域内，虽然还存在更大面积的房源，但其数量很少。而房子的总价大多集中在 200 万～300 万元，且只有极少数是高于 1 000 万元的。房子的单价大多集中在 2 5000 元/平方米，但其分布较其他两个变量更为分散，高于 40 000 元/平方米的也不在少数。

### 3. 广州各城区二手房源分布

接下来对广州市内各个城区的二手房数量进行可视化分析。

```
1: df_house_count = df1.groupby('所在区域')['总价(万元)'].count().sort_
                                 values(
2:   ascending=False).to_frame().reset_index();
3: f,ax=plt.subplots(1,1,figsize=(20,10))
4: sns.barplot(x='所在区域', y='总价(万元)',palette="Greens_d", data=
              df_house_count)
5: ax.set_title('广州各城区二手房数量对比')
6: ax.set_xlabel('区域')
7: ax.set_ylabel('数量')
8: plt.xticks(fontsize=9)#减小字体以免变成方框
9: plt.show() #结果如图 11-32 所示
```

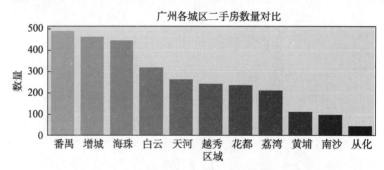

图 11-32　广州市各城区二手房源分布

如图 11-32 所示，番禺、增城、海珠三个区的二手房数量明显多于其他城区。其中，番禺的二手房数量最多。从图 11-32 中可以看出，二手房源在各个城区的分布明显可划分为三个梯队，其中，番禺、增城、海珠为第一梯队，数量最多，而白云、天河、越秀、花都、荔湾为第二梯队，黄埔、南沙、从化为第三梯队，数量明显少于其他城区。

### 4. 广州各城区二手房房价分布

接下来分别对广州各城区的二手房总价和单价进行可视化。其基本代码如下。

```
1: df_price_mean=df1.groupby("所在区域")["总价(万元)"].mean().sort_values(
2:   ascending=False).to_frame().reset_index();
3: f,[ax1,ax2]=plt.subplots(2,1,figsize=(20,15))
4: sns.barplot(x="所在区域",y="总价(万元)",palette="Blues_d",data=df_
              price_mean,ax=ax1)
5: ax1.set_title("广州各大区二手房总价对比")
6: ax1.set_xlabel('区域')
7: ax1.set_ylabel('总价（区域均值)')
```

```
 8: sns.boxplot(x="所在区域",y="总价(万元)",data=df1,ax=ax2)
 9: ax2.set_title("广州各大区二手房总价分布")
10: ax2.set_xlabel('区域')
11: ax2.set_ylabel('总价')
12: plt.xticks(fontsize=9)
13: plt.show()    #结果如图11-33所示
14: df_perprice_mean=df1.groupby("所在区域")["单价(元/平)"].mean().
                             sort_values(
15:         ascending=False).to_frame().reset_index()
16: f,[ax1,ax2]=plt.subplots(2,1,figsize=(20,15))
17: sns.barplot(x="所在区域",y="单价(元/平)",palette="Blues_d",data=df_
                 perprice_mean,ax=ax1)
18: ax1.set_title("广州各大区二手房每平方米单价对比")
19: ax1.set_xlabel('区域')
20: ax1.set_ylabel('每平方米单价')
21: sns.boxplot(x="所在区域",y="单价(元/平)",palette="Blues_d",data=
                 df1,ax=ax2)
22: ax2.set_title("广州各大区二手房每平方米单价分布")
23: ax2.set_xlabel('区域')
24: ax2.set_ylabel('每平方米单价')
25: plt.xticks(fontsize=9)
26: plt.show()  #结果如图11-34所示
```

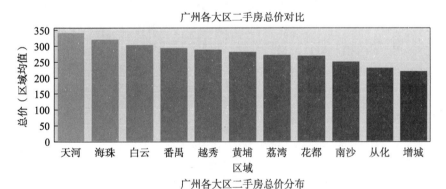

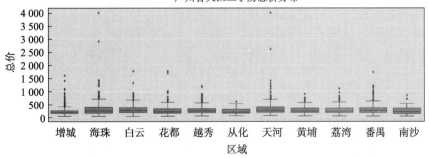

图11-33  广州市各城区二手房总价

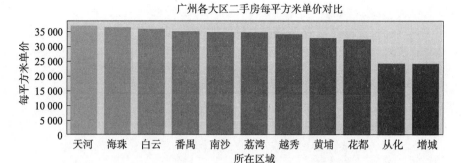

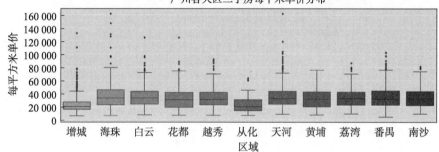

图 11-34　广州市各城区二手房单价

如图 11-33 和图 11-34 所示，广州市整体二手房的总价和单价都较高，其中，天河和海珠的总价与单价均在其他各个城区之前，而这两个区也是广州市内经济最好的两个城区。增城和从化整体单价分布都偏低，而总价虽然也处于所有城区最末，但也仍保持在 200 万元以上，由此可以推测，增城和从化两个区的房子建筑面积比较大，故而其总价也处于一个较高的位置。此外，还存在许多看似异常的点需要去考证。

### 5. 二手房价格与房源特性间的关系

接下来对二手房房价与其房源特性间的关系进行可视化分析，因为篇幅有限，这里只选取是否配备电梯与装修情况进行分析。其基本代码如下。

```
1:  #房价与装修情况
2:  df1['装修情况'].value_counts()
3:  f, [ax1,ax2,ax3] = plt.subplots(1, 3, figsize=(15, 5))
4:  sns.countplot(df1['装修情况'], ax=ax1)
5:  sns.barplot(x='装修情况', y='总价(万元)', data=df1, ax=ax2)
6:  sns.boxplot(x='装修情况', y='总价(万元)', data=df1, ax=ax3)
7:  plt.show() #结果如图 11-35 所示
8:  #房价与是否配备电梯
9:  f, [ax1,ax2] = plt.subplots(1, 2, figsize=(20, 10))
10: sns.countplot(df1['配备电梯'], ax=ax1)
11: ax1.set_title('有无电梯数量对比',fontsize=15)
12: ax1.set_xlabel('是否有电梯')
13: ax1.set_ylabel('数量')
```

```
14: sns.barplot(x='配备电梯', y='总价(万元)', data=df1, ax=ax2)
15: ax2.set_title('有无电梯房价对比',fontsize=15)
16: ax2.set_xlabel('是否有电梯')
17: ax2.set_ylabel('总价')
18: plt.show()    #结果如图 11-36 所示
```

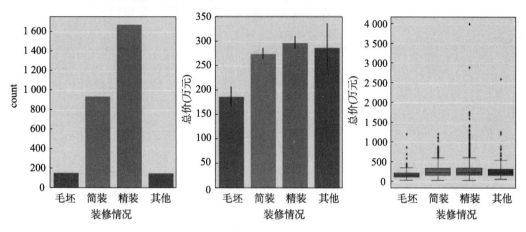

图 11-35　房价与装修情况

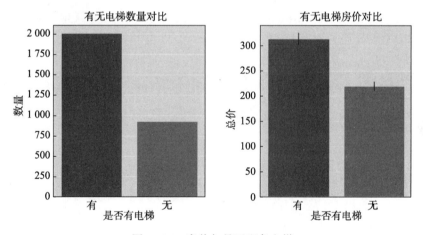

图 11-36　房价与是否配备电梯

如图 11-35 和图 11-36 所示，在不同的装修情况中，精装的数量和价格是最高的，且总价分布最高的二手房也是精装，这是符合常理的。而同样在是否配备电梯的情况上，大多数房子是配备电梯的，且有电梯的房子总价高于没有配备电梯的房子，这同样是合乎常理的。

### 6. 词云图

在第 10 章介绍过词云图，它是一种将信息非常直观地显现出来的工具。在本案例中，利用所抓取的标签信息来制作词云图。可以看出，VR 看装修、房本满五年、近地铁、随时看房等标签是众多二手房在链家网上的热门标签，如图 11-37 所示。

图 11-37　标签词云图

### 11.3.3　基于 SMARTBI 实现

基于同样的源数据，我们使用上一小节所提到的 SMARTBI 去做可视化分析。

**1. 数据获取**

在首页（https://member.smartbi.com.cn/index/user/login.html）登录预置的账号或个人账号进入思迈特软件平台，如图 11-38 所示。

图 11-38　登录界面

登录成功后，从左侧菜单栏中单击数据连接，选择本地数据库中的文件，新建数据表，选择 lianjia_gz.csv 文件，并选择要导入的数据源位置和导入表别名，这里将数据导入公共空间\个人数据源\DEFAULT\数据采集空间目录下，并为数据表取别名为广州二手房，如图 11-39 所示。

图 11-39　数据连接界面

## 2. 数据预处理

从左侧菜单栏中单击数据挖掘，在相应位置单击新建实验，将实验命名为广州二手房。首先从数据挖掘页面中的左侧菜单栏拉取数据源下的关系数据源，并在右侧参数中选择刚刚导入的广州二手房数据表，右键执行该节点。随后在数据预处理目录下选择相关预处理操作，对数据进行去除重复值、拆分列、空值处理，全表统计等预处理操作，如图 11-40 所示。

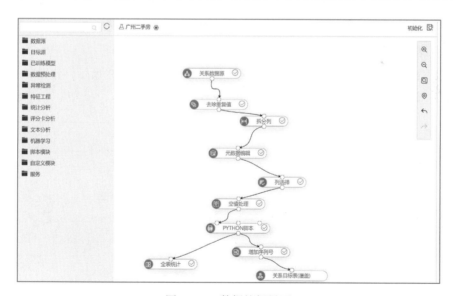

图 11-40　数据挖掘界面

数据挖掘模块里的大部分功能都预置了现成的节点以供使用，但一些特殊的需求，如本案例中配备电梯特征列的空值处理，需要根据楼层高低进行判断，这时可以使用嵌入PYTHON 脚本的方式进行解决，如图 11-41 所示。处理完成的数据，可以通过选择目标源将数据输出到指定位置，便于后续使用。这里将数据输出到高速缓存库中的 smartbimpp 模块中，命名为 ershoufang 数据表。此处应注意，生成数据表需要指定主键，因此在每一行上增加序列号作为主键。

```
# -*- coding: UTF-8 -*-
import numpy as np
import pandas as pd

# Param<dataframe1>: a pandas.DataFrame
# Param<dataframe2>: a pandas.DataFrame
# Param<dataframe3>: a pandas.DataFrame
def execute(dataframe1=None, dataframe2=None, dataframe3=None):
    dataframe1.loc[(dataframe1['配备电梯'].isnull())&(dataframe1['所在楼层_1']>6),'配备电梯']='有'
    dataframe1.loc[(dataframe1['配备电梯'].isnull())&(dataframe1['所在楼层_1']<=6),'配备电梯']='无'
    dataframe1.loc[(dataframe1['套内面积（㎡）'].isnull()),'套内面积（㎡）'] = dataframe1['建筑面积（㎡）']-10.0
    print(dataframe1)
    # Return value must be a pandas.DataFrame
    return dataframe1
```

图 11-41 嵌入 PYTHON 脚本

关于以上步骤的详细操作，可以参考前文所给出的维基文档，上面有详细的操作步骤及介绍。同时可以看出，这里只使用了 SMARTBI 中数据挖掘模块的一小部分功能，还有其他很多高效且有用的功能，如前几章介绍过的聚类以及主成分分析等。

**3. 数据可视化**

在数据挖掘模块中也可进行一些分析结果可视化。如图 11-42 所示，分别对预处理后的数据进行高维数据可视化、相关性分析以及全表统计。

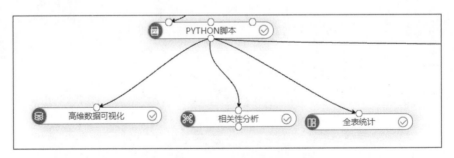

图 11-42 可视化分析结果

以上操作部分结果如图 11-43～图 11-45 所示，其中，全表统计是对所有数值型特征进行统计值特征分析，相关性分析分别比对了关注量、单价、年份、所在楼层之间的相关性，高维数据可视化可以通过简单的特征选择画出对应的直方图或折线图。可以看出，这比我们使用冗长的代码去画图要简单许多。

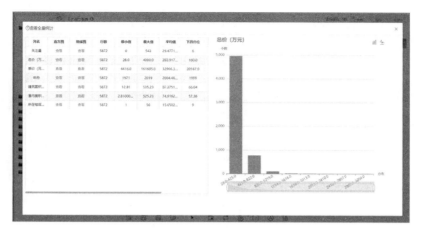

图 11-43　全表统计结果

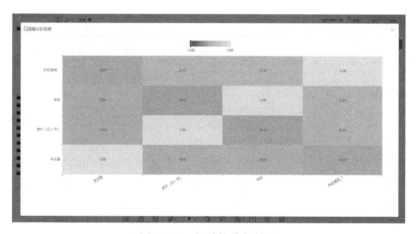

图 11-44　相关性分析结果

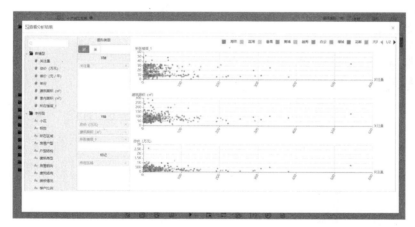

图 11-45　高维数据可视化结果

接下来介绍使用 SMARTBI 实现交互式仪表盘以实现数据可视化分析。交互式仪表盘在单一面板上显示多个工作表和相应的信息，主要用于比较与监测多种类型的数据，把多种数据统一可视化显现到面板中,在仪表板上统一展示交互式操作的结果。

要创建仪表盘,首先是创建数据模型(图 11-46),在左侧菜单栏中单击数据准备,单击数据模型,进入新建数据模型界面。在数据源表中导入在数据挖掘模块导出的 ershoufang 数据表,设置选择度量并设置好相关属性,最后单击"保存",这里保存的名字为二手房。

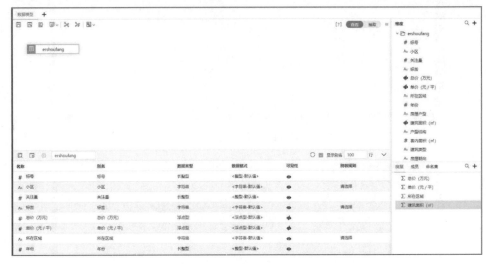

图 11-46　新建数据模型

新建数据模型完成后,从左侧菜单栏中单击"分析展现",单击"交互式仪表盘"进入新建仪表盘操作界面,在数据中导入刚刚创建的数据模型二手房,最后根据自己的需求选择相应组件,便可完成一个可视化数据的交互式仪表盘(图 11-47)。

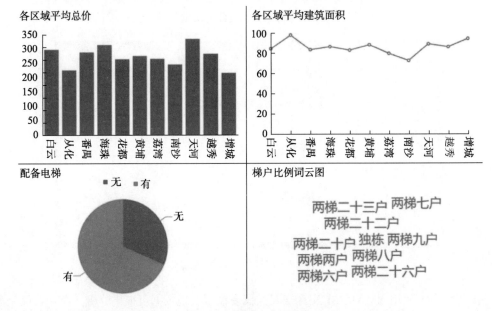

图 11-47　交互式仪表盘

到这里为止，本次案例讲解就结束了。本次案例主要是使用 Python 和 SMARTBI 来可视化分析广州二手房房价信息，可以注意到的是，通过使用 SMARTBI，我们不需要编写很多复杂的代码，便可以轻松实现很精美的数据分析可视化界面。SMARTBI 还有其他很多有趣的功能和更多具体的实现案例，可参考前文给出的帮助文档。

# 11.4 基于热销私家车销量数据的可视化分析

## 11.4.1 案例介绍

### 1. 案例背景

正如案例 11.2 节的背景所说，随着我国经济发展得越来越快，人们生活条件变好了，对于物质生活的要求也越来越高。近几年来，除了买房为年轻人所追捧，买车效应也迅速占领了年轻人的市场，几乎每家每户都有自己的私家车，大量的需求也促进了汽车产业的发展，各式各样的汽车被生产出来供大家选择购买。在本案例中，以热销私家车的销量等信息为切入点，来展开大数据可视化分析。

### 2. 源数据获取

本次案例中的数据全部来源于 SMARTBI 的麦粉社区中的论坛上所提供的热销私家车批售数据（https://bbs.smartbi.com.cn/forum.php?mod=viewthread&tid=675）。数据采集自真实热销车数据，共计 8 899 条，覆盖 2015—2020 年一部分的数据。将数据的 excel 文件下载下来并重命名为 sjc.xlsx，数据格式如表 11-2 所示。

表 11-2　热销私家车批售部分数据格式

| 车系 | 车企 | 车类 | 品牌 | 车型 | 价格档 | 月末 | 销量 | 规模 | ... |
|---|---|---|---|---|---|---|---|---|---|
| 韩系 | 东风悦达起亚 | SUV | 起亚 | 智跑 | 17 万元 | 2020/1/31 | 6 513 辆 | 11.1 亿元 | ... |
| 韩系 | 东风悦达起亚 | SUV | 起亚 | 智跑 | 17 万元 | 2019/12/31 | 6 181 辆 | 10.5 亿元 | ... |
| ... | ... | ... | ... | ... | ... | ... | ... | ... | ... |
| 自主 | 吉利汽车 | 轿车 | 吉利 | 远景轿车 | 6 万元 | 2020/1/31 | 6 075 辆 | 3.6 亿元 | ... |
| 自主 | 吉利汽车 | 轿车 | 吉利 | 远景轿车 | 6 万元 | 2019/12/31 | 6 169 辆 | 3.7 亿元 | ... |
| ... | ... | ... | ... | ... | ... | ... | ... | ... | ... |

注意，以上只展示了部分数据，省略了部分数据项和数据特征。

## 11.4.2 基于 Python 实现

接下来借助 Python 工具对以上源数据做可视化分析。

### 1. 数据获取和预处理

进行可视化分析的第一步，首先要进行相关工具包（NumPy、Pandas、Matplotlib、Seaborn 等工具）的引入和数据的读入，并对数据进行相关预处理。为了方便后续操作，将后缀为.xlsx 的数据文件转换为.csv 的文件，因为源数据本身已经过处理，所以不存在空值或者异常值，且由于受案例篇幅限制，这里只取 2018 年和 2019 年两年的数据做相关可视化分析。其基本代码如下：

```
1: #引入相关工具包这里省略
2: data = pd.read_excel('./sjc.xlsx','批售数据',index_col=0)  #读取源数据
3: data.to_csv('data.csv',encoding='utf-8')
4: df = pd.read_csv('./data.csv',header=0)  #8899 * 16
5: #将月末的特征列类型改为时间类型
6: df['月末']= pd.to_datetime(df['月末'], format='%Y-%m-%d')
7: df.info()  #查看特征类型信息，结果如图 11-48 所示
8: #提取时间在 2018 年-2019 年的数据
9: df = df.loc[df['月末'] > '2017-12-31']
10: df = df.loc[df['月末'] < '2020-01-01']  #3795 * 16
11: df.head(10)  #结果如图 11-49 所示
12: df.describe()  #结果如图 11-50 所示
```

```
<class 'pandas.core.frame.DataFrame'>
RangeIndex: 8899 entries, 0 to 8898
Data columns (total 16 columns):
车系      8899 non-null object
车企      8899 non-null object
总部省份    8899 non-null object
总部城市    8899 non-null object
车类      8899 non-null object
品牌      8899 non-null object
车型      8899 non-null object
级别      8899 non-null object
价格档     8899 non-null int64
月末      8899 non-null datetime64[ns]
销量      8899 non-null int64
规模      8899 non-null float64
车长      8899 non-null int64
车宽      8899 non-null int64
车高      8899 non-null int64
轴距      8899 non-null int64
dtypes: datetime64[ns](1), float64(1), int64(6), object(8)
memory usage: 1.1+ MB
```

图 11-48　特征类型信息

| | 车系 | 车企 | 总部省份 | 总部城市 | 车类 | 品牌 | 车型 | 级别 | 价格档 | 月末 | 销量 | 规模 | 车长 | 车宽 | 车高 | 轴距 |
|---|---|---|---|---|---|---|---|---|---|---|---|---|---|---|---|---|
| 1 | 韩系 | 东风悦达起亚 | 江苏 | 盐城 | SUV | 起亚 | 智跑 | 紧凑 | 17 | 2019-12-31 | 6181 | 10.5077 | 4450 | 1855 | 1660 | 2640 |
| 2 | 韩系 | 东风悦达起亚 | 江苏 | 盐城 | SUV | 起亚 | 智跑 | 紧凑 | 17 | 2019-11-30 | 6831 | 11.6127 | 4450 | 1855 | 1660 | 2640 |
| 3 | 韩系 | 东风悦达起亚 | 江苏 | 盐城 | SUV | 起亚 | 智跑 | 紧凑 | 17 | 2019-10-31 | 8761 | 14.8937 | 4450 | 1855 | 1660 | 2640 |
| 4 | 韩系 | 东风悦达起亚 | 江苏 | 盐城 | SUV | 起亚 | 智跑 | 紧凑 | 17 | 2019-09-30 | 5035 | 8.5595 | 4450 | 1855 | 1660 | 2640 |
| 5 | 韩系 | 东风悦达起亚 | 江苏 | 盐城 | SUV | 起亚 | 智跑 | 紧凑 | 17 | 2019-08-31 | 4764 | 8.0988 | 4450 | 1855 | 1660 | 2640 |
| 6 | 韩系 | 东风悦达起亚 | 江苏 | 盐城 | SUV | 起亚 | 智跑 | 紧凑 | 17 | 2019-07-31 | 4868 | 8.2756 | 4450 | 1855 | 1660 | 2640 |
| 7 | 韩系 | 东风悦达起亚 | 江苏 | 盐城 | SUV | 起亚 | 智跑 | 紧凑 | 17 | 2019-06-30 | 2955 | 5.0235 | 4450 | 1855 | 1660 | 2640 |
| 8 | 韩系 | 东风悦达起亚 | 江苏 | 盐城 | SUV | 起亚 | 智跑 | 紧凑 | 17 | 2019-05-31 | 5680 | 9.6560 | 4450 | 1855 | 1660 | 2640 |
| 9 | 韩系 | 东风悦达起亚 | 江苏 | 盐城 | SUV | 起亚 | 智跑 | 紧凑 | 17 | 2019-04-30 | 8707 | 14.8019 | 4450 | 1855 | 1660 | 2640 |
| 10 | 韩系 | 东风悦达起亚 | 江苏 | 盐城 | SUV | 起亚 | 智跑 | 紧凑 | 17 | 2019-03-31 | 13989 | 23.7813 | 4450 | 1855 | 1660 | 2640 |

图 11-49　2018—2019 年数据前 10 行

| | 价格档 | 销量 | 规模 | 车长 | 车宽 | 车高 | 轴距 |
|---|---|---|---|---|---|---|---|
| count | 3795.000000 | 3795.000000 | 3795.000000 | 3795.000000 | 3795.000000 | 3795.000000 | 3795.000000 |
| mean | 17.783663 | 9072.695125 | 15.833298 | 4572.083794 | 1812.522530 | 1567.664295 | 2698.611858 |
| std | 10.889915 | 7703.158593 | 15.776726 | 242.848320 | 59.261073 | 104.372026 | 116.110575 |
| min | 4.000000 | 3.000000 | 0.004200 | 3564.000000 | 1620.000000 | 1416.000000 | 2340.000000 |
| 25% | 10.000000 | 3904.000000 | 5.321750 | 4427.000000 | 1780.000000 | 1470.000000 | 2629.000000 |
| 50% | 14.000000 | 6665.000000 | 9.854000 | 4600.000000 | 1820.000000 | 1530.000000 | 2680.000000 |
| 75% | 22.000000 | 11906.000000 | 20.244900 | 4695.000000 | 1845.000000 | 1670.000000 | 2775.000000 |
| max | 61.000000 | 65138.000000 | 97.753200 | 5131.000000 | 1989.000000 | 1822.000000 | 3108.000000 |

图 11-50　数值型数据的一般统计量信息

图 11-48、图 11-49 所示为数据读入与预处理的过程，如图 11-50 所示，可以对整体数据有个大体的认识，如每辆热销的私家车的价格在 4 万～61 万元，75%的车均小于 22 万元。而每年私家车的平均销量为 9 072 辆，平均销售规模为 15.83 亿元。从车长、车宽、车高和轴距四个特征可以看出，中小型私家车在日常生活中更热销。

**2. 热销私家车车类基础信息**

已知在热销车中车的类别分为三类，分别是 SUV、轿车、MPV，接下来分别统计三类的车型数、销量、销售规模。其基本代码如下：

```
1: #引入相关工具包这里省略
2: suv = df.loc[df['车类'] == 'SUV']
3: jiaoche = df.loc[df['车类'] == '轿车']
4: mpv = df.loc[df['车类'] == 'MPV']
5: #车型数
6: suvNum1 = len(set(suv['车型']))
7: jiaocheNum1 = len(set(jiaoche['车型']))
8: mpvNum1 = len(set(mpv['车型']))
9: #销售量
10: suvNum2 = sum(suv['销量'])
11: jiaocheNum2 = sum(jiaoche['销量'])
12: mpvNum2 = sum(mpv['销量'])
13: #销售规模
14: suvNum3 = sum(suv['规模'])
15: jiaocheNum3 = sum(jiaoche['规模'])
16: mpvNum3 = sum(mpv['规模'])  #结果如图 11-51 所示
```

```
车类为SUV的车型数目:93
车类为轿车的车型数目:103
车类为MPV的车型数目:10
车类为SUV的销量数目:14309829
车类为轿车的销量数目:19120099
车类为MPV的销量数目:1000950
车类为SUV的规模数目:25997
车类为轿车的规模数目:32700
车类为MPV的规模数目:1389
```

图 11-51　车类基础信息

　　如图 11-51 所示，车类为轿车的私家车在日常生活中更为人所青睐，其次是车类为 SUV 的私家车，它们的车型数量、销量和销售规模都远远大于车类为 MPV 的私家车。

### 3. 热销私家车品牌基础信息

　　接下来分别根据私家车这两年的销售规模以及销售辆数找出排在前 10 的品牌信息。需要注意的是，市场所涉及的情况远不止这两个特征指标，因此我们无法根据单一指标便去断定某个品牌的销售排名，只能提供一定的参考价值。现实中涉及排名的信息往往要考虑到许多复杂的特征，并经过特定的公式计算得出。其基本代码如下：

```
1:  df_pinpai_count = df.groupby('品牌')['规模'].sum().sort_values(
2:  ascending=False).to_frame().reset_index()
3:  f,ax=plt.subplots(1,1,figsize=(20,10))
4:  sns.barplot(x='规模', y='品牌',palette="Greens_d", data=df_pinpai_
            count.head(10))
5:  ax.set_title('品牌两年合计销售规模 TOP10')
6:  ax.set_xlabel('销售规模(亿')
7:  ax.set_ylabel('品牌')
8:  plt.xticks(fontsize=9)
9:  plt.show()   #结果如图 11-52 所示
10:
11: df_pinpai_count = df.groupby('品牌')['销量'].sum().sort_values(
12: ascending=False).to_frame().reset_index()
13: f,ax=plt.subplots(1,1,figsize=(20,10))
14: sns.barplot(x='销量', y='品牌',palette="Greens_d", data=df_pinpai_
            count.head(10))
15: ax.set_title('品牌两年合计销售量 TOP10')
16: ax.set_xlabel('销售量(辆)')
17: ax.set_ylabel('品牌')
18: plt.xticks(fontsize=9)
19: plt.show()  # 结果如图 11-53 所示
```

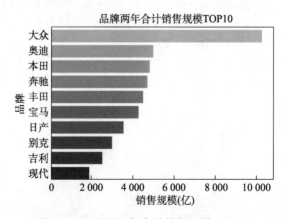

图 11-52　品牌两年合计销售规模 TOP10

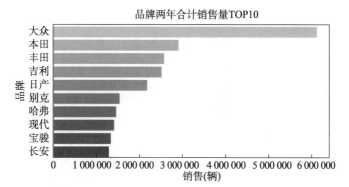

图 11-53　品牌两年合计销售量 TOP10

### 4. 热销私家车价格档基础信息

接下来对热销私家车的价格档信息进行分析。首先由上面的一般统计量信息可以发现，2018—2019 年的热销私家车的价格档最低为 4 万元，最高为 61 万元，因此我们将整个价格档分成四类，0～9 万元为 Small，10 万～29 万元为 Medium，30 万～49 万元为 Big，50 万元以上为 Huge。将四类私家车的两年销售规模画成饼图（图 11-54），可以看出，价格等级为 Medium 的最受人们所青睐，而等级为 Huge 的规模为最小，因此可以推断出在日常生活中，买车的人不会买很贵的车，他们大多追求的是一种性价比。其基本代码如下：

```
1: df1 = df
2: df1.loc[(df1['价格档']>=0)&(df1['价格档']<10),'Money_level']="Small"
3: df1.loc[(df1['价格档']>=10)&(df1['价格档']<30),'Money_level']=
            "Mediumn"
4: df1.loc[(df1['价格档']>=30)&(df1['价格档']<50),'Money_level']="Big"
5: df1.loc[(df1['价格档']>=50),'Money_level']="Huge"
6: df_moneylevel_count=df1.groupby('Money_level')['规模'].count().
                            sort_values(
7:     ascending=False).to_frame().reset_index()
8: labels=list(df_moneylevel_count['Money_level'])
9: groups=list(df_moneylevel_count['规模'])
10: plt.axis('equal')
11: plt.pie(groups, labels=labels,wedgeprops=dict(width=0.3, edge
        color='w'))
12: plt.show(); #结果如图 11-54 所示
```

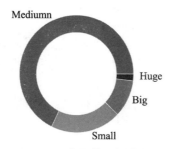

图 11-54　价格等级规模占比

### 5. 热销私家车车型基础信息

接下来对两年热销私家车的车型基础信息进行分析，分别从销售规模和销售辆数入手，取出这两个指标排名前 10 的车型信息。其基本代码如下：

```
 1:  df_chexing_guimo = df.groupby('车型')['规模'].sum().sort_values(
 2:      ascending=False).to_frame().reset_index()
 3:  df_chexing_count = df.groupby('车型')['销量'].sum().sort_values(
 4:      ascending=False).to_frame().reset_index()
 5:  f,ax1=plt.subplots(1,1,figsize=(15,5))
 6:  sns.barplot(x='车型', y='销量',palette="Greens_d", data=df_chexing_
                 count.head(10),ax=ax1)
 7:  ax1.set_title('车型两年合计销售量 TOP10')
 8:  ax1.set_xlabel('车型')
 9:  ax1.set_ylabel('销售量(辆)')
10:  plt.xticks(fontsize=9)
11:  plt.rcParams['font.sans-serif'] = ['Microsoft YaHei']
12:  x1 = df_chexing_guimo['车型'].head(10)
13:  y1 = df_chexing_guimo['规模'].head(10)
14:  plt.show() #结果如图 11-55 所示
15:
16:  plt.figure(figsize=(10,8))
17:  plt.title("车型两年合计销售规模 TOP10")
18:  plt.plot(x1,y1,label='车型两年合计销售规模 TOP10',linewidth=2, color='r',
                 marker='o',
19:      markerfacecolor='blue', markersize=10)
20:  plt.xlabel('车型')
21:  plt.ylabel('销售规模(亿)')
22:  for a,b in zip(x1,y1):
23:      plt.text(a,b,b,ha='center',va='bottom',fontsize=10)
24:  plt.legend()
25:  plt.show() #结果如图 11-56 所示
```

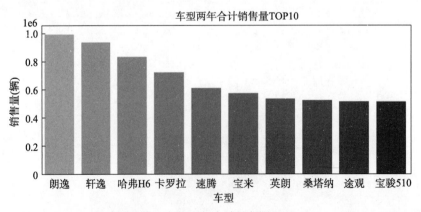

图 11-55　车型两年合计销售量 TOP10

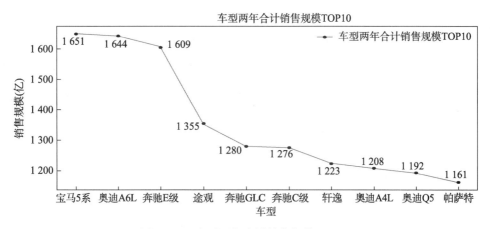

图 11-56　车型两年合计销售规模 TOP10

如图 11-55 所示，朗逸、轩逸和哈弗 H6 在 2018—2019 年的销售量遥遥领先于其他车型，而从销售规模排名中来看，这三种车型的销售规模排名又较低，因此推测，这三种车型的价格多属于 Medium 或 Small 档，由此也可以推测出，在日常生活中，这三种车型之所以受人们所青睐，极有可能是由于它们具有极高的性价比。

## 11.4.3　基于 SMARTBI 实现

经过上述的 Python 实现，我们发现，即使 Python 工具为可视化分析带来了方便，但是在遇到具有众多特征并且要进行相互对比分析的时候，利用 Python 来画图往往需要编写一定体量的代码，这对于不擅编程的人来说往往具有一定的困难。这时，我们想到了上一案例所介绍的仪表盘，利用 SMARTBI 中的交互式仪表盘，我们可以很方便地构建一个展示多种信息的仪表盘。在本小节中，将使用 SMARTBI 上已经为本次数据构建好的销量大屏模型。

首先，我们登录到软件首页，单击左侧菜单栏上的数据门户，这里内置了软件提前构建好的各种模型，找到热销私家车销量大屏，单击进入该模型的页面，如图 11-57 所示。

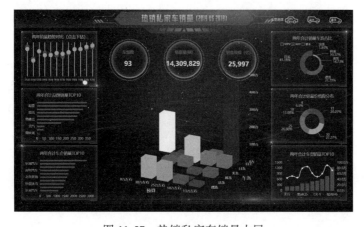

图 11-57　热销私家车销量大屏

　　图 11-57 展示了热销私家车 2018 年和 2019 年的各类数据对比，并且以车类进行分类，单击不同分类可以显现不同的数据信息。图 11-58 中对两年合计品牌销量、两年合计车企销量、两年合计车型销量、两年合计销量价格分布、两年合计销量车系占比等信息进行了可视化分析，还就 2018 年与 2019 年的销量进行了对比，并且单击该图，可以跳转至该年该月的销量详细信息。

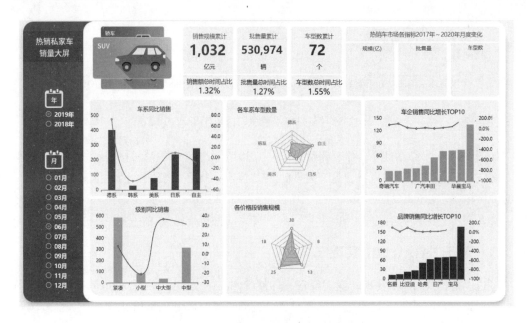

图 11-58　热销私家车销量详细信息

　　图 11-58 为具体的销量信息，也以不同车类所分类，将数据按照不同年月进行分析，并将所有数据可视化展现。由上述模型可以得出，在 2018—2019 年的热销数据中，从价格上看，13 万元左右的车销量最高；从时间上看，在一年中，2 月的销量是最低的，并且 2019 年的整体销量比 2018 年的高。此外，我们还可以清晰地看到各品牌、车企、车型的销量排名。

　　以上便是本案例中 SMARTBI 有关热销私家车 2018—2019 年销量数据的大屏模型的介绍，其构建的一般方法大体与上一案例对交互式仪表盘的构建类似。利用 SMARTBI 软件，分析人员几乎不用编写太多代码，便可按自己的需求对数据进行可视化分析与挖掘，快速构建自己想要的界面，这给需要进行数据挖掘与分析的人员带来了极大的便利。

# 教师服务

感谢您选用清华大学出版社的教材！为了更好地服务教学，我们为授课教师提供本书的教学辅助资源，以及本学科重点教材信息。请您扫码获取。

## ▶▶ 教辅获取

本书教辅资源，授课教师扫码获取

## ▶▶ 样书赠送

**统计学类**重点教材，教师扫码获取样书

 清华大学出版社

E-mail: tupfuwu@163.com
电话：010-83470332 / 83470142
地址：北京市海淀区双清路学研大厦 B 座 509

网址：https://www.tup.com.cn/
传真：8610-83470107
邮编：100084